Lorenzo Di Giorgio PMP, PMI-RMP

Project Risk Management
PMI-RMP® - Risk Management Professional Exam Guide

Project Risk Management

PMI-RMP® - Risk Management Professional Exam Guide

2 edizione

di Lorenzo Di Giorgio

ISBN 978-1-326-61644-1

"PMI", il logo PMI, "Making Project Management indispensable for business results", "PMBOK®", "CAPM", "Certified Associate in Project Management (CAPM)", "PMP", "Project Management Professional (PMP)", "Project Management Professional", the PMP logo, "PgMP", "Program Management Professional (PgMP)", "PMI-RMP", "PMI Risk management Professional (PMI-RMP)" "PMI-SP" and "PMI Scheduling Professional (PMI-SP)" sono marchi registrati del Project Management Institute, Inc.

Tutti i marchi citati sono copyright dei rispettivi proprietari

---

È fatto divieto di riprodurre o trasmettere qualsiasi sezione di questo prodotto sotto qualsiasi forma o mediante qualsiasi mezzo, sia esso elettronico, manuale, per registrazione o mediante sistemi di recupero o memorizzazione dei dati, senza previa autorizzazione scritta da parte del proprietario.

A Giulia e Lavinia,
affinché le minacce che state affrontando
vi portino delle fantastiche opportunità

A Emanuela
per il tuo amore, la tua forza, il tuo coraggio

Sommario

Lista delle Figure vii
Lista delle Tabelle ix
Ringraziamenti xiii
Prefazione xv
Introduzione xvii

PARTE I
1.1 Il PMI – Project Management Institute 1
1.2 Gli standard professionali del PMI 1
1.3 Le credenziali e la certificazione del PMI 2
2.1 Requisiti per la certificazione: 5
2.2 La domanda d'esame: 6
2.3 L'esame di certificazione 6
2.4 I testi per lo studio 7
2.5 Altri testi consigliati: 7
2.6 Mantenimento della certificazione 7
3.1 I domini per la credenziale PMI-RMP 9
4.1 Matematica 17
4.2 Calcolo delle Probabilità 17
4.3 Il Risk Model 17
4.4 Media (Average) 18
4.5 Moda 18
4.6 Mediana 18
4.7 Deviazione Standard 18
4.8 Expected Monetary Value 20
4.9 Analisi delle riserve 20
4.10 Stima a tre punti 23
4.11 Albero delle decisioni 23

4.12 Metodo dell'Earned Value 26
4.13 Modelli e Simulazioni 28
4.14 Tipi di Contratto 30
4.15 Assunti 32
4.16 Work Breakdown Structure 33
4.17 Reticolo di Progetto 34
4.18 Metodo del Percorso Critico 35
4.19 Strumenti della Qualità (Quality Tools) 42
4.20 Stili di Leadership 52
4.21 Teorie Motivazionali 53
5.1 Modello di Comunicazione 57
5.2 Metodi di comunicazione 60
5.3 Tecnologia 61
5.4 Dimensione 61
5.5 Canali di comunicazione 61
5.6 Stakeholder 62
5.7 Identificazione degli Stakeholder 63
5.8 Classificazione degli stakeholder 64
5.9 Gestione degli Stakeholder 65
5.10 Salience Model 66
6.1 I Fattori Interni 70
6.2 I Fattori Esterni 76

PARTE II 93
    PLANNING MEETINGS 99
    DOCUMENTATION REVIEW 105
    BRAINSTORMING 109
    DELPHI TECHNIQUE 115
    EXPERT INTERVIEWS 121
    ROOT CAUSE ANALYSIS 127
    SWOT ANALYSIS 133
    CHECKLIST ANALYSIS 139

ASSUMPTIONS ANALYSIS	143
QUALITY RISK DATA ASSESSMENT	149
RISK CATEGORIZATION	155
RISK URGENCY ASSESSMENT	163
DECISION TREE & EMV METHOD	169
SENSITIVITY ANALYSIS	175
MONTECARLO SIMULATION	181
RISK AUDITS & REVIEWS	193
ALTRE TECNICHE	197
SPECIALIZED RISK ANALYSIS TECHS	207
RESPONSE STRATEGY	245
INPUT & OUTPUT	255

PARTE III

PLAN RISK MANAGEMENT	275
IDENTIFY RISKS	279
QUALITATIVE RISK ANALYSIS	285
QUANTITATIVE RISK ANALYSIS	289
PLAN RISK RESPONSES	293
CONTROL RISKS	299
INTEGRATION MANAGEMENT	307
COMMUNICATIONS MANAGEMENT	325
STAKEHOLDER MANAGEMENT	337
RISK TEST	347

APPENDICI:
Introduzione alla probabilità 385
Distribuzioni utilizzabili per la Simulazione Monte Carlo 389
Salience Model 405

TEMPLATE 415
GLOSSARIO 429

Lista delle Figure

Figura 4.1 - Work Breakdown Structure 33
Figura 4.2 - Reticolo di progetto con il metodo PDM 35
Figura 4.3 - Reticolo di progetto con il metodo ADM 34
Figura 4.4 - Esempio di reticolo 38
Figura 4.5 – Percorso Critico 41
Figura 4.6 - Control Chart 42
Figura 4.7 - Diagramma causa/effetto (Ishikawa) 44
Figura 4.8 - Diagramma di Pareto 46
Figura 4.9 - Scatter Diagram 48
Figura 4.10 - 3D Bar Chart per DOE 51
Figura 4.11 - Diagramma valore iterazione per DOE 51
Figura 5.1 - Modello comunicazione 57
Figura 5.2 - Salience Model 66
Figura 6.1 - Organizzazione a matrice funzionale 71
Figura 6.2 - Organizzazione a matrice debole 72
Figura 6.3 - Organizzazione a matrice bilanciata 73
Figura 6.4 - Organizzazione a matrice forte 74
Figura 6.5 - Organizzazione progettizzata 74
Figura 6.6 - Organizzazione composta 75
Figura 7.1 - Risk Breakdown Structure 82
Figura 14.1 - Casual Factor Chart 130
Figura 15.1- Esempio di SWOT Analysis 134
Figura 19.1 - Risk Breakdown Structure 160
Figura 22.1 - Diagramma Tornado 176
Figura 23.1 - Risultato della simulazione 184
Figura 23.2 - Distribuzione cumulata 185

Lista delle Tabelle

Tabella 3.1 - Domini e percentuali di domande nell'esame PMI-RMP 9

Tabella 4.1 - Valori per calcolo deviazione standard 19
Tabella 4.2 - Valorizzazione della deviazione standard 20
Tabella 4.3 - Elenco attività 36
Tabella 4.4 - Elenco attività con predecessori 36
Tabella 4.5 – Elenco attività con stima durata 37
Tabella 4.6 – Elenco attività con data inizio e fine al più presto 38
Tabella 4.7 - Elenco attività con data inizio e fine al più tardi 40
Tabella 4.8 - Elenco attività con margine di scorrimento (float) 41
Tabella 4.9 - Tabella varabili per Scatter Diagram 47
Tabella 4.10 - Elenco esperimenti DOE 49
Tabella 4.11 - Esempio livelli esperimento DOE 50
Tabella 4.12 - Elenco iterazioni DOE 50
Tabella 4.13 - Effetto di un fattore in un DOE 50
Tabella 4.14 – Iterazioni DOE 50

Tabella 5.1 - Ciclo di vita del messaggio 59
Tabella 5.2 - Stili di comunicazione 61
Tabella 5.3 - Matrice di classificazione degli stakeholder 64

Tabella 7.1 - Esempio di categorie di rischio 83

Tabella 14.1 - Checklist Root Cause Analysis 130

Tabella 15.1 – Matrice di una SWOT Analysis 135
Tabella 15.2 - Matrice per l'Assumption & Costraints Analysis 145
Tabella 15.3 - Assumption Testing 145
Tabella 15.4 - Assumptions Documentation 146

Tabella 19.1 - Risk Breakdown Structure tabellare 161

Tabella 20.1 – Risk Urgency Assessment Template 166

Tabella 23.1- Elenco attività per stima durata progetto 182
Tabella 23.2 - Stima a tre punti per le attività 183

L'autore

Lorenzo Di Giorgio, ha maturato esperienza nel campo del Project Management operando presso importanti realtà. Ha partecipato e diretto progetti complessi in ambito nazionale ed internazionale per l'impostazione, l'avvio e la gestione di sistemi di Project Management aziendali, basati su tutte le principali piattaforme informatiche.

Svolge attività di consulente e formatore sul Project Management e sul Project Risk Management.

Autore di articoli e speaker in importanti eventi sul Project e Risk Management è docente di Project Management, Project Risk Management, Project Risk Analysis e di corsi per la preparazione alle certificazioni PMP® (Project Management Professional), CAPM® (Certified Associate in Project Management) e PMI-RMP® (Risk Management Professional).

Docente nel Master Project Risk Management Executive in LUISS Business School è certificato PMP®, PMI-RMP®, Prince2, ITIL® v3

Ringraziamenti

Project Risk Management – *PMI-RMP Exam Guide* è stato scritto con la collaborazione attiva di Eureka Service, un'azienda che fa della disciplina del Project Management e dell'estensione al P3M – Project, Program e Portfolio Management il suo main business e la cui mission è "essere a fianco delle aziende nella progettazione, attivazione e gestione di sistemi di EPM (Enterprise Project Management) e nel supporto ai progetti, ai programmi e ai PMO, affrontando tutti gli aspetti conoscitivi, organizzativi e tecnici".

A tutto lo staff di Eureka Service, un team forte e generoso, composto da professionisti di grande spessore tecnico e umano, va il più sentito ringraziamento da parte dell'autore.

Un ringraziamento particolare al presidente di Eureka Service, Massimo Martinati, primo certificato PMI-RMP in Italia per la prefazione a questo libro.

Prefazione

La mia prima esperienza nel fantastico mondo del Project Risk management è avvenuta nei primi anni 90 del secolo scorso, durante un importante impegno consulenziale sul Project Management presso una nota azienda italiana leader nei sistemi per la Difesa. Dai "piani alti" giunse improvvisa un'esigenza: la partecipazione ad una gara internazionale per un appalto di grossissime dimensioni per la Marina Militare di un paese europeo, il cui bando prevedeva una serie di prove di qualificazione sequenziali, alcune di natura tecnica, altre gestionali, ed una prova finale, naturalmente di natura economica.

Nella sorpresa generale, scoprimmo che la prima delle cinque prove riguardava un argomento decisamente misterioso: il Project Risk management

La richiesta, nella sua originalità, era assolutamente chiara: allo scopo di dimostrare la propria abilità ed esperienza nell'affrontare un progetto di tali dimensioni e complessità, l'azienda avrebbe dovuto proporre due documenti dettagliati: la proposizione dei processi di Risk management che sarebbero stati seguiti e il *Risk Register* (allora assolutamente sconosciuto a tutti noi), ovvero la lista dei rischi identificati

Il messaggio era fin troppo chiaro: "… se non sai raccontare come gestirai i rischi che coinvolgeranno il progetto, e se non sarai in grado d'identificare, di eseguire una prima analisi dei rischi e di raccontare come affronterai le minacce, allora vuol dire che non sei in grado di gestire il progetto!"

Questa prima prova avrebbe selezionato 16 tra le 32 aziende invitate!

"Siamo nelle sue mani mi fu detto… è lei il consulente!"

……

L'incertezza è un elemento che accompagna tutte le nostre azioni e tutti i momenti dei nostri progetti.

E se siamo d'accordo nel chiamare minaccia un possibile evento negativo (che potrebbe provocare un danno) e opportunità un possibile evento positivo (che potrebbe provocare un vantaggio), allora possiamo concludere che Risk management significa gestire le incertezze con l'obiettivo di combattere le minacce e, al contempo, favorire l'avverarsi delle opportunità.

No Risk, No Gain ("chi non risica non rosica"): è uno dei motti del Project Risk management. Il messaggio del proverbio è duplice: cerca le opportunità, ma non dimenticare di difenderti dalle minacce.

Consiglio di affrontare lo splendido lavoro di Lorenzo Di Giorgio, di cui mi pregio di proporre la presente prefazione, con uno spirito pionieristico: le grandi vallate della metodologia del Project Risk management saranno nei prossimi anni cavalcate da tutte le aziende in tutto il mondo. Consiglio l'azienda, ed in particolare le persone del PMO (Project Management Office) aziendale, a raccogliere i preziosi consigli presenti nel testo per provare a diffondere una cultura di Project Risk Management, in un connubio collaborativo fra le diverse entità aziendali. Consiglio il singolo lettore di affrontare il Risk Management con passione e curiosità orientando lo studio con un approccio al tempo stesso sistemico ed empirico, sperimentando sul campo le molte tecniche e gli strumenti metodologici che vengono proposti.

Da primo certificato italiano PMI-RMP® (Risk management Professional) consiglio inoltre di orientare lo studio all'acquisizione di una certificazione nel Project Risk Management che ci distingua nel panorama nazionale ed internazionale.

E per concludere, un monito: facciamo tesoro del fatto che, sia nei momenti di crisi, sia nei periodi di grande rinnovamento e trasformazione, nessuno può più permettersi di incappare in problemi prevedibili ma non previsti, e, ancora di più, di dover rinunciare a benefici scaturiti da opportunità soltanto perché non previste in anticipo!

......

Come andò la gara? L'azienda superò con ottima valutazione l'ostacolo del Risk management. Superò anche le altre quattro prove tecnico-gestionali, ma purtroppo fu sconfitta all'ultima prova, quella economica!

Ma un grande risultato l'ottenne comunque: il Risk management divenne, e lo è tuttora, un asset aziendale fondamentale!

... e per quanto mi riguarda, un grandissimo risultato: l'esplosione di una fortissima passione e l'opportunità (come poteva essere diversamente?) di poter esplorare e proporre il mio know-how al mondo aziendale privato e pubblico.

Auguro a tutti una buona lettura e una grandissima soddisfazione con il Project Risk Management.

Massimo Martinati, PMP, PMI-RMP

Introduzione

Il Project Risk Management è sicuramente l'area del Project Management più sfidante, la scelta di implementarla o di non implementarla può far riuscire o fallire un progetto.

Spesso si dice che "se non trovi i rischi di progetto, saranno loro a trovare te!".

La certificazione Risk management Professional (PMI-RMP) è stata introdotta nel 2008. Il fenomeno delle certificazioni del PMI e in particolare quella in Project Risk management è un indicatore evidente dell'interesse al tema del Project Management e in particolare al tema della gestione dei rischi di progetto. Attualmente nel mondo ci sono 712.515 certificati PMP® ma solo 3488 certificati PMI-RMP® (dati a gennaio 2016).

Questa certificazione risponde alla continua pressione sul team di completare i progetti on-time, entro il budget e fornire al cliente ciò di cui ha bisogno. Per il PMI i "qualified risk management professional", sono necessari all'interno di un team di gestione di progetto. Il Project Management Institute riconosce l'importanza delle qualità necessarie per essere un professionista della gestione dei rischi e la credenziale PMI-RMP prova la conoscenza, le competenze e l'esperienza di un soggetto in questa area.

Questo libro è pensato per i Project Manager e per tutti quei professionisti che vogliono ottenere la certificazione PMI-RMP. L'obiettivo è quello di fornire al lettore l'insieme di input, output, strumenti e di tecniche che compongono i vari processi di Project Risk management. Per questa ragione, l'attenzione è rivolta non solo ai singoli processi, ma anche allo studio delle principali tecniche e strumenti utilizzabili nella gestione dei rischi di progetto.

Il testo porta il lettore a padroneggiare le tecniche e gli strumenti di Project Risk Management per affrontare e gestire al meglio i rischi di progetto. Una parte significativa del libro è dedicata proprio all'analisi delle singole tecniche utilizzabili nei processi di gestione.

Pensato come testo per i corsi di Project Risk Management, questo libro è uno strumento utile anche per chi desidera apprendere la metodologia della gestione dei rischi secondo gli standard del Project Management Institute.

Alla base del testo ci sono le seguenti pubblicazioni:

- PMBOK® *Guide* - A Guide to the Project Management Body of Knowledge, 5th Edition;
- *Practice Standard* for Risk management® che approfondisce il tema della gestione dei rischi di progetto;
- PMI Risk Management Professional (PMI-RMP®) *Exam Content Outline*, pubblicazione che definisce quali siano gli obiettivi da raggiungere per ottenere la certificazione.

I concetti presentati in questo libro sono utili per un Risk management efficace sia in ambiente di progetto che in contesti non progettuali.

Il libro è diviso in tre parti. Nella Parte I vengono presentate tutte quelle informazioni utili per capire cosa sia il Risk management e cosa un *Risk Manager* dovrebbe conoscere. Nella Parte II vengono affrontate tutte le tecniche che possono essere utilizzate nella reale gestione dei rischi cosi come essere oggetto di domanda durante l'esame. In più verranno presentati tutti gli input e output dei vari processi senza specificare a quali processi appartengano. Nella Parte III tutti gli elementi presentati nella seconda parte verranno riuniti rispetto ai loro processi.

Vi auguro un sicuro successo per l'esame di certificazione. Il desiderio di migliorare le vostre competenze sul Risk management è lodevole. Studiate approfonditamente, preparatevi e guadagnatevi la vostra credenziale PMI-RMP.

Lorenzo Di Giorgio PMP, PMI-RMP

PARTE I

Nella Parte I del libro sono raccolte tutte quelle informazioni che riguardano la credenziale PMI-RMP e ovviamente il Project Management Institute.

I vari capitoli inseriti nella Parte I presentano un insieme di elementi che sono alla base della conoscenza di un Project Risk Manager, elementi che spaziamo dalla matematica fino ad alcune tecniche come *earned value* o le simulazioni per i vari scenari "*what-if*".

L'idea di proporre tutti questi elementi nella Parte I del libro scaturisce dal fatto che nell'esame di certificazione vengono spesso proposte domande che esulano dal classico Risk management, per cui vi è necessità di conoscere tecniche e strumenti non legati direttamente alla gestione dei rischi.

Per fare un esempio, sapere quali tipi di contratti esistono e quali siano le loro caratteristiche può aiutare nella valutazione ed identificazione dei rischi legati alle clausole presenti nei contratti stessi.

CAPITOLO

1 PMI & PMI CREDENTIALS

1.1 Il PMI – Project Management Institute

Il PMI - Project Management Institute è l'ente più autorevole a livello mondiale nel campo del Project Management.

È stato fondato nel 1969 negli Stati Uniti con lo scopo di uniformare le pratiche comuni alla gestione di progetto nei settori più disparati e nel 1983 ha pubblicato il primo studio per lo sviluppo di procedure e concetti necessari a supportare la professione del Project Manager. La diffusione della metodologia è stata formidabile negli anni fino a giungere oggi a numeri considerevoli ed in continua evoluzione.

Lo slogan del PMI è "*Making* Project Management *Indispensable for Business Results®*".

Le attività principali del PMI consistono nell'instaurazione di relazioni con le comunità di business pubbliche e private, in una continua diffusione della cultura di Project Management, nell'attivazione di programmi di formazione, nell'erogazione di seminari periodici, nell'attivazione di programmi di ricerca, nell'organizzazione di congressi annuali e, soprattutto, nella pubblicazione di standard professionali e nell'attivazione di programmi di certificazione a livello internazionale.

1.2 Gli standard professionali del PMI

Tra gli standard professionali proposti dal PMI, i più importanti e diffusi sono i seguenti:

- PMBOK® Guide - A Guide to the Project Management Body of Knowledge, con le sue *Government Extension*, *Construction Extension* e *Software Extension*, testi che estendono i concetti alle peculiarità dei progetti della pubblica amministrazione, dei progetti di costruzione e a quelli di Information Technology;
- *Practice Standard for Work Breakdown Structure*® che approfondisce il tema di sviluppo e gestione delle WBS;
- *Practice Standard for Earned Value* Management® che approfondisce il tema della pratica di gestione dell'EVM - *Earned Value Method*;
- *Practice Standard for* Project *Configuration* Management® che approfondisce il tema della gestione della configurazione di progetto;
- *Practice Standard for Scheduling*® che approfondisce il tema della preparazione delle schedulazioni di progetto;
- *Practice Standard for* Risk management® che approfondisce il tema della gestione dei rischi di progetto;
- Project Manager *Competency Development Framework*® che propone un modello per la definizione, la verifica e lo sviluppo della competenza di Project Management;
- *OPM3*® *Organization* Project Management *Maturity Model* che propone un modello per la valutazione del livello di maturità di un'organizzazione nel Project Management;
- *The Standard for Portfolio* Management® che propone lo standard per la gestione di portfoli di progetti;
- *The Standard for Program* Management® che propone lo standard per la gestione dei programmi.

1.3 Le credenziali e la certificazione del PMI

Al momento abbiamo una certificazione e quattro "Project Management Credentials":

- PMP® - Project Management *Professional*: orientata tipicamente al professionista nel Project Management ed in particolare alla figura del Project *manager*;
- CAPM® - *Certified Associate in* Project Management: è il primo livello di certificazione alla professione e si rivolge tipicamente all'assistente del Project *manager* e a tutti coloro che sono coinvolti a livello aziendale nella gestione dei progetti o che partecipano a team di progetto;
- PgMP® - *Program* Management *Professional*: orientata al coordinatore di programmi o *program manager* in un'ottica di ottimizzazione di

progetti orientati al raggiungimento di benefici comuni per l'organizzazione;

- PMI-SP® - *PMI Scheduling Professional:* orientata al professionista esperto della gestione della logica reticolare e della tempistica del progetto, noto spesso con il nome di planner;

- PMI-RMP® - *PMI Risk* Management *Professional:* orientata al professionista esperto della gestione dei rischi di progetto o, come nel caso di programmi o progetti complessi e di grandi dimensioni, del *risk manager.*

- PMI-ACP® - *PMI Agile Certified Practitioner:* attesta la conoscenza e l'esperienza nell'applicazione di principi e pratiche "agili" e di strumenti e tecniche utilizzati nei principali approcci e nelle metodologie "Agile".

CAPITOLO

2 LA CREDENZIALE PMI-RMP®

La qualifica PMI-RMP®- Risk Management Professional è la credenziale nel mondo del Project Management PMI, che riconosce una specifica competenza nell'area della identificazione e valutazione dei rischi di progetto, mitigando le minacce e sollecitando le opportunità in maniera più specifica di quanto possa fare un altro "*practitioner*" avendo comunque un buon livello di competenza in tutte le altre aree del Project Management.

2.1 Requisiti per la certificazione:

Per poter accedere all'esame di certificazioni il candidato deve soddisfare due tipi di requisiti: di esperienza e di formazione. I requisiti minimi di esperienza sono differenti a seconda che il candidato sia o meno laureato.

Se si è in possesso di titolo di laurea (o titolo universitario equivalente) è necessario possedere un minimo di 3.000 ore di esperienza nel Project Risk Management, maturati in uno o più progetti. Il candidato, avvalendosi dell'opportuno modulo messo a disposizione dal sito del PMI, deve dichiarare il numero delle ore che ha maturato nell'area del Risk management sui diversi progetti. Come requisito di formazione è necessario aver maturato almeno 30 ore (*Contact Hours*) di formazione nel Project Risk Management.

Se invece si è in possesso di un diploma di scuola secondaria (o titolo equivalente) è necessario possedere un minimo di 4.500 ore di esperienza nel Project Risk Management con le stesse regole di cui sopra. Come requisito di formazione è necessario aver maturato almeno 40 ore (*Contact Hours*) di formazione nel Project Risk Management.

2.2 La domanda d'esame:

All'esame possono partecipare tutti coloro che, soddisfacendo i requisiti suddetti, ne fanno richiesta al PMI tramite apposita *Examination Application* presente sul sito *www.pmi.org*. Le specifiche relative alla domanda d'esame PMI-RMP® sono reperibili scaricando il documento *The PMI-RMP® Handbook* dal sito del PMI.

La domanda d'esame è composta da tre sezioni:

- una sezione iniziale in cui si raccolgono i dati anagrafici, i dati professionali e la dichiarazione del titolo di studio;
- una sezione *Experience* in cui, per ogni progetto, si raccolgono i dati dei progetti in cui si è maturata l'esperienza, i riferimenti del referente di progetto per il candidato e le ore d'esperienza;
- una sezione *Education* in cui, per ogni corso di formazione dichiarato, ne viene richiesto il titolo, l'ente erogatore, la data d'erogazione e il numero di *Contact Hours* maturate.

A valle della sottomissione della domanda, il PMI, una volta vagliata la correttezza dei dati in essa contenuti, risponde con una e–mail di accettazione (*Eligibility Letter*) contenente la data ultima per sostenere l'esame (ovvero un anno dall'accettazione della domanda).

Solo dopo aver pagato l'esame attraverso il sito del PMI, il candidato può essere sottoposto ad *audit*. In questo caso il candidato stesso, i referenti dei progetti dichiarati nella sezione *experience* e gli enti erogatori della formazione dichiarati, riceveranno una comunicazione via e-mail di sottomissione del candidato ad audit. Ad ogni referente viene richiesta la conferma delle dichiarazioni sostenute dal candidato.

2.3 L'esame di certificazione

La prenotazione all'esame avviene tramite il sito: *www.prometric.com/pmi* e può avvenire soltanto qualora il candidato abbia ricevuto l'accettazione via e-mail (*Eligibility Letter*) e abbia provveduto al pagamento della tassa d'esame.

La sede dell'esame può essere scelta dal candidato tra quelle messe a disposizione (a oggi in Italia ce ne sono due, una a Roma e una a Milano). L'esame viene erogato tramite computer con un test a risposta multipla, in cui ogni domanda prevede 4 risposte di cui una soltanto esatta. La risposta errata non prevede penalizzazione di punteggio come la risposta non fornita.

Per la certificazione PMI-RMP® le domande totali sono 170 e il tempo a disposizione è di 3 ore e mezza senza interruzioni. Delle 170 domande, 20 definite *Pretest Questions* (non valutate) ed inserite a scopi interni dal PMI, non influenzano il punteggio, ma il candidato non conosce quali sono. Il numero minimo di risposte esatte necessarie per superare l'esame non è noto. La lingua ufficiale d'esame è l'inglese. Non è prevista traduzione come ad esempio per l'esame PMP.

2.4 I testi per lo studio

Testi consigliati:

- *A Guide to the* Project Management Body of Knowledge, (PMBOK® *Guide*), Fifth Edition, Project Management *Institute*.
- *Practice Standard for* Project Risk management, Project Management *Institute*.

2.5 Altri testi consigliati:

- Risk and Decision Analysis in Projects - Second Edition, John R. Schuyler, Project Management Institute
- Understanding and Managing Risk Attitude - Second Edition, David Hillson and Ruth Murray-Webster, Gower Publishing.
- A Short Guide to Risk Attitude - David Hillson and Ruth Murray-Webster, Gower Publishing.
- Managing the Unknown: A New Approach to Managing High Uncertainty and Risk in Projects, Christoph H. Loch, Arnoud DeMeyer, and Michael T. Pich, John Wiley & Sons, Inc.
- Project Risk management Guidelines: Managing Risk In Large Projects and Complex Procurements, Dale F. Cooper, Stephen Grey, Geoffrey Raymond, and Phil Walker, John Wiley & Sons, Inc.
- Identifying and Managing Project Risk: Essential Tools for Failure-Proofing Your Project, 3° edition, Tom Kendrick, AMACOM.

2.6 Mantenimento della certificazione

Per mantenere la certificazione PMI-RMP® occorre acquisire 30 crediti formativi, detti PDU® (*Professional Development Unit*) ogni 3 anni dalla data di conseguimento. L'acquisizione delle PDU® avviene con un meccanismo di autocertificazione previa partecipazione a corsi, seminari e convegni, uso di strumenti di esercitazione e test sul Project Management erogati da istituti/aziende certificate REP® – *Registered Education Provider* del PMI.

Le PDU® si acquisiscono inoltre:

- scrivendo articoli per giornali referenziati dal PMI;
- scrivendo materiale per corsi di formazione sul Project Management;
- attraverso studi e ricerche personali sul Project Management;
- attraverso azioni di volontariato sul Project Management del PMI o in organizzazioni ufficialmente riconosciute dal PMI.

La registrazione delle PDU avviene online tramite sito del PMI. Il rinnovo della certificazione è sottoposto al pagamento di una tassa. Per qualsiasi informazione scaricare il documento "*Continuing Certification Requirements – Handbook*" scaricabile dal sito del PMI.

CAPITOLO

3 PMI FRAMEWORK

3.1 I domini per la credenziale PMI-RMP

Come formulato dal PMI ci sono 5 diversi domini che vengono presi in esame per la certificazione PMI-RMP®.

La tabella seguente identifica la proporzione delle domande proposte in ogni dominio. Le percentuali vengono usate per determinare il numero delle domande presenti nell'esame relativamente ad ogni dominio.

Il PMI dichiara una distribuzione percentuale delle domande d'esame PMI-RMP® secondo il seguente schema:

Tabella 3.1 - Domini e percentuali di domande nell'esame PMI-RMP

Dominio	Percentuale di Domande
Risk Strategy and Planning	19-20%
Stakeholder Engagement	19-20%
Risk Process Facilitation	25-28%
Risk Monitoring and Reporting	19-20%
Perform Specialized risk Activities	14-16%
Totale	100%

Vediamoli brevemente con le relative attività.

3.1.1 Dominio 1: Risk Strategy and Planning.

Il dominio Risk Strategy and Planning ha cinque task e include tutte le attività necessarie per lo sviluppo di procedure, politiche gestionali e processi per la pianificazione, valutazione e strategia di risposta ai rischi.

TASK	Risk Strategy and Planning (19-20%)
Task 1	Sviluppo dei processi e degli strumenti validi per la quantificazione della tolleranza al rischio degli stakeholder in modo da poter valutare e determinare le risk thresholds per il progetto e impostare dei criteri per i vari livelli di rischio.
Task 2	Aggiornamento delle procedure e delle politiche gestionali dei rischi utilizzando informazioni come le lessons learned derivanti da altri progetti o i risk audit, così da migliorare l'efficacia del risk management.
Task 3	Sviluppare e proporre una strategia di gestione dei rischi basata sugli obiettivi di progetto così da stabilire gli elementi costitutivi del risk management plan.
Task 4	Produrre il risk management plan per il progetto sulla base di inputs come le informazioni di progetto, le procedure e politiche gestionali, le informazioni provenienti dagli stakeholder, i fattori esterni, così da poter definire efficaci processi di risk management, per i quali trovare fondi e risorse da allocare, che si alleinino con gli altri piani di gestione.
Task 5	Stabilire criteri di valutazione per i processi di risk management basati sulle baseline e sugli obiettivi di progetto, così da poter misurare l'efficacia dei processi stessi.

3.1.2 Dominio 2: Stakeholder Engagement.

Il dominio Stakeholder Engagement ha nove *task* e raccoglie tutte le attività relative alla diffusione della conoscenza del risk management tra gli stakeholder e i membri del team di progetto, alla valutazione della tolleranza al rischio degli stakeholder, alla prioritizzazione dei rischi e alla definizione della "ownership" del rischio.

TASK	Stakeholder Engagement (19-20%)
Task 1	Promuovere una comune comprensione del valore del risk management attraverso l'uso delle capacità personali del Project *manager* o del risk *manager* per generare un appropriato livello di responsabilità.
Task 2	Istruire gli stakeholder sui principi e processi di risk management in modo da creare una conoscenza condivisa di tali principi e tentare di generare un interessamento e un coinvolgimento generale nella gestione di rischi.
Task 3	Aiutare i membri del team nell'implementazione dei processi di risk management così da assicurare una consistente applicazione di tali processi.
Task 4	Valutare la tolleranza al rischio degli stakeholder attraverso l'utilizzo di strumenti come le interviste, o la revisione di informazioni storiche sul comportamento degli stakeholder stessi per identificare le soglie di rischio per il progetto.
Task 5	Identificare l'attitudine al rischio degli stakeholder e loro relativi pregiudizi con l'uso di tecniche analitiche per poter gestire le loro aspettative durante l'intero ciclo di vita del progetto.
Task 6	Coinvolgere gli stakeholder nel processo di prioritizzazione dei rischi in base alla loro tolleranza al rischio, in modo da ottimizzare il consenso riguardo le priorità.
Task 7	Fornire consigli agli stakeholder riguardo la strategia di gestione dei rischi e la loro pianificazione, risk process facilitation, risk reporting, attraverso l'uso di tecniche di comunicazione efficaci al fine di supportare i processi decisionali relativi alla gestione dei rischi.
Task 8	Promuovere la risk ownership comunicando proattivamente ruoli e responsabilità e coinvolgendo i membri del team di progetto nello sviluppo delle risposte ai rischi così da migliorare l'implementazione delle risposte stesse.
Task 9	Attraverso l'uso di tecniche di comunicazione svolgere il ruolo di collettore di informazioni dagli stakeholder di altri progetti condividendo le informazioni sulle performance di tali progetti così da informarli su possibili problematiche relative ai progetti stessi.

3.1.3 Dominio 3: Risk Process Facilitation

Il dominio Risk Process Facilitation ha sette task e include tutte le attività che possano facilitare i membri del team di progetto ad identificare, valutare, prioritizzare i rischi e a definire le relative strategie di risposte:

TASK	Risk process Facilitation (25-28%)
Task 1	Implementare i processi e utilizzare gli strumenti di valutazione del rischio per poter quantificare la tolleranza al rischio degli stakeholder e determinare i vari livelli di rischio.
Task 2	Facilitare l'identificazione dei rischi utilizzando varie tecniche in modo da permettere al team di progetto e agli stakeholder di capire e determinare quale sia l'esposizione al rischio del progetto.
Task 3	Facilitare il team di progetto nella valutazione dei rischi identificati attraverso l'uso di strumenti e tecniche qualitative e quantitative così da prioritizzare i rischi per determinare le strategie di risposta.
Task 4	Facilitare lo sviluppo di una strategia comune di risposta ai rischi da parte dei risk owner, data dalla raccolta delle informazioni durante l'analisi dei rischi, in modo da assicurare azioni tempestive e definite proattivamente.
Task 5	Facilitare la determinazione della contingency reserve di progetto basata sull'esposizione ai rischi in modo da avere la capacità e le risorse per rispondere ai rischi stessi nel momento del loro accadimento.
Task 6	Fornire i dati sui rischi per assicurare che l'incertezza legata ai rischi stessi venga riflessa nelle stime di costo e tempo del progetto.
Task 7	Utilizzare simulazioni di vari scenari per validare le potenziali risposte ai rischi e valutare le dipendenze e i requisiti in modo da aumentare la probabilità di successo del progetto.

3.1.4 Dominio 4: Risk Monitoring & Reporting

Il dominio Risk Monitoring & Reporting include tutte le attività relative al monitoraggio dei rischi, alla valutazione delle risposte ai rischi, in relazione alle metriche stabilite, e alla comunicazione delle performance delle risposte ai rischi agli stakeholder e al team di progetto:

TASK	Risk Monitoring & Reporting (19-20%)
Task 1	Documentare e periodicamente aggiornare le informazioni sui rischi di progetto utilizzando tecniche e strumenti standard (come ad esempio, il risk *register* e il *risk database*) al fine di mantenere un unico e aggiornato *repository* di tutte le informazioni relative ai rischi di progetto
Task 2	Coordinarsi con il Project *manager* utilizzando tecniche di comunicazione al fine di integrare il risk management con le altre aree per la durata di tutto il progetto
Task 3	Creare, attraverso l'uso delle metriche specificate nel risk management Plan, report periodici *standard* e ad-hoc al fine di informare sullo stato delle attività di risk management.
Task 4	Monitorare le risposte ai rischi analizzando le informazioni sulle performance delle risposte stesse. Presentare i risultati agli stakeholder chiave al fine di assicurare una risoluzione dei rischi e sviluppare strategie di risposta aggiuntive mirate per i rischi residui e secondari.
Task 5	Analizzare le performance dei processi di gestione dei rischi in base alle metriche stabilite al fine di attivare azioni di miglioramento dei processi stessi
Task 6	Adeguare il risk management Plan in relazione agli input interni ed esterni al fine di tenere il piano aggiornato
Task 7	Registrare le risk lessons learned attraverso una comprensiva revisione del risk management plan, del risk *register*, dei report di performance dei processi di gestione e attraverso i risultati dei risk audits, al fine di poterli utilizzare nella pianificazione e gestione dei rischi di progetti futuri

3.1.5 Dominio 5: Perform Specialized Risk Analyses:

Il dominio Perform Specialized Risk Analysis include tutte le attività relative agli strumenti e tecniche di valutazione qualitativa e quantitative utilizzate dai project risk management professionals:

TASK	Perform Specialized Risk Analyses (14-16%)
Task 1	Valutare gli attributi dei rischi identificati usando strumenti avanzati di analisi quantitativa e specifiche tecniche di analisi qualitativa al fine di stimare l'esposizione complessiva del progetto ai rischi
Task 2	Analizzare i dati prodotti durante il progetto utilizzando analisi statistiche e giudizi di esperti al fine di determinare i punti di forza e di debolezza delle strategie di risposta ai rischi e dei relativi processi, e raccomandare il miglioramento di tali processi quando indicato
Task 3	Eseguire analisi di rischio specialistiche utilizzando strumenti e tecniche avanzate al fine di supportare i processi decisionali degli stakeholder in merito al progetto

3.1.6 Conoscenze e capacità per tutti i domini:

Tutti i Domini	Core Knowledge and Skills

Avere conoscenza di:

- principi di risk management come descritto nell' ISO31000
- strumenti di comunicazione, tecniche, modelli e canali
- strumenti e tecniche di agevolazione
- strumenti e tecniche di negoziazione
- teoria sulla leadership applicata al risk management
- teoria della gestione organizzativa applicata al risk management
- tassonomia dei rischi
- strumenti e tecniche avanzate di identificazione dei rischi sia per le minacce che per le opportunità (ad esempio, analisi dei campi di forza, pianificazione degli scenari, *futures thinking*, gruppi delphi e tecnica *nominal group*)
- strumenti e tecniche avanzate di analisi quantitativa (ad esempio, analisi integrata costi/tempi, analisi Monte Carlo avanzata, *system dynamics*, analisi *bowtie, ahp - analytical hierarchy process*, analisi *earned value* basata sui rischi, analisi della catena critica basata sui rischi, analisi *multi-factor regression*, tecniche di modellazione)
- strumenti e tecniche per l'identificazione e l'analisi dell'esposizione complessiva del progetto ai rischi (ad esempio, il *risk efficiency index*, l'analisi di tolleranza dei rischi, analisi delle reserve relative ai rischi, analisi delle tendenze delle metriche relative ai rischi, *risk taxonomy, risk connectivity analysis*, analisi Monte Carlo relativa a tutti gli obiettivi di progetto, Project *risk surveys* e analisi di correlazione dei rischi)
- analisi statistica base ed avanzata
- strumenti e tecniche di stima per supportare i processi decisionali (ad esempio, prioritizzazione, analisi costi/benefici, analisi per analogia, parametrica, e bottom-up)
- analisi della varianza
- analisi earned value
- *PMI Code of Ethics and Professional Conduct*

Avere capacità nel:

- presentare a livello orale, scritto e grafico le informazioni relative ai rischi
- tailoring information to all levels of stakeholders
- fare interviste efficaci
- raccogliere, gestire, analizzare e validare i dati sui rischi
- problem solving
- ascolto attivo
- risoluzione dei conflitti
- esprimere informazioni astratte e complesse
- influenzare senza imporre
- coaching e mentoring

CAPITOLO

4 BASICS

Il Project Risk Management non è un mondo a sé. Per essere un *Professional Risk Manager* si deve avere una certa conoscenza in vari ambiti. In questo capitolo sono raccolte tutte quelle informazioni che un risk manager utilizza durante il suo lavoro (e per questo motivo, potenziali elementi di domanda durante l'esame).

4.1 Matematica

Durante l'esame potrebbe essere necessario fare dei semplici calcoli per rispondere a qualche domanda. Concetti di statistica sono di particolare importanza nel risk management, ma non preoccupiamoci troppo, basta conoscere le formule base come ad esempio, quella per il calcolo della media.

4.2 Calcolo delle Probabilità

Nelle varie analisi durante la gestione dei rischi, il calcolo della probabilità è sicuramente uno degli elementi più importanti. Nell'esame potrebbero esserci riferimenti o domande dirette sul calcolo della probabilità per rischi correlati o non correlati. (Vedi Appendice A per un'introduzione alla probabilità.)

4.3 Il Risk Model

Il rischio può essere rappresentato matematicamente attraverso questa semplice formula:

$$\text{Rischio} = \text{Probabilità} \times \text{Impatto}$$

Questa rappresentazione matematica (modello) dovrebbe fornirci una miglior comprensione del concetto di rischio e di come funziona. La sopra citata formula ci dice che il rischio è il prodotto di due parametri, la probabilità e l'impatto. Il rischio può aumentare o diminuire se uno dei due elementi aumenta o diminuisce, allo stesso modo possiamo controllare il rischio (ad esempio minimizzarlo) andando a ridurre la sua probabilità o il suo impatto o entrambi. Se riusciamo a far decrescere uno dei parametri fino a zero il rischio viene eliminato.

4.4 Media (Average)

Per trovare la media di un insieme di numeri, basta sommarli tutti e dividerli per il numero stesso di elementi. Esempio: per i numeri 2, 3, 4, 9 la media è 4,5

$$\text{Media} = \frac{1}{n}\sum_{i=1}^{n} x_i$$

Determinare la media è un facile modo per avere il valore atteso di un set di dati

4.5 Moda

La moda è quel dato che appare più volte, ad esempio su 3,5,6,8,9,6,5,4,6,2,6, la moda sarà il numero 6 in quanto appare 4 volte.

4.6 Mediana

La mediana di n numeri si ottiene ordinando in modo crescente i numeri stessi e identificando il numero centrale. Ad esempio, per i numeri 2,4,6,3,8,5,7 dobbiamo prima ordinare in modo crescente: 2,3,4,5,6,7,8 e individuare il numero centrale, in questo caso 5. Se il numero dei dati è pari, la mediana è la media dei numeri centrali. Ad esempio: 2,5,3,6, prima ordiniamo: 2,3,5,6 poi facciamo la media dei numeri centrali: "3 + 5" /"2" = 4

4.7 Deviazione Standard

La deviazione standard ci mostra quanto degli elementi siano lontani dalla loro media. Nell'esame ci verrà chiesto di calcolare la deviazione standard per un insieme di numeri e la formula da utilizzare e la formula N1:

N1[1]: $\qquad \text{DEVIAZIONE STANDARD} = \sqrt{\frac{1}{N}\sum_{i=1}^{n}(x_i + \mu)^2}$

---

[1] La formula presentata è relativa alla deviazione standard di una intera popolazione. Nel

N2: $\qquad$ DEVIAZIONE STANDARD $= \sqrt{\frac{1}{(n-1)} \sum_{i=1}^{n}(x_i + \bar{x})^2}$

Durante l'esame non saremo in grado di calcolare direttamente la deviazione standard usando la calcolatrice del pc, perciò dovrete seguire alcuni passi come mostrato nell'esempio seguente. Calcolare la deviazione standard di 2, 4, 5 e 7:

- A. 1,802
- B. 2,115
- C. 1,929
- D. 2,005

Per rispondere a questa domanda ci vorrebbero pochi secondi avendo a disposizione una calcolatrice scientifica, ma, come già ricordato, la calcolatrice a nostra disposizione è semplice e non ci permette di fare calcoli complessi.

A questo punto, da buoni risk manager cerchiamo una soluzione!

Per prima cosa dobbiamo calcolare la media: [(2+4+5+7)/4=4,5]. Poi sottraiamo ogni singolo numero dalla media e moltiplichiamo il risultato per se stesso. Per semplicità riportiamo il tutto in una tabella, tabella 4.1. Ora, sommiamo i risultati dell'ultima colonna e dividiamo per il numero di elementi dati [(6,25+0,25+0,25+6,25)/(4)=3,25 (media dei risultati).

Tabella 4.1 - Valori per calcolo deviazione standard

Valori	Media	Valori – Media (non c'è bisogno del segno meno)	Quadrato del risultato
2	4,5	(2-4,5)=2,5	(2,5)*(2,5)=6,25
4	4,5	(4-4,5)=0,5	(0,5)*(0,5)=0,25
5	4,5	(5-4,5)=0,5	(0,5)*(0,5)=0,25
7	4,5	(7-4,5)=2,5	(2,5)*(2,5)=6,25

Ora dobbiamo calcolare la radice quadrata di 3,25 ma la calcolatrice a nostra disposizione non ha il pulsante per calcolarla, perciò lavoriamo al contrario.

Utilizziamo i valori dati nelle risposte e calcoliamo i rispettivi quadrati:

---

caso si debba calcolare la deviazione standard di un campione la formula è la n.2

Tabella 4.2 - Valorizzazione della deviazione standard

Valori delle risposte	Quadrato dei valori delle risposte	Media dei risultati
A) 1,802	(1,802*1,802) = 3,25	3,25
B) 2,115	(2,115*2,115) = 4,47	3,25
C) 1,929	(1,929*1,929) = 3,71	3,25
D) 2,005	(2,005*2,005) = 4,02	3,25

La risposta A è quella corretta perché moltiplicando 1,802 per se stesso abbiamo 3,25, cioè il valore ottenuto dai nostri calcoli.

4.8 Expected Monetary Value

L'analisi del valore monetario atteso (*Expected Monetary Value - EMV*) rappresenta un concetto statistico che ci permette di calcolare e documentare i possibili effetti di una decisione e gli scenari alternativi che possono o meno verificarsi. Con l'analisi del valore monetario atteso è possibile quantificare il valore atteso per un rischio incorporando nel valore medesimo l'incertezza ad esso connessa, con la formula:

$$EMV = P \text{ (probabilità)} \times I \text{ (impatto)}$$

dove P è la probabilità di accadimento del rischio e I il valore economico dell'impatto del rischio, ovvero valore del danno/vantaggio provocato dal rischio negativo/positivo. Il valore monetario atteso può essere utilizzato sia per eseguire una nuova prioritizzazione dei rischi a seguito dell'analisi quantitativa dei rischi di progetto, sia per valutare l'accantonamento economico, o riserva di contingenza (*contingency reserve*) necessaria per gestire i danni (se il rischio è negativo) o cogliere l'opportunità (se il rischio è positivo). Il valore monetario atteso ci indica anche il limite di spesa per gestire il rischio. Se, ad esempio, consideriamo un rischio con il 30% d probabilità di accadimento e 10.000 euro di impatto, l'EMV (3.000 euro) ci dice che se riusciamo a gestire o eliminare il rischio attraverso una risposta che rientri in un costo di 3.000 euro, la nostra azione può essere un buon investimento.

4.9 Analisi delle riserve

L'analisi delle riserve avviene sia nei processi di gestione dei tempi che in quelli di gestione dei costi. Servono ovviamente per determinare quelle riserve di tempo o di denaro che ci permettono di gestire le situazioni che, identificate (*known-unknown*) o non identificate (*unknown-unknown*), si possono manifestare e impattare sull'andamento del nostro progetto. Ci sono due tipi di riserve[2]: le riserve di contingenza (*contingency reserve* - come ad esempio la riserva di denaro accantonata per far fronte a tutti quei rischi identificati e residui che rimangono dopo il *risk response* Plan*ning*) e le riserve di gestione (management *reserve* – per gestire ciò che non si è identificato o non si poteva identificare).

L'aggiunta di riserve è necessaria, ed è anche parte della responsabilità professionale di un project manager includerle nel progetto stesso. Alcuni dicono che la prima cosa che il management dovrebbe fare è togliere le riserve dal *budget*, in base al fatto che se le riserve ci sono, sicuramente verranno utilizzate. Le riserve sono come le attività, sono necessarie al fine di descrivere il costo e la durata totale del progetto. Immaginiamo di avere una delle seguenti situazioni nel nostro progetto:

- a causa di allontanamento del personale, componenti critici del progetto vengono ritardati o non eseguiti;
- a causa di dati errati provenienti da fonti non controllate, lavoro aggiuntivo è stato necessario per eliminare tali dati con conseguente ritardo nel progetto.

Queste situazioni negative possono tranquillamente accadere in un progetto, ma c'è qualcosa che manca! Se queste situazioni fossero state identificate come potenziali rischi e le relative risposte pianificate e messe in campo, insieme ad una determinazione delle riserve, questi eventi negativi sarebbero stati controllati e le relative conseguenze non sarebbero state interamente subite.

4.9.1 Management Reserve

La management reserve normalmente è quantificata attraverso una percentuale del costo totale del progetto e di solito ricade in un range che va dal 5% al 15% in base al metodo di valutazione usato.

4.9.2 Contingency Reserve

Come detto la riserva di contingenza è un accantonamento di denaro per far fronte a tutti quei rischi identificati e residui che rimangono dopo il *risk response* Plan*ning*. I metodi specificati di seguito sono metodi che possono essere applicati per il calcolo delle riserve in generale, in questo caso sono proposte come metodi per la quantificazione della *contingency reserve*.

---

[2]Le definizioni per le riserve variano ampiamente e non esiste uno standard chiaro e determinato. Quelle proposte sono le più comuni ed utilizzate.

- Metodo 1: 10%

    Si determina una percentuale del costo e del tempo totale di progetto per entrambe le riserve (ad esempio il 10%). E' un tipo di quantificazione delle riserve da non favorire in quanto non basata sui rischi di progetto.

- Metodo 2: Ipotesi

    Se i rischi sono stati analizzati solo qualitativamente, si ipotizza l'ammontare della riserva di contingenza del tempo e del costo basandoci sul numero e sulla pericolosità dei rischi e la si somma alle schedulazione di progetto e al budget per generare la schedulazione e il budget finale del progetto. Aggiungiamo una riserva di gestione (management reserve) basandovi su un percentuale del costo di progetto (ad esempio 5%).

- Metodo 3: Valore Monetario Atteso

    Se i rischi vengono analizzati quantitativamente, prendiamo il costo totale di tutte le attività (il totale dei costi diretti, i costi overhead e il margine di profitto). Calcoliamo attraverso il metodo dell'expected monetary value, il valore della contingency reserve. Aggiungiamo una riserva di gestione (management reserve) basandovi su un percentuale del costo di progetto (ad esempio 5%). Il totale è il budget totale di progetto. Questo è il metodo preferito. Dal momento che è una misurazione realistica e oggettiva, ha il più grande impatto nel diminuire i rischi di progetto (per cui diminuzione dei tempi e dei costi). Fornisce il miglior quadro di dettaglio del progetto indicando dove andare a focalizzare i nostri sforzi durante il progetto.

- Metodo 4: Simulazione Montecarlo

    Per determinare le riserve per i tempi attraverso la simulazione Montecarlo, dovremmo fare la differenza tra la nostra stima di durata del progetto dopo il risk response planning e il risultato fornito dalla simulazione. Dovremo decidere quale risultato fornito dalla simulazione utilizzare, se la data che rappresenta il 100% di probabilità di durata del progetto o dei valori inferiori come ad esempio l'80% o 90%. Allo stesso modo determineremo la riserva per i costi facendo la differenza tra la nostra stima di costo del progetto dopo la risposta ai rischi e il risultato del 100% (o 80% o 90%) determinato dalla simulazione Monte Carlo. Attraverso i passaggi seguenti possiamo determinare una riserva di contingency usando la simulazione Montecarlo:

    - Determinare una probabilità che sia accettabile (80% - 90%);
    - Attraverso la simulazione vedere quale siano i tempi e i costi associati a tale probabilità;

- Tali valori sono il budget e la durata del progetto probabilistici;
- Sottraiamo la durata del progetto e i costi stimati durante la pianificazione dalla durata totale e dai costi totali;
- La differenza è la contingency reserve.

Questo metodo non è il metodo migliore per determinare la contingency.

4.10 Stima a tre punti

La stima a tre punti, viene utilizzata per calcolare il risultato medio atteso di tre stime: quella più probabile, quella ottimistica e quella pessimistica.

Nel caso volessimo calcolare la media attesa della durata di un'attività parleremo di EAD (*Expected Average Duration*). Per calcolare il valore atteso, basandoci su una distribuzione BetaPERT[3] si utilizza la formula:

$$\text{VALORE ATTESO} = \frac{(\text{caso migliore} + 4 * \text{caso più probabile} + \text{caso peggiore})}{6}$$

Nel caso ci basassimo su una distribuzione Triangolare utilizzeremo la seguente formula:

$$\text{VALORE ATTESO} = \frac{(\text{caso migliore} + \text{caso più probabile} + \text{caso peggiore})}{3}$$

Esempio: Calcoliamo la durata attesa per il montaggio di un auto in catena di produzione avendo a disposizione le seguenti informazioni: caso migliore: 43 ore, caso più probabile: 49 ore, caso peggiore: 62 ore.

Risposta: durata attesa = [43+4*(49)+62]/6= 50,2 ore

4.11 Albero delle decisioni

Gli alberi delle decisioni vengono utilizzati come strumenti per scegliere tra varie possibilità (alternative). Vengono utilizzati per scegliere quale opzione ci costa di meno o quale ci può portare più profitto. È simile al calcolo dell'EMV. Nel calcolo attraverso l'albero delle decisioni dobbiamo ricordare di considerare un ramo alla volta, in quanto ogni ramo definisce il 100% delle possibilità per la scelta

---

[3] Ricordiamo che la distribuzione BetaPERT non è la distribuzione Beta. La distribuzione BetaPERT è determinabile attraverso i tre valori di cui si parla nel paragrafo e non è standard, cioè ogni software potrebbe presentare una propria distribuzione BetaPERT.

proposta. Facciamo un esempio attraverso quella che potrebbe essere una domanda di esame:

Sei il PM di un progetto di costruzione di un ospedale. Stai decidendo di esternalizzare la costruzione di un laboratorio. Puoi scegliere tra più contractor. Il contractor A ti propone un costo di realizzazione di 700.000 euro mentre il contractor B ti propone un costo di 630.000 euro. Il contractor A, però, è un'azienda solida e ha una disponibilità di forza lavoro maggiore. C'è una penale nel caso di ritardo nella costruzione del laboratorio per 170.000 euro. Stimi che il contractor A abbia una probabilità del 10% di finire il lavoro in ritardo mentre il contractor B ha una probabilità del 15%. Quale contractor sceglieresti?

A questo punto iniziamo la nostra analisi e i nostri calcoli.

Step 1: Disegniamo un albero con le possibili opzioni (da sinistra verso destra). Scriviamo l'evento all'interno di un rettangolo e, da esso, disegniamo le varie opzioni. Dal primo rettangolo abbiamo due opzioni, o scegliere il contractor A oppure il contractor B. Per ognuno dei contractor si hanno due possibilità, o un ritardo, ad esempio nella consegna del materiale, o nessun ritardo. Disegniamo queste possibilità in altri rettangoli e scriviamo la probabilità di accadimento in percentuale sulle linee che uniscono i rettangoli. Il tutto è mostrato nella figura seguente.

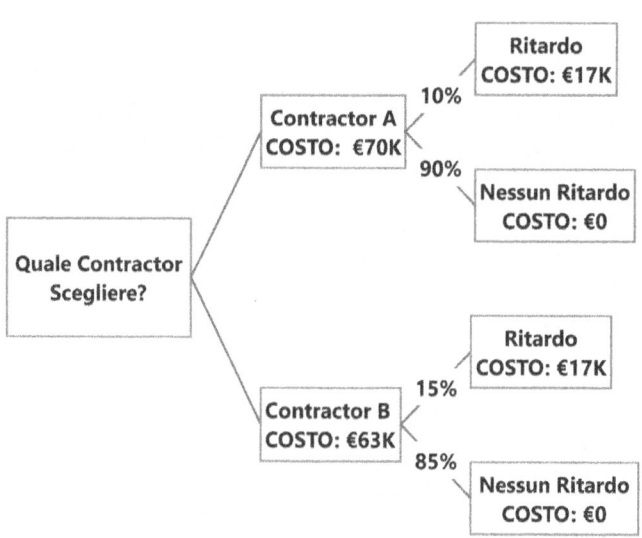

Step 2: Adesso lavoriamo al contrario da destra a sinistra. Calcoliamo il costo complessivo di ogni rettangolo che origina due o più rettangoli.

Per il contractor A:

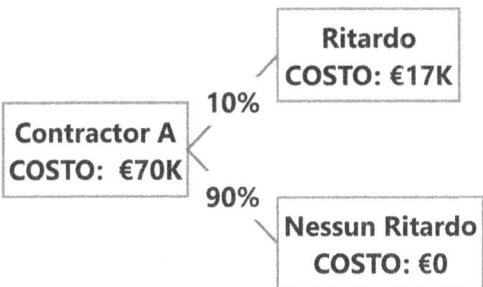

Il valore monetario atteso della scelta del contractor A è pari al costo iniziale di 700.000 più il possibile costo del ritardo. Calcoliamo il costo del ritardo nel modo seguente:

$$VMA (A) = (\text{costo del ritardo}) + (\text{costo del non ritardo}) =$$

$$= (0,1*170.000)+(0,9*0)= €17.000$$

Perciò il costo totale per l'affidamento dei lavori al contractor A è pari al costo iniziale €700.000 più il costo del ritardo €17.000, per un totale di 717.000 euro.
Per il contractor B:

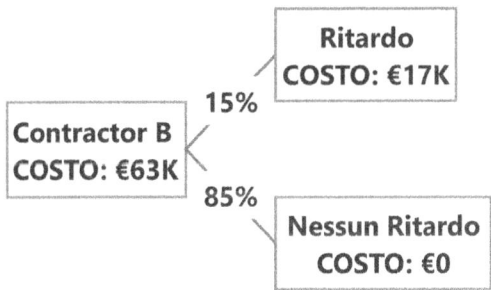

Il valore monetario atteso per l'affidamento dei lavori al contractor B è, come per il contractor A, dato da:

$$VMA (B) = (\text{costo del ritardo}) + (\text{costo del non ritardo}) =$$

$$=(0,15*170.000)+(0,85*0)=€25.500$$

Per cui il costo totale è pari al costo iniziale di €630.000 più il costo del ritardo €25.500, per un totale di €655.500. Per risolvere il problema ricordiamoci che stiamo parlando di costi, non profitti, per cui dobbiamo scegliere il valore più basso (l'opzione meno cara), in questo caso il contractor B.

> **NOTA** Cosa succederebbe se la probabilità di ritardo per il contractor B fosse del 60%? E se inserissimo un terzo e un quarto contractor? Date una risposta!

Se ottenessimo un bonus nel caso in cui realizzassimo il laboratorio nei tempi previsti cosa succederebbe? La soluzione al problema seguirebbe la stessa logica ma dovremmo differenziare le perdite dai profitti. Se il ministero della salute ci desse un bonus di 15.000 euro per la realizzazione nei tempi previsti del laboratorio, dovremmo fare attenzione a quali valori sommare e quali sottrarre. Facciamo l'esempio sul contractor A,

$$VMA (A) = (costo\ del\ ritardo) + (costo\ del\ non\ ritardo) =$$

$$= (0,1*170.000)+(0,9*15.000)$$

attenzione che qui parliamo di perdite e profitti per cui dobbiamo sottrarre i profitti dalle perdite

$$= (-€\ 17.000 + €13.500) = €\ -3.500\ (perdita)$$

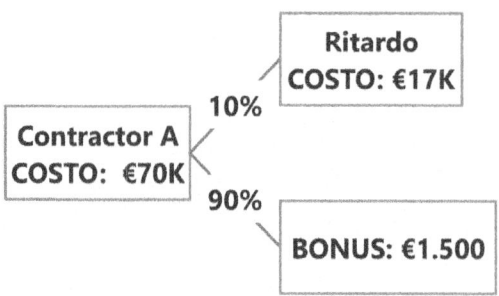

4.12 Metodo dell'Earned Value

L'Earned Value Method è una tecnica matematica che mette a confronto i dati relativi all'esecuzione con i dati di pianificazione in termini di costo e tempi. L'EVM collega i costi di progetto ai tempi in modo da evitare qualsiasi fuorviante interpretazione delle performance di progetto.

Per esempio, potremmo rilevare di aver speso meno di quanto pianificato, ma ciò potrebbe essere dato da un minor lavoro eseguito rispetto al piano di gestione.

Dall'altro lato potremmo trovarci in anticipo sui tempi perché stiamo spendendo di più. L'EVM fornisce informazioni sul reale progresso del nostro progetto e ci aiuta a identificare variazioni che possono rivelarsi veri e propri problemi.

Il metodo si basa sull'identificazione per ogni attività (e quindi come sommatoria per l'intero progetto o per parti di esso, esempio un WP o un nodo di WBS) di alcuni valori valutati a una specifica data di rilevazione ("avanzamento"):

- PV – Planned Value, valore pianificato, preventivo del lavoro schedulato;
- EV – Earned Value, non tradotto in italiano, valore a preventivo del lavoro effettivamente svolto;
- AC – Actual Cost, costo effettivo, consuntivo economico del lavoro realizzato.

Il PV del progetto viene dedotto dalla baseline dei costi, come proiezione sull'asse dei costi del punto d'intersezione della curva a S con la linea della data d'avanzamento. L'EV del progetto viene calcolato come sommatoria degli EV delle attività completate e in avanzamento alla data di rilevazione (*date of analysis*) del progetto. L'EV della singola attività viene calcolato come applicazione della percentuale di avanzamento fisico dell'attività applicata al budget della stessa attività, ovvero:

$$EV \text{ (attività)} = PPC \text{ (attività)} \times Budget \text{ (costo impegnato)}$$

PPC è la percentuale di avanzamento fisico (*Physical Percent Complete*) dell'attività, ovvero la percentuale di prodotto/servizio effettivamente realizzato sull'attività. *L'Earned Value* si definisce spesso anche come valore del realizzato o valore del maturato (ai costi di budget).

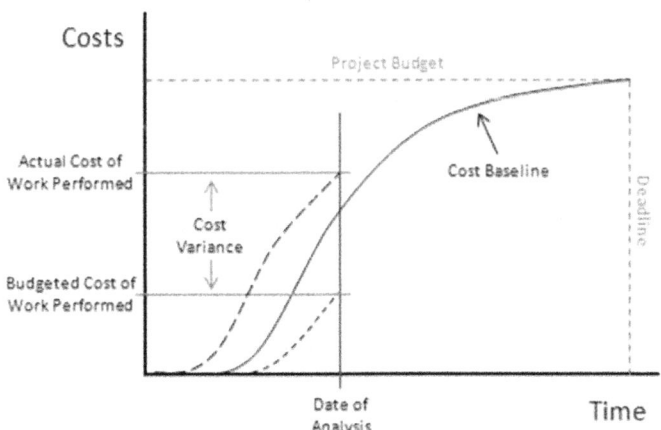

Ci sono molte formule nel metodo dell'EV per fare varie analisi, le più importanti da ricordare sono:

- CPI (cost performance index - indice di performance dei costi), come rapporto tra l'EV e l'AC (EV/AC)

Se il CPI è maggiore di 1 (CPI>1), il valore indica che stiamo spendendo meno di quanto pianificato alla data; se inferiore a 1 (CPI<1) significa che stiamo spendendo di più di quanto pianificato.

- SPI (schedule performance index - indice di performance dei tempi), come rapporto tra l'EV e il PV (EV/PV)

Se l'SPI è maggiore di 1 (SPI>1) significa che siamo in anticipo rispetto ai tempi previsti dal piano di progetto, se inferiore a 1 (SPI<1) siamo in ritardo.

4.13 Modelli e Simulazioni

I modelli e le simulazioni hanno vari vantaggi tra cui essere relativamente poco dispendiosi e metterci in condizione di fare test su un grande numero di scenari anche molto diversi tra loro. Le simulazioni sono pratiche e convenienti.

Consideriamo, come esempio, il voler studiare gli effetti dell'erosione delle coste di un'isola da parte delle onde; possiamo utilizzare delle simulazioni costruendo un modello. Costruiamo un parallelepipedo a mo' di piccola piscina con dell'acqua e inseriamo un'isola artificiale. Colleghiamo un piccolo motorino a un pezzo di plastica che muovendosi su e giù, sposta l'acqua simulando le onde del mare. La simulazione può essere gestita variando la velocità del motore e osservando gli effetti.

Avremo bisogno di questi stessi elementi anche per le simulazioni dei rischi. Per prima cosa dovremo costruire un modello del progetto utilizzando, ad esempio, la *work breakdown structure* e il *network diagram*. Definiremo i tempi, le risorse e i relativi ruoli per le attività di progetto. Per finire assegneremo ad ogni rischio la propria probabilità di accadimento e l'impatto che avrà sulle attività di progetto. I risultati di una simulazione valorizzano la probabilità di finire il nostro progetto esattamente on *budget* oppure on time.

Per esempio, il risultato potrebbe essere la determinazione di un 68% di probabilità di finire il progetto nel budget assegnato di 500.000 euro. Queste informazioni ci possono aiutare nelle attività decisionali relative ad un re-budgeting. Le simulazioni sono strumenti potenti perché attraverso di esse possiamo testare tutti i rischi identificati e i loro relativi effetti. Certo è, che sono attività complesse data la grande possibilità associata agli impatti e probabilità dei rischi.

Per visualizzare mentalmente una simulazione, consideriamo un progetto di sviluppo software. Stendiamo sul pavimento un ingrandimento del reticolo di progetto e poi chiediamo a qualcuno di camminarci sopra seguendo i legami. Alla stessa persona facciamo tenere con una mano un sacchetto corrispondente al budget stimato e nell'altra un cronometro.

La regola è che per ogni task la persona deve attendere il tempo stimato dalla pianificazione e poi pagare il relativo costo. In una situazione normale alla fine del diagramma la persona dovrebbe aver speso l'intero budget e il cronometro essere a zero come da previsione. Ora, con lo stesso diagramma, inseriamo dei rischi rappresentati da dei cancelli (per simulare dei ritardi non pianificati) e un sacchetto raccogli denaro (per simulare costi non pianificati). In più, immaginiamo una situazione molto dinamica dove migliaia di persone entrano nel sistema portandosi dietro molti foglietti con su scritto "*what-if?*" a rappresentare i rischi e i loro impatti.

Ad esempio, che succede se il rischio si manifesta? E se non si manifesta? E se si manifesta con l'impatto previsto? E se l'impatto fosse maggiore di quello atteso? Nella simulazione proposta ci saranno persone contente e tristi e rappresenteranno progetti finiti con successo o meno. Se avessimo mille persone all'interno del modello proposto e solo trecento uscissero dal percorso con ancora dei soldi nella loro mano, allora potremmo dire di avere il 30% di chance di finire il progetto nei limiti del budget previsto.

Le simulazioni ci permettono di esplorare tutti gli scenari in maniera veloce e organizzata.

NOTA All'esame, aspettatevi domande sulle simulazioni. Queste domande tendono a verificare la conoscenza della definizione di simulazioni e modelli, ma spero che dopo aver positivamente passato il vostro esame, investiate un pò di tempo nello studio e la scoperta del mondo delle simulazioni.

Tra le varie possibilità, la simulazione Monte Carlo è sicuramente la più utilizzata. La Monte Carlo è una tecnica usata per generare numeri da utilizzare come input per le simulazioni. Invece di utilizzare un singolo numero (come la stima più probabile della stima a tre punti), utilizziamo tutte le possibili stime (attraverso una distribuzione) ottenendo così tutti i possibili risultati.

Per esempio se stimiamo che il prezzo di un sacco di cemento sia di 10 euro ma non meno di 8 e non più di 12 allora è giustificato l'uso della stima a tre punti per ottenere un valore atteso. Nella simulazione Monte Carlo invece utilizziamo tutti i valori compresi tra 8 e 12. Non solo, utilizzeremo i numeri rispetto alla loro possibilità di manifestarsi, per cui utilizzeremo numeri vicino al più probabile prezzo di 10 euro più che valori distanti sia verso il basso che verso l'alto. Perciò la distribuzione è un intervallo di numeri organizzato sulla loro probabilità di verificarsi.

La simulazione Monte Carlo permette di utilizzare un set di numeri attesi invece che un singolo numero più probabile, in questo modo si incrementa l'accuratezza del risultato. Ci sono vari tipi di distribuzione che possono essere utilizzati nella simulazione Monte Carlo, verranno esaminati tra breve nel capitolo.

La Monte Carlo è un argomento molto interessante, ma per l'esame ricordiamo che:

- la Monte Carlo è utilizzata per generare numeri casuali nella simulazione
- la Monte Carlo ci aiuta a ridurre l'incertezza, per cui il rischio
- la Monte Carlo utilizza le distribuzioni probabilistiche

NOTA Per una simulazione, la prima cosa che vi serve è un modello. Per fare una simulazione, avete bisogno di dati da processare. I dati di input vi vengono forniti dalla tecnica Monte Carlo. La Monte Carlo è una formula e pertanto ha bisogno di utilizzare una distribuzione per poter generare i numeri basandosi sulla loro probabilità di accadimento. Una volta che la simulazione è finita, avrete molti dati di output che richiedono un'analisi. Normalmente le simulazioni vengono fatte attraverso l'uso di computer.

4.14 Tipi di Contratto

I rischi di progetto possono essere generati dal tipo di contratto che si è deciso di stipulare e allo stesso modo attraverso clausole di contratto possiamo controllare i rischi stessi.

Ci sono due tipologie di contratto:

- contratti a prezzo fisso (Fixed Price Contract) – per trasferire integralmente il rischio al venditore/fornitore;
- contratti a prezzo variabile (Cost-Plus Contract) – per trasferire parzialmente il rischio di extra costo al venditore/fornitore.

4.14.1 Contratti a prezzo fisso:

- contratto a prezzo fisso (*FFP – Firm Fixed Price*), anche detto a importo forfettario (*Lump-Sum*), in cui la cifra pattuita non è soggetta a revisione, tranne eventuali incentivi per il raggiungimento di obiettivi prefissati (esempio: un obiettivo temporale), e non dipende dalle spese nelle quali il fornitore incorre. La sua forma più semplice è un ordine d'acquisto (*Purchase Order*).

Caratteristiche del contratto a prezzo fisso:
- dà garanzia all'acquirente sul costo finale;
- richiede un'esatta conoscenza dei requisiti prima dell'assegnazione del contratto;
- assicura l'acquirente di ricezione di avviso immediato da parte del fornitore su ritardi e costi aggiuntivi derivanti da modifiche e situazioni particolari;
- porta a una minima quantità di verifiche sul lavoro da parte dell'acquirente;

è un contratto ad alto rischio per il fornitore che tipicamente fa diminuire il numero delle offerte qualificate in un'eventuale gara d'appalto;

- contratto a prezzo fisso più quota variabile (*FPIF – Fixed Price Incentive Fee*). Rispetto al contratto FFP, viene prevista una quota incentivo che può variare tramite una formula che dipende da accordi stabiliti tra le parti. Nel caso ci sia sovra-costi o sotto-costi essi verranno distribuiti tra le parti con la formula stabilita chiamata share ratio. Nel contratto FPIF si fissa un tetto massimo di prezzo (*Ceiling Price*);
- contratto a prezzo fisso con revisione prezzi (*FP-EPA – Fixed Price with Economic Fee Adjustment*). Rispetto al contratto FFP, viene prevista una clausola speciale che consente adeguamenti finali di prezzo dovuti tipicamente a inflazione o variazioni di costi per specifiche materie prime. L'applicazione della clausola comporta un aggiustamento del profitto del fornitore. È usato soprattutto in casi in cui la prestazione del fornitore si estende per un numero considerevole di anni. Il contratto FP-EPA protegge sia l'acquirente che il fornitore da variazioni di condizioni esterne.

4.14.2 Contratti a costo rimborsabile:

- contratto a rimborso spese più quota fissa (CPFF – Cost Plus Fixed Fee), che permette al fornitore di riscuotere un pagamento pari alle spese legittimamente sostenute per l'esecuzione del contratto, più un compenso fisso (Fixed Fee) di entità di solito pari a una percentuale dei costi preventivi del contratto.

  Caratteristiche:
  - necessario quando è difficile/impossibile valutare i costi del progetto;
  - tempo di stipula normalmente breve;

- vantaggio per il fornitore a finire al più presto possibile;
- potrebbe comportare eccessive modifiche al progetto da parte dell'acquirente con crescita di tempi e costi;
* contratto a rimborso spese più quota variabile (*CPIF – Cost Plus Incentive Fee*). Rispetto al contratto CPFF, il fornitore viene rimborsato delle spese legittimamente sostenute, cui viene aggiunta una quota di profitto predeterminata (incentivo) se si verifica il raggiungimento di determinati obiettivi.

    Caratteristiche:
    - utile in progetti di lunga durata o progetti tipici di ricerca e sviluppo;
    - ci sono maggiori rischi per l'acquirente che è costretto a tenere i costi bassi, per avere un maggiore incentivo;
* contratto a rimborso spese più premio (*CPAF – Cost Plus Award Fee*) in cui il fornitore viene rimborsato delle spese legittimamente sostenute, cui viene aggiunto un premio (*Award*) in base alla soddisfazione di criteri soggettivi di prestazione definiti e inseriti nel contratto.

4.15 Assunti

Quando facciamo un assunto, fondamentalmente crediamo che qualcosa accadrà senza il bisogno di verificare se abbiamo ragione oppure no.

La nostra vita sarebbe decisamente più complicata se smettessimo di fare degli assunti e ci mettessimo a verificare o dare una ragione a qualsiasi cosa. Normalmente, i nostri assunti sono ragionevoli e basati sulla nostra esperienza o conoscenza.

Alcuni esempi di assunti in un progetto possono essere:
* non ci saranno tempeste durante il progetto;
* il Project *manager* non rimarrà gravemente ferito in un incidente automobilistico;
* il prezzo del petrolio non aumenterà più di 3 dollari al barile durante il progetto;
* non ci saranno scioperi negli aeroporti che impediranno le partenze per raggiungere i luoghi dei meeting.

Per ogni progetto, è buona pratica annotare tutti gli assunti in un documento in modo da poterli analizzare o chiedere a qualcuno di aiutarci nella loro analisi. In più, se annotiamo tutti i nostri assunti, saremo in grado di poterli aggiornare durante il progetto. Quando facciamo degli assunti dobbiamo sempre ricordarci di essere ragionevoli.

Ad esempio, è ragionevole assumere che durante il nostro progetto nel deserto non nevicherà, ma non è altrettanto ragionevole assumere che mai nessuna spedizione durante tutto il progetto non possa avere un ritardo nella consegna.

4.16 Work Breakdown Structure

La Work Breakdown Structure (WBS) è uno dei primi documenti di cui abbiamo bisogno dopo aver definito lo scope. Nella WBS includiamo tutto il lavoro che deve essere fatto per realizzare i deliverable del progetto.

La possiamo utilizzare per aggiungere tempi, risorse e relazioni tra le diverse attività, in più, la WBS può essere un grande strumento di comunicazione, permettendo, attraverso la rappresentazione grafica, di informare gli stakeholder su come il lavoro è stato scomposto per arrivare alla realizzazione del prodotto o servizio per il quale il progetto è stato avviato.

Una WBS può essere rappresentata in vari modi. Quello mostrato in Fig. 4.1 è il più usato.

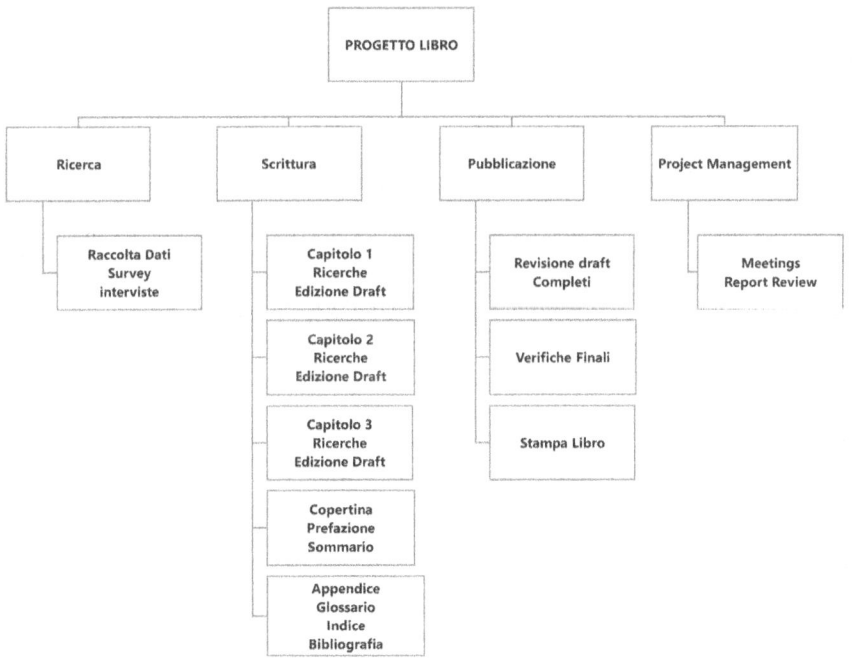

Figura 4.1 - Work Breakdown Structure

> **NOTA** La WBS molte volte è definita come una scomposizione delle attività che devono essere eseguite. Questa definizione è errata perché fa coincidere le foglie ultime della WBS, i così detti work package, con le attività. Ricordate che i work package sono dei pacchetti di lavoro che definiscono cosa deve essere prodotto attraverso delle attività. I work package contengono una o più attività, ma non sono le attività.

4.17 Reticolo di Progetto

Il reticolo di progetto è una tecnica per rappresentare il progetto graficamente. La rappresentazione mostra le relazioni tra le attività e la loro durata. Questi diagrammi possono essere molto utili nel risk management specialmente nella identificazione del rischio e nelle simulazioni.

Ad esempio, il metodo del percorso critico evidenzia attività e cammini temporalmente critici, maggiore è il numero di attività critiche maggiore è il rischio di schedulazione di progetto.

Particolarmente interessante da analizzare è la così detta "*risk convergence*". In un diagramma reticolare possono esistere attività con molti predecessori (*fan-in*) che sono soggette a maggiore indeterminazione quindi subiscono rischiosità legate alla schedulazione.

Può esistere anche la situazione contraria e cioè, attività con molti successori (*fan-out*) che possono dare rischiosità di schedulazione a parti di progetto.

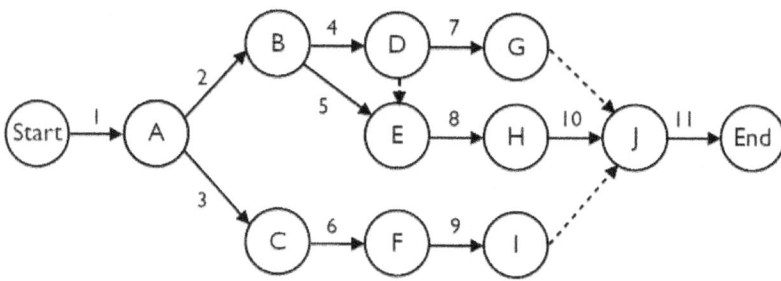

Figura 4.2 - Reticolo di progetto con il metodo ADM

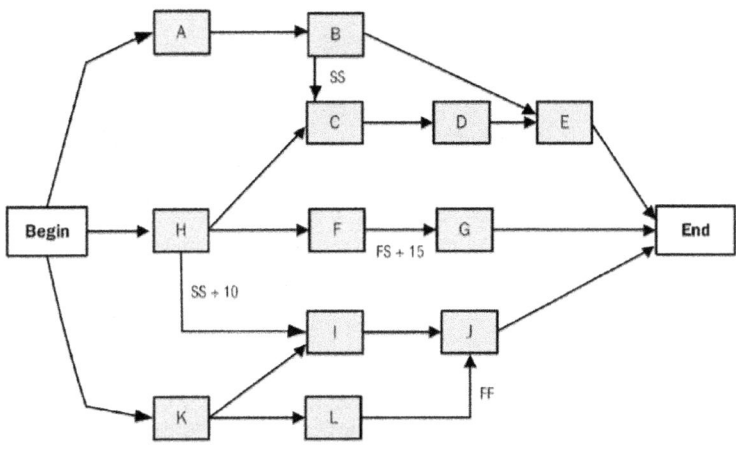

Figura 4.3 - Reticolo di progetto con il metodo PDM

4.18 Metodo del Percorso Critico

Il metodo del percorso critico – Critical Path Method (CPM) – è una tecnica di pianificazione reticolare che fornisce una rappresentazione grafica della sequenza temporale di tutti le attività che devono essere svolte affinché il progetto venga completato.

Applicando l'algoritmo del CPM si otterranno in particolare le seguenti informazioni:

- le date minime di inizio e di fine per ciascuna attività
- le date massime di inizio e di fine per ciascuna attività
- la data di fine del progetto
- gli eventuali percorsi critici che rappresentano la sequenza delle attività per le quali non è ammesso ritardo
- gli eventuali scorrimenti ammissibili per le attività che non rientrano nel percorso critico

Il reticolo viene costruito a partire dalla lista completa delle attività individuate attraverso la WBS, per ciascuna delle quali è necessario specificare le seguenti informazioni:

- descrizione e codice identificativo
- sequenze e vincoli di precedenza
- durata stimata
- milestone

Tabella 4.3 - Elenco attività

Numero	Codice WBS	Descrizione
1	1.1.1	Realizzazione scavo
2	1.1.2	Costruzione fondamenta
3	1.2.1	Realizzazione murature
4	1.2.2	Realizzazione finiture interne
5	1.2.3	Realizzazione intonaci esterni
6	1.2.4	Realizzazione rivestimento facciata
7	1.3.1	Costruzione solaio
8	1.3.2	Apposizione di tegole e pluviali

Dopo aver identificato le attività del progetto, si definiscono quali sono i vincoli logici, ossia i legami che rappresentano le dipendenze sequenziali che sussistono tra le diverse attività.

In particolare i vincoli di sequenza ammessi sono i seguenti:

- Finish To Start (FS): significa che l'attività successiva non è iniziata se l'attività precedente non è completamente terminata
- Start To Finish (SF): significa che l'attività successiva non può terminare se l'attività precedente non è iniziata
- Start To Start (SS): significa che l'attività successiva non può iniziare se l'attività precedente non è anch'essa cominciata
- Finish To Finish (FF): significa che l'attività successiva non può finire se l'attività precedente non è anch'essa finita

Tabella 4.4 - Elenco attività con predecessori

Numero	Cod. WBS	Descrizione	Predecessori
0	-	*Inizio*	-
1	1.1.1	Realizzazione scavo	0
2	1.1.2	Costruzione fondamenta	1
3	1.2.1	Realizzazione murature	2
4	1.2.2	Realizzazione finiture interne	3
5	1.2.3	Realizzazione intonaci esterni	3
6	1.2.4	Realizzazione rivestimento facciata	5
7	1.3.1	Costruzione solaio	6,4
8	1.3.2	Apposizione di tegole e pluviali	7
9	-	*Fine*	8

Dopo aver determinato i vincoli di sequenza delle attività è necessario stimare la loro durata (se non era già stato fatto nella WBS allo stesso livello di dettaglio) e costruire il calendario di progetto. L'unità di misura prescelta per definire le durate può essere di qualsiasi natura (giorni, mesi, settimane, ore, ...) ma deve essere mantenuta costante per tutte le attività. Al fine di procedere al calcolo della durata del progetto occorre inoltre definire altri due elementi:

- la data di inizio del progetto (inizio): stabilisce il momento di inizio del progetto e di norma coincide con la data di inizio dei lavori contenuta nel contratto con il cliente
- il calendario standard (workpattern): vengono definiti i giorni lavorativi e il numero di ore standard previsti per ciascuna giornata

Tabella 4.5 – Elenco attività con stima durata

N.	Cod. WBS	Descrizione	Predecessori	Durata (in settimane)
0	-	*Inizio*	-	-
1	1.1.1	Realizzazione scavo	0	2
2	1.1.2	Costruzione fondamenta	1	1,5
3	1.2.1	Realizzazione murature	2	3
4	1.2.2	Realizzazione finiture interne	3	1
5	1.2.3	Realizzazione intonaci esterni	3	2
6	1.2.4	Realizzazione rivestimento facciata	5	0,5
7	1.3.1	Costruzione solaio	6,4	1,5
8	1.3.2	Apposizione di tegole e pluviali	7	0,5
9	-	*Fine*	8	-

Al fine di garantire il regolare e corretto svolgimento delle attività del progetto, in fase di pianificazione è necessario identificare momenti chiave in corrispondenza dei quali si svolgono determinati eventi come ad esempio consegne al cliente, riunioni del team, punti intermedi di controllo. Tali eventi, definiti milestone, rappresentano attività prive di durata o con durata breve che graficamente vengono rappresentate con simboli diversi dagli altri task del progetto. Una volta definite le informazioni di input è possibile procedere all'applicazione del CPM. A tal fine è necessario seguire un procedimento che comprende le seguenti fasi:

- la costruzione del reticolo delle attività
- la determinazione delle date minime di inizio e di fine di ciascun attività
- la determinazione delle date massime di inizio e di fine del progetto
- la determinazione degli scorrimenti delle attività
- la identificazione del percorso critico

Sulla base delle sequenze delle attività si procede alla costruzione del reticolo di progetto, in cui ciascuna attività viene rappresentata attraverso un rettangolo e connessa all'attività successiva attraverso una freccia alla/e attività logicamente successive.

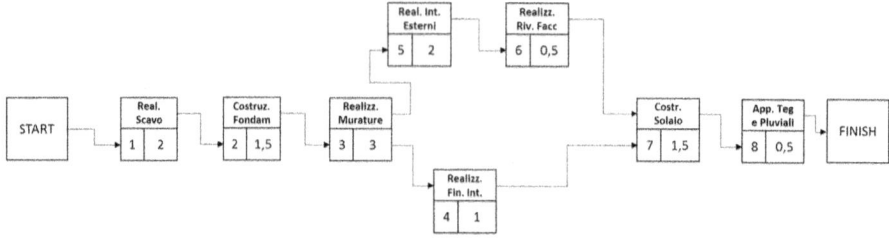

Figura 4.4 - Esempio di reticolo

La data minima di inizio – *Early Start Date* (ES) – di un'attività rappresenta la data calendario alla quale è possibile iniziare al più presto l'attività considerata assumendo che le attività precedenti non presentino ritardi. La data minima di fine – *Early Finish Date* (EF) – di un'attività rappresenta la data calendario alla quale è possibile completare al più presto l'attività considerata assumendo che le attività precedenti non presentino ritardi nel loro completamento. Per effettuare il calcolo di tali durate si procede "in avanti" seguendo le sequenze delle attività individuate dalle frecce del reticolo.

Tabella 4.6 – Elenco attività con data inizio e fine al più presto

N.	WBS	Descrizione	Predecessori	Durata	ES	EF
0	-	Inizio	-	-	1gen	1 gen
1	1.1.1	Realizzazione scavo	0	2	1 gen	14 gen
2	1.1.2	Costruzione fondamenta	1	1,5	15 gen	24 gen
3	1.2.1	Realizzazione murature	2	3	25 gen	14 feb
4	1.2.2	Realizzazione finiture interne	3	1	15 feb	21 feb
5	1.2.3	Realizzazione intonaci esterni	3	2	15 feb	28 feb
6	1.2.4	Realizzazione rivestimento facciata	5	0,5	1 mar	3 mar
7	1.3.1	Costruzione solaio	6,4	1,5	4 mar	13 mar
8	1.3.2	Apposizione di tegole e pluviali	7	0,5	14 mar	16 mar
9	-	Fine	8	-	16 mar	16 mar

Da quanto detto dunque possiamo ricavare le seguenti regole generali:

- per l'attività iniziale (inizio) si pone la data minima di inizio pari alla data minima di fine
- per le attività successive la data minima di inizio è pari alla data minima di fine dell'attività immediatamente precedente
- nel caso in cui le attività precedenti siano più di una la data minima di inizio è pari alla più alta delle date minime di fine
- per le altre attività la data minima di fine corrisponde alla somma fra la data minima di inizio e la durata dell'attività stessa
- per l'attività finale (fine) la data minima di inizio è pari alla data minima di fine del reticolo e corrisponde al massimo delle date minime di fine delle attività finali

La data massima di inizio – *Late Start Date* (LS) – di un'attività rappresenta la data calendario alla quale deve iniziare al più tardi l'attività considerata per non compromettere il tempo totale di fine progetto. La data massima di fine – *Late Finish Date* (LF) – di un'attività rappresenta la data calendario alla quale si deve completare al più tardi l'attività considerata per non compromettere il tempo totale di fine progetto.

Per effettuare il calcolo di tali durate si procede "a ritroso" a partire dall'ultima attività e seguendo le sequenze individuate dalle frecce del reticolo.

Da quanto detto dunque possiamo ricavare le seguenti regole generali:

- per l'attività finale (*fine*) la data massima di fine corrisponde alla data massima di fine dell'intero reticolo
- per le altre attività la data massima di inizio corrisponde alla differenza fra la data massima di fine dell'attività e la sua durata
- la durata totale del reticolo (e quindi del progetto) è pari all'intervallo temporale fra la data minima di inizio e la data massima di fine dell'intero reticolo

Una volta determinate e calcolate le date minime e le date massime, è possibile valutare il comportamento delle singole attività in merito alle date stabilite.

In particolare per ciascuna attività è necessario fare attenzione alla differenza fra le date massime e le date minime di inizio e di fine.

Tale differenza si definisce "scorrimento" (*float o slack*) ed indica per quanto tempo l'attività può essere ritardata senza per questo inficiare la data di fine del progetto.

Le principali tipologie di scorrimento sono le seguenti:

- scorrimento totale (total float/slack): rappresenta il massimo scorrimento di fine attività rispetto alla data minima di fine che non ritarda il tempo totale di fine progetto. si ottiene come differenza tra i tempi minimi e massimi di inizio o di fine di ciascun attività
- scorrimento libero (free float/slack): misura la massima quantità di tempo di cui un'attività può essere ritardata senza causare un ritardo nei tempi minimi di inizio delle attività successive. si calcola come differenza fra il tempo minimo di inizio dell'attività successiva e la data minima di fine dell'attività precedente

Si definiscono critiche quelle attività che presentano uno scorrimento totale nullo. Tali attività infatti non possono essere ritardate senza determinare un ritardo effettivo nell'intera durata del progetto.

Si definisce percorso critico o sentiero critico (*critical path*) la sequenza di attività critiche dal nodo di origine a quello di fine reticolo. Il percorso critico rappresenta il percorso più lungo dall'inizio alla fine del progetto e determina la durata minima del progetto stesso.

Tabella 4.7 - Elenco attività con data inizio e fine al più tardi

N	Cod. WBS	Descrizione	Pre	Dur	ES	EF	LS	LF
0	-	Inizio	-	-	1 gen	1 gen	1 gen	1 gen
1	1.1.1	Realizzazione scavo	0	2	1 gen	14 gen	1 gen	14 gen
2	1.1.2	Costruzione fondamenta	1	1,5	15 gen	24 gen	15 gen	24 gen
3	1.2.1	Realizzazione murature	2	3	25 gen	14 feb	25 gen	14 feb
4	1.2.2	Realizzazione finiture interne	3	1	15 feb	21 feb	25 feb	3 mar
5	1.2.3	Realizzazione intonaci esterni	3	2	15 feb	28 feb	15 feb	28 feb
6	1.2.4	Realizzazione rivestimento facciata	5	0,5	1 mar	3 mar	1 mar	3 mar
7	1.3.1	Costruzione solaio	6,4	1,5	4 mar	13 mar	4 mar	13 mar
8	1.3.2	Apposizione di tegole e pluviali	7	0,5	14 mar	16 mar	14 mar	16 mar
9	-	Fine	8	-	16 mar	16 mar	16 mar	16 mar

Tabella 4.8 - Elenco attività con margine di scorrimento (float)

N	Cod. WBS	Descrizione	ES	EF	LS	LF	Float totale
0	-	*Inizio*	1 gen	1 gen	1 gen	1 gen	-
1	1.1.1	Realizzazione scavo	1 gen	14 gen	1 gen	14 gen	0
2	1.1.2	Costruzione fondamenta	15 gen	24 gen	15 gen	24 gen	0
3	1.2.1	Realizzazione murature	25 gen	14 feb	25 gen	14 feb	11
4	1.2.2	Realizzazione finiture interne	15 feb	21 feb	25 feb	3 mar	0
5	1.2.3	Realizzazione intonaci esterni	15 feb	28 feb	15 feb	28 feb	0
6	1.2.4	Realizzazione rivestimento facciata	1 mar	3 mar	1 mar	3 mar	0
7	1.3.1	Costruzione solaio	4 mar	13 mar	4 mar	13 mar	0
8	1.3.2	Apposizione di tegole e pluviali	14 mar	16 mar	14 mar	16 mar	0
9	-	*Fine*	16 mar	16 mar	16 mar	16 mar	-

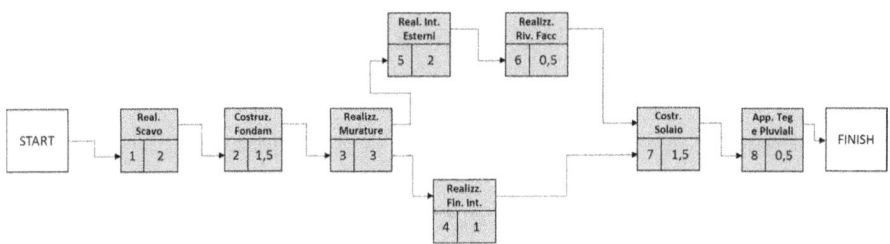

Figura 4.5 – Percorso Critico

Da quanto visto si desumono le seguenti regole generali:

- se la data minima di fine progetto è uguale alla data massima di fine progetto deve esistere almeno un percorso critico
- se la data massima di fine risulta minore rispetto alla data minima di fine si ha ipercriticità. In questo caso è necessario individuare le attività e i percorsi sui quali intervenire, se possibile, per accelerare il progetto
- se la data massima di fine è maggiore della data minima di fine non esistono attività e percorsi critici

4.19 Strumenti della Qualità (Quality Tools)

Alcuni di quelli che sono i classici strumenti della qualità, possono essere utilizzati nella gestione dei rischi, dall'identificazione al monitoraggio e controllo. Di seguito alcuni di quelli più usati:

4.19.1 Control chart:

Quella mostrata in grafico è una tipica carta di controllo (carta di Shewhart delle medie); in questa carta vengono riportate le medie delle misurazioni fatte durante il processo di produzione.

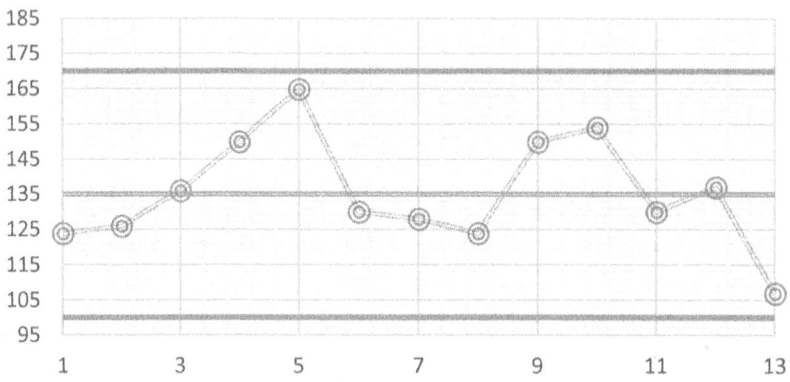

Figura 4.6 - Control Chart

Questa carta ha una linea centrale (*Central Line - Average*) che rappresenta il valore attorno al quale le misurazioni della caratteristica che si vuole analizzare, dovrebbero trovarsi se nel processo fosse presente solo una variabilità naturale.

Infatti, all'interno di un processo di produzione sono presenti due tipi di variabilità:

- la variabilità naturale o accidentale che indica l'effetto cumulato di un gran numero di piccole cause inevitabili ed incontrollabili.
- la variabilità sistematica che indica distorsioni nel processo che possono essere dovute a macchine non regolari, materie prime difettose, errori degli operatori, ecc...

L'obiettivo è quello di individuare la presenza nel processo di variabilità sistematica poiché la presenza della variabilità naturale è impossibile da eliminare e non influenza particolarmente la produzione ed infatti se all'interno di un processo di produzione è presente solo una variabilità naturale il processo si dice in controllo, mentre in presenza di variabilità sistematica il processo è detto fuori controllo.

Oltre alla linea centrale nella carta sono presenti due limiti, uno inferiore (*Lower Control Limit*) ed uno superiore (*Upper Control Limit*) che sono determinati tramite varie considerazioni statistiche.

Se all'interno del processo è presente una variabilità sistematica, e quindi qualcosa che determina errori nella produzione, uno o più punti cadranno all'esterno dell'area delimitata dai limiti di controllo.

Questo segnale permetterà di scoprire la causa dell'errore e rimuoverla velocemente dal processo, la bontà degli strumenti utilizzati si misurerà anche in base alla velocità con cui questi saranno in grado di individuare gli improvvisi cambiamenti di stato (da sotto-controllo a fuori-controllo) in modo da permettere di intervenire velocemente nell'individuazione delle cause ed attivarsi per la correzione.

In altre rappresentazioni, i grafici presentano altre due righe comprese tra quelle di controllo: il limite superiore di attenzione (*upper warning limit*), sotto la linea di controllo superiore, e il limite di attenzione inferiore (*lower warning limit*), sopra la linea di controllo inferiore.

Si dice che il processo è fuori controllo se:

- Uno o più punti si trovano fuori dei limiti di controllo
- Dividendo la carta di controllo in zone di pari ampiezza, si possono determinare situazioni non casuali come segue (dove X sta per valore medio e σ per deviazione standard):
    - Due punti consecutivi su tre cadono all'esterno dei limiti di sorveglianza posizionati a $X \pm 2\sigma$ ma rimangono all'interno dei limiti $X \pm 3\sigma$.
    - Quattro punti su cinque consecutivi cadono oltre la distanza $X \pm \sigma$.
    - Otto punti consecutivi cadono dalla stessa parte della linea centrale.
    - Sei punti consecutivi sono in ordine crescente (o decrescente).
    - Quindici punti sono nella zona compresa tra $X + \sigma$ e $X - \sigma$ (sia sopra che sotto la linea centrale).
    - Quattordici punti consecutivi si alternano a zig-zag.
    - Otto punti consecutivi si alternano all'interno della linea centrale, ma nessuno nella zona compresa tra $X + \sigma$ e $X - \sigma$.
    - Si manifesta un comportamento non casuale dei dati.

- Uno o più punti si posizionano vicino ai limiti di sorveglianza e di controllo.

4.19.2 Diagramma Cause/Effetto (Ishikawa Diagram)

Il diagramma di Ishikawa è una tecnica *manageriale* utilizzata nel settore industriale e nei servizi per individuare la/le causa/e più probabile/i di un effetto (problema). Viene anche chiamato diagramma causa-effetto o a lisca di pesce (*fishbone diagram*). Questo tipo di diagrammi causa-effetto vennero messi a punto in Giappone nel 1943 da Kaoru Ishikawa, guru della qualità totale. Sostanzialmente si tratta di una rappresentazione grafica di tutte le possibili cause relative ad un problema. Nel corso di una o più sessioni di brainstorming si esaminano i problemi e le loro possibili cause. Entrambe si rappresentano in uno o più diagrammi in macro gruppi. La rappresentazione grafica assume la forma di una lisca di pesce. Ogni causa può essere a sua volta effetto di altre cause. Ad esempio:

- Il guasto delle macchine può essere effetto di una carente progettazione;
- la manodopera poco efficiente può essere effetto di una cattiva gestione delle risorse umane;
- i metodi non sufficientemente qualificati possono essere effetto di una carente qualità della progettazione, delle specifiche o della norma tecnica di riferimento;
- i materiali possono essere effetto di carenti controlli della qualità, difetti, o lotti di materiali non conformi.

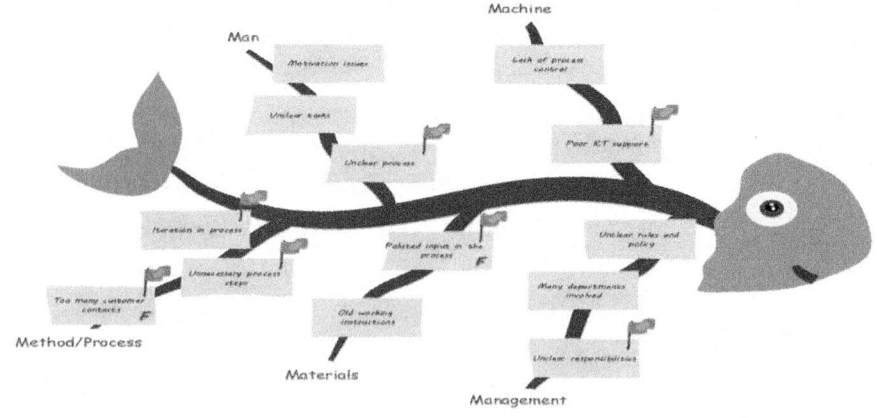

Figura 4.7 - Diagramma causa/effetto (Ishikawa)

Uno strumento particolarmente efficace per avviare questo tipo di studio sono le mappe mentali, che danno un supporto in chiave grafica e permettono di annotare gli spunti che emergono durante le sessioni di brainstorming.

Dopo il brainstorming, si costruiscono uno o più diagrammi causa-effetto dove vengono elencate tutte le possibili cause a fronte di ogni problema e raggruppate nei quattro macro gruppi sopraelencati.

Utilizzando il principio di Pareto si procede alla analisi delle cause e alla scelta della/e causa/e più frequente/probabile. Le prime due o tre cause sono quelle che hanno la maggiore influenza sui vari problemi.

4.19.3 Principio di Pareto:

Nel 1897 Pareto, studiando la distribuzione dei redditi, dimostrò che in una data regione solo pochi individui possedevano la maggior parte della ricchezza.

Questa osservazione ispirò la cosiddetta "legge 80/20", una legge empirica che fu poi riformulata anche da Joseph M. Juran, ma che è nota anche con il nome di principio di Pareto (o principio della scarsità dei fattori), e che è sintetizzabile nell'affermazione:

> considerando grandi numeri, la maggior parte degli effetti è dovuta ad un numero ristretto di cause

Questo principio, in realtà, è il risultato della distribuzione paretiana.

Naturalmente i valori 80% e 20% sono ottenuti mediante osservazioni empiriche e sono solo indicativi, ma è interessante notare come numerosi fenomeni abbiano una distribuzione statistica in linea con questi valori.

4.19.4 Diagramma di Pareto:

Il diagramma di Pareto è un grafico che rappresenta l'importanza delle differenze causate da un certo fenomeno. Esso contiene sia barre che linee grafiche, dove ogni elemento studiato è rappresentato da barre poste in ordine decrescente e la linea rappresenta invece una distribuzione cumulativa (detta curva di Lorenz).

Questo tipo di grafico può aiutare a stabilire quali siano i maggiori fattori che hanno influenza su un dato fenomeno, ed è quindi un utile strumento nelle analisi, nei processi decisionali, nella gestione della qualità ed in numerosi altri settori.

Sfruttando queste osservazioni, è possibile analizzare un insieme di dati in modo da determinare le poche variabili (fra le tante in esame) che influenzano in modo significativo i risultati finali di un determinato fenomeno (analisi di Pareto).

Graficamente viene rappresentato un diagramma con istogrammi della distribuzione percentuale di un fenomeno, ordinato in senso decrescente, affiancato al grafico delle frequenze cumulate (curva di Lorenz).

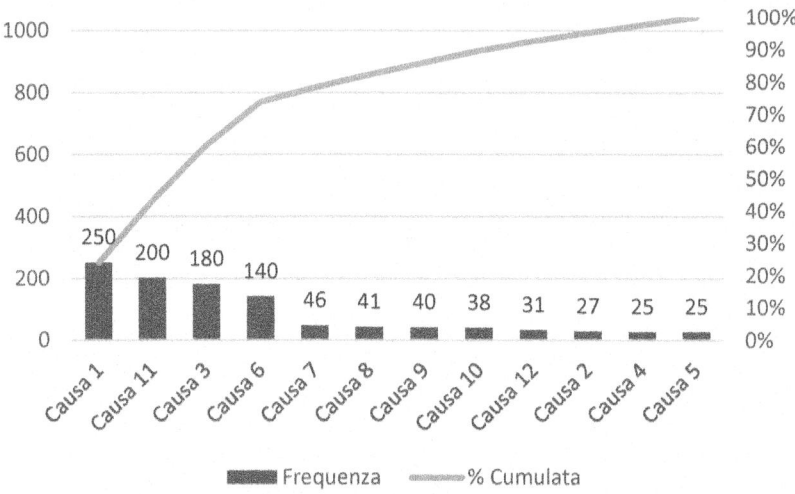

Figura 4.8 - Diagramma di Pareto

Si noti che la variabile in ordinata è continua, mentre la variabile in ascissa è discreta. Per la variabile in ascissa si calcola la numerosità relativa e si riporta nel grafico. Si noti che per questa variabile è improprio parlare di frequenza relativa, in quanto essa è "indifferenziata": ad esempio non si considera quanti difetti, ma quante tipologie di difetti. Contrariamente per l'ordinata non si considerano, ad esempio, le tipologie dei reclami e se a certi difetti sono associati certi reclami, ma un numero di reclami complessivo.

4.19.5 Scatter Diagram/ Scatter Plot/ X-Y Graph

Lo scatter diagram, o nuvola di punti, permette di verificare l'esistenza o meno di una correlazione statisticamente significativa tra due variabili, quali ad esempio la lunghezza e la larghezza.

Anche questo diagramma si avvale del sistema cartesiano; ma a differenza degli istogrammi, nello scatter diagram sia sull'asse delle ascisse che su quello delle ordinate sono rispettivamente rappresentati i valori relativi ad una variabile continua. Le osservazioni fatte su una serie di oggetti producono sul piano cartesiano un insieme di punti, ognuno dei quali corrisponde ad una unità di rilevazione. L'interpretazione di queste nuvole di punti può tendere verso due diversi tipi di informazioni: in primo luogo la distribuzione dei punti sul diagramma evidenzia il livello di correlazione esistente tra le diverse unità di osservazione (nessuna, bassa, media, alta, perfetta). In secondo luogo, l'intero campione di punti permette di stabilire il tipo di correlazione esistente tra i due attributi (positivo, negativo, curvo, parzialmente lineare). Un chiaro e utile esempio di questo tipo di procedimento può essere il seguente: si ipotizzi di dover valutare la relazione tra due fattori che influenzano le caratteristiche di un prodotto in un processo manifatturiero.Prendiamo un tubo di gomma che viene tagliato a misura da una lama mentre scorre su di un nastro trasportatore. Il primo elemento da considerare è la velocità di scorrimento del nastro trasportatore e il secondo la lunghezza di taglio del prodotto. Il problema rilevato è una decisa variabilità nella lunghezza di taglio del tubo di gomma. Il nostro obiettivo è determinare se esiste una relazione tra la velocità del nastro trasportatore e la lunghezza di taglio del tubo. Utilizzando la tabella 4.8, riportiamo il dati in un diagramma la cui rappresentazione grafica è proposta in fig. 4.10,

Tabella 4.9 - Tabella varabili per Scatter Diagram

Numero	Velocità Nastro (cm/sec)	Lunghezza Taglio (mm)	Numero	Velocità Nastro (cm/sec)	Lunghezza Taglio (mm)
1	8.1	1046	26	7.3	1020
2	7.9	1030	27	8.0	1040
3	8.0	1039	28	5.5	1013
4	7.4	1027	29	6.9	1025
5	7.5	1028	30	7.0	1020
6	7.4	1025	31	7.5	1022
7	8.0	1035	32	6.7	1020
8	7.2	1015	33	8.1	1035
9	8.0	1038	34	9.0	1052
10	7.9	1036	35	7.1	1021
11	7.6	1026	36	7.6	1024
12	8.0	1041	37	8.5	1029
13	7.5	1029	38	7.5	1015
14	7.2	1010	39	8.0	1030
15	7.3	1020	40	5.2	1010
16	7.4	1024	41	6.5	1025
17	8.0	1034	42	8.0	1031
18	8.0	1036	43	6.9	1030
19	7.4	1023	44	7.6	1034
20	7.1	1011	45	6.5	1034
21	7.9	1030	46	5.5	1020
22	7.3	1014	47	6.0	1025
23	7.8	1030	48	5.5	1023

Possiamo vedere che esiste una correlazione tra l'incremento di velocità del nastro e la lunghezza del taglio del tubo di plastica, anche se probabilmente non è l'unica causa. La dispersione del taglio del tubo per la stessa velocità del nastro (notiamo ad esempio alla velocità di 8cm/sec) è data da altre cause, questo richiede ulteriori attività di indagine data la parziale relazione tra le variabili.

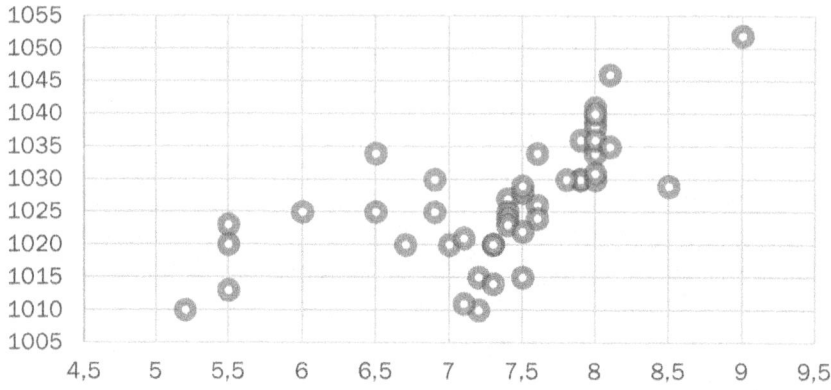

Figura 4.9 - Scatter Diagram

4.19.6 Design of Experiements

Il *Design of Experiments* (DOE – in italiano Progettazione degli Esperimenti) è un potente strumento che può essere utilizzato in una moltitudine di situazione sperimentali. Il DOE permette che fattori multipli possano essere manipolati per determinare quale sia il loro effetto su un output desiderato (risposta). Manipolando allo stesso tempo input multipli, il DOE può identificare importanti interazioni che possono essere perse quando si fanno sperimentazioni con un fattore alla volta.

Possono essere considerate tutte le possibili combinazioni (*full factorial*) o solo una porzione delle possibili combinazioni (*fractional factorial*). Il *Design of Experiments* (DOE) è diventata una delle tecniche statistiche per la progettazione degli esperimenti più conosciute degli anni '90.

Il DOE è stato inventato nel 1920 da uno scienziato inglese, R. A. Fisher, come metodo per massimizzare le informazioni derivanti da dati sperimentali. Tale metodo si è evoluto nei successivi 70 anni, ma molti sviluppi si sono rilevati eccessivamente complessi dal punto di vista matematico, e quindi esclusivo appannaggio di specialisti. La recente diffusione del DOE è associata agli studi di Taguchi, un ingegnere giapponese che si focalizzò sull'uso pratico anziché sulla teoria matematica di questa tecnica. E' possibile utilizzare il DOE quando si sospetta che più di un fattore influenzi un output.

Per esempio, potremmo voler capire l'effetto della pressione e della temperatura sulla forza di tenuta di una colla. Il DOE può anche essere utilizzato per confermare sospette relazioni tra input e output e per sviluppare una equazione di previsione utilizzabile per svolgere una analisi what-if.

Per eseguire il DOE dobbiamo seguire una procedura.

Prima di tutto cerchiamo di acquisire una piena conoscenza degli input e degli output che devono essere analizzati. Un diagramma di flusso per processo o una mappa di processo possono esserci di aiuto. Se necessario affidiamoci a degli esperti del campo.

Determiniamo le corrette misure per gli output. Una misura variabile è da preferirsi. Misure con attributi dovrebbero essere evitate (tipo pass/fail). Assicuriamoci che il sistema di misurazione sia stabile e ripetibile.

Creiamo una matrice di progettazione per i fattori che devono essere investigati. La matrice di progettazione mostrerà tutte le possibili combinazioni per il livello alto e basso di ogni singolo fattore di input. Questi livelli (alto e basso) possono genericamente essere codificati come +1 e -1.

Per esempio, un esperimento con due fattori richiederà 4 iterazioni sperimentali:

Tabella 4.10 - Elenco esperimenti DOE

	Input A Level	Input B Level
Esperimento #1	-1	-1
Esperimento #2	-1	+1
Esperimento #3	+1	-1
Esperimento #4	+1	+1

NOTA Il numero richiesto di iterazioni può essere calcolato usando la formula 2^n, dove n è il numero dei fattori da investigare.

Per ogni input, determiniamo i livelli estremi verso l'alto e verso il basso ma che siano realistici, non assurdi.

Per esempio:

Tabella 4.11 - Esempio livelli esperimento DOE

	-1 Level	+1 Level
Temperatura	100 gradi	200 gradi
Pressione	50 psi	100 psi

Inseriamo i fattori e livelli per gli esperimenti nella matrice di progettazione. Eseguiamo ogni interazione e registriamo i risultati. Nel nostro caso:

Tabella 4.12 - Elenco iterazioni DOE

	Temperatura	Pressione	Forza
Esperimento #1	100 gradi	50 psi	21 lbs
Esperimento #2	100 gradi	100 psi	42 lbs
Esperimento #3	200 gradi	50 psi	51 lbs
Esperimento #4	200 gradi	100 psi	57 lbs

Calcoliamo l'effetto di un fattore facendo la media dei dati registrati al livello basso sottraendola dalla media dei dati relative al livello alto. Per cui:

Tabella 4.13 - Effetto di un fattore in un DOE

Effetto della temperature sulla forza di tenuta:	Effetto della pressione sulla forza di tenuta:
(51 + 57)/2 - (21 + 42)/2 = 22.5 lbs	(42 + 57)/2 - (21 + 51)/2 = 13.5 lbs

L'interazione fra i due fattori può essere calcolata allo stesso modo. Per prima cosa, la matrice di progettazione deve essere modificata per riflettere i livelli alto e basso dell'interazione. I livelli sono calcolati moltiplicando i valori dei livelli dei fattori di input.

Tabella 4.14 – Iterazioni DOE

	Input A Level	Input B Level	Interazione
Esperimento #1	-1	-1	+1
Esperimento #2	-1	+1	-1
Esperimento #3	+1	-1	-1
Esperimento #4	+1	+1	+1

Calcoliamo l'effetto dell'interazione come fatto precedentemente.

Effetto dell'interazione sulla forze/resistenza:

(21 + 57)/2 - (42 + 51)/2 = -7.5 lbs

I dati possono essere inseriti in una 3D Bar Chart. L'effetto negativo dell'interazione è più facilmente visibile quando la pressione è impostata a 50 psi e la temperatura è a 100 gradi.

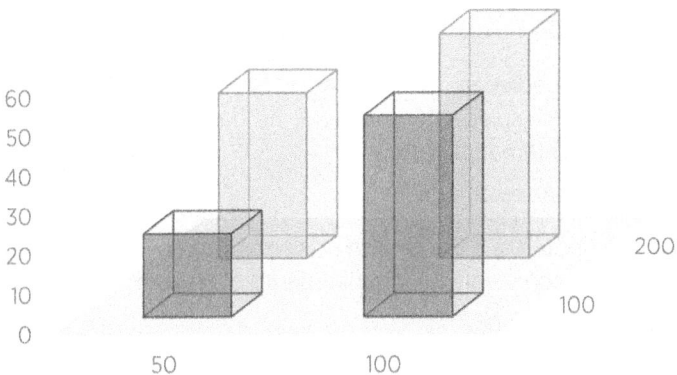

Figura 4.10 - 3D Bar Chart per DOE

Tenendo la temperatura a 200 gradi si evita invece l'effetto negativo dell'interazione e aiuta ad assicurare una forte tenuta della colla. Gli effetti possono essere inseriti in un diagramma.

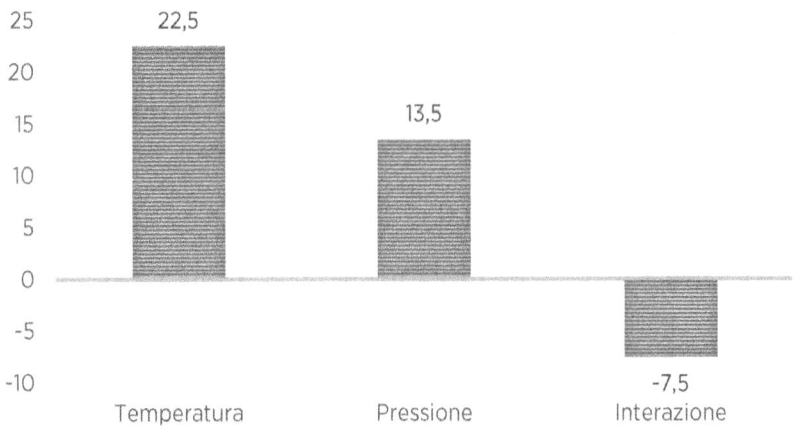

Figura 4.11 - Diagramma valore iterazione per DOE

4.20 Stili di Leadership

Leadership significa capacità di guidare un individuo, un gruppo di persone e anche "guidare se stessi" attraverso l'azione per il conseguimento di un obbiettivo. Secondi studi recenti esistono 6 stili di leadership:

- Autoritario/coercitivo:

  Esige un'obbedienza immediata a direttive che impartisce senza preoccuparsi di spiegarne le ragioni, ne dare sostegno ai collaboratori subordinati chiamati ad attuarle.

- Paternalistico/prescrittivo:

  Il capo riconosce ai collaboratori un certo grado di maturità e da loro un certo sostegno morale nello svolgimento del lavoro.

- Affiliattivo/direttivo:

  Il leader non ritiene molto capaci i propri collaboratori, tuttavia cerca di ottenere il loro consenso fungendo da educatore. Egli conta molto sulla comunicazione cercando di costruire con loro legami emozionali.

- Democratico:

  Aperto al confronto e alla discussione approfondita, esercita la propria responsabilità d'autore ultimo delle scelte, ma esprime fiducia nei propri collaboratori e li sostiene nell'esercizio delle loro attività.

- Trascinatore/coinvolgente:

  Il leader dà molta importanza alla relazione, dà l'esempio e stimola i collaboratori per responsabilizzarsi ma non delega in misura rilevante il proprio potere decisionale.

- Allenatore/coach:

  Crea un clima di squadra e abile nella comunicazione e spiega come ottenere i migliori risultati. Legato al saper fare e al saper essere, l'intervento del coaching riguarda tutte le competenze sia *manageriali* che quelle relative alla relazione.

- Permissivo/orientato alla delega:

  Il leader poiché ha piena fiducia nelle capacità dei propri collaboratori non ritiene necessario formulare direttive precise, ma usa la delega e concede un ampio sostegno alle attività del gruppo di lavoro. Egli gioca un ruolo fondamentale nello stabilire i limiti entro cui il gruppo deve operare, e in quello di inviare dei feedback positivi sui risultati ottenuti e per analizzare i motivi dell'eventuale loro mancato raggiungimento.

4.21 Teorie Motivazionali

4.21.1 Piramide di Maslow

Abraham Maslow (1987) per primo ha formulato la tesi che la motivazione dell''individuo è strettamente connessa alla soddisfazione dei propri bisogni. Per formulare la propria tesi ha rappresentato il fenomeno della motivazione dell''individuo tramite una figura piramidale, la cosiddetta piramide dei bisogni.

Ogni strato della piramide rappresenta un livello di bisogno. Ogni individuo, nel momento storico della sua esistenza lavorativa, si trova a un certo livello della piramide e aspira a crescere.

Maslow sostiene che non si può raggiungere il livello di bisogno superiore se non è soddisfatto quello inferiore: quindi è necessario seguire gli individui attraverso questa scala motivazionale per garantire la soddisfazione dei bisogni pertinenti al livello corrente.

I livelli di bisogno, dal basso all'alto della piramide di Maslow, sono:

- bisogni fisiologici (*Physical Needs*) – respirazione, alimentazione, sesso, sonno, omeostasi,;
- bisogni di sicurezza (*Safety Needs*) – fisica, di occupazione, familiare, di salute, di proprietà;
- bisogni sociali (*Social Needs*) – amicizia, affetto familiare, intimità sessuale;
- bisogni di stima (Ego-*Esteem Needs*) – autostima, autocontrollo, realizzazione, rispetto reciproco;
- bisogni di autorealizzazione (*Self-actualization Needs*) – moralità, creatività, spontaneità, accettazione, assenza di pregiudizi.

Maslow's Hierarchy of Needs

Self-actualization - personal growth and fulfillment
Ego/Esteem - achievement, status, reputation
Social - belongingess, love, family, relationships
Safety - protection, security, order, stability
Physical - food, shelter, warmth, sleep

La piramide di Maslow in relazione al lavoro:

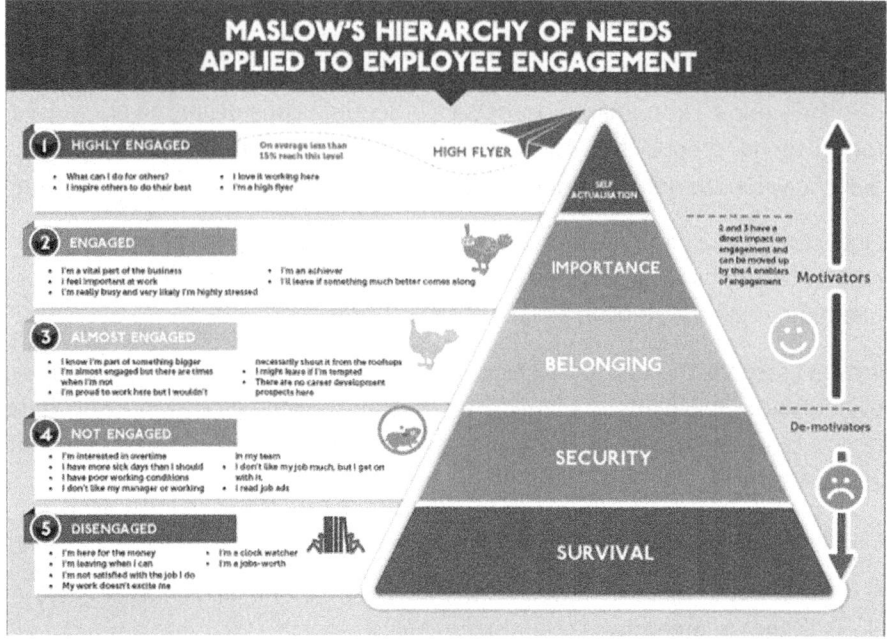

Teoria X&Y

4.21.2 Teoria X:

La teoria X di McGregor descrive come i *manager* vedono i lavoratori (McGregor, 1960). La teoria, scaturita da una ricerca eseguita sui *manager*, riporta risultati statistici alquanto allarmanti sulla motivazione in quanto, il più delle persone:

- non ama lavorare e ne farebbero volentieri a meno;
- manca d'ambizione;
- ha scarsa capacità creativa;
- non è propenso alla soluzione dei problemi.

E questo comporta che, nell'ambito del lavoro, le persone:

- preferiscono essere dirette ed evitano di prendere responsabilità e iniziativa;
- sono indifferenti ai bisogni dell'organizzazione e resistenti al cambiamento;
- sono motivati soltanto dai bisogni fisiologici e di sicurezza (i due livelli bassi di Maslow).

4.21.3 Teoria Y:

La teoria Y di McGregor, scaturita da una successiva ricerca eseguita direttamente sui lavoratori, descrive una situazione senz'altro meno preoccupante. Infatti, il risultato esprime che, in ambito lavorativo, il più delle persone:

- raggiunge il massimo delle prestazioni se opportunamente motivato e supportato;
- è creativo e impegnato a raggiungere gli obiettivi dell'organizzazione;
- è autodisciplinato, può auto-controllarsi, desidera responsabilità e l'accetta volentieri.
- Nell'ambito del lavoro i lavoratori sono motivati soprattutto dai livelli alti della piramide di Maslow.

4.21.4 Teoria dell'igiene

Secondo Herzberg (Herzberg, Mausner, Bloch Snyderman, 1993) due fattori condizionano la motivazione dell'essere umano:

- fattori d'igiene (*Hygiene Factors*): le condizioni di lavoro, le condizioni di sicurezza, lo stipendio, la vita personale, le relazioni al lavoro, la sicurezza. Se negativi, possono distruggere la motivazione, ma se migliorano non è detto che facciano aumentare la motivazione;
- fattori motivazionali (*Motivator Factors*): la responsabilità, l'autorealizzazione, la crescita professionale, il riconoscimento. Sono cause scatenanti di un'effettiva crescita motivazionale.

Mentre i fattori d'igiene sono un'estensione dei due livelli bassi della piramide di Maslow, i fattori motivazionali rappresentano i tre livelli più alti.

Il postulato della teoria è che non esiste uno spettro continuo fra i due fattori e che esiste un punto neutro che separa la soddisfazione dall'insoddisfazione e che, per arrivare alla vera motivazione, bisogna sostituire i fattori di igiene con quelli motivazionali. Per quest'ultimo aspetto la teoria di Herzberg è molto discussa e controversa.

CAPITOLO
5 COMMUNICATION

Non esiste progetto di successo se non esiste una comunicazione efficace al suo interno. All'esame vengono proposte molte domande che vertono sulla comunicazione sia delle informazioni relative ai rischi, che di quelle generali di ogni singola area del progetto stesso.

5.1 Modello di Comunicazione

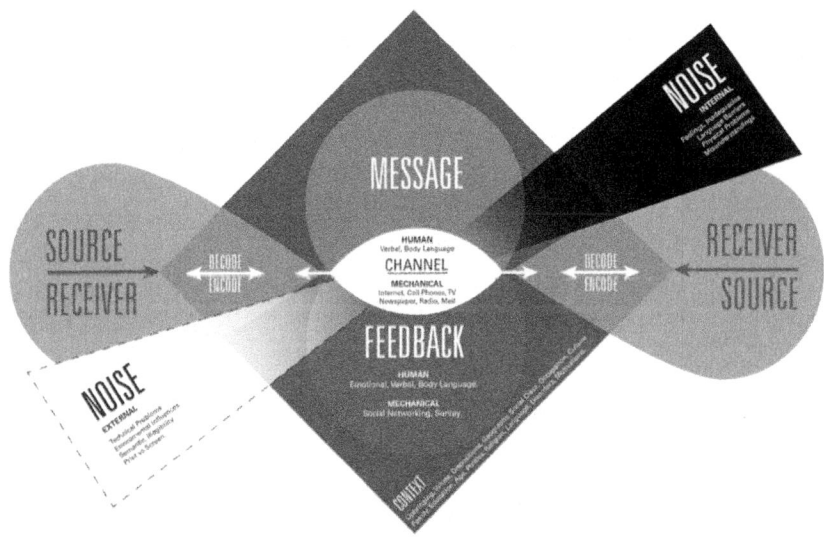

Figura 5.1 - Modello comunicazione

Generalmente si distinguono diversi elementi che concorrono a realizzare un singolo atto comunicativo.

- Mittente: è la persona che avvia la comunicazione attraverso un messaggio.

- Destinatario: accoglie il messaggio, lo decodifica, lo interpreta e lo comprende.
- Codice: parola parlata o scritta, immagine, tono impiegato per "formare" il messaggio.
- Strumento: il mezzo di propagazione fisica del codice (onde sonore o elettromagnetiche, scrittura, bit elettronici).
- Contesto: l'"ambiente" significativo all'interno del quale si situa l'atto comunicativo.
- Referente: l'oggetto della comunicazione, a cui si riferisce il messaggio.

Come detto, il processo comunicativo ha una intrinseca natura bidirezionale, quindi il modello va interpretato nel senso che si ha comunicazione quando gli individui coinvolti sono a un tempo emittenti e riceventi messaggi.

In realtà, anche in un monologo chi parla ottiene dalla controparte un feedback continuo, anche se il messaggio non è verbale, un esempio ne è la frase: "parla quanto vuoi, io non ti ascolto".

Questo fenomeno è stato riassunto con l'assioma (di Paul Watzlawick) secondo il quale, in una situazione in presenza di persone, "non si può non comunicare": perfino in una situazione anonima come in un vagone della metropolitana noi emettiamo per i nostri vicini continuamente segnali non verbali (che significano pressappoco "anche se sono a pochi centimetri da te, non ti minaccio e non intendo immischiarmi nella tua sfera intima"), e i nostri compagni di viaggio accolgono il messaggio, lo confermano e lo rinforzano ("bene; lo stesso vale per me nei tuoi confronti").

Già da questo semplice modello possiamo individuare diversi aspetti potenzialmente problematici del processo comunicativo:

- Il processo di comunicazione, pur essendo formalmente cosa separata dal mezzo attraverso il quale avviene, ne è altamente influenzato: se utilizziamo il codice Morse, cercheremo di limitare il messaggio allo stretto necessario, se utilizziamo una lettera useremo un tono tendenzialmente più formale rispetto ad una telefonata.
- Il mezzo influenza la comunicazione, ciascuno in un modo diverso, e quindi si potranno individuare dei mezzi di comunicazione particolarmente adatti a trattare un certo argomento, ma inadatti ad un altro.
- Non è detto che il gran numero di singoli messaggi, verbali e non verbali, emessi in un dato momento (vedi oltre), siano sempre congruenti tra loro. Possiamo dire due cose diverse con le parole e con i gesti (ad

esempio dire al nostro rivale in amore "lieto di conoscerti" con un'espressione del volto assai contrariata).

- Non è detto che l'interpretazione del contesto all'interno del quale avviene lo scambio comunicativo sia sempre identica o congruente. Nell'aula di una scuola, il docente potrà pensare di avere uno stile partecipativo e "democratico", mentre lo studente potrà sentirsi parte di una relazione asimmetrica e autoritaria.

Vediamo, ora, il ciclo di vita di un messaggio e cosa può non funzionare dalla sua creazione alla ricezione:

Tabella 5.1 - Ciclo di vita del messaggio

Stage	Descrizione	Cosa può non funzionare
1	Creazione del messaggio	Tono ambiguo della voce Parlare in una lingua diversa dalla propria lingua madre Mancanza di padronanza della terminologia tecnica che porta ad una limitata capacità di espressione dei pensiero e delle idee Paura (esempio: parlando all'amministratore delegato)
2	Trasferimento del messaggio	Scelta errata dello strumento (discussione su di un diagramma al telefono o inviare un allegato che richiede un software particolare per essere letto) Problemi con lo strumento (rumore di fondo durante una conversazione che può portare a dei fraintendimenti)
3	Ricezione del messaggio e sua Interpretazione	Stato emozionale, mentale o fisico del ricevente (essere irritati o stanchi) Padronanza del linguaggio Padronanza della terminologia

Come visto, molti fattori possono influenzare negativamente il processo di comunicazione, tale fattori vengono chiamati blocchi di comunicazioni.

Un modo veramente efficace per migliorare la comunicazione è fornire feedback immediati dal destinatario verso il mittente, dove viene ripetuto ciò che è stato decodificato del messaggio.

Quando parliamo, il volume della voce, il tono della voce e il linguaggio del corpo sono responsabili del trasferimento di più del 90% del contenuto del messaggio. Il restante 10% è il contenuto reale del messaggio.

Non bisogna mai trascurare il volume e il tono della nostra voce e il linguaggio del nostro corpo, dal momento che possono diventare *"communication blockers"* nel caso in cui chi ci ascolta li percepisca come aggressivi e irrispettosi.

Questo è particolarmente importante quando ci troviamo a lavorare in un progetto multiculturale. Molte aziende cercano di essere proattive in questo senso e, nel momento di intraprendere progetti in altre nazioni, forniscono al proprio staff elementi per comprendere meglio la cultura del luogo o li mandano a frequentare un corso CCT (cross cultural training).

Vediamo ora alcuni elementi base della comunicazione.

Normalmente comunichiamo senza pensare a quale metodo stiamo utilizzando, impariamo naturalmente ogni singolo metodo durante la nostra vita.

Essere però capaci di identificare i diversi metodi, non solo ci permetterà di rispondere in modo corretto alle varie domande dell'esame ma aiuta a pensare alla comunicazione in modo diverso.

5.2 Metodi di comunicazione

Possiamo comunicare con gli stakeholder in molti modi. Le varie modalità di comunicazione prendono il nome di metodi di comunicazione. Ci sono tre metodi:

- Il Metodo Interattivo: è il miglior modo per comunicare perché entrambe le parti inviano e ricevono informazioni, così da fornire più opportunità di chiarimento sugli elementi proposti. La comunicazione interattiva è normalmente di tipo face-to-face ma, può essere fatta via videoconferenza e telefono.
- Il Metodo Pull: in questo contesto, il Project *manager* rende disponibili e accessibili tutte le informazioni in un sistema centralizzato, e gli stakeholder "prendono" le informazioni a seconda delle loro necessità. Per esempio, il Project *manager* può rendere l'informazione disponibile attraverso un server o attraverso una persona preposta. Potete pensare ai rischi legati a questo tipo di metodo? Saranno tutti gli stakeholder motivati a fare uno sforzo per reperire l'informazione?
- Il Metodo Push: è il metodo opposto al pull. Qui, il team di progetto invia le informazioni agli stakeholder. Normalmente avviene con allegati

via e-mail o memo. Qui abbiamo il rischio che l'informazione venga persa durante la spedizione, perciò possiamo implementare un sistema di verifica della consegna.

5.3 Tecnologia

Una volta deciso quale metodo di comunicazione adottare è necessario capire quale sia lo strumento migliore per applicare il metodo.

Se, ad esempio, abbiamo necessità di utilizzare la comunicazione interattiva ma il nostro progetto è talmente complesso che ci sono team virtuali dislocati in una area geografica enorme, la videoconferenza potrebbe essere lo strumento adatto, ma quanto costa?

E' disponibile in tutte le aree del progetto? Oppure, potremmo utilizzare le e-mail per inviare un disegno in Autocad, ma dobbiamo accertarci che tutti i destinatari siano in grado di poter aprire tale file, oppure inviarlo in altro formato come ad esempio in formato PDF.

5.4 Dimensione

Ci sono molti tipi di comunicazione. Il nostro cervello selezione automaticamente stili diversi per situazioni diverse. Pensare in modo attivo a quale sia lo stile migliore e quando usarlo vi darà un vantaggio di una migliore preparazione e consistenza nell'invio del vostro messaggio. Come specificato nel PMBOK® Guide, si possono usare i seguenti stili di comunicazione:

Tabella 5.2 - Stili di comunicazione

Dimensione	Utilizzo
Interna	Per comunicazioni all'interno del progetto
Esterna	Verso altri dipartimenti dell'organizzazione, media, fornitori, autorità
Formale	Verbale: presentazione al management Scritta: report di avanzamento, richieste di chance, memo
Informale	Verbale: conversazioni giornaliere Scritta: Email
Orizzontale	Con colleghi e affini
Verticale	Con il vostro referente (verso l'alto) con il vostro staff (verso il basso)

5.5 Canali di comunicazione

Per assicurare una corretta comunicazione all'interno del progetto, dovrete impegnarvi molto. Per mostrarvi quanto sia complessa la comunicazione in un progetto, esiste una facile formula per calcolare tutti i possibili canali di comunicazione:

$$n\frac{(n-1)}{2}$$

Dove n è il numero di persone. Perciò se abbiamo 6 persone, il numero possibile di canali di comunicazione tra di loro è 6(6-1)/2=15.

NOTA   Ricordatevi la formula nel caso trovaste una domanda nell'esame che vi richieda il solo calcolo del numero di canali di comunicazione.

5.6 Stakeholder

Stakeholder; questa parola la troveremo nell'esame tanto quanto la parola rischio. La comunicazione del progetto si fonda principalmente sulla gestione degli stakeholder. Ogni progetto ha i propri e unici stakeholder che dobbiamo identificare.

Gli stakeholder sono tutti coloro che hanno un interesse, positivo e negativo, nel progetto e che hanno un ruolo (attivo o passivo) nel progetto stesso. Tra gli stakeholder possiamo ricordare il team di progetto, lo sponsor, il cliente, i sub-contractor, la cittadinanza, le autorità. Lo sponsor è uno dei più importanti stakeholder, perché lo sponsor è colui che fornisce le risorse finanziarie per il progetto.

Gli stakeholder possono influenzare il progetto e il progetto può influenzare gli stakeholder. L'effetto può essere positivo o negativo. Il team di gestione del progetto è il responsabile dell'identificazione degli stakeholder e dei loro requisiti.

Anche gli stakeholder hanno delle responsabilità, tra le quali la più importante è partecipare ai meeting di progetto dove comunicare le loro necessità con tempestività. Gli stakeholder e la comunicazione in generale, talvolta sono considerati come acquisiti o non necessari nei progetti.

Sentiamo sempre parlare dell'importanza degli stakeholder, ma sfortunatamente, nel momento di mettere in pratica quello che è considerato come necessario e imprescindibile, la realtà è ben altra cosa.

Quando ci si riferisce agli stakeholder spesso si sentono frasi del tipo "non hanno bisogno di sapere", "accetteranno questa modifica", "perché inviare loro questa informazione".

> **NOTA** Per non sbagliare con gli stakeholder:
> - Siate attivi e non reattivi nei loro confronti (invitateli, chiamateli, o raggiungeteli)
> - Dovete identificarli (ogni progetto ha i propri stakeholder, non fate copia e incolla da progetti precedenti)
> - Valutate il loro grado di forza e influenza nel progetto
> - Raccogliete tutti i loro requisiti
> - Invitateli a partecipare ai meeting, alle sessioni di brainstorming o altro per determinare le loro necessità
> - Curateli e determinate le loro aspettative in linea con gli obiettivi
> - Siate sicuri di includerli nel piano di comunicazione e di condividere con loro le informazioni
> - Gestite le loro criticità, non ignoratele
> - Adottate una strategia "win-win"
> - Cercate di capire che gli stakeholder hanno differenti interessi e ciò che può essere importante per uno, potrebbe essere insignificante per l'altro.

Per avere un comunicazione efficace si deve produrre il piano di gestione della comunicazione, il communication management plan. Questo piano contiene le regole attraverso le quali verrà gestita la comunicazione. Vi saranno regole e procedure per come verrà disseminata l'informazione, a chi, quando, da chi, in che formato di reporting e tutto ciò che serve per gestire la comunicazione all'interno del progetto.

Le attività più importanti sono certamente l'identificazione degli stakeholder e il loro inserimento nel registro degli stakeholder (stakeholder register).

> **NOTA** Non confondete il communication management plan con il registro degli stakeholder. Il primo fornisce una fotografia di come avviene la comunicazione nel progetto, mentre il secondo contiene le informazioni degli stakeholder come i loro nomi, i contatti, le e-mail e tutte gli altri elementi che posso aiutarci nella loro gestione.

5.7 Identificazione degli Stakeholder

Dobbiamo identificare gli stakeholder di progetto in modo da poter comunicare con loro in modo efficace. Per identificare gli stakeholder, vengono usate tecniche come il brainstorming, i *nominal group*, la *Delphi Technique* e gli *expert judgement*.

Le informazioni degli stakeholder identificati vengono registrate nello stakeholder register. Lo stakeholder register può essere una semplice tabella con il nome dello stakeholder, i dettagli di contatto e i requisiti di comunicazione. Il registro viene aggiornato più volte man mano che altre informazioni si rendono disponibili. Dopo aver identificato gli stakeholder, dobbiamo determinare le loro aspettative e definire una strategia per gestirle. Tutte le informazioni inserire nello stakeholder register vengono utilizzate durante tutte le attività di comunicazione.

5.8 Classificazione degli stakeholder

Non tutti gli stakeholder hanno la stessa rilevanza in un progetto. Il Project Manager per rendere efficace ed efficiente il suo sforzo di gestione nei confronti dei vari interlocutori deve effettuarne un'attenta classificazione.

Un tipico modello a matrice per la classificazione degli stakeholder è impostato su due variabili/assi:

- Interesse: indica il livello di interesse che lo stakeholder ha sull'ambito di business, in termini di obiettivi, attività, risultati
- Potere: indica il livello di forza che lo stakeholder può avere sull'impostazione, sull'esecuzione o sui risultati del progetto

Si può usare anche una matrice nella quale oltre alla potere possiamo considerare l'influenza dello stakeholder.

A seconda dei valori (basso/alto) assunti dalle due variabili, si individuano quattro quadranti di una matrice, a cui corrispondono quattro tipologie di stakeholder:

Tabella 5.3 - Matrice di classificazione degli stakeholder

POTERE			
	Alto	STAKEHOLDER ISTITUZIONALE Es: altri PM, fornitori esterni minori	STAKEHOLDER CHIAVE Es: membri del team, committente fornitori partner
	Basso	STAKEHOLDER MARGINALE Es: logistica, acquisti, controllo di gestione	STAKEHOLDER OPERATIVO Es: utenti finali, altri consulenti
		Basso	Alto
		INTERESSE	

- Stakeholder *Marginale* (basso interesse/basso potere):
    Sono le figure di contorno del progetto, che vivono indirettamente il progetto senza poterlo influenzare in modo incisivo
- Stakeholder *Istituzionale* (basso interesse/alto potere):

Sono tutti i soggetti che partecipano indirettamente al progetto, esercitando però un controllo aziendale e/o una funzione di supporto
- Stakeholder *Operativo* (alto interesse/basso potere):
Sono le entità coinvolte in maniera significativa, fattiva dal progetto in termini di ricadute organizzative, attività svolte, output rilasciati, che hanno però scarsa influenza sulle decisioni di progetto
- Stakeholder *Chiave* (alto interesse/alto potere):
Sono le figure con un ruolo focale nella vita del progetto, perché interessati in prima persona ai risultati del progetto e con un forte potere di intervento nelle decisioni sul progetto stesso

5.9 Gestione degli Stakeholder

Classificare gli stakeholder consente al Project *manager* di pianificare al meglio le strategie di gestione degli stessi. In linea di massima, al crescere dell'importanza dello stakeholder, quindi al passaggio da uno stakeholder marginale ad uno stakeholder chiave:

- cresce la frequenza con cui il PM deve relazionarsi a lui;
- la relazione diventa sempre più diretta, sincrona, di tipo interpersonale;
- aumenta la quantità di tempo che il Project *Manager* deve dedicare alla relazione con lo stakeholder

Vediamo nel dettaglio come cambiano le strategie al variare del tipo di stakeholder:

- Per lo stakeholder marginale, che nel progetto si attribuisce un ruolo di comparsa, la strategia ottimale di gestione che il Project *Manager* deve adottare è "tenere informato" lo stakeholder sugli aspetti salienti del progetto, con un'informativa breve e regolare
- Per lo stakeholder istituzionale, che nel progetto si attribuisce un ruolo di personale fuori scena, la strategia ottimale di gestione per il Project *Manager* è "riconoscere il ruolo", per far sì che l'organizzazione permanente possa supportare il PM ed il suo gruppo di lavoro nei momenti critici di progetto, senza che si verifichino contrapposizioni e conflitti
- Per lo stakeholder operativo, che nel progetto si attribuisce un ruolo di comprimario, la strategia ottimale di gestione per il Project *Manager* è "ascoltare attivamente", ossia assorbire i diversi punti di vista espressi dai soggetti operativi e dare costantemente ritorni di comunicazione durante la vita del progetto

- Per lo stakeholder chiave, che nel progetto si attribuisce un ruolo di protagonista, la strategia ottimale di gestione per il Project Manager è "gestire da vicino", ossia curare ogni dettaglio anche minimo della relazione, specialmente quando tale relazione è di freno più che di sostegno al progetto

5.10 Salience Model

Il salience model è un metodo per classificare gli stakeholder in base alla loro importanza nel progetto. Il metodo, ideato da Mitchell, Agle and Wood (1997-99), si fonda sulla valutazione, per ogni stakeholder, della forza (power), legittimità (legitimacy) e urgenza (urgency) nell'organizzazione.

La forza è definita come la capacità dello stakeholder di imporre il proprio volere. Questo potere può essere dato dal posizionamento in organico, oppure da una specifica delega che assegna al soggetto una particolare autorità.

L'urgenza è il bisogno di intervento immediato, intendendo quanto rapidamente dobbiamo dare risposta all'esigenza dello stakeholder.

La legittimità rappresenta se il loro coinvolgimento è appunto legittimo e se il loro livello di coinvolgimento è appropriato o meno. Il modello lascia decidere al Project Manager la relativa salience (importanza) di ogni dato stakeholder.

Il diagramma seguente illustra il modello:

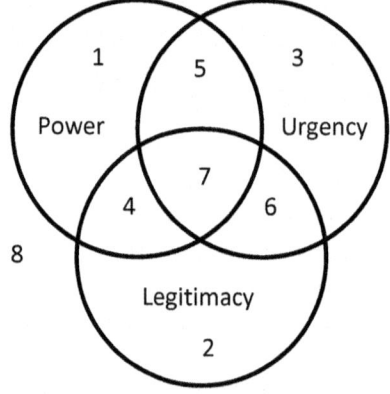

1. Dormant
2. Discretionary
3. Demanding
4. Dominant
5. Dangerous
6. Dependent
7. Definitive
8. Non Stakeholder

Figura 5.2 - Salience Model

L'illustrazione è basata su un diagramma di Venn (Eulero-Venn diagram), dove ogni cerchio mappa gli stakeholder per power, urgency e legitimacy.

Queste intersezioni creano 7 differenti classi. Il project manager deve decidere quale priorità dare allo stakeholder in base all'insieme o intersezione di insiemi in cui ricade nella mappa.

Le 7 classi sono:

- Dormant (classe 1): lo stakeholder ha power ma non ha urgency o "legitimacy". Il manager deve preoccuparsi di loro ma non c'è necessità di pianificare azioni per i loro bisogni di comunicazione.
- Discretionary (classe 2): lo stakeholder ha legitimacy ma non ha power o urgency. Le loro necessità di comunicazione possono essere relative alla richiesta di qualche dettaglio e nulla più.
- Demanding (classe 3): questo stakeholder è quello che ha soprattutto urgency. I loro bisogni devono essere soddisfatti non appena manifestati.

Le classi che hanno bisogno di una particolare attenzione sono la 4, 5, 6 e 7 dove più dimensioni si sovrappongono:

- Dominant (classe 4): ha power e legitimacy. Perciò è legittimato a richiedere attenzione per il soddisfacimento dei suoi bisogni di comunicazione. Tale posizione ci obbliga a gestirlo con attenzione.
- Dangerous (classe 5): per questo stakeholder, power e urgency si sovrappongono, Con questa combinazione, può realmente essere pericoloso per il benessere del progetto a meno che le sue richieste non vengano soddisfatte.
- Dependent (classe 6): Ha legitimacy e urgency ma non una elevata power. Dovrebbe essere informato dal momento che potrebbe esserci di aiuto data la sua influenza nell'organizzazione in base proprio alla legitimacy e urgency.
- Definitive (classe 7): questo stakeholder rientra nella classe più importante. Dobbiamo soddisfare ogni bisogno di questa classe dato che risulta essere la classe più cruciale per il nostro progetto. Questo è il gruppo dove power, legitimacy e urgency convergono.
- Non Stakeholder (classe 8): questi soggetti benché identificati non sono stakeholder di progetto

CAPITOLO 6

PROJECT ENVIRONMENT

Per poter identificare e gestire un rischio è importante avere informazioni sul progetto ma anche sul così detto *project environment*, cioè del contesto nel quale il progetto nasce e si sviluppa.

Ad esempio, comprendere la portata dei deliverable e gli obiettivi di progetto è determinante per l'identificazione dei rischi ed è fondamentale per scegliere quali azioni di risposta siano più appropriate. E' altresì importante, capire come i fattori fisici, culturali e sociali influenzano il progetto. Analizzeremo il Project *environment* tenendo presenti i fattori culturali e sociali, politici e internazionali e i fattori ambientali (fisici), focalizzando la nostra attenzione sui fattori interni ed esterni.

Chiariamo subito che guardiamo al contesto di progetto dalla prospettiva dei rischi. Ci sono sia elementi interni che esterni che impattano e influenzano un progetto e che generano l'ambiente di progetto:

Per i fattori interni possiamo ricordare:

- la cultura dell'organizzazione stessa
- la struttura dell'organizzazione nella quale il progetto è gestito
- gli stakeholder di progetto e la loro identificazione
- i consumatori
- la tecnologia usata

Per i fattori esterni ricordiamo:

- la situazione finanziaria ed economica
- l'ambiente
- la sicurezza e salute delle persone

- fattori politici
- fattori legali

Tutti questi fattori sono strettamente legati ai progetti, molti sono di per se facilmente comprensibili, per altri affronteremo una analisi più approfondita.

6.1 I Fattori Interni

Come detto il contesto gioca un ruolo fondamentale nella gestione dei rischi di progetto ed è per questo che gli dedichiamo particolare attenzione. Dalla lista precedentemente mostrata per quanto riguarda i fattori interni che compongono il contesto del progetto, la cultura è menzionata per prima. Ci sono diversi aspetti a diversi livelli che compongono la cultura, essi possono essere aziendali, etnici, religiosi e economici. Capire la cultura dell'azienda e di chi è coinvolto nel progetto è obiettivo fondamentale, ad esempio, per la comunicazione.

Non effettuare una valida valutazione e pianificazione della comunicazione comprendendo questi elementi vuol dire essere sotto rischio. Importante è anche conoscere e capire in quale tipo di organizzazione il progetto si sta evolvendo, dato che la struttura organizzativa può condizionare la disponibilità delle risorse e influenzare la gestione dei progetti stessi.

Per l'esame PMI-RMP® è richiesta la conoscenza dei vari tipi di strutture organizzative esistenti, vediamo quali sono e come funzionano. Le strutture organizzative fanno parte delle EEF (*Enterprise Environmental Factors*) e possono spaziare da quella funzionale a quella progettizzata con all'interno un numero di possibili funzioni a matrice. Le strutture organizzative sono catalogabili come segue:

- Organizzazione Funzionale (*Functional Organization*)
- Organizzazione a Matrice (*Matrix Organization*)
- Matrice Debole (*Weak Matrix*)
- Matrice Bilanciata (*Balanced Matrix*)
- Matrice Forte (*Strong Matrix*)
- Organizzazione per Progetti (Project*ized Organization*)
- Organizzazione Composta (*Composite Organization*)

6.1.1 Organizzazione funzionale (Functional Organization)

L'organizzazione funzionale è senz'altro la più comune pur essendo la meno orientata ad una valida gestione di progetti. La struttura è concentrata sulle specializzazioni e si dà poco peso all'importanza del coordinamento dei progetti.

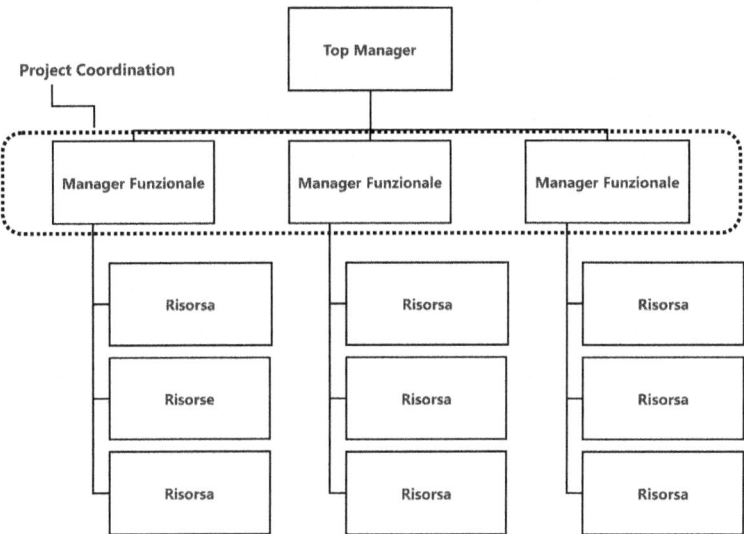

Figura 6.1 - Organizzazione a matrice funzionale

Nell'organizzazione funzionale:

- la figura del Project Manager non esiste e se esiste ha un livello d'autorità praticamente nullo;
- la responsabilità del progetto è condivisa fra i *manager* funzionali che spesso si trovano in conflitto e in sovrapposizione di competenze durante l'esecuzione del progetto;
- l'obiettivo del progetto è raramente condiviso tra le funzioni, in quanto ciascuna di esse ha obiettivi propri, spesso identificati a livello aziendale (es: l'ufficio acquisti deve risparmiare più possibile, a prescindere dalle esigenze del progetto);
- le persone che lavorano sul progetto non fanno parte di un vero e proprio team e sono raramente disponibili a tempo pieno sul progetto;
- la catena del comando è particolarmente rispettata;
- c'è poca comunicazione fra le varie funzioni e quindi le attività del progetto sono spesso slegate.

6.1.2 Organizzazione a matrice debole *(Weak Matrix)*:

L'organizzazione a matrice debole, pur prevedendo un team di progetto è ancora poco orientata alla gestione di progetto. Il suo maggiore difetto risiede nel fatto che ogni persona del team continua a rispondere a pieno al suo

Manager funzionale, riducendo al minimo l'autorità del coordinatore. Nell'organizzazione a matrice debole:

- la figura del project manager praticamente non esiste, ma al massimo può esistere un coordinatore di progetto (Project Coordinator) che non ha però vera e propria responsabilità sul progetto fungendo spesso da semplice referente di progetto;
- i functional manager hanno un grosso potere;
- le persone del team continuano a rispondere principalmente ai loro manager funzionali piuttosto che al referente di progetto e questo comporta una presenza a singhiozzo sul progetto o al peggio un continuo turn-over

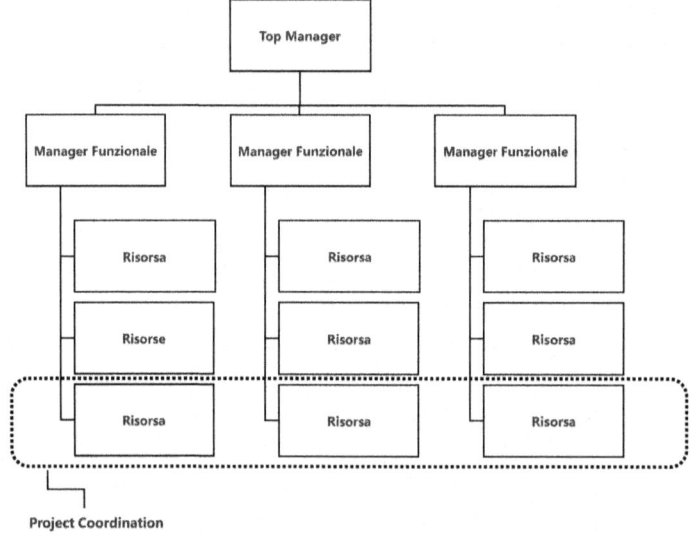

Figura 6.2 - Organizzazione a matrice debole

6.1.3 Organizzazione a matrice bilanciata *(Balanced Matrix):*

L'organizzazione a matrice bilanciata, pur non prevedendo una funzione di Project Management aziendale, è abbastanza orientata al progetto, prevedendo un Project Manager e un team di progetto molto presenti.

Nell'organizzazione a matrice bilanciata:

- ogni persona del team risponde sia al Project Manager che al suo manager funzionale;
- è necessaria una forte collaborazione fra Project Manager e *functional* Manager;

- il Project Manager lavora a tempo pieno sul progetto;
- la persona fa parte del team fino a quando serve al progetto, poi viene rilasciata e quindi "riconsegnata" al *functional manager*.

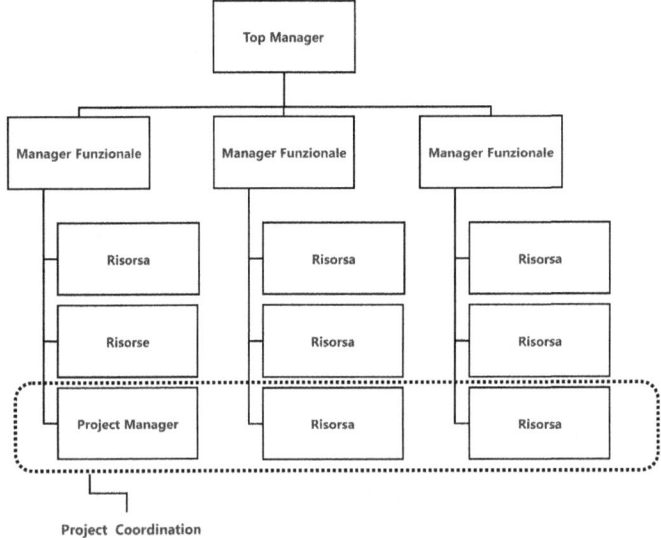

Figura 6.3 - Organizzazione a matrice bilanciata

6.1.4 Organizzazione a matrice forte *(Strong Matrix):*

L'organizzazione a matrice forte prevede una funzione di Project Management a cui rispondono i Project Manager. Questo fa sì che tale organizzazione sia molto orientata al progetto, prevedendo un Project Manager e un team di progetto a tempo pieno. Ogni persona del team può essere considerata distaccata dalla sua struttura funzionale per tutto il periodo in cui è impegnata nel progetto. Nell'organizzazione a matrice forte:

- il Project Manager ha forte autorità e il potere sul progetto pende dalla sua parte;
- il Project Manager lavora a tempo pieno sul progetto;
- c'è molta comunicazione e negoziazione fra Project Manager e *functional manager*;
- la persona fa parte del team fino a quando serve al progetto, poi viene rilasciata e quindi "riconsegnata" al functional manager.

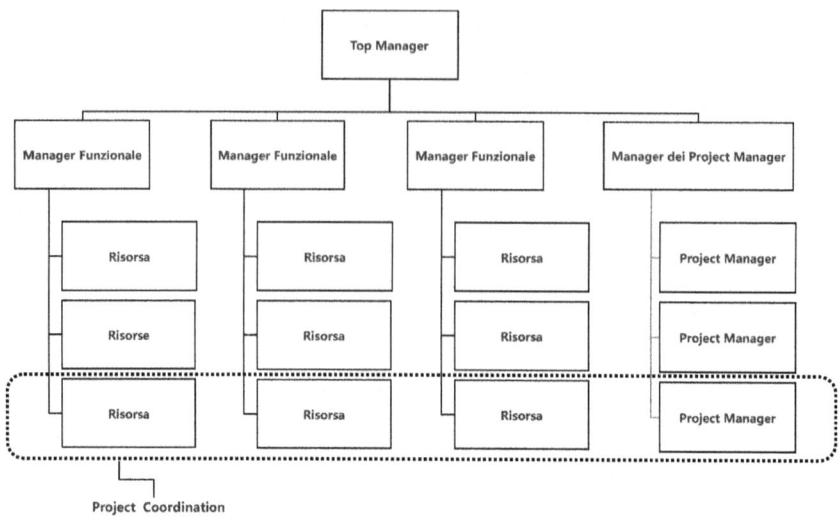

Figura 6.4 - Organizzazione a matrice forte

6.1.5 Organizzazione per progetti (Projectized Organization):

L'organizzazione per progetti è completamente orientata al progetto, in quanto, non esistendo le funzioni, il Project Manager risponde esclusivamente al *top manager* e le persone del team sono dedicate esclusivamente al progetto.

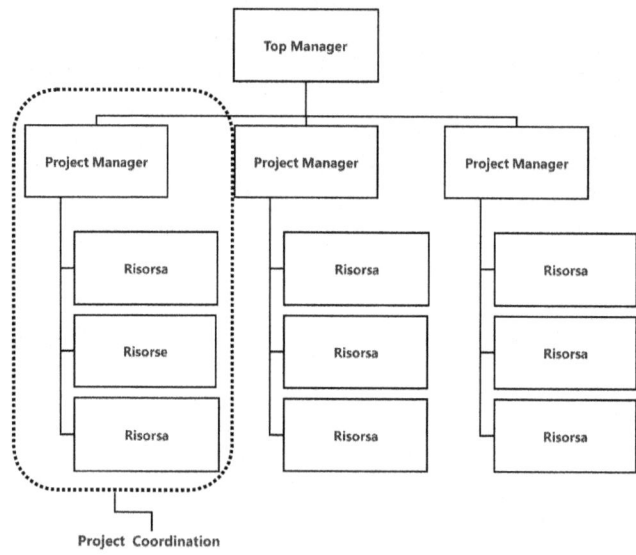

Figura 6.5 - Organizzazione progettizzata

In tale organizzazione:

- il Project Manager ha completa autorità sul progetto;
- la costituzione del team è compito esclusivo del Project Manager;
- il team si distacca dall'organizzazione operante per tutto il progetto.

In tal caso, al completamento del progetto, i membri del team di progetto possono trovarsi senza lavoro in attesa di essere riallocati su un altro progetto.

6.1.6 Organizzazione Composta (Composite Organization):

Molte organizzazioni coinvolgono tutte queste strutture a vari livelli, per esempio anche una organizzazione prettamente funzionale può mettere insieme una "*task force*" per gestire un progetto che sia particolarmente critico e questo team ha molte di quelle che sono le caratteristiche di un team di progetto in una organizzazione progettizzata.

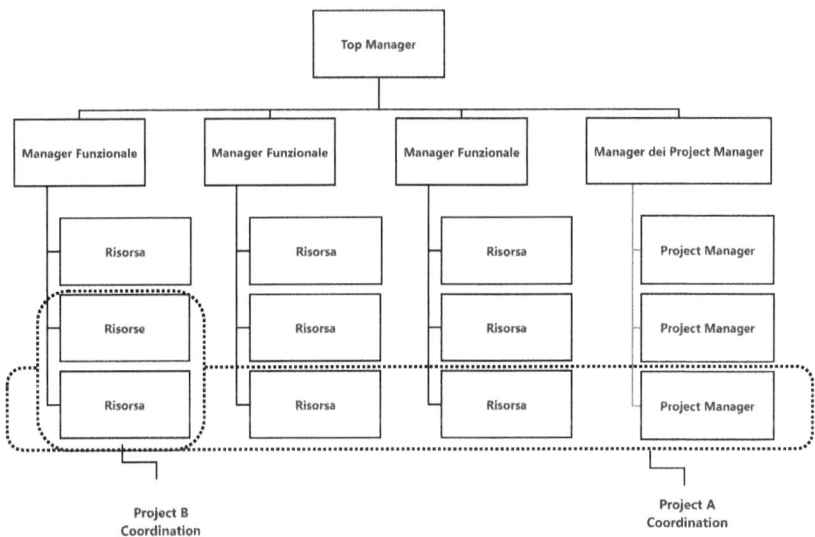

Figura 6.6 - Organizzazione composta

Questo team può avere risorse assegnate a tempo pieno provenienti da differenti funzioni, creare delle procedure proprie e operare in alcuni casi fuori dagli standard aziendali.

6.1.7 Gli Stakeholder

Capire chi sono gli stakeholder e quale sia il loro livello di influenza impatta sul progetto per questo fanno parte del contesto del progetto stesso. Gli stakeholder possono avere livelli diversi di interesse ed è responsabilità del

Project Manager capire quali siano le loro aspettative, il loro livello di influenza e i loro obiettivi personali riguardo al progetto. Questi tre elementi sono molto importanti, pensiamo a quanti stakeholder può avere un progetto e di conseguenza quanti livelli di interesse, scadenze e obiettivi diversi.

6.1.8 I Consumatori

La valutazione delle aspettative dei consumatori fa parte del contesto di progetto. Quale è il reale livello delle aspettative dei potenziali utilizzatori del prodotto o servizio realizzato dal nostro progetto?

6.1.9 La Tecnologia

Anche per il fattore tecnologia dobbiamo considerare vari livelli, come ad esempio, quale tecnologia è disponibile, a quale tecnologia il progetto si affida e quale tecnologia sta creando.

6.2 I Fattori Esterni

I fattori esterni influenzano ampiamente i progetti, benché i progetti non siano diretta conseguenza di questi fattori. Ricordo quali sono i fattori esterni che abbiamo considerato:

- l'ambiente
- la situazione finanziaria ed economica
- la sicurezza e salute delle persone
- fattori politici
- fattori legali

6.2.1 L'Ambiente

Per ambiente si intende l'insieme degli elementi come il tempo, disastri naturali e a tutti quegli ostacoli generati dal maltempo. Se il luogo dove il progetto avrà vita è soggetto a tempeste e queste possono portare a interruzione della corrente elettrica, questo deve essere considerato e valutato. Il team di progetto deve essere informato che questo è il contesto nel quale il progetto sarà gestito. Altro esempio può essere riferito all'utilizzo di magazzini per conservare gli equipaggiamenti utilizzati nel progetto, in un luogo dove la temperatura è molto alta. Si dovrà provvedere alla regolazione della temperatura dello spazio di stoccaggio in modo preciso attraverso condizionatori ma questo comporterà tenere in considerazione elementi come la "*Local Ecology*", la "*Physical Geography*" (sub-disciplina di due più ampi campi di studio – la geografia e la scienza della terra). Il principale obiettivo della "*Physical Geography*" è spiegare le caratteristiche spaziali dei vari fenomeni naturali associate alla idrosfera, biosfera, atmosfera e litosfera della terra) e se ci sono restrizione per l'utilizzo di determinate apparecchiature in ambienti che potrebbero essere protetti

6.2.2 La situazione finanziaria ed economica

Capire la situazione finanziaria ed economica è certamente importante, soprattutto nei periodi di recessione o in quelli di rapida crescita. Pensate al settore immobiliare che negli ultimi anni ha avuto momenti di espansione enormi e momenti di contrazione altrettanto importanti.

6.2.3 Salute e Sicurezza delle Persone

Questo fattore può essere visto sotto vari punti di vista, ad esempio sotto l'aspetto legale come le leggi che regolano la sicurezza sul lavoro, oppure sotto l'aspetto di quali siano le condizioni esistenti nelle quali avrà vita il progetto

6.2.4 Fattori Politici

I fattori politici racchiudono tutte quelle che sono le leggi e regolamenti internazionali e locali, le realtà politiche nelle quali ci possiamo trovare a operare. Questo aspetto è particolarmente importante per quei progetti che vengono portati avanti "*offshore*" dove non siamo a conoscenza di come il sistema funziona.

6.2.5 Fattori Legali

Questi fattori possono essere inclusi in quelli politici.

Un riferimento potrebbero essere le leggi riguardanti la proprietà intellettuale. Come già detto molti di questi fattori non hanno bisogno di spiegazione ma dovete immaginare ogni possibile tipo di scenario che impatta il contesto di progetto e molti di questi sono particolarmente importanti quando il progetto avviene nelle così dette "*offshore location*" come menzionato per i fattori politici e dove il clima politico e sociale devono essere valutati con particolare attenzione.

CAPITOLO

7 DEFINITIONS

Definito il contesto di progetto e i fattori ai quali porre attenzione nelle nostre analisi, dobbiamo imparare altre definizioni relative ai rischi. Possiamo brevemente elencare un insieme di elementi per poi analizzarli in dettaglio:

- *Risk* (Rischio)
- *Issue* (Criticità)
- *Risk Event* (Scenario del rischio)
- *Risk Triggers* (Indicatori di rischio)
- Risk management Plan (Piano di Gestione dei Rischi)
- *Risk Register* (Registro dei Rischi)
- RBS (*Risk Breakdown Structure*)
- *Probability* (Probabilità)
- *Impact* (Impatto)

Abbiamo già definito cosa sia un rischio di progetto per cui è opportuno chiarire la differenza fra risk e issue. Precedentemente, riprendendo la definizione del PMBOK® *Guide*, abbiamo definito un rischio (risk) come un evento o condizione incerta che, nel caso si manifesti, ha un effetto positivo o negativo su uno o più obiettivi di progetto.

Una issue, invece, è qualcosa che si sta manifestando nel presente, ne abbiamo informazione, dobbiamo gestirla e deve essere registrata in quello che si chiama l'issue log. Una issue è una minaccia che si è già materializzata.

Il risk event è una descrizione dello scenario che può accadere nel caso in cui il rischio si manifesti.

Gli indicatori di rischio (risk triggers) sono segnali che un rischio si sta per materializzare o si è già materializzato.

Il piano di gestione dei rischi è il documento che descrive come i processi di risk management devono essere eseguiti, più in dettaglio questo piano descrive come il risk management verrà pianificato, come i rischi verranno identificati, analizzati, valutati e quali strategie di risposta verranno messe in campo e come i rischi verranno monitorati e controllati.

Il registro dei rischi è un documento che contiene tutti i rischi identificati, i risultati delle analisi dei rischi, le risposte ai rischi proposte e lo stato aggiornato dei rischi ed altre informazioni che vedremo in dettaglio più avanti nel libro.

La struttura di scomposizione dei rischi è una scomposizione gerarchica organizzata per categorie e sub-categorie di rischio. Attraverso la RBS possiamo vedere le varie aree e cause dei potenziali rischi, è simile alla WBS (work breakdown structure) o alla OBS (organizational breakdown structure).

La probabilità ci indica la misura della possibilità o meno di un rischio di verificarsi e l'impatto la quantificazione delle relative conseguenze.

Passiamo ora alla analisi delle diverse tipologie di rischio.

TIPI DI RISCHI

Ci sono diverse tipologie di rischio tra cui i rischi puri (*pure risk*) e i rischi di business (*business risk*), i rischi conosciuti (*known risk*), i rischi che possono essere identificati (*known-unknown risks*) e quelli che non è possibile identificare (*unknown-unknown risks*) e i rischi categorizzati per impatto rispetto agli obiettivi di progetto (*risk by impact to* Project *objectives*).

Ci sono due tipi di rischio che possiamo considerare rischi di base, i rischi di business che presuppongono la possibilità di un guadagno o una perdita, in questo caso parliamo di minacce e/o di opportunità e i rischi puri che contengono solo la possibilità di una perdita, sono tipici i rischi assicurativi.

I rischi puri possono essere ulteriormente suddivisi in sotto categorie come:

- Danni diretti alla proprietà (*Direct Property Damage*)
  Dove avviene la perdita totale della proprietà come un incendio, una inondazione o una tempesta. Possiamo includere incidenti d'auto, danni a equipaggiamenti durante il trasporto o furto degli stessi.
- Danni indiretti o conseguenti (*Indirect Property or Consequetial Loss*)
  Normalmente i danni indiretti nascono come risultato di quelli "diretti". Pensiamo ad un edificio per metà crollato a causa di un terremoto (danno diretto) e l'altra metà demolita e ricostruita, i costi di ricostruzione della metà si considerano danni indiretti.

- Danni da obbligo legale a pagare (*Legal Liability*)
  Una causa legale è portata avanti per avere riconoscimento di danni fisici, morali o per danni alla proprietà. I costi sono il risultato non solo per i danni fisici o morali dati da negligenza ma anche danni a cose provocati da errori di progettazione, errori di esecuzione.
- Danni relativi al personale (*Personnel-Related*)
  Quando un danno o un infortunio riguarda un dipendente. I costi includono il costo per il risarcimento del dipendente, il costo per la sua sostituzione temporanea e il costo per il mancato guadagno da parte dell'azienda per la non disponibilità del dipendente stesso.

Vediamo ora la differenza tra rischi conosciuti (*Known Risk*), rischi identificabili (*Known-Unknown Risks*) e rischi non identificabili (*Unknown-Unknown Risks*).

I rischi conosciuti sono quelli ben definiti e per i quali non esiste incertezza (un popolare esempio anche se non troppo felice è la morte).

I rischi identificabili sono quei rischi di cui siamo a conoscenza ma di cui non sappiamo esattamente come possono influenzare o impattare sul progetto. Un esempio potrebbe essere un macchinario che a un certo punto ha bisogno di manutenzione per evitare un improvviso blocco. I rischi non identificabili sono appunto quei rischi che non possiamo immaginare e per i quali non abbiamo nessun tipo di informazione. Un esempio potrebbe essere una improvvisa influenza che colpisce l'intera nostra forza lavoro con il risultato di un periodo di tempo più o meno lungo di non disponibilità di risorse.

Riguardo i rischi aggregati per livello di incertezza, possono essere ulteriormente distinti rispetto al tipo di impatto che hanno sul progetto. Per esempio ci sono i rischi relativi all'ambito del progetto (*Scope Risks*), che sono i rischi associati alle modifiche approvate e implementate rispetto allo scope di progetto; ci sono i rischi relativi alla qualità (*Quality Risks*), che sono i rischi risultanti dal mancato raggiungimento del richiesto livello di qualità; i rischi relativi alla tempistica (*Schedule Risks*), che sono i rischi che determinano il non rispetto delle "*deadlines*", che possono essere critici quando esistono dei vincoli tra più attività; e ricordiamo i rischi relativi ai costi (*Cost Risks*), che sono i rischi ad esempio relativi ad uno sforamento del *budget*.

CATEGORIE DI RISCHIO

La differenza fra categorie di rischio e tipi di rischio è qualcosa di non ben definito. Ciò che alcune aziende identificano come tipologie di rischio altre potrebbero identificarle come categorie e viceversa. Ci occuperemo di loro come di due entità distinte ma per evitare qualsiasi confusione la cosa migliore da fare è capire come l'azienda in cui stiamo operando considera i rischi.

Riprendendo la definizione di categorie di rischio inserita nel PMBOK® *Guide*, il testo definisce le categorie di rischio come un gruppo di potenziali cause di rischio (*a group of potential causes of risk*). Perché categorizziamo i rischi?

Le categorie di rischio, sono un modo per identificare sistematicamente i rischi in maniera consistente e organizzali al fine di poterli gestire nel modo migliore così da poter determinare le loro cause principali. Uno dei modi per poter rappresentare graficamente una categorizzazione dei rischi è l'uso della *Risk Breakdown Structure* o RBS che abbiamo già definito precedentemente. Una RBS normalmente elenca i rischi attraverso le categorie e via via li scompone in sub-categorie. Facciamo un esempio, nella figura seguente vedete una RBS di un progetto per la creazione di un nuovo *call center*. Il nodo padre mostra il nome del progetto, il livello successivo le principali categorie di rischio, nel nostro caso rischi interni, rischi esterni e rischi di Project Management. Il livello successivo mostra le sub-categorie per ogni categoria.

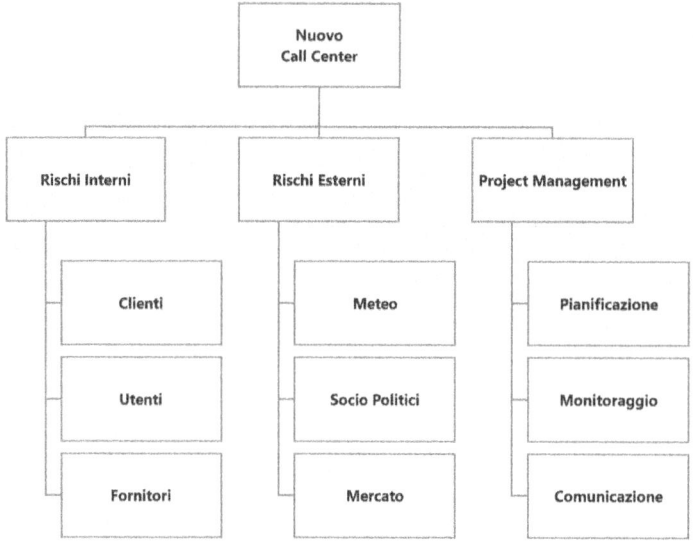

Figura 7.1 - Risk Breakdown Structure

La domanda che a questo punto ci viene da formulare è: come facciamo a sviluppare una lista di categorie di rischio per il nostro progetto, quando non abbiamo un modello di lista a cui rifarci?

Quando iniziamo un progetto è normale creare categorie di rischio basate su categorie utilizzate in progetti simili gestiti precedentemente.

Le categorie di rischio possono variare da azienda a azienda e molte volte in base al mercato, perciò un altro posto dove ricercare è il mercato stesso dove è possibile reperire categorizzazioni standard e modelli da utilizzare.

Se siamo appena arrivati in una nuova azienda, possiamo chiedere ad altri Project Manager, dal momento che l'azienda stessa potrebbe avere dei modelli standard da utilizzare nel nostro lavoro.

Man mano che procediamo nella gestione del progetto saremo in grado di determinare se altre categorie devono essere aggiunte e creeremo un lista per quella categoria.

Alcune categorie di rischio sono riportate nella tabella seguente:

Tabella 7.1 - Esempio di categorie di rischio

ESEMPIO DI CATEGORIE DI RISCHIO		
Interni	Operazioni	Project Management
Esterni	Organizzazione	Sicurezza
Ambiente	Infrastruttura	Ambito
Economici	Culturali	Costi
Politici	Tecnologia	Qualità
Mercato	Risorse Umane	Tempi
Processi	Amministrazione	Finanziari
Strategici	Dipendenti	Business
Terze Parti	Gestione	Legali

Sono solo alcuni esempi da cui si può partire. Categorizzare i rischi ci permette di identificarli più agevolmente, di gestirli in modo migliore e di determinare le cause che sono alla loro base. Ricordiamo, inoltre, che non c'è una lista di categorie che sia chiusa, non modificabile e omnicomprensiva di quello di cui abbiamo bisogno.

GESTIRE L'INCERTEZZA

L'incertezza è alla base dei rischi. Gestire i rischi, realmente vuol dire gestire l'incertezza. Come già detto precedentemente, ogni progetto ha un certo livello di rischio ed un certo livello di incertezza.

Abbiamo visto le differenze tra i vari tipi di rischio (*Known Risk*, *Known-Unknown Risk* e *Unknown-Unknown Risk*) e abbiamo detto che il nostro obiettivo nel gestire i rischi è di ridurre il livello d'incertezza. Prepariamoci a combattere una battaglia con l'incertezza!

Per chiarire e riepilogare: l'incertezza è una mancanza di conoscenza degli eventi futuri, sia che questi eventi siano positivi o negativi per il progetto. L'incertezza genera rischi, perciò il team di progetto deve pianificare come rispondere a potenziali eventi che potrebbero manifestarsi impattando sugli obiettivi di progetto, come l'ambito, i costi, la qualità, i tempi e così via. Mentre la reale manifestazione del rischio può essere incontrollabile, l'idea di base è di poter gestire gli eventi che scatenano il rischio e manipolare le conseguenze e l'impatto del rischio stesso.

Facciamo come sempre un esempio. Se guidare la nostra auto in una strada piena di rocce appuntite, crea il rischio di forare un pneumatico, potremmo decidere di prendere un'altra strada che però ci farà impiegare 15 minuti in più di viaggio. Questa decisione però, eviterà di ritardare di 2 ore per il tempo che ci sarebbe voluto per cambiare il pneumatico forato che non avevamo e che ci è stato portato da un gommista di zona. Un'altra scelta potrebbe essere quella di assicurarsi che in auto ci sia la ruota di scorta riducendo così il tempo a circa 30 minuti.

Quando decidiamo di prendere un rischio spesso lo facciamo in previsione che porti un qualche beneficio al nostro progetto. Alcuni esempi possono essere una riduzione dei costi, il rispetto dei tempi pianificati, il rilascio di una tecnologia all'avanguardia o il raggiungimento di un obiettivo strategico aziendale. Questi elementi giocano un ruolo fondamentale nel determinare come gestire l'incertezza.

Con tutti questi elementi ben chiari, parte della gestione dell'incertezza è sapere quando accettare un rischio. Le regole per accettare i rischi variano in base all'organizzazione, alla natura del prodotto e in base ad altre variabili.

Per l'accettazione dei rischi, poniamoci delle domande per determinare se sia il caso di accettare o meno un rischio, alcuni esempi sono:

- Può essere determinato un potenziale risultato?
- Le probabilità di successo sono maggiori di quelle di fallimento?
- L'azienda può permettersi il potenziale impatto e la relativa perdita?
- Le informazioni utilizzate per valutare il rischio sono affidabili?
- Sono chiari i vantaggi di correre il rischio?
- È questa l'unica opzione disponibile, intendendo che non c'è altra alternativa possibile che porta allo stesso risultato?

Ci occuperemo ancora di *decision making* e di accettazione del rischio (*risk acceptance*) più avanti nel libro, ma una delle regole fondamentali da seguire è che un rischio deve essere accettato se il beneficio eccede il costo potenziale di un risultato negativo.

Un altro aspetto della gestione dei rischi, è valutarli rispetto al momento del progetto in cui ci troviamo. La probabilità che dei rischi si manifestino è altissima all'inizio del progetto e bassissima alla chiusura. La ragione è che all'inizio il progetto vi è molta incertezza, perciò molto rischio. Se, ad esempio, un'azienda non può affrontare il costo o l'impatto di un rischio che può materializzarsi all'inizio del progetto allora dovrebbe considerare l'ipotesi di rinunciare al progetto o chiuderlo in anticipo. E' importante ricordare che la probabilità e l'impatto influenzano sempre l'accettazione dei rischi e le loro risposte. L'incertezza e i rischi vanno di pari passo, come detto l'incertezza si riferisce alla mancanza di conoscenza di eventi futuri che possono sfociare in rischi, siano essi positivi o negativi per il progetto.

CAPITOLO 8
PROJECT RISK MANAGEMENT

La gestione dei rischi di progetto (Project Risk management) è la cultura, i processi e le strutture adottate da una organizzazione, dirette alla gestione efficace dei rischi.

Dovrebbe essere una metodologia di gestione che si integra con tutte le altre discipline di progetto. L'obiettivo del Project risk management è assicurare che vengano prese decisioni concrete al momento giusto in base a informazioni dettagliate, e che gli elementi che generano incertezza, e che possono impattare sul successo del progetto, siano determinati.

Dal punto di vista del Project Management, il risk management ha il compito di identificare, prevenire, contenere e ridurre gli impatti negativi e massimizzare le opportunità e risultati positivi nell'interesse degli stakeholder. È un approccio sistematico che permette di evitare, ridurre, eliminare i rischi attraverso una logica, comprensiva e documentata strategia.

Il Project risk management dovrebbe essere visto come un processo in itinere che origina dalle "valutazioni strategiche dell'azienda" sulla fattibilità del progetto e che continua per tutto il ciclo di vita del progetto stesso. Rifacendoci alla definizione contenuta nel PMBOK® *Guide* possiamo dire che il Project risk management è:

"the management *of project risk; the act of increasing the probability and impact of positive events and decresing the probabilty and impact of adverse events within a* Project *"* (la gestione dei rischi di progetto; l'azione di aumentare

la probabilità e l'impatto degli eventi positivi e diminuire la probabilità e l'impatto di quelli negativi all'interno del progetto).

Mentre un rischio è definito come segue: *"an uncertain event or condition that, if occurs, has a positive or negative effect on a project's objectives"* (un evento o condizione incerta che, nel caso si manifesti, ha un effetto positivo o negativo su uno o più obiettivi di progetto)

Mai pensato che un rischio possa essere anche un evento che generi un qualcosa di positivo?

Ciò che definiamo un rischio, se ben valutato e analizzato, in realtà potrebbe essere una grande opportunità. Per cui i rischi possono essere positivi e negativi. I rischi positivi sono opportunità e come tali vengono allo stesso modo gestiti all'interno del risk management. Dato che i rischi esistono in ogni tipo di progetto e ognuno ad un livello diverso, possiamo dire che ogni progetto porta con se una certa *incertezza*, ed è questa incertezza che crea il rischio; da qui, l'obiettivo del risk management, cioè identificare i rischi del progetto e pianificare delle risposte che possano sia ridurre l'impatto e la probabilità dei rischi negativi che aumentare l'impatto e la probabilità di quelli positivi. Possiamo immaginare che la maggior parte delle azioni del Project risk management coinvolgono la pianificazione. Per chiarire meglio, l'obiettivo dietro al risk management è quello di:

- identificare i rischi (determinando quali fattori esistenti possano impattare negativamente o positivamente sugli obiettivi di progetto);
- analizzare gli impatti, prioritizzare e quantificare ogni rischio;
- ridurre gli impatti attraverso la pianificazione di efficaci risposte al rischio;
- monitorare i rischi identificati;
- scoprire e gestire nuovi rischi che posso emergere.

Il risk management è un approccio proattivo alla gestione del progetto e un modo per avere un maggior controllo sulla riuscita del progetto stesso. Siccome ogni rischio include un certo livello di incertezza non si potrà mai avere un controllo completo su di essi ma si potrà lavorare per ridurre le probabilità e impatti negativi a favore di quelli positivi. Questo ci fa capire come il risk management non sia solo una parte del Project Management ma un parte fondamentale di ogni progetto, che dovrebbe essere sempre eseguita per poter avere qualche sicurezza in più della riuscita del progetto stesso.

IL PROJECT RISK MANAGEMENT E IL PMBOK® *GUIDE*

Il Project Risk Management è una delle dieci aree di conoscenza incluse nel "Project Management Body of Knowledge" - PMBOK® *Guide 5th Edition*. Il PMI ha sviluppato un approccio a sei step per gestire i rischi di progetto. Questi step o attività hanno il nome di "PIER-C", acronimo dato dalle prime lettere dei vari processi o da ciò che avviene nei singoli processi (**P**lan. **I**dentify, **E**valuate, **R**esponse, **C**ontrol).

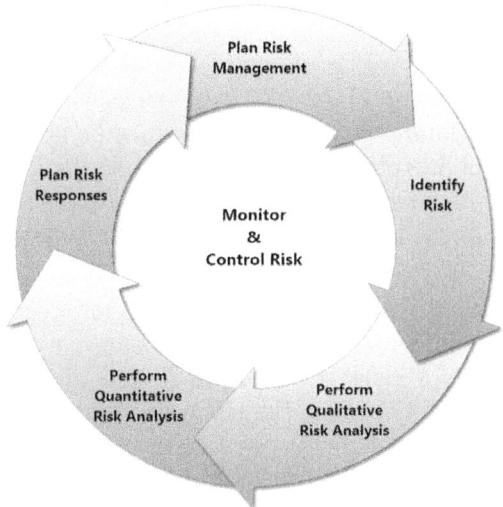

Vediamo più in dettaglio ogni processo nell'ordine inserito nel PMBOK® *Guide*. Come detto nel Project Risk management ci sono sei processi:

- Plan Risk management: È il processo dove definiamo come eseguire le attività di risk management, in altre parole il team di progetto determina come individuare, pianificare ed eseguire le attività di Project risk management.
- *Identify Risks*: Questo processo identifica i rischi e determina una lista di rischi pendenti sul progetto. Durante questa attività vengono identificate le cause dei rischi, si scelgono le preliminari strategie di risposta e si categorizzano i rischi. L'output principale di questo processo è il meta-documento chiamato Risk *Register*.
- *Perform Qualitative Risk Analysis*: L'analisi qualitativa dei rischi è la prima vera valutazione dei rischi stessi. È un processo "soggettivo", nel senso che ogni organizzazione ha una propria valutazione del rischio in base alle proprie caratteristiche. Durante questo processo si utilizza il risk *register* per classificare i rischi in base alla loro probabilità di accadimento e al loro impatto (l'effetto delle conseguenze sul progetto dato dal verificarsi del rischio). Alla fine del processo otterremo la

prioritizzazione dei rischi e determineremo una breve lista di rischi che devono essere gestiti in modo aggressivo e immediato. Questa lista viene chiamata "*Urgent List*". Inseriremo i rischi che sono valutati per avere una bassa probabilità di verificarsi e un basso impatto in una sezione separata del risk *register* chiamata "*Watch List*". Il *risk register* viene aggiornato alla fine di questo processo.

- *Perform Quantitative Risk Analysis*: L'analisi quantitativa può essere un processo che in alcuni casi non viene messo in campo. La decisione di utilizzare questo processo oppure no, è determinata da fattori come il tempo a disposizione, le priorità del progetto, quanto lavoro richiede comparato ai benefici che si possono ottenere, e così via. Questo metodo di valutazione analizza numericamente gli impatti di molteplici rischi nel sul progetto. Questo è un metodo "oggettivo" che aiuta a determinare ad esempio la probabilità di rispettare i vincoli di budget e di tempo. Anche in questo caso il *risk register* viene aggiornato come output del processo.

- Plan *Risk Responses*: Attraverso questo processo sceglieremo le strategie di risposta a quei rischi inseriti nella "*Short List*". Il livello di dettaglio delle risposte è determinato dalla priorità del rischio. Troveremo soluzioni sia per le minacce che per le opportunità. Il *risk register* viene aggiornato. In aggiunta, possono essere perfezionati contratti con terzi per il loro coinvolgimento nelle azioni di risposta.

- *Control Risks*: È il processo responsabile del controllo dei rischi identificati, dell'identificazione di nuovi, del monitoraggio dei rischi residui e della rivalutazione di quelli inseriti nel *risk register*. Viene valutata l'efficacia del programma di gestione dei rischi sull'intero progetto e controllati i "*Risk Trigger*" (segnali del possibile verificarsi del rischio). Anche in questo caso il risk *register* viene aggiornato.

Possiamo vedere come il flusso di questi sei processi sia estremamente logico e si muova portando l'output o risultato del primo processo verso l'altro processo come un input. Ricordiamo che i processi di risk management all'interno di un qualsiasi progetto sono ovviamente iterativi, continuamente siamo alla ricerca di nuovi rischi e continuamente monitoriamo lo stato di quelli esistenti.

L'APPROCCIO STANDARD DEI 6 STEP

Le attività di Project risk management dovrebbero essere messe in campo al più presto possibile per far sì che la pianificazione e la successiva identificazione dei rischi porti il massimo beneficio. Il problema che ci si potrebbe presentare è che, proprio all'inizio del progetto, potremmo non avere a disposizione tutte le informazioni di cui abbiamo bisogno per fare un risk management efficace.

Per prima cosa, il risk management inizia con una approfondita e realistica analisi del progetto, del suo ambito (*scope*) e dei suoi obiettivi. Se questi elementi non sono determinati potremmo trovarci a combattere una battaglia persa. La determinazione di questi elementi dovrebbe sempre essere fatta in modo realistico. Può risultare ovvio ma è fondamentale per il risk management.

La pianificazione di un progetto copre temporalmente la grande parte del ciclo di vita del progetto stesso ed è attraverso la pianificazione che i rischi possono essere ridotti.

Attività come l'identificazione degli stakeholder, come la definizione e documentazione del progetto in modo appropriato, ci danno serie opportunità di creare un ambiente dove il nostro progetto possa nascere, svilupparsi e divenire un progetto di successo.

Da qui possiamo fare una prima scomposizione dei processi di Risk management in sei "step":

- Risk management Plan*ning;*
- *Information Gathering and Risk Identification;*
- *Risk Assessment e Analysis;*
- *Risk Response* Plan*ning,*
- Plan *Execution*
- *Risk Monitoring & Control*

Per cui con una buona base di informazioni sul nostro progetto abbiamo bisogno di determinare, cioè pianificare, come gestiremo i rischi (Risk Management Planning). Attraverso questo processo viene creato il Risk Management Plan, nel quale trovano casa tutte le informazioni, descrizioni, metodi, strumenti e tecniche che ci serviranno per mettere in campo i vari processi di risk management in modo che chiunque coinvolto nella gestione abbia le stesse linee guida.

Abbiamo poi *l'Information Gathering* e la *Risk Identification*. Ci sono molte tecniche per la raccolta delle informazioni e l'identificazione dei rischi e di questo ci occuperemo più avanti nel libro.

Risk Assessment e *Risk Analysis* sono importanti per lo step successivo. È in questo momento che i rischi vengono valutati. L'obiettivo è determinare e dividere quelli che hanno un impatto significativo sul progetto da quelli che possono essere messi in una lista a parte per una successiva valutazione.

Risk Response Planning è il processo attraverso il quale vengono definite le strategie di risposta ai rischi e pianificate le relative azioni di risposta, cioè quelle azioni tese a ridurre o eliminare i rischi o cercare di aumentare le probabilità e/o gli impatti per le opportunità. In questo processo vengono sviluppati i piani di contingenza.

Abbiamo poi l'esecuzione del piano di risposta (*Plan Execution*), così come il monitoraggio delle risposte, dei rischi già identificati e di quelli che potrebbero nascere successivamente (*Risk Monitoring & Control*).

Ricordiamoci dei rischi nella *watch list* che erano stati precedentemente considerati a bassa priorità ma che ora necessitano di una nuova valutazione.

Da notare che attraverso tutti i suddetti passaggi avviene la *risk documentation*. La *risk documentation* è parte di ogni singolo step dalla pianificazione dei rischi fino alla chiusura del progetto. I così detti *risk data* e le *lessons learned* vengono documentate e archiviate per essere usate in progetti futuri.

Questi step ci danno una visione macro di quello che è il Project risk management, ogni step ricorre molteplici volte durante il ciclo di vita del progetto.

PARTE II

Nella Parte II del libro vengono presentati gli input, gli output, gli strumenti e le tecniche di ogni singolo processo. Diversamente da altri libri per la preparazione a certificazioni del PMI, tutti gli input, gli output, gli strumenti e le tecniche sono presentati separatamente dai loro processi.

Questo ci permetterà di focalizzare l'attenzione su ogni singolo elemento, cercando prima di capirlo e poi, se necessario, di memorizzarlo senza il bisogno di contestualizzarlo. Avremo una minore distrazione durante lo studio dei processi (Parte III) e ci renderà più sicuri trovandoci davanti a elementi con i quali abbiamo familiarità.

I capitoli seguenti sono importanti poiché la maggior parte delle domande d'esame vertono sui concetti qui presentati. In ogni capitolo viene descritta una tecnica presente in uno dei processi di gestione dei rischi. Molte di queste tecniche possono essere usate in più di un processo.

Per esempio, la valutazione del percorso critico di un reticolo di progetto è utile nell'iniziale valutazione dei rischi, nella identificazione dei rischi e nello sviluppo delle strategia di risposta ai rischi.

Per rendere lo studio più semplice le varie tecniche sono state raggruppate in relazione ai sei processi di project risk management.

Ogni tecnica sarà valutata utilizzando dei criteri per determinare se la tecnica scelta sia o non sia la più idonea da utilizzare. Questi criteri includono:

- Descrizione della tecnica
- Dove applicabile/utilizzabile
- Input & output
- Passaggi principali nell'applicazione della tecnica

- Utilizzo dei risultati
- Risorse necessarie
- Affidabilità

E' importante rilevare che alcune tecniche hanno una maggior applicabilità in specifici momenti del progetto rispetto ad altre. Parimenti, le tecniche non forniscono tutte le stesse informazioni. Ogni capitolo della Parte II inizia con un'introduzione alla tecnica, proseguendo con la sua valutazione ed evidenziando le caratteristiche principali da considerare quando si sta valutando se la tecnica sia appropriata per gestire i rischi nella nostra organizzazione.

STRUMENTI E TECNICHE

	USO PRIMARIO / SECONDARIO					
TECNICA	RISK MANAGEMENT PLANNING	RISK IDENTIFICATION	RISK QUALIFICATION	RISK QUANTIFICATION	RISK RESPONSE PLANNING	RISK MONITORING & CONTROL
Planning Meetings	O	⊙	⊙		⊙	
Documentation Reviews	⊙					⊙
Brainstorming		O				⊙
Delphi Technique	⊙	O	⊙	⊙	⊙	
Expert Interviews	⊙	O		O		
Root Cause Identification and Analysis	⊙	O	⊙		⊙	
SWOT Analysis	⊙	O			⊙	
Checklists Analysis	⊙	O				⊙
Assumptions Analysis		O	⊙	⊙		
Risk Breakdown Structure	⊙	O			⊙	
Quality Risk Data Assessment			O			
Risk Categorization		⊙	O			
Risk Urgency Assessment			O		⊙	O
EMV & Decision Tree Analysis				O		
Monte Carlo Simulation		O	⊙	O	⊙	
Risk Audits & Reviews	⊙					O

O = Uso primario   ⊙ = Uso secondario

CAPITOLO
9 PLANNING MEETINGS

DESCRIZIONE DELLA TECNICA:

Il team di progetto organizza riunioni di pianificazione per sviluppare il piano di gestione dei rischi. I partecipanti a tali riunioni includono il Project Manager, membri selezionati di progetto e stakeholder, chiunque nell'organizzazione abbia responsabilità di gestire le attività di pianificazione e di esecuzione dei rischi e altre figure in base alle necessità.

In queste riunioni si definiscono dei piani di alto livello per svolgere attività di gestione dei rischi. Si definiranno costi e attività di gestione dei rischi da includere rispettivamente nel budget e nella schedulazione di progetto. Si possono stabilire o rivedere approcci per l'applicazione delle riserve per contingency relative ai rischi. Si assegneranno le responsabilità di gestione dei rischi. In base alla tipologia di progetto si personalizzeranno schemi organizzativi inerenti le categorie di rischio e le definizioni di termini quali il livelli di rischio, le probabilità per tipo di rischio, l'impatto per tipo e la matrice di probabilità/impatto. Se non esistono modelli di documento per questo processo, possono essere creati direttamente nel corso di tali riunioni.

QUANDO APPLICABILE:

Questa tecnica è raccomandata per tutti i progetti: i Plan*ning meeting* assicurano una generale accettazione, da parte del team di progetto, del risk management come procedura. La tecnica è molto efficace nei primi momenti di pianificazione dei rischi ma verrà applicata anche in altri processi.

INPUT E OUTPUT:

I Plan*ning meeting* hanno un certo numero di input. Primi tra tutti i rischi già identificati e i dati sul progetto devo essere ricercati e resi disponibili durante i *meeting*. In alcune organizzazioni questi dati saranno pochi; in altre avrete voluminosi documenti. I partecipanti ai *meeting* dovrebbero arrivare con ben chiare aspettative che dovrebbero condividere con gli altri attraverso la loro prospettiva sulle soglie di rischio e le *policy* aziendali. Qualsiasi modello o politica aziendale esistente, dovrebbe essere messa sul tavolo per questo processo. Quando terminata, la sessione o le sessioni dovrebbero chiudere con una chiara e ben definita "*risk methodology*" per il progetto in questione, così come i ruoli e le responsabilità, le tempistiche, le soglie, i formati di *reporting* e gli approcci per il monitoraggio. Tutte le informazioni dovrebbero essere ben documentate e disponibili a tutti gli stakeholder principali di progetto. Gli output di queste attività sono riassunti nel piano di gestione dei rischi.

PRINCIPALI PASSAGGI NELL'APPLICAZIONE DELLA TECNICA:

Dato che i *Planning meeting* danno come risultato una specifica versione per il progetto in questione di quelle che sono le pratiche aziendali, le problematiche principali rimangono sulla corretta interpretazione delle informazioni esistenti.

Se, ad esempio, le informazioni esistenti vengono mal interpretate, è possibile che il risk management Plan non rifletta accuratamente la tolleranza al rischio e le soglie di tolleranza dell'organizzazione. E' anche possibile che il team di progetto sbagli rimanendo su di un livello troppo cautelativo. Alcune buone pratiche sono raccolte nei processi seguenti:

- *Rivedere il Project charter*. Il team di progetto deve assicurarsi che ci sia una visione unanime degli obiettivi di progetto, così come sull'approccio generale. In aggiunta, il team deve assicurarsi che ci sia chiarezza riguardo alla durata e al livello di autorità del Project Manager. Il livello di autorità in parte definisce la capacità del team di gestire i rischi in efficacemente, mentre l'abilità del Project Manager di gestire le risorse determina il numero e la qualità del personale responsabile del risk management.
- *Valutare le policy aziendali esistenti per la gestione dei rischi*. I partecipanti ai meeting possono risparmiare tempo se utilizzano le informazioni che già esistono sulla gestione dei rischi. Strumenti, tecniche e modelli lavorano insieme per semplificare il processo.

Applicazioni predefinite di questi strumenti migliorano il processo decisionale se i membri del team si trovano in difficoltà su come assicurare una perfetta identificazione, qualificazione, quantificazione e determinazione delle strategie di risposta ai rischi. Limitazioni sulle riserve, assicurazioni, garanzie e altre problematiche fondamentali devono anch'esse essere identificate in questo momento. Il Project Manager dovrebbe accertarsi che tutte le *policy* siano chiaramente documentate e annotate sia nella preparazione del meeting sia nella sessione operativa.

- *Identificare le risorse a supporto.* In molte organizzazioni, alcune responsabilità riguardo ai rischi hanno un "owner" anche prima che il progetto parta. Per esempio, l'ufficio legale ha la responsabilità riguardo tutte le questioni contrattuali. Il dipartimento delle risorse umane si assume la responsabilità di rischi riguardanti la salute, l'assistenza e i risarcimenti. Un *senior manager* si assume la responsabilità di rischi che ricadono nell'area della riserva di gestione, i così detti "*unknown-unknown*" del progetto. In differenti organizzazioni, attori diversi hanno ruoli e responsabilità predeterminati per la gestione dei rischi. Questi soggetti devono essere registrati per avere un riferimento futuro in modo che sia collegata la loro "*expertise*" con il lavoro che devono fare riguardo allo specifico rischio a loro assegnato.

- *Determinare la tolleranza al rischio.* Forse l'attività più critica dei planning meeting è che i partecipanti provenienti da una moltitudine di organizzazioni a supporto del progetto dovrebbero chiaramente identificare quale sia la loro tolleranza al rischio in termini di costo, tempo, performance e altre aree critiche. In molti casi le persone trovano difficile lavorare a questo livello di astrazione poiché lottano con il concetto "quando è troppo?". Per sorpassare questa difficoltà il Project Manager potrebbe sperare di identificare un set di scenari tipo, per testare la tolleranza dell'individuo e dell'organizzazione rispetto a varie tipologie di rischio. Questi scenari non si devono limitare ai soli costi o tempi. E' importante sapere quali sono le soglie di tolleranza sia per un problema riguardante le performance sia per altre importanti questioni (per esempio, attriti tra dipendenti, soddisfazione del cliente). La tolleranza al rischio dovrebbe essere identificata per ogni stakeholder chiave, giacché ampie variazioni nella percezione del rischio possono potenzialmente alterare le successive analisi dei dati nel processo di qualificazione dei rischi.

- *Rivedere la WBS.* Come per molti processi di Project Management la work breakdown structure è un input chiave del risk management. La WBS rende più chiari quali siano i bisogni del progetto sia a un livello macro sia più in dettaglio. La WBS ci permette di ottenere informazioni su dove e come il processo è efficace e dove invece ci siano tentativi di aggirare le best practice. Dato che ogni lavoro associato al piano di gestione dei rischi di progetto sarà poi inserito nella WBS, una chiara comprensione del suo contenuto è decisamente appropriata.

- *Utilizzo dei risk template aziendali.* Non tutte le aziende hanno dei template standardizzati e ufficiali. Alcuni risk template forniscono una guida generale, mentre altri spiegano ogni passo del processo a un maggior livello di dettaglio. La regola generale per quanto riguarda i risk template è che se esistono devono essere utilizzati, perché normalmente riflettono le best practice dell'organizzazione così come le lessons learned.

Gli output di questi meeting dovrebbero includere un chiaro approccio su come implementare il risk management. Gli stakeholder, sia a macro che a micro livello, dovrebbero avere una chiara comprensione di come verranno portati avanti i restanti *step* del processo e da chi.

Come riportato nel PMBOK® *Guide* i seguenti elementi diverranno componenti del risk management plan:

- la metodologia
- ruoli e responsabilità
- risk budget
- tempistiche per le attività di risk management
- formati di reporting
- soglie
- metriche per valutazioni
- categorie di rischio

USO DEI RISULTATI:

Una volta che i *meeting* si sono conclusi, le informazioni dovrebbero essere raccolte e documentate per una facile consultazione da parte di chiunque responsabile della pianificazione del progetto. Alcune informazioni saranno usate per l'intera gestione dei rischi (come ad esempio le soglie).

RISORSE NECESSARIE:

I *Planning meeting* richiedono un buon numero di partecipanti, che già di per sé è una sfida. In molte organizzazioni, riuscire semplicemente a riunire gli stakeholder chiave può essere un grande impedimento alla riuscita di una sessione di pianificazione. In aggiunta, la sessione di pianificazione richiederà un moderatore con capacità di dedurre quali siano le soglie di rischio per gli individui e per l'organizzazione. Il facilitatore dovrebbe avere la capacità di raccogliere le informazioni e i dati che i partecipanti forniscono. In una situazione perfetta, il *meeting* di pianificazione avrà un segretario responsabile di raccogliere le informazioni di pianificazione dei rischi man mano che vengono alla luce. Il segretario dovrebbe documentare precisamente ogni singolo tema affrontato nel meeting.

AFFIDABILITÀ:

L'affidabilità del processo dipende molto dalla capacità del facilitatore a ricavare informazioni dal gruppo di partecipanti. L'affidabilità delle informazioni e del *risk* Plan, che attraverso il *meeting* viene generato, dipende anche dal livello di informazioni e dalla struttura già esistenti nell'organizzazione

CAPITOLO

10 DOCUMENTATION REVIEW

DESCRIZIONE DELLA TECNICA:

È bene eseguire una revisione strutturata della documentazione di progetto, inclusi piani, assunti, documentazione di progetti precedenti, contratti e altre informazioni. La qualità dei piani, i requisiti e gli assunti di progetto, possono essere indicatori del rischio del progetto stesso. La revisione dei documenti di progetto è più di una semplice rilettura dei documenti, ma non è la dissezione o analisi di ogni singola parola generata durante il progetto. Piuttosto è un'analisi bilanciata della documentazione per identificare ogni assunto fatto, ogni preoccupazione espressa che non siano stati segnalati nei requisiti o nello *statement of work*. Benché la revisione della documentazione possa includere tutti i documenti del progetto, alcuni dovrebbero essere certamente rivisti come ad esempio, la WBS (se pronta), lo *statement of work*, il Project *charter*, e tutti i documenti relativi a costi e tempi. Anche se i documenti possono essere a livelli diversi di sviluppo e di dettaglio, dovrebbero essere inclusi in questa revisione se specificano qualche risultato o obiettivo di progetto. La revisione della documentazione è una approfondita rilettura dei documenti con una domanda ben precisa: le informazioni contenute in questi documenti possono permetterci di identificare rischi potenziali che potremmo incontrare nel corso del progetto stesso? La revisione può essere fatta di gruppo o individualmente. In questo caso ognuno analizzerà quei documenti con i quali ha più familiarità. Nella WBS, per esempio, una revisione della documentazione richiederà un'analisi di tutti i livelli e dei singoli WP (*work package*) e chiedersi, quali sono i rischi? Questa tecnica non richiede capacità particolari, solo una certa familiarità con il processo descritto dalla documentazione sotto revisione e buon senso nel determinare quali rischi potenzialmente esistono.

QUANDO APPLICABILE:

Questa tecnica è raccomandata per ogni progetto dove abbiamo una documentazione iniziale. Non è necessario che ad esempio la WBS sia completa, ma è utile continuare la revisione della documentazione man mano che evolve. Ogni rischio determinato dall'analisi di revisione dovrebbe essere catalogato e tracciato con quella parte di documentazione alla quale è attribuibile.

INPUT E OUTPUT:

Gli input per la revisione sono ovvi, la documentazione di progetto. Come già detto ogni documento strutturato per fare chiarezza sul progetto, i suoi processi o i suoi obiettivi dovrebbero essere inclusi nella revisione. Gli output saranno: i rischi identificati, le cause di rischio e i *trigger* determinati durante la revisione. Dovranno essere documentati, catalogati e facilmente disponibili a tutti coloro che intenderanno fare una revisione della stessa documentazione successivamente.

PRINCIPALI PASSAGGI NELL'APPLICAZIONE DELLA TECNICA:

Dato che questa tecnica è piuttosto utilizzata, i passi possono differire in base al tipo di documentazione soggetta a revisione. Tuttavia, c'è una certa coerenza tra le varie revisioni che è espressa dai seguenti elementi:

- *Identificare la documentazione di progetto disponibile.* Questo non vuol dire includere ogni nota o Post-it scritto durante il progetto. Tuttavia, dovrebbe includere quelle informazioni che direttamente contribuiscono alla miglior comprensione del progetto, dei suoi requisiti e delle relazioni esistenti tra tutte le entità interne ed esterne ad esso.

- *Identificare le persone appropriate per revisionare la documentazione.* Alcuni tipi di documentazione potrebbero essere talmente tecnici che solo una o due persone dello staff potrebbero avere idea se qualche elemento possa rappresentare un rischio oppure no.

- *Catalogare ogni possibile rischio.* Dato che nuovi rischi, *trigger* o sintomi vengono identificati, le informazioni dovrebbero essere raccolte e tracciate con la documentazione originale. In questo modo, chiunque faccia la revisione della documentazione sarà in grado di individuare i vari problemi che sono già stati evidenziati.

- *Comunicare le informazioni su ogni nuovo rischio.* A questo punto tutti i rischi identificati e le informazioni relative possono essere condivisi attraverso i canali stabiliti nel *communication* management Plan o nella metodologia di risk management. Se i rischi non sono comunicati a tutti gli attori del progetto, la probabilità che le informazioni siano usate efficacemente è molto bassa.

USO DEI RISULTATI:

Le informazioni raccolte durante la revisione della documentazione possono rappresentare la maggior fonte di conoscenza dei rischi di progetto.

Se i rischi identificati sono gli stessi rischi che storicamente hanno causato il più alto livello di preoccupazione dell'organizzazione impegnata nel progetto, allora possiamo dire che questa è la tecnica con il più basso livello di supporto tecnico e la massima resa. Le informazioni fornite attraverso l'applicazione di questa tecnica dovrebbero virtualmente includere tutti i visibili rischi di progetto. Dovremmo poi generare un secondo insieme di informazioni sui rischi che sono più specifiche per il progetto e direttamente correlate alle informazioni relative ai rischi documentati delle parti coinvolte.

RISORSE NECESSARIE:

Le risorse necessarie per la revisione della documentazione sono basilarmente quei soggetti che hanno un certo livello di familiarità con la documentazione tale da poter identificare anomalie e preoccupazioni comuni. Benché il Project Manager condivida la responsabilità di assicurare che le informazioni siano correttamente focalizzate, il revisore svolge il ruolo primario in questa analisi. I revisori migliori saranno quelli che possono identificare i rischi e direttamente distribuire le informazioni a essi relative in modo che siano importanti e rilevanti per tutti i membri del team.

AFFIDABILITÀ:

Le revisioni della documentazione sono tanto affidabili quanto le informazioni utilizzate per eseguirle. Se il progetto ha una ricca documentazione, e quelli che hanno conoscenza dell'ambito e della natura del lavoro da eseguire possono utilizzare quelle informazioni, allora possiamo dire che l'affidabilità delle revisioni è estremamente alta. Se invece, la documentazione è scarna o i revisori sono poco esperti, allora i risultati delle revisioni sono ben lontani dall'essere affidabili.

CAPITOLO

11 BRAINSTORMING

DESCRIZIONE DELLA TECNICA:

Il brainstorming è una metodologia la cui applicazione richiede la presenza di un insieme di persone che si riuniscono per ricercare la soluzione del problema in esame. Da ciò si deduce come essa sia basata sulla capacità creativa dei partecipanti e non sull'uso di strumenti, come ad esempio le *checklist*, riducendo così il pericolo di trascurare nuovi ed emergenti problemi.

Il brainstorming è una tecnica che ben si adatta all'identificazione di un ampio ventaglio di rischi, per tale motivo, risulta particolarmente appropriata nel caso di progetti grandi o unici. Anche se l'intuizione viene generalmente ritenuta una produzione tipicamente individuale, l'ideazione, in azienda, scaturisce, quasi sempre, da un processo collettivo per due ordini di motivi: innanzitutto in quanto, nell'impresa moderna, pressoché tutte le decisioni necessitano dell'apporto di professionalità e di ruoli differenti e, in secondo luogo, in quanto le particolari scelte che vengono operate non possono prescindere dal peculiare ambiente culturale e organizzativo del contesto nel quale, le stesse, vengono sviluppate.

Il momento di "messa in comune" se, da una parte, è complicato dalla dimensione implicita del livello di conoscenza e di professionalità del quale sono portatori i singoli soggetti coinvolti, dall'altra usufruisce dei benefici effetti che la riunione di più "menti pensanti" riesce, in genere, ad ottenere grazie all' "interazione tra le persone e la moltiplicazione dello sforzo di ciascuno con quello di un altro".

Secondo Polanyi, "le persone sanno di più di ciò che pensano di sapere", ed è proprio questa conoscenza tacita o inespressa che può manifestarsi a condizione che, durante la sessione, i singoli partecipanti vengano opportunamente e correttamente sollecitati.

Il primo e anche il più famoso tentativo di sistematizzazione della creatività di gruppo, fu ideato da Alex Osborn il quale, tra gli anni '40 e '50, formulò le norme comportamentali e le prassi operative che sovrintendono allo svolgimento di una sessione che lui stesso definì di brainstorming. Ciò ribadisce la previsione di un approccio interattivo basato su team, dipendente per i suoi successi dall'ampiezza dell'esperienza e skill presenti nel gruppo di brainstorming e nel "facilitator", ovvero colui che presiede la sessione.

A tale scopo, si è soliti inglobare i membri chiave del team di progetto, insieme ad altri specialisti che possano portare esperienze addizionali necessarie al processo. Brainstorming letteralmente significa "tempesta del cervello" e si riferisce ad una riunione di persone durante la quale viene sollecitata una discussione di gruppo il cui scopo consiste nel far emergere il numero più alto possibile di idee su un ben determinato argomento.

Lo scopo della sessione di brainstorming è capire tutti i potenziali rischi, non esprimendo giudizi sulla loro importanza nelle fasi iniziali. Infatti, soltanto (e rigorosamente) al termine della sessione verranno effettuate la selezione, la critica e la valutazione delle singole idee prodotte. È auspicabile che il gruppo sia composto da personale eterogeneo (per specializzazione lavorativa, per livello di istruzione, posizionamento gerarchico e così via): la varietà e la difformità degli *skill* individuali presenti si rivela, generalmente, un fattore di successo in quanto incide positivamente sull'originalità delle singole idee prodotte (solitamente, lo "scontro" tra mentalità diverse apre nuove strade alla fantasia e all'inventiva dei singoli).

Una sessione di brainstorming spesso comporta una ben definita sequenza di passaggi. Un *facilitator* deve essere nominato e il team di brainstorming selezionato istruito per sommi capi sullo scopo dell'esercizio e dei risultati desiderati. Dopo che ogni elemento è stato raccolto esso viene osservato in dettaglio. L'elemento viene definito da qualcuno che ha familiarità con esso. Dopodiché il team trascorre qualche instante a pensare ai possibili rischi, che vengono annotati su un foglio. Tipicamente quando gli altri partecipanti danno il loro contributo la lista potrebbe raddoppiare in grandezza.

A questo punto i rischi simili vengono classificati e raggruppati. Lo scopo generalmente è quello di creare una lista di circa dieci rischi per ogni voce, sebbene questo numero varierà molto in relazione all'elemento che è stato considerato. Dieci è semplicemente un limite pratico alla dimensione della lista dei rischi, per evitare uno sforzo eccessivo che viene speso quando il numero di voci è troppo piccolo. Ad ogni modo dieci non dovrebbe essere considerato un valore fisso.

È altrettanto importante documentare quei rischi che sono scartati, per mantenerne traccia ai fini di un controllo e per facilitare un'analisi seguente, se necessaria. Una sequenza simile è fatta per ogni elemento chiave. Una sequenza strutturata è il *format* più efficace per il brainstorming. Se ciò è impraticabile, interviste pianificate da consulenti preparati, questionari o indagini possono essere usati ed hanno il vantaggio di avere un costo effettivo probabilmente minore dell'approccio descritto precedentemente.

Qualunque impostazione di brainstorming sia adottata, è imperativo che nessuna *checklist*, o altri strumenti di individuazione dei rischi che possono sorgere, venga considerata prima della chiusura della sessione di brainstorming, altrimenti in anticipo verrebbe mostrata loro minore attenzione. Il modo in cui viene gestito il processo deve assicurare che l'informazione storica non blocchi una valutazione creativa del futuro, per cui difficoltà mai viste prima non possano emergere. In definitiva, il brainstorming è consigliabile quando si considera l'esecuzione di attività nuove o non standard, in modo da incoraggiare un pensiero vario e innovativo. Per attività routinarie le *checklist* potrebbero essere più veloci ed efficienti.

QUANDO APPLICABILE:

Questa tecnica è virtualmente applicabile in ogni passaggio dell'intero processo di risk management. La sua grande utilità la rende appetibile in molteplici situazioni e può essere utilizzata in vari processi come ad esempio:

- Identificazione, per stabilire una prima determinazione dei rischi o per creare categorie di rischio (associate con la *risk breakdown structure* – RBS)
- qualificazione, per lavorare sui termine e sulla terminologia come ad esempio cosa determina il livello alto, medio, basso nelle varie categorie di rischio
- qualificazione, per analizzare gli assunti e le potenziali fonti di informazioni
- determinazione delle risposte, per le strategie di risposta ai rischi e per esaminare le loro implicazioni

INPUT E OUTPUT:

Gli input sono i presupposti stessi del brainstorming: una singola, omnicomprensiva idea, o più idee da presentare al gruppo di partecipanti alla sessione. Gli output dipendono ovviamente dai presupposti ma possono contenere il linea di massima i rischi identificati, le fonti di rischio, le categorie, i *trigger*, gli approcci per la qualificazione, gli assunti, le risposte ai rischi e tutti i possibili dati raccolti durante l'analisi. Gli output dovrebbero essere documentati e catalogati per un successivo utilizzo.

PRINCIPALI PASSAGGI NELL'APPLICAZIONE DELLA TECNICA:

- *Stabilire i presupposti per il* brainstorming *sui rischi e preparare l'ambiente per la sessione.* Ciò richiede di assicurarsi che esistano degli strumenti per raccogliere e catalogare le informazioni man mano che vengono presentate. Alcuni facilitatori sono sufficientemente qualificati per ottenere e registrare allo stesso momento risposte dal gruppo. Le domande al gruppo dovrebbero essere poste in modo tale da non generare nessun tipo di pregiudizio.

- *Identificare i partecipanti appropriati per la sessione.* Alcune persone funzionano all'interno di un gruppo dando un contributo significativo, mentre altri no. Si devono identificare le persone dalle quali è più probabile avere un contributo e un valore aggiunto alle idee proposte. Un atteggiamento negativo o un collaboratore troppo zelante possono inficiare una sessione che invece potrebbe essere molto efficace e produttiva.

- *Spiegare le regole del* brainstorming *al gruppo.* Si dovrebbe enfatizzare il fatto che tutte le idee scaturite dalla discussione verranno registrate perché ogni idea in qualche misura ha valore. Sottolineare il fatto che ognuno avrà la possibilità di partecipare attivamente e che non verrà mai esercitata nessuna pressione che tenda a limitare i partecipanti.

- *Sollecitare le informazioni dal gruppo.* Condividere i presupposti iniziali del brainstorming e ottenere informazioni dai partecipanti. Se una idea è condivisa, deve essere ripetuta (per assicurare accuratezza) e documentata (preferibilmente alla vista dell'intero gruppo). I partecipanti dovrebbero avere la possibilità di esprimersi liberamente ma il facilitatore deve assicurarsi che tutti i partecipanti abbiano le stesse opportunità di partecipazione.

- *Rivedere le informazioni presentate.* Se i partecipanti finiscono le idee o se la sessione sta volgendo al termine, il o i presupposti dovrebbero essere ripresentati dopo una profonda revisione di tutte le idee condivise fino a quel momento. Nessuna nuova intuizione o idea verrà in questo momento registrata. In qualche organizzazione, questo momento è l'unico in cui si possono criticare le idee o i presupposti del brainstorming.

- *Comunicare le informazioni.* Dopo che la sessione è terminata, le informazioni generate dal gruppo devono essere distribuite a tutti i partecipanti. Questo conferma che le informazioni sono state realmente raccolte. Se le informazioni del brainstorming non sono inserite nei piani di progetto, allora i dati possono essere ordinati e archiviati nei documenti di progetto.

USO DEI RISULTATI:

Le informazioni raccolte durante il brainstorming possono variare per livello di qualità. Per esempio, alcuni rischi indentificati possono essere molto particolari mentre altri possono essere molto ovvi (se il fornitore consegna in ritardo incorreremo in un ritardo sulla schedulazione). Le informazioni saranno usate al meglio se valutate per la loro fondatezza e poi documentate all'interno dei piani di progetto. Il brainstorming frequentemente raccoglie i rischi più ovvi. D'altra parte però, questa tecnica genera anche informazioni che altrimenti andrebbero perse interamente. Così, uno dei ruoli chiave del facilitatore è quello di assicurarsi che le informazioni vengano raccolte bene e appropriatamente applicate.

RISORSE NECESSARIE:

Le risorse necessarie per un brainstorming includono un facilitatore, un gruppo di partecipanti e una struttura dove riunirli e dove documentare i loro output. I partecipanti migliori sono quelli che sono disposti a mettere da parte ogni possibile pregiudizio che possano avere verso un particolare elemento o situazione e che sono disposti a contribuire in modo libero ai presupposti presentati.

AFFIDABILITÀ:

I brainstorming generalmente hanno un'affidabilità bassa. Benché alcune delle intuizioni di partecipanti possano avere un valore enorme, è un po' come dover "separare il grano dalla paglia". Per arrivare ad una manciata di informazioni di alto valore il facilitatore del brainstorming potrebbe catalogare dozzine di idee di poco conto.

CAPITOLO

12 DELPHI TECHNIQUE

DESCRIZIONE DELLA TECNICA:

Il *Metodo Delphi*, con la sua particolare struttura, consente, tramite la somministrazione ripetuta di questionari, di ottenere non soltanto opinioni singole, ma di sollevare un confronto, una sorta di dibattito "virtuale", intorno all'individuazione dei rischi di progetto, tra esperti, appartenenti a "categorie" diverse, selezionati per il campione.

L'applicazione del Metodo Delphi è particolarmente adatta per quelle problematiche in cui l'informazione più utile, che si auspica di ricavare, è il giudizio informato di persone esperte e competenti del settore di riferimento. Si tratta di un metodo qualitativo, partecipativo, previsionale e di confronto.

Ci sono molti modelli di Metodo Delphi, ma quello classico, "standard", è caratterizzato da tre fasi: esplorativa, analitica e valutativa. Ancora prima di queste tre fasi il ricercatore deve affrontare un momento determinante per la futura validità, attendibilità dei risultati raggiunti, cioè la scelta dei partecipanti al gruppo Delphi.

La selezione del gruppo Delphi deve essere condotta secondo un attento ragionamento, in base ad una scelta mirata di "chi" scelgo, piuttosto che di "quanti" ne scelgo; il criterio guida non è quindi "più è alto il numero del gruppo, più i risultati saranno attendibili e rappresentativi", ma si tratta del criterio dell'expertise.

Nella fase esplorativa si costruisce il primo questionario, da somministrare al campione, con una serie di domande, per lo più aperte e di carattere generale sul tipo di progetto da affrontare, che hanno l'intento di far emergere punti di vista che andranno poi affinati e "distillati" nelle successive fasi. Si tratta di una fase che ha lo scopo di inquadrare il tema, di disegnare un quadro generale sul problema indagato, un quadro che permetterà ai ricercatori di delineare con precisione i rischi che attentano gli obiettivi di progetto.

L'analisi delle risposte date al primo questionario è l'ultimo momento della prima fase e il primo momento della seconda, fase analitica, dal quale deriva la costruzione di un secondo questionario il quale, nella prima parte, riporta i concetti emersi dall'analisi del precedente e successivamente affronta in maniera più dettagliata gli aspetti venuti fuori nella fase esplorativa. In questa fase ogni esperto del campione ha la possibilità, non solo, di ritrovare alcune sue affermazioni che può, e qui sta un'ulteriore peculiarità del Metodo Delphi, ritrattare, cambiare, modificare, ma ritrovare anche la sintesi dei rischi espressi dagli altri esperti con i quali può confrontarsi commentando e mostrando il proprio accordo o meno.

La struttura del Metodo Delphi consente di creare, quindi, un processo di comunicazione tra i partecipanti al gruppo di esperti, consentendo a ciascuno di esprimere il proprio sapere, opinione e rivederla, dopo aver conosciuto, in forma aggregata e anonima (*feedback*), il giudizio espresso dagli altri.

Quello che emerge dall'analisi del secondo questionario viene incanalato verso una progressiva quantificazione dei dati ed è proprio questa la fase (fase valutativa) che dà originalità all'intero processo, questa integrazione tra elementi qualitativi e elementi quantitativi. Il terzo ed ultimo questionario consente ad ogni esperto di esprimere il proprio giudizio riguardo ai possibili futuri cambiamenti ai quali potrà essere sottoposto il progetto oggetto della ricerca. Questo è possibile elencando al campione una lista di probabili tendenze da valutare, attraverso una rappresentazione numerica, in relazione alla probabilità di verificarsi.

Il Metodo Delphi offre diversi vantaggi nel suo utilizzo, in alcuni casi, rispetto ad altre metodologie che presuppongono sempre uno scambio d'informazioni, un confronto e una comunicazione di gruppo (come, per esempio, conferenze, brainstorming ed altri processi interattivi). Infatti, l'utilizzo della tecnica Delphi, con la sua struttura a stadi, è particolarmente indicata quando le tipologie di progetti da esplorare hanno una natura incerta, le informazioni a disposizione sono poche, difficili da reperire o non disponibili.

La struttura a stadi del Metodo Delphi favorisce anche la risoluzione di problemi decisionali e di intervento, tramite l'autocorrezione e la convergenza di valutazioni individuali, consentite dal processo di feedback. L'altro fattore positivo, dato sempre dalla struttura che procede per fasi, è la possibilità che ha il team di ricercatori di monitorare la ricerca in itinere, in modo da "calibrarla", qualora ce ne fosse bisogno. Per quanto riguarda gli svantaggi, uno dei grandi limiti di questo metodo è il costo della sua applicazione. Altra critica mossa alla tecnica Delphi è la mancanza di rigore scientifico, ma non è metodologicamente meno valida di tecniche basate su uno scambio di informazioni, come l'intervista, la brainstorming, che sono ormai fra le più utilizzate come strumenti di identificazione.

QUANDO APPLICABILE:

La tecnica è raccomandata quando gli esperti non possono coordinare i loro impegni già schedulati o quando non hanno possibilità di incontrarsi a causa della distanza fisica (distanza geografica). La tecnica Delphi è anche appropriata quando riunire tutti insieme gli esperti nello stesso luogo potrebbe portare ad alcune problematiche o generare attriti tra di loro.

INPUT E OUTPUT:

Gli input della tecnica sono domande o questionari. I questionari coprono le aree di interesse dei rischi, permettendo di raffinare le risposte fornite fino ad arrivare ad un generale consenso sui risultati. I questionari dovrebbero focalizzare le domande su le varie aree senza indirizzare gli esperti verso risposte specifiche o attese. Gli output del processo sono progressivamente dettagliati perché le varie iterazioni dovrebbero avvicinare gli esperti coinvolti ed arrivare ad un accordo unanime. Le prime risposte ai questionari normalmente rifletteranno i pregiudizi (*bias*) più profondi degli esperti. Attraverso le varie iterazioni, il facilitatore tenterà di definire una base comune tra le risposte tentando di raffinarle sempre più e arrivare ad un accordo generale.

PRINCIPALI PASSAGGI NELL'APPLICAZIONE DELLA TECNICA:

Il metodo si fonda molto sull'abilità del facilitatore sia nel generare le domande da sottoporre agli esperti, sia nella capacità di estrarre le informazioni corrette dai questionari man mano che vengono riconsegnati. Il processo è semplice ma potenzialmente può richiedere molto tempo. Passi principali:

- *Identificare gli esperti ed assicurarsi della loro partecipazione*: è necessario che gli esperti siano persone che hanno già fatto un lavoro simile o hanno affrontato rischi come quelli che si stanno considerando;

ma dovrebbero anche essere soggetti che sono in sintonia con l'organizzazione, con il cliente e con le loro preoccupazioni comuni. Gli esperti possono essere tutti coloro che hanno capacità di aiuto nell'interesse del progetto e dei suoi processi.

- *Creare lo strumento Delphi:* Le domande create nel metodo Delphi non devono solo essere sufficientemente specifiche per ottenere informazioni di valore ma anche sufficientemente generali per consentire interpretazioni. Dato che il risk management è intrinsecamente una scienza non esatta, tentare di raggiungere una eccessiva precisione può portare a false assunzioni. Le domande della Delphi dovrebbero evitare i pregiudizi culturali e dell'organizzazione e non dovrebbero sottintendere delle risposte.

- *Permettere agli esperti di rispondere:* convenzionalmente, questo avviene a distanza, fornendo agli esperti tempo sufficiente per pensare e ripensare alle loro risposte. Alcune organizzazioni incoraggiano il completamento del questionario durante i meeting per velocizzare il processo. Aldilà dell'approccio, l'idea è quella di analizzare tutte le principali intuizioni degli esperti. L'approccio (posta elettronica, posta ordinaria o meeting) per raccogliere le osservazioni degli esperti determinerà il tempo necessario per l'implementazione del processo.

- *Rivedere e riproporre le domande:* Il facilitatore rivedrà attentamente le risposte, tentando di identificare aree, problematiche e preoccupazioni comuni. Questi elementi verranno documentati e rinviati agli esperti per aver la loro valutazione e revisione.

- *Raccogliere le opinioni degli esperti e ripetere il processo:* Il processo è ripetuto tante volte quanto il facilitatore ritenga opportuno per ottenere quelle risposte necessarie per proseguire. Un ciclo da tre iterazioni è considerato il minimo per assicurare una seria revisione e rivalutazione.

- *Distribuire e applicare le informazioni:* dopo che un numero sufficiente di cicli è stato completato, il facilitatore dovrebbe redigere la versione finale della documentazione e spiegare come, quando e dove verrà applicata. Questo step è importante perché in questo modo gli esperti possono vedere come il loro contributo aiuti i bisogni del progetto e come le loro determinazioni facciano parte dello schema dei rischi di progetto.

USO DEI RISULTATI:

Il metodo Delphi è usato quando si ha a disposizione solo un numero ristretto di esperti che hanno conoscenza del progetto. Viene anche usato quando alcuni esperti hanno conoscenza di un particolare aspetto del progetto che non può essere ignorato. Benché alcuni altri strumenti di identificazione dei rischi, di valutazione e di determinazione di strategie di risposta abbiano un'ampia applicazione, il metodo Delphi è uno strumento più preciso in quanto permette di estrarre solo le risposte o tipi di risposte desiderate. Le informazioni acquisite attraverso la Delphi possono essere usate per supportare l'identificazione dei rischi, la qualificazione, la quantificazione o la scelta delle strategie di risposta.

RISORSE NECESSARIE:

Per il metodo Delphi è necessario che nel progetto ci sia un facilitatore esperto nell'implementazione del metodo ed esperti per supportare il processo. Il facilitatore deve avere l'abilità di presentare chiaramente tutti i presupposti che hanno portato alla creazione del questionario e poi deve avere la capacità di raffinare ed estrarre le giuste informazioni.

AFFIDABILITÀ:

Il metodo genera dati relativamente affidabili perché le informazioni, le idee di un gruppo di esperti vengono sottoposte ad almeno tre iterazioni di revisione. La natura iterativa del processo e le necessarie revisioni tendono ad aumentare l'accuratezza, benché l'uso di esperti non appropriati o lo sviluppo di domande mal formulate può produrre risultati non ottimali. Ancora, dato che ci sono molti revisori, dotarsi di qualche misura di protezione assicura affidabilità.

CAPITOLO

13 EXPERT INTERVIEWS

Ottenere giudizi accurati da parte di esperti tecnici è uno degli elementi critici sia dell'identificazione che della qualificazione dei rischi, perché:

- Le informazioni identificano aree che sono percepite come rischi
- Le interviste forniscono le basi per ottenere le informazioni qualitative che verranno trasformate in stime quantitative dei rischi

Affidarsi alle competenze tecniche è qui obbligatorio. Dato che ogni progetto è unico, tutte le informazioni necessarie per una accurata valutazione dei rischi non può essere normalmente derivata da dati di progetti precedenti. Quasi tutte le tecniche di analisi dei rischi richiedono un giudizio da parte di esperti. In alcuni casi è difficile distinguere quelli che sono buoni giudizi da quelli cattivi, e perciò questo aspetto rende l'approccio e la documentazione ancor più importanti. Il Project Manager o il Risk Manager o chi si occupa dell'analisi del rischio facilmente si troverà di fronte a esperti con opinioni divergenti e, come risultato, il Project Manager deve essere capace a difendere la decisione da lui o lei presa senza ripensamenti.

DESCRIZIONE DELLA TECNICA:

Interviews (Interviste): La tecnica delle interviste agli esperti è relativamente semplice e consiste, fondamentalmente, nell'identificare degli esperti che siano appropriati per il progetto e metodicamente fare loro delle domande sui rischi rispetto all'area di esperienza e competenza.

La tecnica può essere utilizzata sia con gruppi di esperti sia con singoli. Il processo normalmente ottiene informazioni sui rischi associati alle tre variabili del triplo vincolo; tempi, costi e performance. In aggiunta, il processo può identificare rischi associati ad altri elementi che si riferiscono all'ambiente o all'organizzazione.

QUANDO APPLICABILE:

Questa tecnica è raccomandata per tutti i progetti. Le interviste agli esperti sono focalizzate sull'ottenere informazioni su quali rischi esistono e quanto gravi possano essere. Le interviste sono più utili nell'identificazione dei rischi ma possono essere applicate ad altri processi. Quando s'intervistano gli esperti sui rischi di progetto, è logico che si ricerchino potenziali risposte ai rischi e alternative ad esse, così come informazioni relative alla probabilità e al potenziale impatto. Le interviste possono anche supportare lo sviluppo di categorie di rischio da utilizzare nella *risk breakdown structure*.

INPUT E OUTPUT:

Le interviste hanno due prerequisiti. Il primo è che l'intervistatore faccia ricerche sull'argomento per preparare un'agenda. Secondo, l'intervistatore deve essere disposto a impiegare del tempo per comunicare tutte le informazioni ottenute agli analisti o al *manager*. I risultati delle interviste possono essere qualitativi, quantitativi o entrambi. Le interviste agli esperti comunemente producono dati da utilizzare come input per lo sviluppo di una *watch list*. Possono anche fornire come risultato un range d'incertezza o funzione di densità della probabilità (*probability density function – PDF*) da utilizzare in molti degli strumenti di analisi dei rischi. Il *range* o funzione può essere espresso in termini di costo, tempi o performance.

PRINCIPALI PASSAGGI NELL'APPLICAZIONE DELLA TECNICA:

Dato che le interviste hanno come risultato un insieme di giudizi soggettivi, l'unico vero errore potrebbe risiedere nella metodologia usata per raccogliere le informazioni. Se le tecniche utilizzate sono inadeguate, l'intero processo d'identificazione e quantificazione dei rischi sarà poco affidabile. Sfortunatamente, non esiste nessuna tecnica che assicuri la raccolta dei dati migliori e più significativi. Benché esistano molte metodologie, alcune devono essere eliminate per una questione di vincoli temporali. Una combinazione di metodologie che sembra funzionare bene consiste nel seguire cinque step:

- *Identificare i soggetti idonei*. Identificare i corretti esperti del settore è cruciale. E' relativamente facile commettere un errore nello scegliere un esperto che conosce solo una parte della materia. Se nascono dei dubbi sul livello di competenza di un esperto, è utile trovare uno o due ulteriori candidati. Il tempo impiegato per identificare i soggetti da intervistare è tempo ben speso. Una preliminare scrematura via telefono della durata di pochi minuti può dare il senso del livello di competenza dell'esperto e può fornire un aiuto sul come le domande verranno sviluppate per l'intervista.

- *Prepararsi per l'intervista*. I partecipanti risparmiano tempo se si preparano adeguatamente. Sia l'intervistatore che l'intervistato, devono considerare quale area analizzare durante l'intervista. L'intervistatore deve conoscere e avere pratica della metodologia utilizzata per quantificare il giudizio dell'esperto e dovrebbe stilare un'agenda o una lista di argomenti per assicurarsi che la discussione abbia una chiara direzione. In aggiunta, l'intervistatore dovrebbe capire quale sia la funzione dell'esperto nell'organizzazione e da quanto tempo è nel campo. L'intervistatore non deve perdere d'occhio, durante la preparazione dell'intervista, l'obiettivo primario che è quello di identificare, qualificare e quantificare i rischi di progetto.

- *Focalizzare l'area di interesse*. La prima parte dell'intervista dovrebbe focalizzarsi sulla verifica delle informazioni dei rischi precedentemente identificati. In seguito, l'intervistatore dovrebbe concentrarsi sull'area di competenza dell'esperto. Questo momento sarà anche verifica della corretta scelta dell'esperto. Nel caso l'intervistatore scoprisse che l'esperto "sbagliato" è stato intervistato, l'intervista stessa potrebbe essere modificata o terminata, con un risparmio di tempo.

- *Sollecitare il giudizio*. E' importante lasciare del tempo all'esperto per discutere di altre aree del progetto oltre a quella di competenza. Se non per altro, le informazioni ottenute possono essere utilizzate quando s'intervisteranno altri esperti per stimolare la creatività e avere opinioni alternative. Soggetti con una certa familiarità in un'area potrebbero identificare rischi in un'altra, giacché in alcuni casi chi lavora in una certa area piena di rischi diventa inconscio o incurante di quei rischi. Le informazioni generalmente diventano più accurate se più esperti sono intervistati. L'esperienza insegna che se gli esperti sono tra loro collaborativi, l'informazione generata è più accurata.

- *Qualificare e quantificare l'informazione*. E' senza dubbio l'aspetto più sensibile di ogni risk *analysis*. Dopo che le aree di rischio sono state identificate, una stima dei loro potenziali impatti sul costo, i tempi e le performance del progetto devono essere fatta. Questo richiede che l'esperto consideri la probabilità di accadimento di un certo evento e il suo potenziale impatto. Se l'esperto non può fornire un valore numerico, allora suggerisce un range di probabilità così come un range di impatto in linea con i valori per la qualificazione a livello aziendale. Per molti rischi una precisa applicazione di un valore numerico è impossibile, in questi casi è ragionevole determinare dei range qualitativi.

USO DEI RISULTATI:

Gli usi dei risultati delle interviste degli esperti possono essere diversi, come diversi sono gli esperti che hanno fornito tali informazioni. Il risultato di alcune interviste potrebbe essere utilizzato per determinare la struttura base di un *risk* Plan, inclusi i *range* di probabilità e impatto e la terminologia da utilizzare. Altri risultati possono servire per un'identificazione dei rischi o la creazione di una RBS, altri ancora possono portare a una valutazione qualitativa e quantitativa dei rischi sotto analisi. Sicuramente ogni intervista fornisce raccomandazioni su come i rischi stessi dovrebbero essere gestiti e quali strategie di risposta sono appropriate.

RISORSE NECESSARIE:

Condurre un'intervista è un'attività relativamente facile. Virtualmente chiunque può fare una serie di domande e annotare le risposte. Per generare dati di "alto livello", ogni partecipante all'intervista deve possedere delle qualità fondamentali. L'intervistatore deve avere l'abilità di assimilare le informazioni senza nessun pregiudizio e riportare tali informazioni accuratamente ed efficacemente in una più ampia analisi dei rischi. In più, l'intervistatore dovrebbe avere la capacità di seguire le informazioni condivise che potrebbero limitare o aumentare le questioni di cui si sta discutendo. L'intervistato dovrebbe avere una competenza diretta sulla problematica sotto analisi. Se entrambe le parti mancano di questi *skill* fondamentali, l'intervista non può essere interamente efficace.

AFFIDABILITÀ:

Condotte nel modo appropriato, le interviste degli esperti forniscono informazioni qualitative molto affidabili. Trasformare le informazioni qualitative in distribuzioni quantitative dipende dalle capacità dell'intervistatore. La tecnica non è priva di problemi. Alcuni di questi problemi sono:

- Identificazione dell'esperto "sbagliato",
- Informazioni ottenute di bassa qualità;
- Giudizi opposti o conflittuali,
- Indisponibilità degli esperti a condividere le informazioni;
- Cambio di opinioni e giudizi.

CAPITOLO

14 ROOT CAUSE ANALYSIS

Identificare le cause originanti (o cause alla radice) di un insieme di rischi significa riconoscere elementi separati e ben distinti che originino il rischio. Sono i fattori che contribuiscono a rendere un rischio, un evento manifestabile.

La chiave principale nell'analisi delle cause originanti è trovare quelle cause che realmente sono al cuore del rischio. L'analisi non cerca di scoprire cosa può accadere e come. Invece, l'enfasi è sul "perché" un certo insieme di rischi può manifestarsi.

Come risultato, l'analisi dovrebbe specificare quel "perché" in termini d'informazioni sulle cause riconosciute e come trattarle.

DESCRIZIONE DELLA TECNICA:

L'analisi delle cause alla radice (RCA) è una tecnica strutturata focalizzata a individuare la causa reale di un problema e a trattarla adeguatamente, piuttosto che gestire soltanto i suoi sintomi. L'analisi delle cause alla radice è una procedura per l'accertamento e l'analisi delle cause dei rischi, per determinare come questi rischi possono essere risolti o come si possa evitare che accadano.

È un processo che aiuta gli stakeholder a capire le cause di un problema in modo abbastanza preciso consentendo di arrivare a una risoluzione permanente del problema stesso. La maggior parte delle situazioni problematiche che sorgono all'interno delle organizzazioni possono essere trattate con diversi tipi di approccio.

I diversi metodi richiedono generalmente un certo livello d'impegno di risorse per essere eseguiti e risolti.

A causa dell'urgenza percepita nella maggior parte di queste situazioni, si tende a preferire la soluzione più conveniente. Nel far questo, la tendenza è di trattare i sintomi e non il problema che sta alla base, cioè il vero responsabile della situazione (la causa alla radice). Perciò, trattare i sintomi e non il problema può portare a una nuova manifestazione del problema che, nuovamente e ripetutamente, sarà trattato nei sintomi e non nella causa. I costi di queste soluzioni rapide possono essere molto alti nel tempo.

L'obiettivo dell'analisi delle cause alla radice è di scoprire:

- Che cosa è accaduto;
- Perché è accaduto;
- Che cosa può essere fatto per impedire che il problema accada di nuovo.

Poiché una situazione (circostanza) è solitamente influenzata da molti fattori (stati fisici, comportamento umano, funzione dei sistemi o integrità dei processi), normalmente esistono varie cause alla radice. Questo è il limite di questa tecnica. Il metodo presuppone una singola fonte del problema. In realtà, la situazione potrebbe essere più complessa ed esistere varie cause alla radice.

La tecnica comunemente prevede il chiedersi il perché la situazione sia accaduta. Le risposte sono quindi registrate. In seguito ci s'interroga sul perché di ogni risposta, diverse volte.

La RCA tenta di identificare i fattori contribuenti e tutte le cause. Ciò permette di continuare ulteriormente, interrogandosi sul perché, fino a raggiungere l'obiettivo desiderato cioè, l'individuazione delle cause alla radice.

L'individuazione delle cause porterà alla fase successiva; valutare il metodo migliore per colpire la causa alla radice, in modo tale da migliorare lo stato attuale. Questo è un altro processo conosciuto comunemente come azione correttiva o preventiva.

Mentre stiamo cercando la causa alla radice, dobbiamo ricordarci di rivedere anche ogni causa o fattore trovati per la correzione, poiché anche questi possono contribuire ad apportare miglioramenti.

QUANDO APPLICABILE:

L'analisi delle cause originanti (o cause alla radice) è applicata quando azioni dirette per risolvere un rischio sembrano inappropriate, grossolane o temporanee. Facciamo l'esempio di un coniglio e di un campo di carote. Mandare via il coniglio può temporaneamente eliminare il rischio che le carote vengano mangiate, ma questa soluzione non individua la causa alla radice.

L'analisi delle cause alla radice cercherebbe in prima battuta di determinare il perché della presenza del coniglio nel campo o perché il cibo fornito al coniglio non è sufficiente altrove da rendere il campo una opzione così attrattiva per il coniglio.

L'analisi esamina fattori causali per creare una sorta di scudo proattivo intorno ad un particolare insieme di rischi ed è appropriato quando ci sono sufficienti risposte alla domanda sul "perché" questi rischi possono accadere.

INPUT E OUTPUT:

Gli input per un'analisi sulle cause alla radice sono dei dati. Questi dati includono molte informazioni in più del semplice evento rischio in considerazione. Sono anche delle liste di risposte alla domanda "perché". Per l'esempio fatto del coniglio e del campo, le domande rappresentano lo sforzo per cercare di determinare alcune delle cause alla radice.

I dati non solo includono un insieme di potenziali impatti derivati dal manifestarsi dei rischi ma anche, una miriade di fattori che possono generare i rischi stessi. Gli output dell'analisi includono specifici fattori causali che possono essere responsabili dell'attivazione del rischio o dell'incremento della probabilità o dell'impatto di un singolo o gruppo di rischi.

Gli output spesso prendono la forma di carta di fattori causali (causal factor chart – Fig. 14.1). Una carta di fattori causali inizia con il problema potenziale nella parte alta o a destra, scomponendo le cause verso il basso o a sinistra, fino a che le cause originanti vengono identificate.

L'insieme delle cause può essere convertito in una checklist per determinare se tali cause sono presenti o prevalenti in un determinato progetto, come nell'esempio della Tab. 14.1. La checklist generata da questi output è poi usata per determinare il livello di rischio del progetto attraverso una serie di domande.

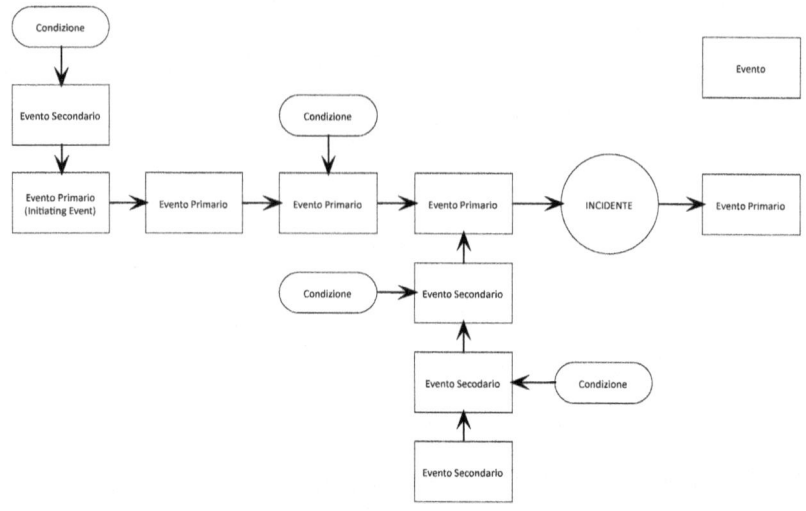

Figura 14.1 - Casual Factor Chart

Tabella 14.1 - Checklist Root Cause Analysis

Domanda	Osservazione
Perché le carote nel campo sono mangiate a metà?	Il coniglio saltella nel campo
Perché c'è un coniglio nel campo?	Ci sono molti conigli, un ampio spazio pieno di cibo e nessun deterrente
Perché ci sono molti conigli?	Si riproducono nella cogliera vicino alla quercia
Perché non ci sono deterrenti?	La staccionata, come deterrente, risulta inefficace

PRINCIPALI PASSAGGI NELL'APPLICAZIONE DELLA TECNICA:

L'analisi delle cause originanti lavora attraverso "le cause delle cause delle cause". E' un lavoro per elaborare progressivamente le ragioni del perché un particolare rischio o insieme di rischi potrebbe accadere. I passi da fare sono:

- *Raccogliere dei dati.* Un ampio insieme di dati, che includano gli eventi rischio, i fattori causali e le cause originanti devono essere raccolti. I dati possono essere raccolti applicando le così dette tecniche di creazione delle idee e con la reiterata riproposizione della domanda "perché?". Domandando ripetitivamente perché certi rischi e certe cause possono esistere, la tecnica naturalmente elimina le risposte inappropriate e diventa così possibile giungere alle cause alla radice. Alcuni entusiasti dell'analisi delle cause originanti credono che le domanda "perché" debba essere chiesta almeno cinque volte per avere certezza che la o le cause originanti siano realmente individuate.

- *Tracciare le cause degli eventi rischio.* Questo processo richiede l'assicurazione che ogni causa di rischio (e le cause delle cause) venga fornita ad un livello di dettaglio che sia sufficiente per determinare il contesto che rende i rischio più probabile o più pericoloso. Il processo evolve nel tempo man mano che più informazioni diventano disponibili. Come risultato si ha un diagramma sequenziale che riflette la logica che indica se un rischio ha un'alta probabilità di accadimento o se ha probabilità di accadere con un impatto significativo.

- *Mappare le cause.* Continuare a mappare le cause finché ci saranno dettagli sufficienti per determinare quali siano le cause originanti.

NOTA   G. J. Smith identificò 172 tecniche di creazione delle idee (idea generating techniques) come il Brainstorming di Osborn o lo SCAMPER (substitute, combine, adapt, modify, put to other use, eliminate, rearrange) e raccolse queste tecniche in un insieme più piccolo di elementi che rappresentato le funzionalità base di ognuna di esse. (G.J. Smith, Idea-generation technique: A formulary of active ingredients. Journal of Creative Behavior (1998) 107-133).

La lista delle cause alla radice potrà poi essere utilizzata in molti modi; dalla creazione di checklist, alla determinazione di azioni da mettere in campo o di una *policy* per il progetto idonea a ridurre gli effetti degli eventi rischio. Le informazioni possono essere anche utilizzate per identificare i fattori causali principali, gli elementi delle cause originanti che determinano questi fattori e le potenziali risposte.

USO DEI RISULTATI:

L'analisi delle cause alla radice può essere utilizzata sia come giustificazione per le strategie di risposta sia per rendere più chiaro il contesto dei rischi. In più, il processo può aiutare quei membri del team che sentono il bisogno di una più ampia analisi dell'evento rischio prima di dichiararlo "possibile" in un determinato progetto. Il management può essere supportato nella difesa di quella che è la strategia aziendale, che serve per precludere la possibile evoluzione di qualche fattore causale. Se una *checklist* è creata come risultato di un'analisi delle cause alla radice, essa diviene uno strumento standardizzato per determinare quali rischi comuni sono più probabili di altri in un determinato progetto.

RISORSE NECESSARIE:

L'analisi richiede l'utilizzo di *software* per la creazione di elementi grafici e soggetti che abbiamo le capacità di investigare i rischi.

AFFIDABILITÀ:

L'analisi è affidabile in relazione a quanto efficaci saranno coloro che investigheranno i rischi attraverso le loro capacità di separare i veri fattori causali dalle altre cause. La conoscenza del contesto dei rischi e un'efficace analisi con conseguente abilità nell'interpretare le cause dei rischi in modo accurato, rende alta l'affidabilità dell'analisi. Dato che molti rischi possono avere più cause, l'affidabilità è alta nei termini di identificare almeno alcune di quelle cause e non solo una.

CAPITOLO 15
SWOT ANALYSIS

DESCRIZIONE DELLA TECNICA:

Questa metodologia, sviluppata da H. Weihrich nel 1982, viene ormai comunemente utilizzata in marketing, ma può trovare un impiego efficace anche nella fase d'identificazione dei rischi di progetto. La tecnica S.W.O.T. consente di sistematizzare e di rendere immediatamente fruibili le indicazioni che si sono preliminarmente raccolte riguardo alle variabili che caratterizzano l'ambiente (interno ed esterno) entro il quale si colloca il progetto. Un'analisi S.W.O.T. richiede pertanto la completezza e la correttezza delle conclusioni alle quali si è pervenuti in sede di analisi preliminare del contesto. E' infatti indispensabile che in questa fase vengano poste in luce tutte le peculiari caratteristiche strutturali e congiunturali e vengano, inoltre, chiaramente evidenziate le eventuali relazioni e le potenziali sinergie con altri elementi dell'ambiente (interno ed esterno) entro il quale si intende operare.

L'acronimo S.W.O.T. deriva dalle chiavi di lettura utilizzate per la definizione del contesto in esame: *Strenghts* (punti di forza), *Weakness* (punti di debolezza), *Oppurtunities* (opportunità) e *Threats* (minacce). Le prime due categorie, punti di forza e di debolezza, si riferiscono ai fattori "endogeni" al contesto, elementi, che al momento dell'analisi, sono costitutivi del sistema entro il quale si opera e nei confronti dei quali il Project Manager, insieme al proprio team, può esercitare un'azione diretta di governo.

Ovviamente, una particolare attenzione dovrà essere riservata in fase di analisi a quei fattori che si ritengono idonei a determinare una condizione di vantaggio (o di svantaggio) competitivo. Alle altre due categorie, opportunità e minacce, vengono, invece, ricondotti i fattori "esogeni" costituiti da quelle variabili che, pur non fondanti del sistema produttivo (come lo sono, invece, i punti di forza e di debolezza), sono comunque in grado di condizionarne l'evoluzione in senso sia positivo che negativo.

Strengths

- It is a global coffee brand built upon a reputation for fine products and services. It has almost 9000 cafes in almost 40 countries.
- One of the Fortune Top 100 Companies to Work For in 2005. The company is a respected employer that values its workforce.
- The organization has strong ethical values and an ethical mission statement.

Weaknesses

- The organization has a strong presence in the United States of America with more than three quarters of their cafes located in the home market. It is often argued that they need to look for a portfolio of countries, in order to spread business risk.
- The organization is dependant on a main competitive advantage, the retail of coffee. This could make them slow to diversify into other sectors should the need arise.

Opportunities

- New products and services that can be retailed in their cafes, such as Fair Trade products.
- The company has the opportunity to expand its global operations. New markets for coffee such as India and the Pacific Rim nations are beginning to emerge.
- Co-branding with other manufacturers of food and drink, and brand franchising to manufacturers of other goods and services both have potential.

Threats

- Who knows if the market for coffee will grow and stay in favor with customers, or whether another type of beverage or leisure activity will replace coffee in the future?
- Company is exposed to rises in the cost of coffee and dairy products.
- Since its conception in 1971, it's success has lead to the market entry of many competitors and copy cat brands that pose potential threats.

Figura 15.1- Esempio di SWOT Analysis

Proprio per il fatto di non essere costitutive dell'ambiente in cui si opera, le possibilità di azione diretta nei loro confronti si rivelano, generalmente, piuttosto modeste. Tuttavia, una chiara definizione delle rispettive peculiarità, può suggerire al Project Manager l'adozione di misure idonee a prevenirne o, quantomeno a ridurne, i prevedibili effetti negativi e/o ad ampliarne le auspicabili ricadute positive. Le informazioni che si riferiscono all'analisi SWOT possono essere anche riportate in un altro formato grafico.

La tabella 15.1 mostra come la classica griglia della forza, debolezza, opportunità e minacce possa essere riportata in una matrice che permette di creare riferimenti incrociati dei punti di forza e debolezza su un asse e opportunità e minacce sull'altro. Le aree d'intersezione sono segnate con un segno più (+) per indicare aree di potenziale miglioramento e con un segno meno (-) per indicare quelle di potenziale pericolosità.

Tabella 15.1 – Matrice di una SWOT Analysis

	Opportunità Possiamo avere nuovi elementi di staff	**Opportunità** Possiamo scoprire un nuovo processo	**Minaccia** Possiamo perdere elementi del personale	**Minaccia** Possiamo danneggiare la struttura del cliente	**Minaccia** Il cliente può cercare un fornitore alternativo
FORZA Abbiamo un magnifico team di marketing					+
FORZA Offriamo benefit eccezionali ai collaboratori	+		+		
DEBOLEZZA Il mgmt tende a gestire in modo troppo capillare il personale on-site		-	-	+	
DEBOLEZZA Utilizziamo processi obsoleti		+	-	-	-

QUANDO APPLICABILE:

Questa tecnica è preferibile usarla proprio nei primi momenti del progetto come analisi di massima o per stabilire il contesto che può generare rischi o opportunità. Dato che la S.W.O.T. è vista come uno strumento di analisi di alto livello non è pensata per identificare i rischi di progetto in dettaglio. Per questo la sua utilità è maggiore se utilizzata proprio vicino alla data d'inizio del progetto.

INPUT E OUTPUT:

L'analisi S.W.O.T. ha ovviamente quattro input principali. Gli input chiaramente includono delle domande. Anche in questo caso, il facilitatore pone queste domande a gruppi o a singoli, ricevendo le risposte più coincise e incisive possibile. Le risposte poi sono presentate in una griglia come quella presentata precedentemente.

PRINCIPALI PASSAGGI NELL'APPLICAZIONE DELLA TECNICA:

Come già detto, l'analisi S.W.O.T. è uno strumento molto soggettivo, per cui la costruzione della griglia può variare a seconda del facilitatore. Ciò nonostante, i passaggi per utilizzare lo strumento sono piuttosto coerenti:

- *Identificare le risorse per l'analisi S.W.O.T.:* selezionare i giusti esperti di settore per eseguire l'analisi S.W.O.T. è molto importante. Non è certo questo lo strumento adatto da scegliere se non si hanno soggetti che hanno familiarità con l'organizzazione e con il contesto. Perciò, è importante lavorare con persone che abbiano conoscenza del contesto nel quale il progetto sia articolerà, perché avranno durante l'analisi una percezione migliore di quelli che possono essere i punti di forza e debolezza.

- *Fare domande sui punti di forza dell'organizzazione:* tali domande dovrebbero essere già incluse nelle richieste relative al contesto del progetto, ma è imperativo che il facilitatore rinforzi il fatto che le domande non sono relative al progetto bensì all'organizzazione. Che cosa riesce meglio all'organizzazione? Molte volte c'è la tendenza a essere modesti sulle capacità della propria organizzazione, questo non è il momento di esserlo. I punti di forza dovrebbero essere evidenziati sia da chi lavora nell'organizzazione sia dai clienti dell'organizzazione stessa.

- *Fare domande sui punti di debolezza dell'organizzazione.* Anche qui è essenziale avere tante più informazioni possibili sulle aree nelle quali l'organizzazione può fallire. L'onestà in questo caso è elemento fondamentale. Attenzione a non cadere nell'errore di sfruttare questo momento come opportunità di critica verso l'organizzazione ma, piuttosto, identificare quelle debolezze che la rendono ad esempio meno capace agli occhi dei lavoratori e dei clienti.

- *Chiedere quali sono le opportunità che il progetto presenta.* Non necessariamente si deve pensare al solo fattore economico. Certo il valore finanziario del progetto è importante, ma non è la sola ragione per svolgere un lavoro. Ci sono opportunità di sviluppo associate al progetto? Ci sono opportunità di creare nuovi rapporti con il cliente? Ci sono opportunità di migliorare la nostra organizzazione? Si devono esaminare tutti i potenziali fattori positivi sia interni sia esterni.

- *Chiedere quali minacce potrebbero compromettere l'esito del progetto.* Sicuramente ci sono scenari, dove ogni progetto può fallire. La chiave è definire questi scenari e identificare le minacce esistenti o, dato che il progetto è portato avanti da una organizzazione, identificare tutte le minacce che possono mettere in difficoltà l'organizzazione stessa.

USO DEI RISULTATI:

L'analisi S.W.O.T. è normalmente utilizzata per presentare informazioni riguardanti il progetto al management. L'idea dietro all'analisi S.W.O.T. non è quella di perorare una causa a favore o contro il progetto ma, piuttosto, presentare i pro e i contro del progetto nel modo più trasparente possibile. In qualche caso l'analisi S.W.O.T. è utilizzata per incoraggiare il management a modificare qualche fattore ambientale relativo alla sezione delle minacce o delle opportunità, che direttamente influenza il progetto. In altri casi, lo stesso Project Manager utilizza l'analisi come una sorta di misura di auto protezione per assicurarsi che se qualche fattore ambientale influenza in modo negativo il progetto, il management ne sia preventivamente informato e sia così proattivo.

RISORSE NECESSARIE:

Un'analisi S.W.O.T., così come la maggior parte delle tecniche qualitative, richiede personale con conoscenza del progetto e dell'organizzazione nella quale verrà gestito e realizzato. Ovviamente, più è approfondita la conoscenza dell'organizzazione nella sua totalità, più approfondita sarà l'analisi e i suoi risultati. La competenza principale che il facilitatore deve avere è la capacità di proporre le giuste domande e di documentare approfonditamente le risposte.

AFFIDABILITÀ:

L'analisi S.W.O.T. è una tecnica altamente soggettiva e come tale può essere piuttosto inaffidabile. Essendo ampiamente utilizzata e accettata come pratica di *business*, frequentemente assume un'aura di accettabilità che non merita.

Certamente più i partecipanti all'analisi sono affidabili e hanno una profonda conoscenza dell'organizzazione, più l'analisi sarà affidabile.

CAPITOLO

16 CHECKLIST ANALYSIS

DESCRIZIONE DELLA TECNICA:

Gli sforzi per semplificare l'identificazione dei rischi e per ridurre il lavoro di chi svolge questa funzione, conducono spesso all'uso di *checklist* contenenti rischi standard rilevati in precedenti progetti o che abitualmente sorgono in un particolare progetto. Le *checklist* sono rapide da utilizzare, e forniscono utili guide in campi in cui l'organizzazione ha una certa esperienza, particolarmente per progetti che sono *standard* o abituali. Spesso, le *checklist* sono parte delle procedure di assicurazione della qualità dell'organizzazione. Come già detto, le *checklist* possono essere valide per attività di routine, ma possono essere il maggior *handicap* per progetti non *standard* o unici.

Infatti, quando un progetto non assomiglia a nessun altro di quelli di cui l'organizzazione si è occupata prima, allora una *checklist* può fornire un vincolo al pensiero creativo, condizionando le attività di quelli coinvolti e bloccando l'identificazione dei rischi che vanno oltre quelli identificabili dalla lista, così che aspetti unici del progetto non vengono stimati a pieno come necessario.

Per progetti diversi da quelli ordinari, un approccio di brainstorming è inizialmente raccomandato, con *checklist* riservate per stimolare le sessioni di brainstorming, rielaborando il processo d'identificazione e assicurando che problemi non conosciuti vengano identificati. Ovviamente l'esperienza dei precedenti progetti funge da guida per generare nuove *checklist* dei rischi.

QUANDO APPLICABILE:

Questa tecnica è ovviamente raccomandata per tutti i progetti di quelle organizzazioni che hanno sviluppato e ufficializzato delle *checklist*. Alcune organizzazioni internazionali come il *Software Engineering Institute* (SEI), hanno sviluppato delle *checklist* per l'identificazione dei rischi per tutti i progetti di un determinato campo. La tecnica è normalmente applicata all'inizio del progetto, anche se le *checklist* possono essere usate per la valutazione del progetto sia durante il suo svolgimento sia alla fine. Il PMI raccomanda l'uso delle *checklist* ogni volta che le procedure di chiusura di un progetto sono messe in campo e mette in risalto il fatto che i livelli più bassi della *risk breakdown structure* (RBS) possono essere utilizzati come delle *checklist*.

INPUT E OUTPUT:

Gli input per creare delle *checklist* sono l'esperienza esistente del team di progetto e la documentazione delle loro esperienze sui progetti. Dopo che le *checklist* sono state create, gli input per applicare la tecnica non sono altro che le *checklist* stesse. Il Project Manager e il team di progetto dovrebbero prendere le *checklist* e apertamente e onestamente discutere delle problematiche e delle preoccupazioni che lo strumento fa emergere. Secondo com'è costruito lo strumento, le *checklist* non fanno molto di più che generare degli avvisi per metterci in guardia su categorie o su specifici rischi.

Se lo strumento è una applicazione *software*, allora può fornire una lista di azioni che possono guidare il Project Manager e il team verso l'utilizzo di *best practice* per la gestione di singoli rischi o di aree di rischio identificati dallo strumento stesso.

PRINCIPALI PASSAGGI NELL'APPLICAZIONE DELLA TECNICA:

Partendo dal presupposto che le *checklist* siano già state create, possiamo dire che il loro utilizzo risulta semplice come strumento di identificazione dei rischi. I passaggi principali nell'utilizzo delle checklist sono:

- *Revisionare le risk checklist.* Assicurarsi che il team di progetto stia lavorando con una checklist che sia in linea con l'ambiente, la cultura aziendale e il progetto stesso. Dato che molte risk checklist sono strutturate per determinare problematiche relative a una specifica organizzazione o ad un certo tipo di progetto, è importante verificare che tale strumento sia appropriato per il progetto in corso.

- *Rispondere alle domande o spuntare le caselle nella checklist.* Normalmente le checklist sono accompagnate da una guida per l'utente che ne spiega il corretto uso e applicazione. Tale applicazione consiste in una semplice sessione domanda-risposta o in uno schema di valutazione per determinare la probabilità di dover fronteggiare alcuni rischi più comuni.

- *Rivedere e comunicare le modalità di uso della tecnica.* Normalmente le checklist includono delle indicazioni su come utilizzarle, ma possono anche specificare delle linee guida su come applicare i risultati. In alcuni casi, i risultati possono rappresentare nulla più che una lista di rischi comunemente identificati per il progetto. Tuttavia, alcune checklist più avanzate hanno dei suggerimenti su quelle che sono le procedure standard dell'organizzazione per gestire i rischi identificati. Indicazioni di ogni genere devono essere comunicate al team.

Le organizzazioni che cercano di definire le loro procedure di risk management frequentemente le sviluppano creando e utilizzando delle *checklist*. Le *checklist* sono spesso i primi strumenti che un ufficio di progetto utilizza per avere una più ampia conoscenza dei rischi nell'organizzazione dato il supporto che possono fornire nel gestire alcuni di questi rischi.

USO DEI RISULTATI

Dato che le *checklist* sono utilizzate all'inizio del progetto, gli output possono essere utilizzati per fornire una prima generale conoscenza della natura dei rischi e delle conseguenze ad essi legate. I dati provenienti dalle *checklist* tendono a generare meno ansia perché le domande poste sono applicate in modo equo a tutti i progetti e gli output sono normalmente familiari all'organizzazione. Gli output alla fine del progetto dovrebbero essere utilizzati in ogni rivalutazione delle *checklist* per far delle aggiunte o eliminazioni per migliorarle. Lo sforzo maggiore dovrebbe essere fatto per identificare i rischi che non sono direttamente inseriti nelle *checklist* stesse.

RISORSE NECESSARIE:

La revisione delle *checklist* normalmente richiede solo due partecipanti. Idealmente almeno due persone dovrebbero rivedere le risposte delle *checklist* in modo da assicurare che i pregiudizi personali non influenzino gli output. Le altre risorse sono le *checklist* stesse e uno strumento che possa raccogliere gli output del processo.

AFFIDABILITÀ:

L'affidabilità del processo ruota intorno alla qualità delle *checklist*. Delle buone *checklist* cha riflettono la cultura dell'organizzazione, la natura e la storia del progetto forniscono un eccellente *set* di possibili rischi. Una *checklist* creata dopo un solo progetto senza considerare la cultura aziendale ha sicuramente un'affidabilità limitata. Le migliori *checklist* sono quelle che riescono a catturare l'esperienza di più team di progetto su una moltitudine di progetti. Utilizzare *checklist* di questo tipo significa generare risultati affidabili.

CAPITOLO

17 ASSUMPTIONS ANALYSIS

L'elemento critico dell'analisi degli assunti è l'identificazione degli assunti stessi. La tecnica si propone di fare una profonda revisione di tutti gli assunti di progetto e validarli o invalidarli. In entrambi i casi, le informazioni sono ufficializzate e condivise all'interno del team per evidenziare quali siano le problematiche da considerare nella pianificazione e in tutte le interazioni tra membri del team e tra cliente e team.

DESCRIZIONE DELLA TECNICA:

Ogni progetto e ogni rischio di progetto identificato è basato su una serie di ipotesi, scenari o assunti. Un assunto è un modo per trattare un evento futuro e incerto quando si hanno a disposizione un numero di possibili opzioni. Nella sua forma più semplice un assunto è la decisione di andare avanti nella nostra scelta sulla base di elementi che pensiamo siano corretti e che si avvereranno e altri che riteniamo non si manifesteranno.

Possiamo, per esempio, assumere che il nostro fornitore ci consegnerà la merce nei tempi previsti, o che quel nostro cliente ci firmerà tutti i documenti di approvazione entro due settimane, o che tutti i membri chiave del nostro progetto rimarranno fino alla sua conclusione.

Ma cosa accade se assumiamo cose sbagliate? Nella maggior parte dei casi un assunto sbagliato porta alla nascita di un problema nel progetto, poiché tendiamo ad assumere che quella cosa andrà per come la abbiamo ipotizzata. Certamente non tutti gli assunti hanno uguale importanza. Alcuni potrebbero rivelarsi falsi senza un significativo effetto sul progetto, ma altri possono portare a serie conseguenze.

Fortunatamente c'è un semplice processo per testare i nostri assunti e decidere se includerli nel processo di gestione dei rischi, un semplice "*if-then*", come nella programmazione più semplice. l'*if-then* può essere scritto per ogni assunto nel seguente modo: "*se (if)* questo assunto si rivela falso, *allora (then)* l'effetto sul progetto sarà..." La parte dell'*if* testa quanto l'assunto sia pericoloso, e la parte *then* testa se e quanto sia importante per il progetto. Un altro modo per descrivere l'*if-then* è considerare l'*if* come la probabilità e il *then* come l'impatto. Sappiamo che la probabilità e l'impatto sono le due dimensioni del rischio.

Questo semplice approccio può essere usato per trasformare gli assunti in rischi: quando un assunto è valutato per essere falso e/o può avere un consistente effetto su uno o più obiettivi di progetto, allora dovrebbe essere considerato come un possibile rischio. Questo tipo di analisi degli assunti è un buon modo per mettere in luce rischi specifici, dal momento che valuta assunti fatti per lo specifico progetto.

Ci sono comunque due problemi con questa tecnica:

1. La tecnica considera solo assunti espliciti, che sono stati fatti coscientemente e ampiamente comunicati, ci sono però assunti impliciti o nascosti che facciamo tutti i giorni, alcuni possono essere molto rischiosi.

2. Questo approccio tende a identificare solo "*down side risk*" (minacce), considerando che un particolare assunto può rivelarsi falso e diventare un problema per il progetto

L'*Assumptions Analysis* non va bene per l'identificazione delle opportunità perché la maggior parte dei nostri assunti sono ottimistici. Questa problematica può essere facilmente sorpassata attraverso un approccio per l'identificazione e registrazione degli assunti che richieda l'intervento di un esperto esterno ed indipendente.

Per l'identificazione delle opportunità, la tecnica può essere estesa per valutare i vincoli (constraints). Ci sono delle restrizioni su ciò che si può fare o non fare in un progetto, come si deve o non deve procedere, ma alcuni di questi vincoli potrebbero non essere così restrittivi come posso apparire, e potrebbero essere dei vincoli non reali. Infatti, potrebbe essere possibile variare o addirittura eliminare un vincolo.

Come per gli assunti un approccio *if-then* può essere utilizzato con i vincoli per identificare possibili opportunità:

"se (if) questo vincolo viene variato o rimosso, *allora (then)* l'effetto sul progetto sarà......" Invece di fare previsioni sul futuro o accettare che i vincoli siano immodificabili, essere preparati a valutare entrambi gli elementi può rivelare un insieme di minacce e opportunità che possono essere inseriti nel processo di gestione dei rischi di progetto. Per fare una valutazione degli assunti è possibile usare una tabella come la seguente per meglio definirlo:

Tabella 15.2 - Matrice per l'Assumption & Costraints Analysis

Assunto	Questo assunto può rivelarsi falso? (Y/N)	Se falso può avere riflessi sul progetto? (Y/N)	Convertirlo in RISCHIO? (Y/N)
Assunto 1	Y	Y	Y
Assunto 2	Y	N	N
Assunto 3	N	N	N

In aggiunta a quanto detto, possiamo rifarci al suggerimento riportato nel PMBOK® riguardo alla valutazione della *"stability"* (validità o realismo dell'assunto) e delle *"consequences"* (impatti) nel caso in cui l'assunto si rivelasse falso.

Per prima cosa il Project Manager deve accertarsi che gli assunti siano stati identificati in modo soddisfacente, chiedendo "quali assunti sono stati fatti?". Poi, se ritiene che si debbano ulteriormente valutare questi assunti, può iniziare l'analisi qualitativa con una discussione insieme al risk team sull'assunto, la validità e gli impatti che l'assunto può avere. Più è prioritario il progetto, più certezze si devono avere.

Nell'esempio seguente un *"assumption testing"* è fatto attraverso la valutazione della *"stability"* e delle *"consequences"* con una scala che va da 1 a 10 Una *"stability"* con valore tra 5 e 10 significa che l'assunto è valido, una *"consequences"* tra 5 e 10 significa che l'assunto può avere un impatto importante sul progetto, nel caso si riveli falso. Altre scale si possono utilizzare per fare la stessa valutazione.

Tabella 15.3 - Assumption Testing

ASSUMPTION TESTING		
Assumption	Stability	Consequence if false
Il lavoro richiesto per il progetto non interferirà con il lavoro dello stakeholder Mario	2	8

Concludendo, l'analisi degli assunti esplora la validità degli assunti applicati al progetto. Identifica i rischi di progetto derivanti da inaccuratezza, incoerenza o incompletezza degli assunti e volendo estendere la tecnica può rivelarsi utile per la valutazione delle opportunità dei vincoli.

QUANDO APPLICABILE:

L'analisi degli assunti è applicabile all'inizio del progetto e ogni volta che avviene una modifica nel contesto del progetto stesso. È anche applicabile quando si devono prendere decisioni chiave, infatti gli assunti sui quali opera il progetto spesso influenzano il processo decisionale.

INPUT E OUTPUT:

Gli input per l'analisi sono gli assunti stessi. Gli assunti non sono di esclusiva competenza del Project Manager o del team di progetto o del cliente, anzi dovrebbero essere dedotti da tante differenti fonti quante sia possibile identificare.

Altri input per la tecnica includono ogni documentazione di supporto che può provare o confutare la validità di un assunto. Alcuni di questi input possono provenire dalle *lessons learned* di altri progetti.

Gli output dell'analisi degli assunti spesso sono inseriti nel *risk register*, nel campo note del software di Project Management o nelle avvertenze e codicilli in un memorandum d'intesa. Idealmente, dovrebbero essere raccolti in un documento coerente.

Tabella 15.4 - Assumptions Documentation

WBS	Nome Attività	Assunti
1	Campagna Pubblicitaria	Data di completamento al 1 giugno
1.1	Distribuzione piano di marketing	Attività realizzata da Marketing Dept.
1.2	Comunicazioni Aziendali	Le comunicazioni saranno esclusivamente interne
1.2.1	Kick Off Comunicazioni	Il kick off si terrà solo con personale interno

1.2.2	Piano di Comunicazione	Il piano verrà realizzato in formato brossura
1.2.3	Imballaggi	Non è richiesto imballaggio personalizzato
1.2.4	Schede tecniche	I dati per le schede verranno forniti dal Marketing Dept.
1.2.5	Kit per rivenditori	Il kit pe rivenditori sarà di formato standard
1.2.6	Confronto Competitivo	Le analisi di confronto saranno eseguite sul formato ACME
1.2.7	Demo Script	I demo script verranno approvati già in versione draft
1.3	Pubblicità	I costi interni della pubblicità faranno parte del contratto e non saranno contabilizzati separatamente
1.3.1	Meeting creativi	Il cliente chiederà solo un ciclo di revisione per analizzare il prodotto

PRINCIPALI PASSAGGI NELL'APPLICAZIONE DELLA TECNICA

L'analisi degli assunti porta alla determinazione di quelle informazioni sul contesto di progetto che poi sono utilizzate per stabilire i parametri per i piani del progetto stesso. Anche se possono esserci vari approcci, i processi sono simili di attività in attività.

- *Identificare le condizioni ambientali specifiche del progetto.* Benché le condizioni delle organizzazioni portino a definire alcuni assunti di progetto, è meno ovvio che le condizioni ambientali specifiche del progetto possano farlo. Identificando cosa rende il progetto insolito rispetto all'ambiente dell'organizzazione, può portare a definire quali qualità e caratteristiche di quell'ambiente devono essere chiarite o rese coerenti per chiunque sia coinvolto nel progetto.
- *Determinare quali problemi all'interno di quell'ambiente sarà soggetto a incomprensioni o problemi di comunicazione.* Gli assunti sono spesso stabiliti dalle incomprensioni tra due soggetti. Così, gli assunti sono più rapidamente raccolti quando più persone partecipano al processo di documentazione degli assunti. Rivedendo la documentazione di progetto e analizzando i termini poco chiari, il team di progetto può trovare alcuni degli assunti di cui il progetto ha bisogno.
- *Catalogare gli assunti.* Come mostrato nella figura precedente (Assumption Documentation), gli assunti possono essere raccolti nel

piano di progetto attraverso un software. Possono essere raccolti in liste o moduli, ma la documentazione deve essere velocemente accessibile a chiunque svolga del lavoro nel progetto, o riceva deliverable dal progetto.

- *Per quanto sia possibile, validare gli assunti.* Non tutti gli assunti possono essere validati; alcuni devono essere semplicemente accettati per quello che sono. Per altri assunti, è possibile analizzare e determinare se sono accurati e affidabili. Il livello di analisi dipende largamente dal tempo a disposizione e dall'impegno che si vuole spendere per validare le informazioni (e il loro valore potenziale).

USO DEI RISULTATI

Gli assunti dovrebbero essere recuperati ogni volta che esiste la necessità di capire meglio il progetto, il suo piano o il suo ambiente. Situazioni tipiche dove la documentazione sugli assunti dovrebbe essere utilizzata includono:

- Selezione e valutazione dei progetti
- Negoziazione di contratti
- *Meeting* per l'allocazione delle risorse
- *Meeting* del *change control board* o del *configuration control board*
- Valutazione delle *performance*
- Chiusura di progetti

RISORSE NECESSARIE

Le risorse necessarie per un'analisi degli assunti sono solo i soggetti che hanno la capacità di dare un'interpretazione indipendente delle informazioni di progetto. La soluzione è trovare quei soggetti le cui interpretazioni sono ampiamente capite e accettate dalla maggior parte degli stakeholder.

AFFIDABILITÀ:

L'analisi degli assunti è affidabile poiché generalmente aumenta l'affidabilità di altri processi o attività. L'analisi degli assunti si focalizza sull'aumentare l'accuratezza e la comprensione delle informazioni di progetto.

CAPITOLO
18 QUALITY RISK DATA ASSESSMENT

Normalmente lo sforzo profuso nell'identificazione dei rischi si focalizza sulla determinazione del maggior numero di rischi possibili. Serve però una valutazione della qualità dei dati sui rischi e perciò ci dobbiamo porre domande riguardo al tipo, la qualità e la quantità dei dati disponibili per ogni singolo rischio. L'obiettivo della tecnica è determinare se i dati raccolti forniscono adeguate informazioni e se questi dati rimangono accurati nel tempo. Capire se queste informazioni superano la prova del tempo è componente essenziale per un'efficace valutazione della qualità dei dati utilizzati.

DESCRIZIONE DELLA TECNICA:

Come detto questa tecnica ci permette di verificare il tipo, la qualità e la quantità delle informazioni che usiamo per l'analisi dei rischi e se siano imparziali e attendibili. Il team di risk management formulerà domande del tipo "i dati, le informazioni in nostro possesso sono attendibili?" "Le informazioni utilizzate sono di qualità?" "Le informazioni e i dati sono accurati e i rischi ben identificati?"

Facciamo un esempio considerando il progetto di sostituzione del manto erboso di un campo di calcio. Ipotizziamo che si sia identificato il rischio che il nostro fornitore possa rimanere senza il materiale che a noi serve leggendo un articolo di giornale. L'articolo esprimeva un'idea e una previsione dell'autore. Considerereste questa informazione provenire da una fonte attendibile?

Facciamo un'altra ipotesi. Diciamo che abbiamo già lavorato con questo fornitore e abbiamo dato uno sguardo al suo *report* trimestrale in modo da poter fare una comparazione dei livelli di produzione. L'informazione, in base alla quale abbiamo identificato un rischio con *score* alto, sembra sicuramente più attendibile. Ora cosa succede se riteniamo l'informazione utilizzata per l'analisi dei rischi non attendibile? O se rispondiamo "*no*" a tutte le domande precedenti?

In questo caso il risk management *team* ha raccolto informazioni migliori. Cercheremo di cambiare tutte le risposte "*no*" in "*sì*". Certo non è cosa facile. Potremmo non avere sufficienti informazioni per cambiare i *"no"* in *"sì"*. Se questo fosse il caso, allora questo fattore influenzerà il risk management e forse porterà a una chiusura del progetto perché la mancanza d'informazioni diventa un rischio essa stessa, il che porta il valore d'incertezza del progetto a un livello troppo alto. Potremmo rivedere il tutto in termini di *risk tolerance* degli stakeholder e dell'organizzazione. Determineremo se i benefici del progetto superano le incertezze e se l'organizzazione può affrontare il possibile fallimento del progetto. Se conduciamo l'analisi dei rischi utilizzando dati o informazioni che non possono essere considerate affidabili e accurate, i risultati della nostra analisi qualitativa potrebbero essere inutilizzabili.

Se non possiamo fare affidamento sulle nostre informazioni, come possiamo essere sicuri dei risultati? È fondamentale avere informazioni di qualità, questo non vuol dire che tutte le informazioni che utilizziamo devono avere un livello di accuratezza pari al 100%. In molti casi questo è impossibile, ma il livello di confidenza dell'informazione utilizzata dovrebbe essere buono in modo da rendere l'analisi dei rischi efficace e veritiera.

QUANDO APPLICABILE:

Benché la tecnica sia usata quando c'è un gran numero d'informazioni da analizzare, il che è un processo qualitativo o soggettivo per natura, la sua migliore applicazione avviene quando i dati sono stati valutati durante un processo di quantificazione dei rischi. La chiave è riconoscere tali informazioni come qualitative e/o soggettive prima di iniziare la valutazione.

INPUT E OUTPUT:

Ci sono diversi input chiave per la valutazione della qualità dei dati tra cui includiamo:

- Obiettivi

- Ipotesi da confermare o smentire
- Strumenti di campionamento o metodologia
- Test statistici o metodologia
- Assunti

Dato che una valutazione della qualità dei dati è mirata a uno specifico insieme di dati, il primo e più importante input è l'obiettivo della valutazione. L'obiettivo è determinato da quelli che saranno gli utilizzatori ultimi degli output del processo di valutazione. "I dati sono stati raccolti per un successivo utilizzo nell'identificazione dei rischi?" e ancora "i dati sono stati raccolti per una valutazione dei possibili risultati di una quantificazione dei rischi?"

L'utilizzo finale dei dati determinerà, in parte, se i dati sono di qualità sufficiente per rispondere alle necessità. Dato che la valutazione della qualità dei dati si basa sul fatto che i dati raccolti potranno essere o non essere di aiuto ad una specifica necessità, un altro input chiave è l'ipotesi o teoria che deve essere confermata (o smentita) dai dati stessi.

Per l'analisi quantitativa, tali ipotesi sono facili da determinare (il progetto potrà essere completato in 50 giorni?). In un'analisi più soggettiva, le ipotesi sono più difficili da applicare (non ci sono rischi particolari nel progetto).

Il successivo input sono gli strumenti di campionamento da utilizzare per raccogliere i dati che siano adeguati per raggiungere l'obiettivo prefissato, seguiti dall'approccio o dagli strumenti statistici necessari per la valutazione dei dati. L'ultimo input sono gli assunti, poiché spesso determinano se l'insieme di dati raccolti è valido o meno per essere utilizzato. Gli output sono i risultati della valutazione, che specificano se i dati siano utili o meno al raggiungimento dell'obiettivo del processo.

PRINCIPALI PASSAGGI NELL'APPLICAZIONE DELLA TECNICA:

In un'analisi qualitativa:

- *Rivedere gli obiettivi per l'uso dei dei dati e determinare se gli strumenti sono adeguati per il raggiungimento degli obiettivi stessi.* Nella revisione degli obiettivi la chiave è stabilire perché le informazioni sono state raccolte. Se le informazioni sono state raccolte per stabilire un insieme di base di rischi identificati per il progetto, allora le informazioni saranno molto soggettive e l'efficacia di questo processo sarà in qualche modo limitata. Se, invece, i dati sono stati raccolti per fornire input per un'analisi Monte Carlo o PERT (o altre analisi matematiche), allora l'obiettivo è chiaro e l'uso delle informazioni è facile da capire.

- *Indicare l'obiettivo.* Dopo che gli obiettivi sono stati stabiliti, le ipotesi che i dati dovranno confermare o smentire devono essere chiaramente specificate. Questo non è sicuramente facile, dato che spesso i livelli di accettabilità delle performance di progetto non sono valutate in termini assoluti. Perciò, se le ipotesi fatte possono essere chiaramente dichiarate, allora i dati a disposizione possono essere valutati per la loro adeguatezza.
- *Valutare gli strumenti.* Con delle ipotesi a disposizione, è possibile esaminare gli strumenti e le tecniche per la raccolta dei dati per determinare se sono adeguati nel rendere visibili e individuabili le informazioni di cui abbiamo bisogno. Parte di questa attività deve servire a determinare se esiste un "zona grigia" di informazioni che possa esser accettabile. Dato che ci saranno momenti in cui non tutti i dati saranno ovvi e disponibili, il range di possibile variabilità deve essere predeterminato. In più, proprio perché gli strumenti in parte determinano quali dati verranno raccolti, il livello di accettabilità deve essere stabilito. Se gli strumenti possono funzionare efficacemente all'interno di quell'intervallo di confidenza, allora sono appropriati. Se non lo sono, allora devono essere considerati altri strumenti altrimenti è possibile che i dati richiesti non soddisfino gli standard di qualità per le ipotesi. In altre parole, è possibile che non si possa provare o confutare un'ipotesi.

In un'analisi quantitativa:

Come per l'analisi qualitativa gli stessi principi possono esser applicati ad una raccolta quantitativa dei dati, perché le informazioni quantitative possono anch'esse avere un range di variabilità così come un range di accettabilità.

- *Stabilire le tecniche di campionamento.* Nella scelta delle tecniche di raccolta e campionamento delle informazioni, ci sono due principali tipi di campionamento: il campionamento autoritativo e il campionamento statistico. Il campionamento autoritativo si fonda sul giudizio degli esperti e sulla conoscenza di quelli che hanno esperienza nel contesto in analisi. Questo tipo di campionamento è considerato parziale e può portare a errori nei giudizi. Certo in un contesto di analisi soggettiva, potrebbe essere l'unico insieme di informazioni disponibili. Se questo fosse il caso, allora la qualità dei dati dovrebbe essere valutata bassa o quanto meno potenzialmente non imparziale. Perciò, al meglio delle ipotesi, i dati dovrebbero essere considerati come informazioni altamente basate sulla relativa capacità dell'esperto chiamato a valutare l'oggetto in questione.

- *Valutare le fonti di informazione.* Benché il campionamento statistico sia considerato il modo migliore per fare delle valutazioni di qualità, la domanda riguardante quale sia l'origine dei dati deve essere fatta. Se le fonti dei dati sono considerate storicamente significanti per organizzazione, e considerate valide (in relazione alle performance di progetti passati), allora devono essere valutati gli appropriati tipi di campionamento. Nella valutazione dei metodi di campionamento, la domanda da porre è se gli approcci di campionamento sono realmente rappresentativi delle informazioni desiderate. Molti strumenti di analisi, come ad esempio la Monte Carlo, utilizzano una forma di campionamento adattivo per tener conto delle diverse distribuzioni possibili per ogni attività all'interno del reticolo. Raramente tali analisi sono casuali pure. Se utilizzati, i campioni casuali dovrebbero realmente essere non selettivi, senza nessun tipo di stratificazione basata su preferenze personali, dati storici o pregiudizi. Ancora, i campioni casuali non dovrebbero essere "realmente casuali". Piuttosto, la probabilità che un campione sia scelto rispetto a un altro dovrebbe essere la stessa (in base alla distribuzione scelta). Per tanto, raramente i progetti vengono valutati in un contesto casuale puro.
- *Documentare gli assunti.* Gli assunti per i campioni dovrebbero essere chiaramente documentati (Vedi capitolo 17, "Assumptions *Analysis*").
- *Controllare i dati.* Di là dall'approccio analitico scelto, il successivo step nel processo è di fare una revisione preliminare con l'intento di determinare se le informazioni si riveleranno adeguate per supportare le ipotesi fatte. Se così fosse, allora una più approfondita analisi diventa necessaria. Se così non fosse, potrebbe essere un'indicazione che o la qualità o la quantità dei dati non sono adeguati e l'analisi non sarà definitiva in termini di supporto o confutazione delle ipotesi.

USO DEI RISULTATI:

La valutazione della qualità dei dati è utilizzata per determinare se le informazioni disponibili possono confermare o smentire le ipotesi fatte. Il rifiuto di un'ipotesi indica che un determinato insieme di opinioni e premesse è errato. In più, il determinare che alcuni dati di supporto non sono validi, indica che è necessario raccoglierne altri per determinare nuovamente se altre opinioni o ipotesi sono errate.

RISORSE NECESSARIE:

Le risorse necessarie per una rapida valutazione della qualità dei dati includono gli analisti in grado di capire la natura e le fonti dei dati. Questi analisti devono avere un ottimo *background* statistico, insieme a una conoscenza di vari tipi di campionamento e come applicarli nel modo più appropriato.

AFFIDABILITÀ:

La tecnica di valutazione della qualità dei dati relativi ai rischi è molto affidabile. La chiave è assicurare che le risorse abbiano la capacità di interpretare le informazioni fornite dall'analisi e che capiscano la natura della valutazione. Fino a che i risultati restano validi per determinare se una data ipotesi è accurata, allora le informazioni fornite sono molto affidabili.

CAPITOLO

19 RISK CATEGORIZATION

Metodi per categorizzare o ordinare i rischi, sono necessari nell'identificazione dei rischi stessi. Dato che i rischi per natura si prestano alla categorizzazione, uno strumento, la *Risk Breakdown Structure* (RBS), si è evoluta nel tempo per essere più utile a tale scopo.

Nella sua forma attuale la RBS fu introdotta dal *Dr. David Hillson* nel 2002 ad un seminario del PMI ed adottata dal PMBOK® *Guide* fin dalla terza edizione del 2004. La RBS è una scomposizione gerarchica dei rischi in raggruppamenti logici. Lo scopo di questo strumento è di aumentare la comprensione e l'individuazione di rischi del progetto attraverso una struttura logica.

DESCRIZIONE DELLA TECNICA:

L'utilizzo del RBS comprende due passaggi: il primo è quello della creazione della struttura stessa e il secondo quello della sua applicazione. Il primo passaggio, quello della creazione o dello sviluppo della struttura gerarchica, si può basare su esperienze passate o su considerazioni dell'organizzazione. In organizzazioni dove la RBS è comunemente utilizzata, il primo passaggio viene saltato in quanto è probabile che esista una struttura standardizzata.

Di contro, per quei progetti per i quali una nuova struttura di scomposizione deve essere creata o per quelli dove i rischi pendenti sono non comuni da poter utilizzare RBS standardizzate, è necessario sviluppare una nuova struttura.

Nel secondo passaggio, l'applicazione, l'RBS funge da risorsa per l'identificazione, analisi e comunicazione dei rischi. Immaginiamo quanto può essere efficace la gestione dei rischi se abbiamo la possibilità di individuare con certezza quali aree del progetto sono le più esposte a rischi o da dove generano principalmente i rischi, o quale livello di WBS porta i rischi maggiori. La categorizzazione dei rischi (*risk categorization*) aiuta a dare risposta a queste domande.

L'idea è di scoprire quali siano le origini dei rischi o le aree di maggior concentrazione dei rischi per poi dare risposte efficaci. Gestire la fonte principale di tutte le origini dei rischi può essere fondamentale per il progetto.

Possiamo categorizzare i rischi per aree di progetto sulle quali pendono i vari rischi, usando la WBS che scompone i *deliverable* di progetto fino al livello di *work package*. Possiamo anche categorizzare i rischi per fase di progetto andando a determinare quale abbia la maggior esposizione come effetto dell'incertezza legata ai rischi. Facciamo un esempio.

Consideriamo il nostro progetto di posa del manto erboso. Esaminando i rischi identificati per origine, ci accorgiamo che molti rischi con *score* (valore rischio) alto sono relativi all'equipaggiamento usato per posare il prato.

La nostra azienda al momento affitta il macchinario che serve per pressare il manto erboso dopo la posa, il che aumenta il rischio per una possibile non disponibilità della macchina, o per l'alto costo del noleggio, o per la qualità della macchina affittata e così via.

In base alla grandezza del progetto, si potrebbe decidere l'acquisto di una macchina di alta qualità per la posa, che potrebbe avere come risultato lo stesso costo totale del noleggio e un risparmio per i progetti futuri che utilizzeranno la stessa macchina ed eliminando alcuni rischi.

In questo modo abbiamo gestito i rischi non più individualmente, ad esempio potevamo fare un accordo con l'azienda fornitrice affinché ci assicurasse la disponibilità della macchina, ma acquistando il nostro equipaggiamento abbiamo gestito più rischi nello stesso momento. La cosa importante è che in questo momento abbiamo creato un collegamento tra i vari rischi identificati. Questa tecnica ci aiuta a sviluppare delle risposte ai rischi più efficaci evidenziando da dove origina il rischio e come viene categorizzato attraverso la RBS con l'aiuto della WBS.

QUANDO APPLICABILE:

La creazione di una RBS garantisce un'approfondita analisi dei rischi da più prospettive è utile sia quando esistono sufficienti rischi e origini di rischio, sia quando ci sono significative modifiche al progetto. La creazione e sviluppo di una RBS è più appropriato quando non esiste una struttura standardizzata o quando la RBS dell'organizzazione non è pertinente al progetto in considerazione.

L'applicazione dello strumento è utile quando c'è la necessità di condurre un'identificazione e un'analisi approfondita sui rischi per argomento, per area funzionale o, più opportunamente, per area e categoria di rischio.

INPUT E OUTPUT:

Gli input per la creazione e sviluppo di una struttura di scomposizione dei rischi possono includere una lista dei rischi o, meglio, una lista di origini dei rischi che sono endemiche al progetto o all'organizzazione. Gli input per l'applicazione dello strumento includono una lista dei rischi di progetto, la RBS e un obiettivo da soddisfare attraverso l'applicazione dello strumento stesso. Se non vi è alcuna ragione specifica del perché utilizzare una RBS, allora possiamo dire che il suo utilizzo è potenzialmente inappropriato.

Gli output della creazione della RBS includono ovviamente la RBS stessa come scomposizione gerarchica delle origini dei rischi o per il progetto o per l'organizzazione nel suo complesso. La gerarchia può essere rappresentata in forma tabellare come mostrato nella tabella 19.1 oppure attraverso una classica struttura ad albero gerarchico (breakdown structure), come mostrato nella figura 19.1.

Gli output dell'applicazione della *risk breakdown structure* includono una lista più ampia dei rischi e/o una lista di categorie di rischio che hanno il potenziale per esercitare una certa influenza sugli obiettivi di progetto.

PASSI PRINCIPALI NELL'APPLICAZIONE DELLA TECNICA

La creazione di una *risk breakdown structure* è un ottimo esercizio per rianalizzare quelle aree di particolare interesse e identificare potenziali relazioni tra queste stesse aree. La RBS può essere sviluppata sia con il metodo *top down* che con il *bottom up*, in modo molto simile alla WBS. In un processo di scomposizione *top down*, la chiave è avere una precisa conoscenza delle categorie principali che originano i rischi all'interno dell'organizzazione.

Vediamo i passi principali nell'applicazione della tecnica:

- *Identificare le categorie generali di origine dei rischi.* Le categorie dei rischi devono rappresentare in larga scala quelle problematiche che l'organizzazione affronta regolarmente per la maggior parte dei progetti. Possono derivare dal contesto, dal management, dai clienti, dalla tecnologia utilizzata o dal progetto stesso. Si dovrebbe rappresentare un piccolo numero di categorie (da tre a cinque) che riescano a catturare la maggior parte dei rischi all'interno dell'organizzazione.
- *All'interno di ogni categoria, identificare dei sottogruppi.* Come per la WBS, si dovrebbero creare gruppi discreti di origini dei rischi. Le origini dei rischi rappresentano sottoinsiemi di più ampie categorie che includono tutte le potenziali problematiche all'interno della categoria. I sottogruppi possono poi essere ulteriormente definiti attraverso progressivi sotto-sottogruppi fino al raggiungimento di un soddisfacente livello di scomposizione. Nel caso la RBS sia sviluppata bottom up, allora si deve passare progressivamente dalla lista dei rischi identificati (ad esempio attraverso tecniche come il brainstorming o altre tecniche creative di gruppo), a insiemi più ampi che catturino la natura dei loro sottoinsiemi, fino ad arrivare ad un piccolo numero di più ampie categorie.
- *Raccogliere i rischi di progetto identificati.* Si possono utilizzare tutte le tecniche di raccolta delle informazioni per organizzare i rischi più rilevanti.
- *Presentare i rischi.* Si può utilizzare ad esempio, un metodo come *l'affinity diagram* (di cui trovate un dettaglio maggiore nella sezione dedicata alle "altre tecniche"), dove ogni membro del team mette un post-it con il rischio identificato sul muro o su una lavagna. Poi, si ricomincia il giro e ogni membro mette il post-it vicino a un altro post-it che può far parte della stessa la categoria. Normalmente, il tutto avviene in silenzio per evitare perdite di tempo e lunghe discussioni riguardo il posizionamento del rischio. Si continua il ciclo finché tutti i rischi sono raggruppati. Si dà poi un nome a ogni gruppo (questo rappresenta il livello più basso della RBS). Si raggruppano poi i vari gruppi sotto nodi padre e si gli si assegna un titolo. Se rimane un numero elevato di nodi, si generano nuovi nodi superiori che contengono tali nodi.
- *Rianalizzare i nodi padre e i sottogruppi con i partecipanti.* In questo momento si può valutare se l'ampiezza delle aree di rischio identificate per il progetto o per l'organizzazione sono sufficienti o se serve una nuova analisi.

L'applicazione della RBS può risultare l'inverso della sua creazione. Rispetto alle varie categorie si pone la domanda: "Quali tipi di rischi esistono per questa categoria?". Questo crea un maggior dettaglio rispetto alle aree di rischio che sono comuni sia per l'organizzazione o per il progetto. In più, oltre per l'identificazione dei rischi, lo strumento può essere applicato nella valutazione del peso di ogni area.

Nell'applicazione della RBS, è necessario:

- *Identificare i rischi.* Se sono stati definiti criteri qualificativi, si deve stabilire la probabilità e l'impatto del rischio e assegnare il suo peso relativo.
- *Sistemare i rischi nei livelli più bassi della RBS.*
- *Sommare i numero totale dei rischi in ogni categoria/area rispetto al livello più basso.* Se ai rischi è stato assegnato un peso durante la loro qualificazione, sommare il loro peso.
- *Determinare il valore.* Il valore del rischio rappresenta o l'origine del rischio con il numero maggiore di rischi o il numero maggiore di rischi pesati e può servire come indicatore per determinare quale origine richiede maggiore attenzione.
- *Utilizzare il valore.* Se il valore è aggregato al massimo livello della RBS (cioè a livello di progetto), allora il valore (pesato o totale) può essere usato per comparare la rischiosità di un progetto rispetto ad un altro.

USO DEI RISULTATI

La *risk breakdown structure* può servire sia come strumento di presentazione (per evidenziare le origini di rischio più significanti), sia come strumento per aiutare nell'identificazione di nuovi rischi o nell'esplorare le origini dei rischi stessi.

Come strumento di presentazione, la RBS fornisce una più chiara informazione su cosa comportano le varie origini dei rischi e può essere usata per spiegare come quelle origini producono rischi in differenti aree.

Per individuare un numero maggiore di rischi la *risk breakdown structure* può essere usata come guida per ogni tipo di tecnica di raccolta delle informazioni semplicemente ponendosi la domanda "quali specifici rischi possono essere identificati relativamente a [*l'area di rischi della RBS*]?" Attraverso la riproposizione della stessa domanda si può generare una lista di rischi molto variabile dal punto di vista della grandezza.

In più, come strumento per esplorare l'impatto dei rischi, la RBS può essere utilizzata per valutare quale origine ha al suo interno il rischio o i rischi che maggiormente possono impattare sul progetto. Quelle aree dove sono stati identificati questi rischi, possono eventualmente servire per evidenziare più ampie aree di origine di rischio per il progetto in considerazione.

RISORSE NECESSARIE:

Le risorse per la *risk breakdown structure* includono il *software* per generare graficamente la struttura gerarchica e alcuni soggetti con la conoscenza e le capacità per discriminare tra le differenti origini di rischio.

AFFIDABILITÀ:

La *risk breakdown structure* è affidabile in quanto serve principalmente per riorganizzare le informazioni più che per crearne di nuove sui rischi. Come tale, è tanto affidabile quanto gli input utilizzati per crearla.

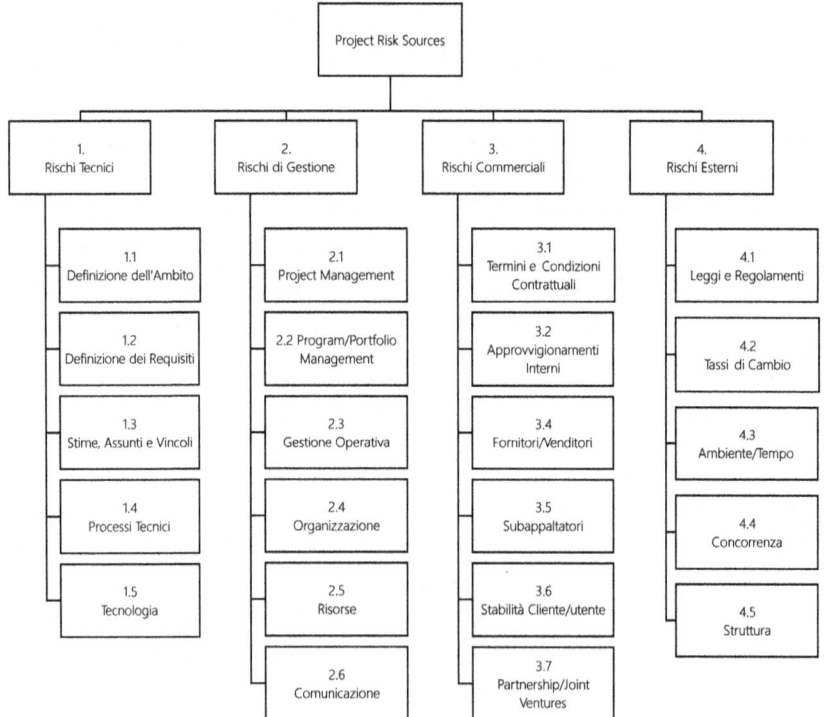

Figura 19.1 - Risk Breakdown Structure

Tabella 19.1 - Risk Breakdown Structure tabellare

RBS livello 0	RBS Livello 2	RBS Livello 3
PROJECT RISK SOURCES	1. Rischi tecnici	1.1 - Definizione Dell'Ambito
		1.2 - Definizione dei Requisiti
		1.3 - Stime, Assunti e Vincoli
		1.4 - Processi Tecnici
		1.5 - Tecnologia
		1.6 - Interfacce Tecniche
		Ecc.
	2. Rischi di gestione	2.1 - Project Management
		2.2 - Pgm/Pfm Management
		2.3 - Gestione Operativa
		2.4 - Organizzazione
		2.5 - Risorse
		2.6 - Comunicazione
		Ecc.
	3. Rischi commerciali	3.1 - Condizioni Contrattuali
		3.2 - Approvvigionamenti Interni
		3.3 - Venditori e Fornitoti
		3.4 - Subappaltatori
		3.5 - Stabilità Cliente/Utente
		3.6 - Partnership e Joint Ventures
		Ecc.
	4. Rischi esterni	4.1 - Leggi/Regolamenti
		4.2 - Tassi di Cambio
		4.3 - Ambiente/Tempo
		4.4 - Concorrenza
		4.5 - Strutture

CAPITOLO

20 RISK URGENCY ASSESSMENT

Nella maggior parte dei casi la valutazione di un rischio ricade in un processo di analisi che valuta la probabilità e dell'impatto. In molte situazioni, la valutazione da fare non è se un particolare rischio debba ottenere una risposta in base al suo valore (*risk score* = probabilità x impatto) ma, piuttosto, se debba ottenerla "immediatamente". Benché l'urgenza sia un criterio critico per la valutazione dei rischi, di norma non è considerata in una prima analisi.

Quindi, data l'urgenza, minacce con valore basso generalmente non ricevono grande attenzione in un ambiente sotto pressione. Di contro, minacce con alta probabilità e impatto devono essere valutate per l'urgenza in modo da determinare quale di esse debba essere trattata per prima.

Come conseguenza, una valutazione dell'urgenza è basata sull'immediatezza della minaccia più l'effetto che una pronta risposta avrà sull'efficacia della strategia.

> **NOTA** Ci sono varie dimensioni da considerare nella valutazione del rischio oltre la probabilità e l'impatto. Come detto esiste l'urgenza ma anche la gestibilità del rischio o la sua vicinanza temporale. Sono tutti indicatori della grandezza del rischio.

DESCRIZIONE DELLA TECNICA:

Nell'identificazione dei rischi a breve termine, la tecnica della valutazione dell'urgenza del rischio è molto utilizzata. Questa tecnica implica il determinare quali rischi debbano essere considerati urgenti, in altre parole quali rischi richiedano attenzione immediata. Ci sono vari elementi da considerare per arrivare alla valutazione finale dell'urgenza. Nel PMBOK® *Guide* troviamo la seguente lista:

- Il tempo necessario per mettere in campo la risposta al rischio
- Sintomi e segnali di avvertimento dei rischi
- La valutazione del rischio.

Vediamo più in dettaglio questi elementi.

Il primo elemento:

- *Il tempo necessario per mettere in campo la risposta al rischio.* Per alcuni tipi di rischio abbiamo a disposizione un certo intervallo per mettere in campo la o le risposte al rischio. Questo è dato dalla natura del rischio che non ha una conseguenza immediata al suo manifestarsi. Per altri rischi, per la loro natura la risposta deve essere immediata. Per esempio, ipotizziamo che l'azienda si trovi davanti a un ventaglio di opportunità date da un rischio positivo che è emerso. Quelle opportunità, però, sono disponibili o sfruttabili solo per un breve tempo. Un altro esempio potrebbe essere il considerare che una risposta al rischio potrebbe eliminarlo solo se messa in campo immediatamente, altrimenti il rischio deve essere mitigato.

il secondo elemento:

- *Sintomi e segnali di avvertimento dei rischi.* Sono meglio conosciuti come *risk triggers*. I risk triggers dovrebbero essere considerati nel determinare se un rischio richieda un'immediata o urgente risposta.

    Un risk trigger ci indica se un rischio si sta per manifestare o se è accaduto. Per esempio, non rispettare una scadenza, identificata come risk trigger, ci porterebbe a mettere in campo una azione di risposta precedentemente concordata.

il terzo elemento:

- *La valutazione del rischio.* I rischi a cui vengono assegnati alti punteggi sono tipicamente quelli che hanno una valutazione di impatto e di probabilità di accadimento molto alto.

    Questi rischi normalmente richiedono la nostra attenzione e dovrebbero essere accuratamente monitorati e avere un'immediata risposta.

Basandosi su questi tre elementi, il risk management *team* determina quali rischi devono essere classificati come rischi a breve termine.

In alcun casi il risk management *team* può fare una valutazione della *risk urgency* durante la classificazione dei rischi, avendo come elemento finale una classificazione in base alla valutazione della gravità del rischio usando una matrice probabilità/impatto.

QUANDO APPLICABILE:

La valutazione dell'urgenza del rischio è applicabile solo quando ci sono sufficienti rischi "alti" (rischi con probabilità alta, alto impatto o alto impatto e probabilità moderata) che non danno possibilità al team di gestirli in maniera efficace tutti insieme o almeno in tempi ragionevoli. Così, la valutazione dell'urgenza diviene uno strumento per definire quali rischi "alti" meritano una immediata attenzione in un contesto di risorse limitate.

INPUT E OUTPUT:

Dato che la valutazione dell'urgenza del rischio è svolta attraverso l'uso di *template* aziendali, due insiemi di input devono essere considerati. Il primo consiste negli input necessari per creare il template stesso o una *checklist* e il secondo comprende gli input per popolare il *template* o la *checklist*. Gli input per creare il *template* includono le informazioni riguardo quali condizioni ambientali creano una reale urgenza riguardo l'evento rischio.

Ad esempio, per un recupero in montagna di uno scalatore, il template contiene informazioni riguardo all'età, l'abbigliamento, l'esperienza e la condizione fisica dello scalatore disperso. Per questo uno scalatore giovane, con una maglietta a maniche corte è sicuramente un caso più urgente di un veterano con un equipaggiamento professionale.

Nel Project Management, l'urgenza può legare insieme temi come le scadenze dei progetti, le milestone, la sensibilità dei clienti, le competenze dei membri del team e la complessità del progetto. Il modulo dovrebbe incorporare tutti quegli elementi che rendono il rischio più urgente e dovrebbe fornire la possibilità di determinare i relativi livelli di urgenza tra i vari rischi.

L'output della creazione del *template* per la valutazione dell'urgenza è il *template* stesso. Il *template* può prendere la forma di una *checklist* o può fornire una metrica per determinare il relativo livello di urgenza del rischio in questione.

Tabella 20.1 – Risk Urgency Assessment Template

Project Name		Risk Event			
Urgency Assessment					
Criterio di valutazione	1	2	3	4	Score
Esperienza del team di progetto nel gestire rischi di questo tipo	Riconosciuta competenza nei workaround e soluzioni ad hoc per questo tipo di rischi	Qualche esperienza nella gestione di rischi di questo tipo	Uno o due team member con qualche esperienza nella gestione di rischi di questo tipo	Nessuna esperienza del team	
Probabilità che il rischio accada prima del prossimo passaggio di fase	La probabilità è più alta verso la fine del progetto e non prima della prossima review	La probabilità è tanto alta nel corso del progetto come prima della prossima review	La probabilità è alta prima della prossima review	La probabilità è al suo massimo nei successivi due periodi temporali (settimane, mesi)	
Sensitività del cliente	Il cliente non ha aspettative riguardo questo rischio e assume che lo si risolva	Il cliente si aspetta che questo tipo di rischio sia risolto senza ritardi	Il cliente si aspetta di avere informazioni prima che il rischio accada	Il cliente non si aspetta che il rischio accada	
Complessità del progetto	Questo rischio impatta solo su un modulo di progetto e quel modulo può essere gestito in modo indipendente	Il rischio impatta sull'intero progetto ma si può manifestare verso la fine del progetto	Il rischio impatta molteplici moduli del progetto e si può manifestare all'inizio del progetto	Il rischio impatta molteplici moduli e sono tutti altamente dipendenti da esso	
Visibilità	L'evento rischio può essere facilmente identificato in anticipo, permettendo una risposta risolutiva	Il rischio ha alcuni segnali rilevabili che permettono un'identificazione precoce	Il rischio è rilevabile solo nel momento della sua reale manifestazione	Il rischio è rilevabile solo dopo la sua manifestazione	
		TOTALE			

Dopo l'identificazione, gli input del template consistono nei dati derivati dalle risposte alle domande del template stesso. Qualsiasi assunto fatto nel creare queste domande dovrebbe essere documentato per assicurare una giusta analisi nella valutazione. Tuttavia, assunti diversi portano a risposte diverse alla stessa domanda e così possono essere generati differenti risultati relativamente a quali rischi siano più urgenti.

Gli output dal template saranno i punteggi che si riferiscono all'urgenza per ogni singolo rischio. Questo permette di poter fare dei filtri sia in base all'urgenza sia in base alla disponibilità di risorse da parte dell'organizzazione per gestire i rischi stessi. Quei rischi che ricadono nella categoria "*high-risk*" in virtù della loro probabilità e impatto, possono essere sottoposti a *screening* per l'urgenza, così da permettere al team di progetto di prioritizzare le risposte a tali rischi. Altri rischi, benché non ignorati, possono essere relegati ad una successiva analisi, dl momento che non hanno l'alto livello di urgenza associato ai rischi che si trovano nelle prime posizioni del template.

PRINCIPALI PASSAGGI NELL'APPLICAZIONE DELLA TECNICA

Il primo passo da compiere per creare un *template* per la valutazione dell'urgenza del rischio, è determinare i criteri che rendono un rischio più urgente di un altro. Determinare questi criteri richiede consultazioni con persone con esperienza nei progetti che sappiano riconoscere quali sono gli elementi comuni associati all'urgenza di un rischio. Poiché questi criteri devono essere identificati in modo appropriato, è necessario stabilire delle metriche per determinare un livello che indichi un rischio come urgente.

Vediamo i passaggi principali:

- *Determinare i criteri.* Criteri per indicare che un rischio possa essere imminente devono essere identificati e catalogati.
- *Determinare una scala graduata.* Per ogni criterio, identificare una scala numerica che indichi il livello d'influenza verso l'urgenza, con un range che vada da un numero alto (alto livello di urgenza) ad un numero basso (basso livello di urgenza). Modificare la scala se necessario, per cercare di creare un output finale equamente distribuito.
- *Validare il template.* La validazione del template avviene testando un buon numero di rischi conosciuti che siano urgenti e non urgenti attraverso i criteri precedentemente stabiliti. Il template dovrebbe riflettere i livelli storicamente registrati dell'urgenza associata ai rischi stessi. Nel caso non si rilevasse questa simmetria, le metriche dovrebbero essere riviste e modificate per meglio riflettere i relativi livelli di urgenza.
- *Valutare tutti i rischi più significativi.* Dopo che il template è stato validato, tutti i rischi significativi (alta probabilità, alto impatto; probabilità media, alto impatto) dovrebbero essere valutati attraverso il template per determinare i loro relativi livelli di urgenza.
- *Prioritizzare i rischi.* I così detti "high risks", dovrebbero avere priorità assoluta nel processo di scelta delle strategie di risposta.

Dopo aver analizzato i rischi per determinare il loro livello di urgenza, i *top risks* dovrebbero essere inseriti nel *risk register.* Come per tutti i processi di valutazione, *l'urgency assessment* dovrebbe essere reiterato nel caso ci sia necessità di rivalutazione di un rischio.

USO DEI RISULTATI

L'applicazione principale della valutazione dell'urgenza del rischio è nel determinare i rischi che abbiamo urgenza più alta. Benché altri processi di valutazione possano generare un insieme di "*high risk*", *l'urgency assessment* serve come processo di scelta per stabilire i rischi che devono essere considerati prioritari. In più, considerandoli da un punto di vista storico, i risultati sono usati per revisione post-progetto e servono per determinare se i rischi inizialmente valutati per "*high*" o "*urgent*" realmente lo fossero.

RISORSE NECESSARIE

Le risorse per la valutazione dell'urgenza includono degli esperti che possano identificare i criteri per stabilire i livelli di urgenza. I *template* che gli esperti creano diverranno OPA (*Organizational Process Assets*) da utilizzare per futuri confronti in rivalutazioni dei rischi.

AFFIDABILITÀ:

La valutazione dell'urgenza è una tecnica affidabile. La sua affidabilità si basa sullo sviluppo di un processo di valutazione per gestire i rischi più urgenti.

CAPITOLO

21 DECISION TREE & EMV METHOD

Un albero decisionale è uno strumento di ampia applicazione che ha il fine di documentare i possibili effetti di una decisione e gli scenari alternativi. Può essere utilizzato, ad esempio, nell'analisi dei rischi e delle opportunità, nella definizione dei criteri per l'allocazione degli investimenti, nella costruzione del business case o come supporto alla S.W.O.T. *Analysis*.

Le decisioni di business e quelle riguardanti un progetto variano, infatti, di situazione in situazione e possono presentare rischi ed opportunità.

Calcolare il valore monetario atteso (*Expected Monetary Value – EMV*) di ciascuna decisione utilizzando un albero decisionale può consentire quindi di documentare le varie possibilità e di scegliere in modo razionale l'opzione migliore.

DESCRIZIONE DELLA TECNICA:

In generale formulare un problema di teoria delle decisioni richiede tre *step* usando il metodo dell'EMV:

- Definire il problema
- Identificare possibili alternative che possano essere considerate
- Identificare quegli eventi futuri che possono manifestarsi e che sono fuori dal controllo di chi deve prendere una decisione.

QUANDO APPLICABILE:

Il metodo dell'EMV è applicabile in ogni fase di progetto, benché sia solitamente utilizzato per identificare le probabilità e i relativi costi associati a particolari insiemi di azioni. Dato che i modelli di analisi decisionali possono essere rappresentati graficamente come alberi delle decisioni, li possiamo applicare all'analisi dei reticoli. Rami di un reticolo basati sulla probabilità sono un esempio dell'utilizzo di questa analisi.

INPUT E OUTPUT:

Gli input al metodo dell'EMV consistono nelle decisioni alternative da considerare (quali scelte abbia il Project Manager), nei risultati associati alle decisioni alternative (cosa può succedere) e nelle probabilità di accadimento di ogni risultato (quali sono le possibilità che un certo scenario accada). Gli output del metodo sono i valori monetari attesi (*expected payoff values/expected monetary values*) per ogni decisione alternativa presa in considerazione.

PRINCIPALI PASSAGGI NELL'APPLICAZIONE DELLA TECNICA

Supponiamo, per esempio, che un'organizzazione stia utilizzando un software ormai datato (*legacy software*) ma sul quale è fondato il suo *core business*. Alcuni sono convinti che sia necessario procedere ad un *upgrade* del *software* perché ciò farebbe risparmiare parecchio denaro, mentre altri sono convinti che sia più sicuro rimanere nella situazione attuale, sebbene siano consapevoli che il *software* presenta dei limiti per l'azienda. A sua volta il gruppo di stakeholder che vuole *l'upgrading* è diviso in due sottogruppi: un gruppo sostiene la necessità di acquistare un pacchetto *software* all'esterno mentre l'altro gruppo ritiene opportuno uno sviluppo "in casa" del nuovo *software*. In questa situazione si può produrre confusione e conflittualità con ogni gruppo radicalizzato nel sostenere la propria posizione. A questo punto entra in gioco l'albero decisionale e la *Decision Tree Analysis*. Attraverso l'esplorazione di tutte le possibilità e conseguenze è possibile calcolare il valore monetario atteso EMV (*expected monetary value*) di ciascuna opzione.

Infatti i possibili scenari possono essere:

- Sviluppo in casa del nuovo software: il costo associato è di euro 500.000

- Acquisto all'esterno del nuovo software: il costo associato è di euro 750.000
- Mantenimento dell'attuale legacy software: il costo per l'azienda è sostanzialmente riconducibile ad attività di manutenzione ed è pari a euro 100.000

A partire quindi dalle opzioni sopra descritte è possibile costruire il diagramma ad albero.

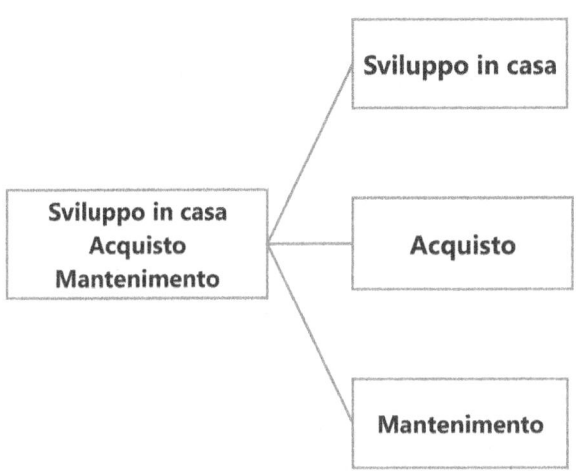

Chiaramente a questo punto può sembrare favorita l'opzione di restare con il software attuale; ma è necessario prendere in considerazione ulteriori elementi.

Sia l'acquisto di nuovo software che la realizzazione in casa sono soggetti entrambi a successo o fallimento. Se le conseguenze sono positive, l'impatto è zero ma se il risultato è un insuccesso, l'impatto per l'azienda è pari a 2.000.000 di euro.

Nel caso del mantenimento del software attuale, l'impatto per l'azienda in termini di rallentamento della crescita è comunque di 2.000.000 di euro in quanto già non soddisfa le esigenze attuali dell'organizzazione.

Il diagramma ad albero di seguito riportato integra queste ultime informazioni ed associa una probabilità di accadimento a ciascun caso di insuccesso.

Pertanto il valore monetario atteso per ciascun caso di insuccesso è:

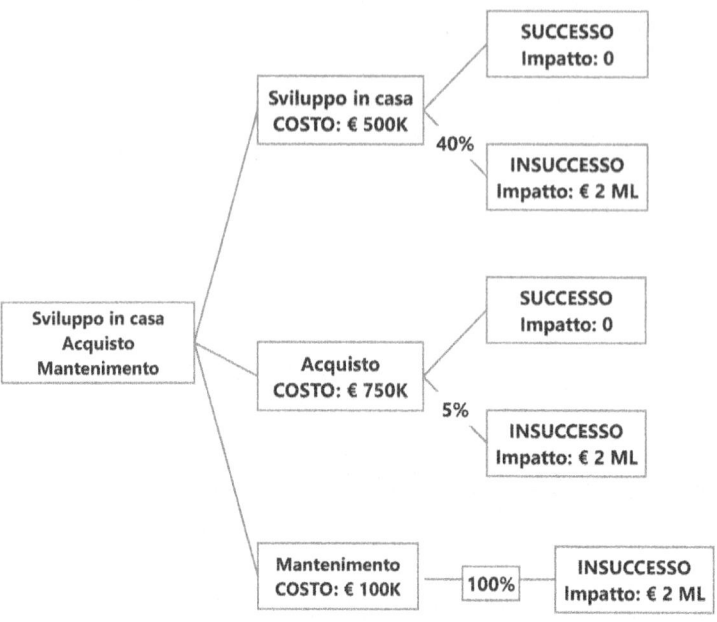

- Sviluppo in casa del nuovo software: euro 2.000.000 * 0,4 = euro 800.000
- Acquisto all'esterno del nuovo software: euro 2.000.000 * 0,05 = euro 100.000
- Mantenimento dell'attuale legacy software: euro 2.000.000 * 1 = euro 2.000.000

Sommando a questi valori il costo d'implementazione si ottiene il valore monetario atteso complessivo per le tre opzioni:

- Sviluppo in casa del nuovo software: euro 500.000 + euro 800.000 = euro 1.300.000
- Acquisto all'esterno del nuovo software: euro 750.000 + euro 100.000 = euro 850.000
- Mantenimento dell'attuale legacy software: euro 100.000 + euro 2.000.000 = euro 2.100.000

Nell'esempio proposto, l'acquisto del nuovo software rappresenta la scelta più vantaggiosa nonostante l'investimento iniziale sia più elevato; ma questo è possibile stabilirlo solo dopo avere approfondito tutte le possibilità e averle confrontate tra loro in modo omogeneo. E questo è appunto il ruolo dell'albero decisionale e dell'analisi basata su di esso.

USO DEI RISULTATI:

Una volta calcolati i valori monetari attesi delle varie alternative, la selezione avviene in base a quali siano gli obiettivi, ad esempio se massimizzare i profitti o minimizzare i costi. Se la differenza tra le alternative è minima, altri fattori devono essere considerati e possono aiutare nella scelta.

RISORSE NECESSARIE:

Per quanto riguarda le risorse necessarie possiamo dire che la tecnica è abbastanza semplice e può essere facilmente applicata dopo aver avuto gli input per il modello; la difficoltà può risiedere nella capacità di raccogliere questi input, ed è qui che la scelta delle risorse è rilevante. Un problema decisionale diventa più complesso con un numero crescente di possibili scelte, il tempo richiesto per creare degli alberi decisionali allo stesso modo aumenta impattando sulle capacità delle risorse stesse.

AFFIDABILITÀ:

Una delle caratteristiche più attraenti del metodo dell'EMV è che dopo aver ottenuto i giusti input non esiste ambiguità riguardo l'analisi. L'affidabilità dei risultati è basata sulla validità degli input al modello. Se chi svolge l'analisi, può realisticamente definire tutte le scelte, cosa può accadere e le rispettive probabilità, allora il modello rifletterà la realtà. Un altro rilevante beneficio del metodo è che può essere velocemente riportato in un diagramma, facilitando la comprensione del problema, delle scelte e dell'analisi.

CAPITOLO

22 SENSITIVITY ANALYSIS

I risultati di un progetto dipendono da una serie significativamente numerosa di variabili e di parametri che, interagendo tra di loro, ne determinano il successo o l'insuccesso finale. Nel Project risk management l'analisi di sensitività mira, innanzitutto, a individuare i rischi chiave, nei confronti delle quali, il Project Manager o il Risk Manager dovrà esercitare il massimo controllo e, in secondo luogo, a misurarne la specifica valenza, intesa come l'importanza relativa che ciascun rischio tende ad assumere rispetto a tutte le altre.

DESCRIZIONE DELLA TECNICA:

Come detto l'analisi di sensitività si preoccupa di identificare quei rischi che hanno l'impatto più grande sul progetto, per i quali è perciò necessaria una maggiore attenzione. Ipotizziamo un progetto di costruzione per il quale facciamo un'analisi di sensitività rispetto a un rischio identificato come rischio aumento prezzo materie. Consideriamo l'utilizzo di cemento, legno, acciaio e di benzina nelle attività del nostro progetto. Facciamo l'analisi e otteniamo i seguenti dati:

- ☐1 d'incremento del prezzo dell'acciaio porterebbe a un incremento del budget di ☐4.500
- ☐1 d'incremento del prezzo del cemento porterebbe a un incremento del budget di ☐7.000
- ☐1 d'incremento del prezzo del legno porterebbe a un incremento del budget di ☐3.750
- ☐1 d'incremento del prezzo della benzina porterebbe a un incremento del budget di ☐3.500

Da questi dati si ottiene l'informazione che l'incremento del prezzo del cemento ha l'impatto maggiore sul progetto. Possiamo perciò decidere di acquistare tutto il cemento di cui abbiamo bisogno nel progetto in anticipo (questo porterebbe poi ad una ulteriore analisi per capire come riuscire a conservare tutto il quantitativo di cemento e in quale spazio).

Nella figura seguente viene mostrato il *Diagramma Tornado* per i dati precedenti, il quale graficamente rappresenta la sensitività dei rischi e la loro prioritizzazione in base all'impatto sul progetto (potete avere diversi diagrammi tornado per i costi, i tempi, ...)

La differenza tra i vari rischi può essere facilmente evidenziata poiché l'analisi di sensitività è quantitativa. Invece di descrivere i rischi in modo qualitativo, l'impatto di ogni rischi è quantificato attraverso un valore numerico. Questo facilita il confronto tra i vari elementi per determinare più velocemente su quali rischi ci si debba concentrare.

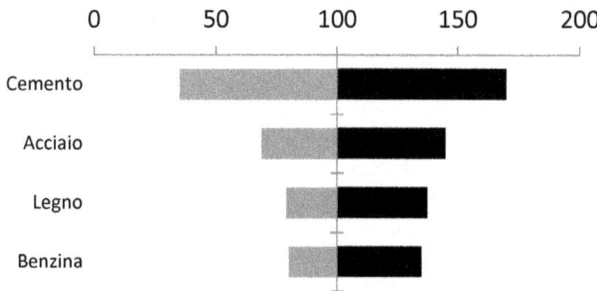

Figura 22.1 - Diagramma Tornado

Nella gestione dei rischi, l'analisi di sensitività ci permette di prioritizzare le azioni di risposta. Sapere quali siano i rischi più impattanti per il progetto, ci permette di concentrare le nostre azioni di mitigazione in modo più efficace. Diminuire il potenziale negativo dei rischi aiuta il progetto a incontrare il minor numero di ritardi inaspettati che possono determinare il fallimento del progetto stesso.

QUANDO APPLICABILE:

L'analisi di sensitività è normalmente utilizzata quando è in esame una importante richiesta di modifica al progetto e non esiste un accordo su quale possa essere la potenziale influenza di tale modifica. L'analisi di sensitività permette di fare una comparazione prima/dopo dello stato del progetto per determinare se la modifica proposta sia fattibile e appropriata.

INPUT E OUTPUT:

Dato che l'analisi di sensitività teoricamente può essere usata per valutare qualsiasi modifica proposta, gli input fondamentali sono proprio le informazioni più dettagliate possibile associate alla modifica stessa. Altri input sono le restanti informazioni riguardo il progetto.

Ad esempio per una valutazione quantitativa, tali informazioni consistono nei dati di input di uno strumento di analisi supportato da una simulazione Monte Carlo. Tali dati includeranno le distribuzione dei risultati di ciascuna attività, i dati relativi alle risorse e altre informazioni come vedremo nel capitolo 23, *Monte Carlo Simulation*.

Gli output di un'analisi di sensitività consistono nella comparazione dello stato del progetto pre modifica, con lo stato del progetto post implementazione della modifica stessa. Questi due insiemi d'informazioni devono poi essere analizzati per determinare se le proiezioni di performance del progetto post modifica ricadono in un range di valori accettabili.

Per un'analisi quantitativa, ad esempio, queste proiezioni prendono graficamente la forma di curve che si riferiscono ai costi e ai tempi.

PRINCIPALI PASSAGGI NELL'APPLICAZIONE DELLA TECNICA

Il primo passo nell'eseguire un'analisi di sensitività è assicurarsi che tutte le informazioni per la valutazione siano prontamente disponibili agli esperti responsabili dell'analisi stessa. Questo significa che le informazioni relative, ad esempio, al contesto, agli assunti e alle *performance* pianificate del progetto, siano documentate e disponibili in un singolo *repository*. Senza quelle informazioni, non esistono *baseline* sulle quali fare confronti una volta che qualche parametro viene modificato.

- *Documentare le informazioni di base.* Stabilire e documentare le informazioni sul progetto, il corrente stato del progetto e la corrente valutazione delle performance pianificate per il progetto stesso.
- *Determinare il parametro da valutare durante l'analisi di sensitività.* Se cambia più di un parametro, più analisi di sensitività devono essere eseguite per raccogliere l'impatto di ogni alterazione. Una efficace analisi di sensitività, valuta un *singolo* parametro alla volta. Questo permette di poter eseguire la comparazione dello stato del progetto prima e dopo l'implementazione della modifica.

- *Condurre un'analisi qualitativa o quantitativa.* Se viene eseguita un'analisi qualitativa è bene chiedere alle risorse coinvolte di descrivere lo stato del progetto dopo che il parametro in questione è stato modificato. E' necessario valutare gli aspetti del "*triplo vincolo*" (tempi, costi, qualità) ma è opportuno esaminare anche altre aree di interesse. Si devono documentare le risposte e preparare un report che confronti i due stati (performance con e senza la modifica implementata). Nel caso venga eseguita un'analisi quantitativa, si deve utilizzare uno strumento di analisi quantitativa per verificare le performance di progetto. Tale strumento potrebbe essere un semplice report da un software di Project Management, o potrebbe essere complesso come un'analisi Monte Carlo. A questo punto partendo dalla valutazione corrente del progetto, modificare il parametro d'interesse, rifare una simulazione e vedere come siano cambiate le performance pre e post implementazione della modifica.
- *Comparare e confrontare i risultati.* Evidenziare le differenze in termini di performance e ogni altro impatto al progetto o all'organizzazione.

Ogni decisione che sia risultato dell'analisi, dovrebbe essere accompagnata da copie dei file o della documentazione che ha portato a tale decisione.

USO DEI RISULTATI

La principale applicazione dell'analisi di sensitività avviene nella valutazione di poche modifiche al progetto che possono avere implicazioni importanti. Fornisce un chiaro confronto dello stato del progetto pre e post alterazione di un determinato parametro. Il fine è assicurare che le implicazioni riguardanti le modifiche siano chiare, ben considerate e ben capite da chi dovrà prendere la decisione di implementare o no tali modifiche.

RISORSE NECESSARIE:

Le risorse per un'analisi di sensitività variano in relazione al tipo di analisi che viene eseguita. Nel caso di un'analisi soggettiva (qualitativa), le risorse includeranno stakeholder chiave del progetto. Nel caso di un'analisi quantitativa, le risorse includeranno del software di supporto (Project *software*, fogli di calcolo, software per analisi Monte Carlo...) necessario per valutare a pieno la modifica di un determinato parametro nel progetto. Le risorse includeranno anche ogni singolo operatore che inserirà i dati nei *software* prescelti ed eseguirà le associate simulazioni.

AFFIDABILITÀ:

L'analisi di sensitività è tanto affidabile quanto le informazioni portate in input nell'analisi stessa. Per un'analisi qualitativa, l'affidabilità della tecnica sarà alta, se l'esperto chiamato a fare la valutazione sarà privo di pregiudizi o interessi particolari verso un elemento preciso del progetto.

Di contro, se l'analisi qualitativa viene eseguita da un esperto con un interesse su di un preciso risultato o da un esperto che non abbia profondamente capito il contesto di progetto, allora possiamo dire che l'affidabilità è talmente bassa da rendere la tecnica quasi inutile.

Per quanto riguarda l'analisi quantitativa la sua affidabilità risiede nella qualità dei dati utilizzati come input.

NOTA Per l'esame ricordate che:
- L'analisi di sensitività prioritizza i rischi basandosi sul loro potenziale impatto sul progetto;
- Il diagramma tornado è una rappresentazione grafica dell'analisi di sensitività.
- Nell'esame non vi sarà chiesto di fare calcoli sulla sensitività.

NOTA Un altro tipo di diagramma utilizzato nell'analisi di sensitività è il diagramma radar. Se utilizzato durante la selezione dei progetti, la rappresentazione grafica del diagramma radar può facilmente aiutarci nel confrontare i vari progetti.

CAPITOLO 23
MONTECARLO SIMULATION

Questa tecnica non solo considera i rischi legati ai costi e ai tempi per ogni singola attività ma anche per l'intero progetto. In molti casi, c'è la tendenza ad assumere che tutti i rischi di progetto debbano essere inseriti in quello che viene definito il caso peggiore del progetto. La tecnica dell'analisi Monte Carlo, tuttavia, utilizza un approccio più olistico.

Come tale, il costo totale e la durata totale del progetto sono normalmente espressi come una distribuzione di probabilità cumulativa rispettivamente del costo e della durata totale del progetto stesso. Tali informazioni di distribuzione possono essere utilizzate per riflettere la rischiosità del progetto, calcolando la probabilità che il progetto soddisfi predeterminati obiettivi di costo e tempo.

La tecnica può essere anche utilizzata per valutare quale sia la necessità di fondi o di tempo per garantire virtualmente che il progetto abbia successo. Normalmente è necessario un computer per usare questa tecnica, poiché l'analisi richiede calcoli ripetitivi nell'ordine di migliaia di iterazioni.

Esistono vari software che possono aiutare nell'implementazione della tecnica come *@Risk* di Palisade, *Risky*Project *Professional* di Intaver Institute, *Polaris* di Booz I Allen I Hamilton oppure *Primavera Risk Analysis* di Oracle. Molti di questi software eseguono analisi sia sui costi che sui tempi, altri come *@Risk per* Microsoft Excel o *Crystal Ball* di Oracle eseguono solo analisi sui costi.

> **NOTA** Utilizzate le simulazioni per valutare gli effetti dei rischi sul progetto nella sua totalità. Tramite le simulazioni possiamo definire probabilisticamente il livello di certezza degli elementi costo e tempo per il progetto. In base ai risultati delle simulazioni potremmo determinare che il budget o la schedulazione non sono realistici, dandoci l'opportunità di modificarli prima di eseguire il progetto stesso.

> **NOTA** Eseguite le simulazioni con i rischi identificati prima di pianificare le risposte ai rischi stessi. Dopo aver fatto un piano di risposta, inserite le risposte nel modello ed eseguite nuovamente la simulazione per vedere se i risultati migliorano (il che indica un buon piano di risposta).

DESCRIZIONE DELLA TECNICA:

Nel capitolo 5 abbiamo già affrontato la simulazione Monte Carlo anche se non approfonditamente. La tecnica usa simulazioni per stabilire i vari livelli di rischio. Nell'analisi Monte Carlo le distribuzioni Uniforme, Normale, Triangolare, Beta o BetaPERT sono usate per assegnare valori di rischi agli obiettivi di costo e di tempo per ogni singolo work package all'interno della WBS.

L'utilizzo di distribuzioni diverse dipende dalla natura del lavoro, dalla conoscenza di ciò che deve essere eseguito o dal livello di incertezza che vogliamo esprimere. Perciò, distribuzioni differenti necessitano di livelli diversi di conoscenza di ciò che deve essere fatto.

Una distribuzione Uniforme, ad esempio, richiede che si conosca solo il costo più basso e più alto e la durata minore o maggiore di una attività, mentre una distribuzione Beta, richiedendo tre elementi di stima, sottintende una conoscenza migliore di ciò che si deve fare.

L'analisi Monte Carlo usa un valore casuale, ricavato dalla distribuzione applicata, per ogni attività. Il modello è calcolato con questi valori casuali. I risultati vengono registrati e il processo ripetuto. Una tipica simulazione Monte Carlo calcola il modello migliaia di volte, ogni volta utilizzando un valore selezionato casualmente all'interno del range stabilito in relazione alla distribuzione probabilistica utilizzata. Quando la simulazione è terminata, abbiamo un gran numero di risultati, ognuno basato sui valori casuali. Questi risultati sono utilizzati per definire la probabilità di raggiungere gli obiettivi di progetto. Facciamo un esempio. Ipotizziamo di voler determinare quale sarà la durata del nostro progetto, che per comodità è diviso in tre attività.

Tabella 23.1- Elenco attività per stima durata progetto

Attività	Stima temporale
1	5 mesi
2	4 mesi
3	5 mesi
TOTALE	14 mesi

Ogni attività deve essere eseguita l'una dopo l'altra, così che il tempo totale è la somma delle tre parti. Nel caso più semplice, viene espressa una singola stima per ognuna delle tre parti del progetto.

Questo modello dà come risultato un tempo totale di 14 mesi. Ma questo valore è basato solo su una singola stima per ogni attività. Può essere una buona stima, ma questo modello non ci dice nulla sui rischi. Qual è la probabilità che il progetto finisca nei tempi previsti?

Per creare un modello possiamo utilizzare la simulazione Monte Carlo, diamo tre stime per ogni parte del progetto.

Per ogni attività stimiamo il valore minimo e massimo di tempo atteso per eseguirla e li uniamo al valore precedentemente specificato (il più probabile – *most likely*). In questo caso la distribuzione di probabilità utilizzata potrà essere la Triangolare o la Beta. Otteniamo la seguente tabella:

Tabella 23.2 - Stima a tre punti per le attività

Attività	Minimo	Most-likely	Massimo
1	4 mesi	5 mesi	7 mesi
2	3 mesi	4 mesi	6 mesi
3	4 mesi	5 mesi	6 mesi
TOTALE	11 MESI	14 MESI	19 MESI

Questo modello contiene più informazioni. Ora abbiamo un range di possibili risultati. Il progetto potrebbe essere completato tra gli 11 e i 19 mesi.

Nella simulazione Monte Carlo, verranno utilizzati valori casuali per ogni attività, per calcolare il tempo totale per il completamento. La simulazione eseguirà migliaia di iterazioni. Basandoci sui risultati della simulazione, saremo in grado di descrivere alcune caratteristiche dei rischi nel modello. Per testare la probabilità di un particolare risultato, contiamo quante volte il modello restituisce quel risultato nella simulazione.

La prima stima fatta con un solo valore (*most-likely*), ci dava come durata totale 14 mesi. Attraverso la simulazione possiamo vedere che abbiamo circa il 28% di probabilità che i 14 mesi, o meno, siano rispettati. Mettiamola in altro modo, nella simulazione c'è solo il 28% di possibilità che il risultato di una iterazione abbia come valore un tempo totale di 14 mesi o meno. Andando avanti, il modello dimostra che è estremamente improbabile, nella simulazione, che si possa ricadere sul valore minimo o massimo. Questo dimostra il rischio nel modello. Basandoci su queste informazioni, potremmo considerare varie opzioni durante la pianificazione del progetto. Avere molte informazioni sui rischi all'inizio del progetto vuol dire poter fare una miglior pianificazione per andare avanti con successo.

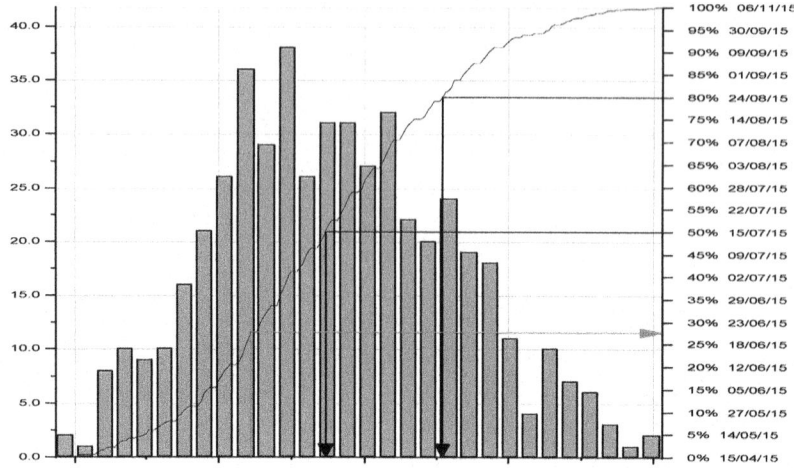

Figura 23.1 - Risultato della simulazione

NOTA Come ogni modello previsionale, la simulazione sarà valida in base alle stime che farete. È importante che la simulazioni rappresenti probabilità e non certezze. La Simulazione Monte Carlo, ciononostante, è uno strumento prezioso nelle previsioni.

QUANDO APPLICABILE:

Questa tecnica è utilizzata quanto il Project Manager ha bisogno di sapere quale sia la probabilità che il progetto venga completato con successo entro un certo obiettivo economico e/o temporale. E' anche appropriato utilizzarla quando si vuole sapere quale sia l'ammontare di fondi necessario per avere una determinata probabilità di completare il progetto. Affinché questa tecnica possa essere utilizzata, è necessario che il Project Manager ottenga delle stime corrette che riflettano l'incertezza sui costi e sui tempi per ogni singola attività.

INPUT E OUTPUT:

Con la simulazione Monte Carlo, gli input e gli output variano in relazione al modello usato. Come esempio d'informazioni d'input e output, *@Risk* o *Primavera Risk Analysis* a cui accennavamo prima, possono applicare vari tipi di incertezza relativa ai costi per ogni singola attività contenuta in un work package, generando così una ulteriore varietà di informazioni. In relazione alla distribuzione di probabilità utilizzata, i dati varieranno sensibilmente.

Per esempio, una distribuzione Uniforme, come detto, richiederà solo il valore migliore e peggiore per quanto riguarda costi e tempi, mentre una distribuzione Triangolare oltre al caso migliore e peggiore richiederà la determinazione di un valore più probabile. Una distribuzione Normale richiederà il valore della durata media così come la deviazione standard dalla media. In più, una distribuzione BetaPERT avrà bisogno d'informazioni che si riferiscono al valore migliore, peggiore e più probabile, mentre una Beta avrà bisogni del valore minimo, massimo e dei parametri di forma della curva.

Alcuni strumenti software permettono un insieme d'input più ampio per ogni attività, come ad esempio dei semplici livelli di confidenza (espressi in percentuale) per costi e tempi. In questi casi, vengono normalmente utilizzate o una distribuzione uniforme o normale, con un singolo valore di costo o di tempo come media o mediana.

Gli output possono essere simili al grafico a istogrammi precedentemente mostrato. Le informazioni vengono utilizzate per generare una curva di probabilità cumulata come in figura 23.2.

In modo simile, una curva per i tempi può essere disegnata per stabilire il *range* di probabilità e i rischi associati per un determinato obiettivo temporale. I dati possono poi essere utilizzati per determinare un ragionevole obiettivo di budget e di tempo.

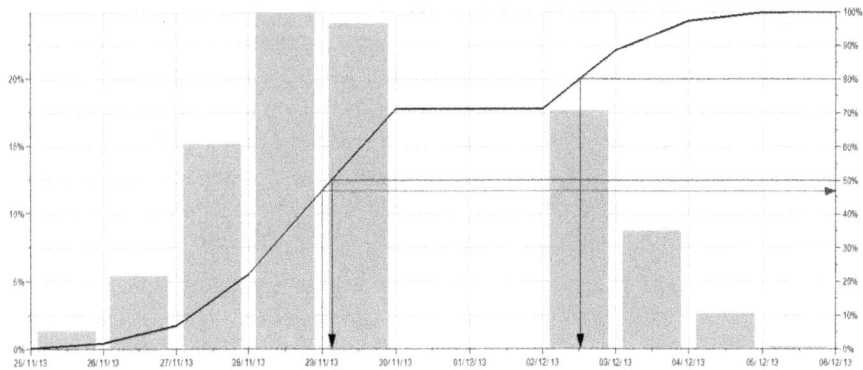

Figura 23.2 - Distribuzione cumulata

PRINCIPALI PASSAGGI NELL'APPLICAZIONE DELLA TECNICA:

La simulazione Monte Carlo presuppone la conoscenza e la capacità di utilizzo di alcuni strumenti software. Questi strumenti sono normalmente software commerciali e sono facilmente reperibili sul mercato, ma ognuno di essi ha delle caratteristiche che determinano una certa curva di apprendimento.

- *Identificare i requisiti di input del modello da utilizzare:* In base alla scelta dello strumento, gli input richiesti possono variare enormemente. Alcuni tool possono richiedere degli input semplici (un intervallo di confidenza o dei semplici valori alto, medio, basso per il rischio) e utilizzare questi dati per eseguire un'analisi. Altri tool come *@Risk* o *Primavera Risk Analysis - PRA* (di cui ho già accennato) richiedono dati di input più dettagliati, includendo quali tipi di distribuzioni probabilistiche devono essere utilizzate per ogni attività e i possibili range. Gli input sono importanti in quanto influenzeranno significativamente il processo di raccolta dei dati stessi.
- *Raccogliere i dati:* Questa è sicuramente l'attività più onerosa da eseguire nell'utilizzo della tecnica Monte Carlo riguardo alle simulazioni di costo e tempo. La raccolta dei dati è un'attività sicuramente onerosa dal punto di vista del tempo. Anche se un limitato numero di dati sono utilizzati nella simulazione, ogni attività deve essere esaminata in relazione al range di rischi e alla distribuzione di tale range.
- *Inserire i dati nello strumento software:* In prima battuta l'inserimento dei dati richiederà un certo impegno. Se tutti i dati sono disponibili, l'inserimento si riduce al seguire passo-passo le richieste d'input dello strumento.
- *Stabilire i parametri di simulazione:* Ogni simulazione avrà caratteristiche proprie. Ogni simulazione può basarsi su poche iterazioni (il che avrebbe una limitata utilità) o migliaia d'iterazioni. I parametri possono anche cambiare il modo di esaminare le informazioni, se attraverso una classica simulazione Monte Carlo o altre nuove tendenze come il Latin Hypercube (una tecnica che richiede un numero inferiore d'iterazione per avere una validità statistica).
- *Eseguire la simulazione:* Si può pensare che eseguire simulazioni con un numero elevato di iterazioni possa richiedere molto tempo. Una simulazione con mille iterazioni per un progetto con varie centinaia di attività fatta con un computer moderno può richiedere solo pochi minuti.
- *Analizzare i dati:* Le curve fornite come risultato della simulazione devono essere ben analizzate per beneficiare di tutte le informazioni che

contengono. Queste informazioni possono includere la durata media del progetto, lo scenario migliore e peggiore ma anche informazioni anomale. Ogni tendenza, picco o elemento anomalo devono essere analizzati per determinare se rappresentino delle proprio delle anomalie o delle informazioni di valore.

- *Comunicare e archiviare:* Comunicare gli output a chi ha interesse o una qualche autorità decisionale sul progetto. Archiviare i risultati per un successivo confronto con i risultati di progetto.
- *Rivedere i dati da un punto di vista storico:* Al completamento del progetto o ad un punto chiave del progetto stesso, recuperare gli output archiviati delle simulazioni e confrontarli con i risultati del progetto. Prendere nota della probabilità cumulata assegnata ai risultati raggiunti e documentare le possibili variazioni.

USO DEI RISULTATI:

Gli output della simulazione Monte Carlo possono essere utilizzati per determinare la corretta necessità di fondi e la giusta determinazione temporale affinché il progetto sia un progetto di successo. Possono anche essere utilizzati per determinare appropriati livelli di contingency.

Gli output di una moltitudine di simulazioni, ognuna con delle variabili modificate, possono anche mostrare l'influenza di quelle variabili sull'intero progetto.

RISORSE NECESSARIE:

Le risorse necessarie per implementare questa tecnica risiedono principalmente sugli strumenti che permettono l'esecuzione delle simulazioni. In alcuni casi questi *software* possono essere più costosi di altri *software* di Project Management, perciò è necessario che chi utilizza questi strumenti abbia una competenza specifica per raccogliere i dati, utilizzare i *software* e comprenderne i risultati.

AFFIDABILITÀ:

La matematica e la logica della simulazione Monte Carlo forniscono una certa solidità alla tecnica. Tuttavia, lo strumento è tanto affidabile quanto i dati d'input, e l'interpretazione degli output influenza l'efficacia dello strumento. La tecnica è molto affidabile nello stabilire probabilità cumulative riguardo agli obiettivi di tempo e costo, ma è completamente inaffidabile sul determinare la probabilità di un singolo costo o dato temporale. Il valore dello strumento risiede nella capacità di fissare un *range* di dati. D'altro canto, la grande limitazione della Monte Carlo sta nel fatto di riuscire ad ottenere dati corretti e confermabili. Le problematiche rilevate sulla Monte Carlo, sono duplici. La prima, riguarda il così detto "*merge bias*" che naturalmente esiste in un'analisi Monte Carlo, e che crea un falso senso di quanto il progetto possa ritardare o di quanto possa essere il suo sovraccosto. Per *merge bias* s'intende quella situazione, dove più percorsi di un reticolo di progetto convergono su una singola attività, creando con ciò una situazione dove differenti percorsi possono far ritardare il progetto. In una tale situazione, ogni opportunità di migliorare la schedulazione di un percorso è sacrificata in virtù dei ritardi nelle simulazioni dei percorsi paralleli. Come risultato, gli output della simulazione Monte Carlo tendono ad essere pessimistici quando confrontati con un normale reticolo o addirittura con un PERT dove è inserito un certo pessimismo "pesato". La seconda problematica riguarda la naturale tendenza dei Project Manager e dei team di progetto di attuare azioni correttive. Dato che le azioni correttive sono implementate durante il progetto e sono basate sulle *performance* del progetto stesso, i detrattori della Monte Carlo specificano che tale analisi può dare informazioni solo relativamente ad un preciso momento del progetto e non alla sua totalità. In realtà, tali argomenti contro l'analisi Monte Carlo non provano nulla, dato che questa simulazione, come ogni strumento di pianificazione, riflette la realtà della situazione attuale. Infatti, se a un certo punto del progetto si devono mettere in campo delle azioni correttive in tutta probabilità ciò indica che il progetto ha avuto dei ritardi (o dei sovraccosti) e che le informazioni date dalla simulazione Monte Carlo relativamente a questi elementi si sono manifestate. Perciò, la necessità di azioni correttive può essere un indicatore dell'affidabilità e dell'accuratezza dell'analisi Monte Carlo.

> **NOTA** Nell'applicazione delle simulazioni dovete usare delle distribuzioni di probabilità attraverso le quali verranno presi il valori casuali da utilizzare nelle varie iterazioni. Una distribuzione rappresenta un intervallo di numeri e la loro probabilità di accadimento. Per l'esame è sufficiente ricordare i nomi delle distribuzioni e le loro caratteristiche

Tra le distribuzioni più utilizzate ricordiamo:

Distribuzione triangolare:

Questa distribuzione viene usata quando dobbiamo stimare tre valori per un evento: il valore più probabile, il limite superiore e quello inferiore. Usiamo questa distribuzione quando non abbiamo dati empirici ma solo opinioni di esperti nel campo di azione. Un esempio di utilizzo della distribuzione triangolare è quello di simulare quanto tempo impiegheremmo per recarci a lavoro. Attraverso la nostra esperienza diremmo che il tempo più probabile è 20 minuti ma sicuramente non meno di 10 e non più di 50. L'illustrazione seguente mostra una distribuzione triangolare asimmetrica.

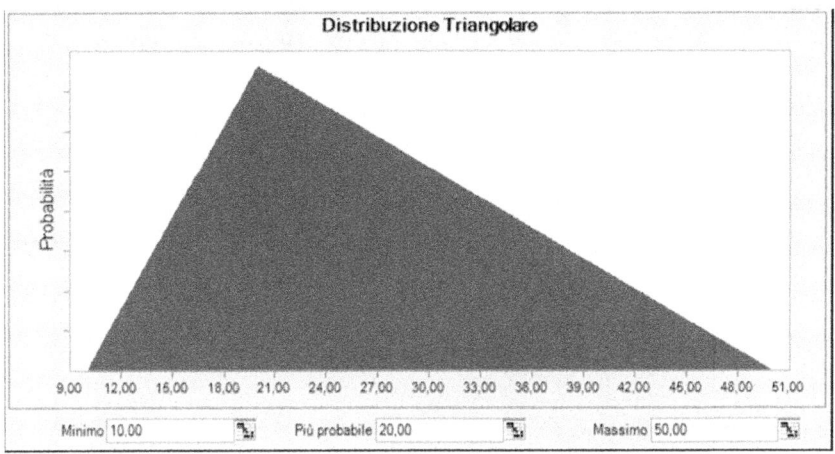

Questa distribuzione è utilizzata di frequente nelle simulazioni perché è relativamente facile da creare attraverso il giudizio degli esperti. Fornisce, inoltre, una migliore stima rispetto alla distribuzione uniforme perché ha un valore "più probabile" che ha un peso maggiore (importanza maggiore) degli altri.

Distribuzione uniforme:

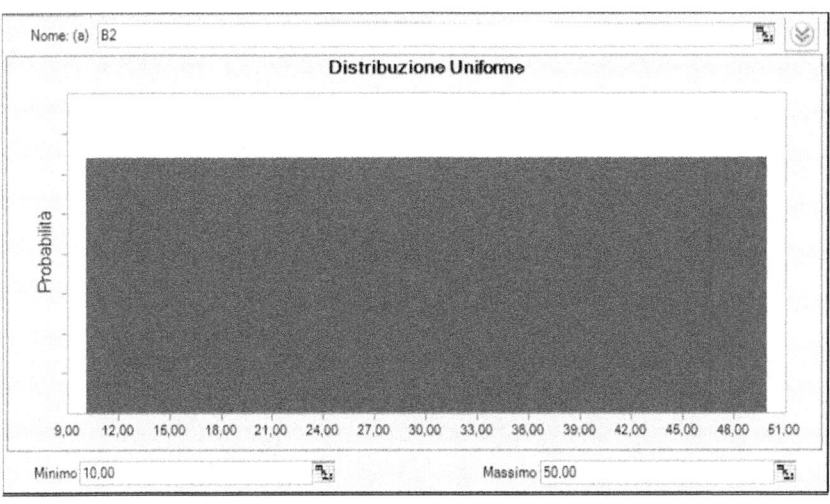

Possiamo utilizzare questa distribuzione quando conosciamo un valore minimo e un valore massimo che determina un intervallo e si assegna a tutti i possibili elementi dell'intervallo la stessa probabilità di accadimento. Non vi sono elementi che hanno una possibilità di occorrere maggiore degli altri.

Distribuzione BetaPERT:

La distribuzione Beta di cui spesso si sente parlare durante la raccolta dei dati relativi alle varie attvità in realtà è la BetaPERT. Una distribuzione diciamo inventata per poter utilizzare una distribuzione con caratteristiche diverse dalla triangolare mantenendo però la facilità di raccolta delle stime attraverso la three point estimate.

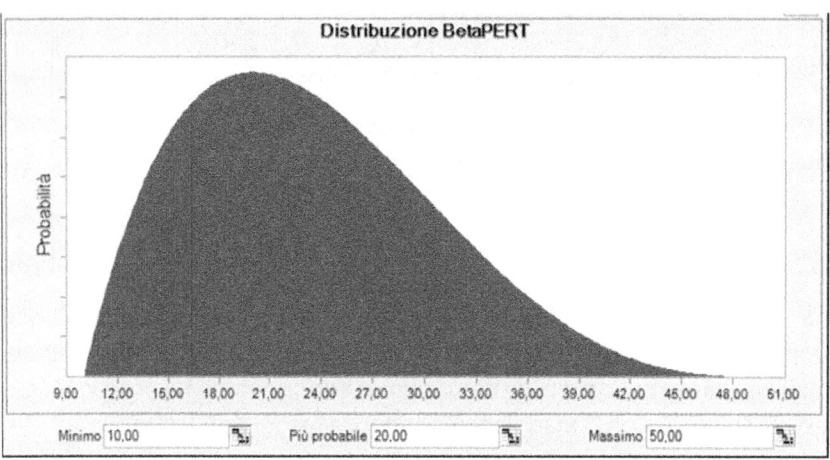

La BetaPERT che troviamo nei vari software non è standard. La Beta classica per essere determinata ha necessità di 4 valori. Il valore minimo e massimo del range e due parametri di forma che ne determinano altezza e larghezza. Per cui sarebbe impossibile definire una Beta classica attraverso una stima a tre punti. La BetaPERT è stata proprio costruita per poter utilizzare gli elementi della stima a tre punti e i parametri di forma sono impostati direttamente dal software. Ogni software potrebbe avere parametri diversi per cui i risultati relativi alle stesse stime di partenza potrebbero non essere uguali.

Distribuzione Normale:

La famosa curva di Gauss, anche chiamata "distribuzione a campana", fa parte di una famiglia di distribuzioni che hanno le stesse caratteristiche e lo stesso andamento. Sono curve simmetriche con valori più concentrati al centro e meno alle estremità laterali, la maggior parte dei valori è vicino alla media.

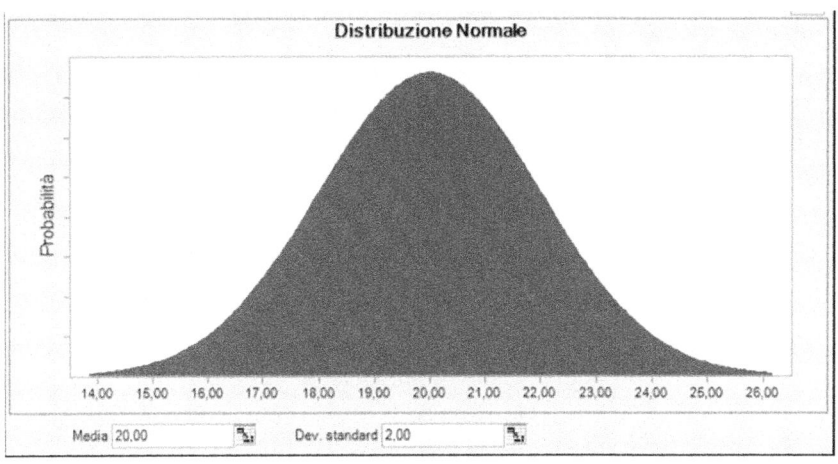

(Vedi Appendice B per una panoramica delle distribuzioni utilizzabili nella Simulazione Monte Carlo)

NOTA   Campionamento Ipercubi Latini e Monte Carlo:

Il campionamento Monte Carlo si riferisce alla tradizionale tecnica di utilizzare numeri casuali o pseudo-casuali da un range rispetto ad un distribuzione di probabilità. La Monte Carlo è completamente casuale per definizione — ovvero, ogni dato valore può ricadere ovunque all'interno del range della distribuzione utilizzata. Con un buon numero di iterazioni, la Monte Carlo ricrea la distribuzione utilizzata attraverso le iterazioni stesse. Nasce la domanda, quale distanza dobbiamo aspettarci tra la media campionaria e la media della distribuzione? O, per vederla in altro modo, quale probabilità abbiamo di ottenere una media campionaria che ha una certa distanza dalla media della distribuzione? Il Teorema del Limite Centrale risponde a questa domanda con il concetto dell'errore standard della media (standard error of the mean - SEM). Un "SEM" è la deviazione standard della distribuzione di input, divisa per la radice quadrata del numero di iterazioni della simulazione. Per esempio, utilizzando una distribuzione normale con valori 650 e 20 (media e deviazione) e facendo 100 iterazioni il SEM è uguale a $20/\sqrt{100} = 2$. Il Teorema del Limite Centrale ci dice che circa il 68% dei valori della media campionaria ricadrà in un SEM sopra o sotto la media della distribuzione, e che il 95% dovrebbe ricadere in due SEM sempre sopra o sotto la media della distribuzione. In pratica, la Monte Carlo segue questo modello. Di contro, il campionamento "Latin Hypercube" stratifica le distribuzioni di probabilità di input. Con questo metodo si divide la curva cumulativa in intervalli uguali, poi si prende un valore casuale da ogni intervallo, avendo cura che ogni intervallo venga utilizzato un numero uguale di volte. In questo modo si "ha maggiore confidenza" che anche le parti meno probabili (come le code) della distribuzione siano equamente rappresentate nel campione simulato. Non abbiamo più puri campionamenti casuali e il CLT non è più valido. Invece abbiamo campionamenti casuali stratificati. L'effetto è che ogni campionamento (il dato di ogni simulazione) è vincolato a seguire la distribuzione di input molto precisamente. Perciò, il metodo Latin Hypercube fa sì che tutte o quasi le medie campionarie ricadano in una piccola frazione del SEM. Questo è particolarmente efficace quando si fa una singola simulazione. E quando si fanno molte simulazioni, la loro medie saranno molto più vicine di quanto lo sarebbero con la Monte Carlo.

CAPITOLO

24 RISK AUDITS & REVIEWS

Benché i *risk review* e *audit* possano adottare una varietà di forme e formati, ci sono comunque sufficienti elementi in comune per trattarli nello stesso capitolo. La chiave per ogni *risk review* di qualità è comprendere che si tratta di una revisione omnicomprensiva, più che di una revisione di un singolo evento rischio. L'obiettivo di una *risk review* è rivalutare il contesto dei rischi, gli eventi manifestabili e la loro relativa probabilità di accadimento e l'impatto. Le revisioni dei rischi possono essere incluse nelle abituali riunioni di stato del progetto oppure si possono svolgere riunioni apposite. Un *risk audit* è una valutazione molto più esaustiva in quando implica un'analisi attività per attività, rischio per rischio. Fare *audit* vuol dire esaminare e verificare. Attraverso un *risk audit* possiamo vedere quanto sia o siano efficaci, la o le attività di risk management che abbiamo messo in campo. Lo scopo è quello di verificare che l'identificazione dei rischi, la loro valutazione e le strategie di risposta scelte durante la pianificazione siano adeguate. Ricordiamo di documentare i risultati degli *audit* e delle *review* e probabilmente utilizzeremo un particolare *template* (modello) per farlo. Il formato della revisione e *dell'audit* e i relativi obiettivi devono essere definiti prima dello svolgimento della sessione di revisione o di valutazione.

DESCRIZIONE DELLA TECNICA:

Sia per gli *audit* che per le *review*, la tecnica molto spesso viene implementata attraverso riunioni con i membri del team e qualsiasi "*risk* stakeholder" esterno (come fornitori e sub-contractor). La sessione è focalizzata esclusivamente sui rischi, con un'enfasi particolare sugli elementi che sono cambiati nel corso del progetto e che hanno modificato i rischi stessi o ne hanno generati di nuovi.

QUANDO APPLICABILE:

Le revisioni vengono fatte quando si è pianificato di fare delle modifiche o quando dei cambiamenti sono avvenuti, oppure a intervalli regolari. Queste modifiche non devono essere necessariamente drammatiche ma piuttosto sufficienti per alterare il contesto nel quale il rischio si può manifestare. Nel caso di revisioni ad intervalli regolari, possiamo dire che sono appropriate in base alla schedulazione di progetto e all'ambito del progetto stesso. In un progetto della durata di molti anni possono esserci delle *review* ad intervallo trimestrale, mentre in un progetto di pochi mesi potremmo avere una singola *review* a metà tempo oppure delle *review* settimanali. Dato che un *risk audit* implica un'analisi più esaustiva, normalmente viene eseguito rispetto ad una precisa *milestone* oppure quando un significativo evento altera il potenziale successo del progetto. Gli *audit* frequentemente sono focalizzati sul successo o fallimento delle strategie di risposta ai rischi stessi.

INPUT E OUTPUT:

Gli input e gli output sono generalmente gli stessi dell'intero processo di risk management. Gli input includono il risk management Plan, la WBS, il *risk register* e le prime valutazioni delle probabilità e degli impatti dei rischi. Gli output sono aggiornamenti alla documentazione riguardante i rischi, includendo ogni modifica alla lista dei rischi, alle probabilità, agli impatti, alle strategie di risposta alle minacce e alle opportunità.

PASSI PRINCIPALI NELL'APPLICAZIONE DELLA TECNICA

I passi principali nel condurre le revisioni o le verifiche dei rischi sono gli stessi dell'intero processo di risk management ma possiamo dire in miniatura. Una buona revisione dei rischi include la ri-identificazione, ri-qualificazione, ri-quantificazione e ri-valutazione delle risposte.

- *Identificare i rischi.* In una revisione o in una verifica dei rischi, l'identificazione dei rischi include sia le pratiche standard dell'identificazione dei rischi attraverso la WBS o attraverso l'uso di tecniche creative, sia l'identificazione dei rischi in base alla documentazione di progetto e all'esperienza accumulata fino al omento della verifica o della revisione.

- *Qualificare i rischi.* Stabilire la probabilità e l'impatto per ogni rischio identificato, basandosi sulle scale standard dell'organizzazione. I rischi possono includere sia nuovi rischi, che rischi identificati in precedenti audit o review, così come i rischi identificati e valutati durante il primo processo di identificazione messo in campo durante la pianificazione del progetto.
- *Quantificare i rischi.* Per determinare i fondi necessari per ogni nuovo rischio da inserire nella contingency, i nuovi rischi identificati come più significativi dovrebbero essere valutati per il loro potenziale impatto economico e la loro relativa probabilità di accadimento.
- *Rivalutare le strategie di risposta.* Questo è il passaggio più ampio riguardo alla valutazione del rischio. La rivalutazione delle risposte significa esaminare ogni risposta al rischio e stabilire il livello di successo (per i rischi accaduti), il potenziale per un successo futuro (per i rischi che sono ancora attivi) e ogni ripercussione nell'implementazione della strategia di risposta. Per strutturare le verifiche ed avere poi della documentazione a riguardo, si potrebbero creare delle tabelle come la seguente per tenere traccia dell'evoluzione del rischio e delle risposte ad esso.

WBS #	Nome Task	Evento Rischio	Risposta al Rischio	Owner del Rischio	Risultato	Azione supplementare necessaria

D'altro canto, in una risk review, la rivalutazione è più di un semplice esame delle risposte ai rischi e un aggiornamento dei piani d'implementazione a breve termine delle strategie di risposta.

- *Comunicare gli aggiornamenti.* Nessun risk audit o review si può dire completato se le informazioni ottenute dalla loro implementazione non sono comunicate a tutti coloro che hanno bisogno di ottenerle per utilizzarle nel progetto stesso. Senza diffusione delle informazioni sui nuovi rischi identificati, sulla modifica delle priorità, sulle modifiche alle strategie di risposta, un risk audit non ha alcun senso oltre ad essere un puro esercizio di gestione.

USO DEI RISULTATI:

I risultati vengono utilizzati nella gestione giornaliera dei rischi di progetto. Vengono anche utilizzati per stabilire possibili nuovi fondi economici per la *contingency* e per chiarire le strategie per la gestione dei rischi a breve termine.

RISORSE NECESSARIE:

Un corretto *risk audit* dovrebbe coinvolgere il Project Manager, i responsabili della gestione dei rischi di progetto alla data di valutazione, così come ogni altro membro del team a cui potrebbe essere assegnata una nuova responsabilità di gestione dei rischi. E' importante farli partecipare poiché la loro bassa consapevolezza dei rischi di progetto, potrebbe essere un ulteriore rischio nella gestione delle attività loro assegnate.

AFFIDABILITÀ:

L'affidabilità di queste tecniche si fonda direttamente sull'affidabilità del risk management stesso come processo. Dato che i "*risk audit e review*" sono solo una piccola parte dell'intero processo dei rischi, essi riflettono proprio l'affidabilità del risk management come insieme di azioni. L'affidabilità degli *audit* e delle *review* è alta, se e solo se sono eseguiti in modo coerente. Come per ogni altro processo, per essere efficace deve essere coerente. Se gli *audit* e le *review* vengono eseguiti a intervalli regolari e coerentemente con le modifiche approvate e implementate, allora la loro affidabilità è alta. Se invece sono condotti solo in situazioni *ad hoc* allora possiamo dire che la loro affidabilità ha un livello decisamente basso.

CAPITOLO

25 ALTRE TECNICHE

Esistono tante altre tecniche utilizzabili nella gestione dei rischi, conoscerne l'esistenza e l'applicazione può essere utile sia per mettere in campo un risk management efficace sia per rispondere correttamente alle domande di esame nel caso vogliate affrontare la sfida del PMI-RMP. Tra le prime tecniche da ricordare ci sono le così dette Diagraming Technique (Tecniche di diagramma) che includono il diagramma di Ishikawa, già presentato nel capitolo 2, i flowchart e i diagrammi di influenza (solo per citarne alcune).

Vediamo più in dettaglio alcune di queste tecniche:

INFLUENCE DIAGRAM (DIAGRAMMI DI INFLUENZA):

Il diagramma di influenza è un meccanismo per prendere decisioni razionali. La notazione chiamata diagramma di influenza (Howard e Matheson, 1984) è anche comunemente conosciuta come rete di decisione.

Le reti di decisione arricchiscono le reti bayesiane con tipi di nodo aggiuntivi per le azioni e le utilità. (Le reti Bayesiane (BN) sono modelli grafici probabilistici per le rappresentazione e l'analisi di modelli che coinvolgono incertezza. Sono utilizzate in molteplici applicazioni ad esempio come supporto alle decisioni, in sistemi diagnostici, in data-mining, bioinformatica. Nascono da sinergie tra la comunità di intelligenza artificiale, statistica e analisi decisionale). Nella sua forma più generale, una rete di decisione rappresenta informazioni sullo stato corrente dell'agente, le sue possibili azioni, gli stati risultanti da esse e la loro utilità. (per agente si intende una qualsiasi cosa che possa essere vista come un sistema che percepisce il suo ambiente attraverso sensori e agisce su di esso mediante attuatori.

Ad esempio un agente umano possiede come sensori occhi, orecchie e altri organi e può usare come attuatori mani, gambe, bocca e altre parti del corpo.

Un agente robotico potrebbe avere telecamere e dispositivi ad infrarossi per sensori e diversi motori per attuatori. Un agente software riceve come input sensori le battute dei tasti, il contenuto dei file e dei pacchetti di rete e può intervenire sull'ambiente cambiando la visualizzazione su uno schermo, scrivendo file e inviando pacchetti di dati. In generale presumeremo che ogni agente possa percepire le sue stesse azioni (ma non sempre i relativi effetti). La figura seguente mostra una rete di decisione per un problema relativo ad un aeroporto, che esemplifica i tre tipi di nodi utilizzati:

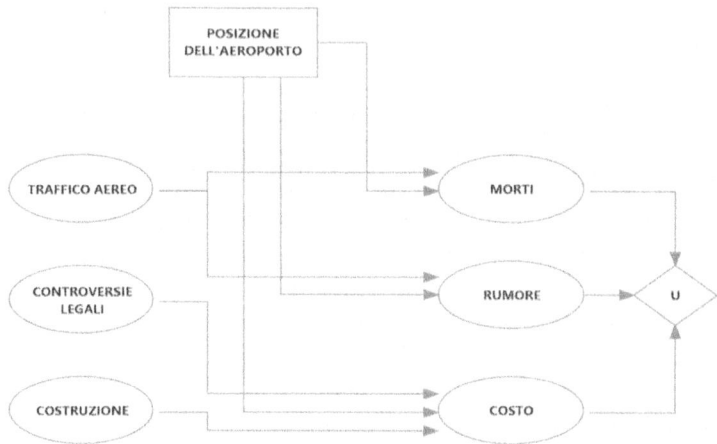

- i nodi di possibilità (ovali) rappresentano variabili casuali, proprio come nelle reti bayesiane. L'agente potrebbe essere incerto riguardo al costo di costruzione, il livello di traffico aereo e delle conseguenti controversi legali, e le variabili Morti, Rumore e Costo, ognuna delle quali dipende anche dalla posizione scelta.

A ogni nodo di possibilità è associata una distribuzione condizionata indicizzata in base allo stato dei nodi genitori. Oltre ai nodi di possibilità, i genitori possono includere anche nodi di decisione. Notare che ogni nodo di possibilità dello stato corrente potrebbe far parte di una grande rete bayesiana per la valutazione dei costi di costruzione. Del livello di traffico aereo o delle possibilità di controversie legali.

- i nodi di decisione (rettangoli) rappresentano punti in cui si deve scegliere un'azione. In questo caso l'azione Posizione Aeroporto può assumere un valore diverso per ogni sito preso in considerazione. La scelta influenza il costo, la sicurezza e il rumore.

- i nodi di utilità (rombi) rappresentano la funzione di utilità dell'agente. Un nodo di utilità ha come genitori tutte le variabili che descrivono lo stato di uscita che influenza direttamente l'utilità. A esso è associata una decisione dell'utilità dell'agente in funzione degli attributi dei genitori.

AFFINITY DIAGRAM (DIAGRAMMA DI AFFINITÀ):

Un diagramma di affinità è una tecnica per organizzare informazioni verbali in uno schema visuale. La creazione di un diagramma di affinità inizia con idee specifiche e aiuta ad arrivare a categorie più ampie. È l'opposto di un diagramma causa effetto, che inizia con un ampio insieme di cause per arrivare poi a quelle specifiche. Un diagramma di affinità viene anche chiamato metodo KJ dal nome del suo inventore l'antropologo giapponese Kawakita Jiro.

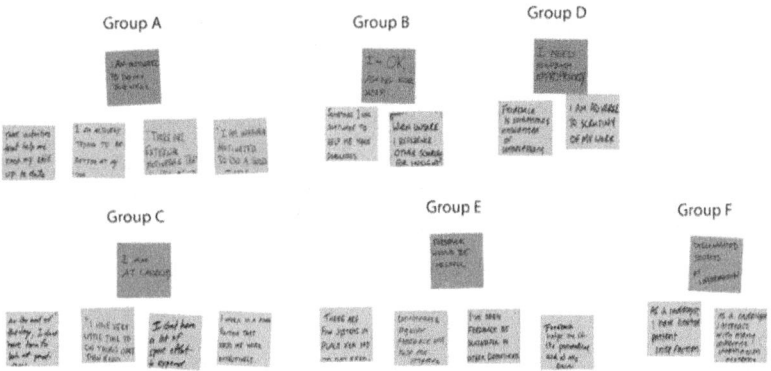

Il diagramma aiuta a organizzare un gran numero di dati trovando le relazioni esistenti tra le varie idee. Le informazioni sono poi gradualmente strutturate all'interno di gruppi significativi.

Un diagramma di affinità può aiutare per:

- identificare aree chiave dove è necessario avvenga un miglioramento.
- creare gruppi comuni da un numero enorme di informazioni.
- determinare i collegamenti tra le varie idee o informazioni precedentemente non rilevati.
- determinare le cause originanti comuni e trovare la soluzione ad un problema.

Molte sessioni di decision-making iniziano con un brainstorming, e una delle più comuni applicazioni del diagramma di affinità è proprio al termine di un brainstorming per ordinare e categorizzare le idee scaturite. Dopo una sessione di brainstorming si hanno pagine e pagine di idee, che non sono state controllate o organizzate e molti di esse potrebbero essere simili, e molte altre avere una sorta di stretta relazione tra di loro. Ciò che un diagramma di affinità permette di fare è raggruppare queste idee in singoli argomenti. Dal caos delle idee generate dal meeting arriviamo ad una determinazioni di quali collegamenti uniscono i gruppi fra loro. L'affinity diagram è utilizzabile in molti altre situazioni oltre a quella presentata del brainstorming, può essere utilizzato ad esempio in situazioni dove:

- la soluzione non è evidente;
- si vuole prendere una decisione e ci sono molte variabili da considerare, concetti da discutere, idee da collegare o opinioni da includere;
- si hanno un gran numero di informazioni da controllare.

Facciamo un esempio. Ipotizziamo che il servizio offerto ai client risulti sotto standard. Utilizzando l'affinity diagram ci muoviamo in questo modo:

- per prima cosa cerchiamo di descrivere il problema.
- attraverso una tecnica come il brainstorming raccogliamo le varie idee. Scriviamo ogni singola idea su un foglietto e, ad esempio, lo attacchiamo al muro o ad una lavagna.

Perché il servizio è sotto standard?

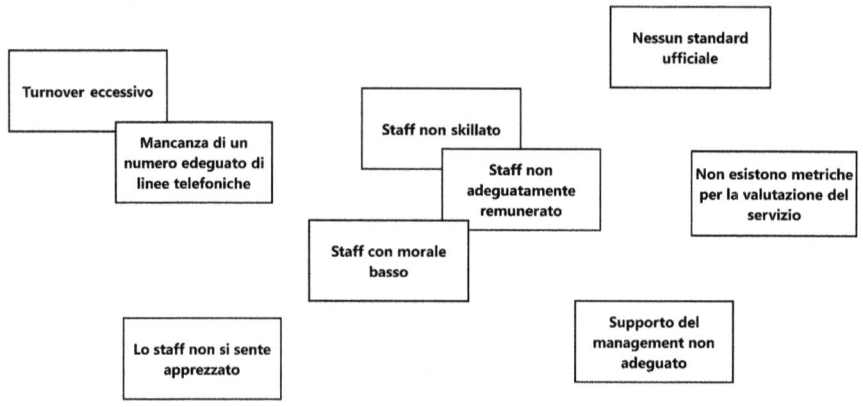

Raggruppiamo le idee in gruppi tematici chiedendoci:

- quali idee sono simili?
- questa idea ha una relazione con altre idee?

Se lavoriamo in team: dividiamoci in gruppi più piccoli di 3 / 4 persone

- raggruppiamo le idee in silenzio in modo da non influenzare o essere influenzati dai commenti altrui.
- continuiamo a muovere i fogli finché non otteniamo il consenso generale.

creiamo consenso

- discutiamo del significato di ogni singolo gruppo
- continuiamo finché non raggiungiamo il consenso generale
- se qualche idea non riusciamo ad inserirla in nessun gruppo, separiamola e identifichiamola come idea "stand-alone"
- se un'idea rientra in più gruppi, creiamo un duplicato del foglio e inseriamolo nel gruppo appropriato
- cerchiamo di limitare il numero totale dei gruppi tra 5 e 9

creiamo dei fogli per ogni gruppo (chiamati anche affinity cards o header cards)

- creiamo una descrizione breve di 3 / 5 parole per le relazioni tra idee
- se stiamo lavorando in gruppo, lavoriamo insieme e a alta voce
- scriviamo il nome del gruppo su un nuovo foglietto e posizioniamolo in cima al gruppo che descrive.
- creiamo un "super-header", dove sia necessario raggruppare più temi.
- utilizziamo anche un foglietto "sub-header" se necessario

Perché il servizio client è sotto-standard?

Affinity Diagram			
Problematiche relative alle risorse umane	Mancanza di processi e metriche standard	Cultura aziendale	Risorse e Strumenti
Turnover eccessivo	Nessun standard ufficiale	Supporto del management non adeguato	Mancanza di un numero adeguato di linee telefoniche
Staff non skillato	Non esistono metriche per la valutazione del servizio	Staff con morale basso	
Staff non adeguatamente remunerato		Lo staff non si sente apprezzato	

- Continuiamo a raggruppare per tema fino a ottenere la più ampia ma ancora significativa categoria possibile

- Disegniamo delle line per collegare i super-headers, themes/headers, and sub-headers
- Otterremo una struttura gerarchica che mostrerà, a grandi linee, dove ci sono delle correlazioni

PRE-MORTEM ANALYSIS (ANALISI PRE-MORTEM):

Sappiamo bene che i progetti falliscono. Una delle ragioni per le quali i progetti non arrivano al loro completamento, è che molte persone coinvolte nella pianificazione sono riluttanti a parlare delle loro riserve o preoccupazioni.

Un'analisi *pre-mortem* è l'ipotetico opposto dell'analisi post-mortem. La *post-mortem* in ambito medico permette di determinare quali siano le cause del decesso di un paziente. La pre-mortem in un contesto di business viene simulata all'inizio del progetto invece che alla fine, così che il progetto possa essere migliorato.

A differenza di una tipica sessione critica, nella quale i membri del team viene chiesto cosa potrebbe andare male, la *pre-mortem* parte dal presupposto che "il paziente" sia morto e così ci chiediamo cosa sia andato male. Il compito dei membri del team è trovare delle ragioni plausibili per il fallimento del progetto.

Una tipica analisi *pre-mortem* inizia dopo che il team è stato informato del piano di progetto. Il *leader* inizia l'analisi comunicando a tutti che il progetto è fallito. Nei minuti successivi i partecipanti per proprio conto, scrivono tutte le ragioni che vengono loro in mente come cause del fallimento, specialmente tutte quelle cose che normalmente non sarebbero considerate come potenziali problemi, per paura di sembrare inopportuni.

Per esempio, in una sessione tenutasi in una delle aziende incluse nella "*Fortune 50–size Company*", un executive suggerì che un progetto di sostenibilità ambientale del valore di un miliardo di dollari fosse fallito perché l'interesse verso il progetto diminuì quando il CEO dell'azienda andò in pensione. Un altro attribuì il fallimento del progetto a una diminuzione dell'efficacia del *business case* dopo che una agenzia governativa cambiò le sue politiche.

Poi il *leader* chiede a ogni membro del team, iniziando con il Project Manager, di leggere una delle ragioni di fallimento dalla propria lista; ognuno legge una differente causa fino a che tutte siano state registrate. Al termine di questa sessione, il Project Manager rivede la lista, cercando elementi per rafforzare il piano di progetto.

Ad esempio, in una sessione riguardante il progetto di creazione di un algoritmo allo stato dell'arte per i planner delle forze armate, un membro del team che rimase in silenzio per tutto il *kick-off meeting*, spontaneamente disse che non sarebbe stato facile inserire uno degli algoritmi in alcuni tipi di *laptop* usati dai soldati sul campo di battaglia.

Conseguentemente, il *software* avrebbe richiesto ore per generare i risultati quando invece i soldati avevano bisogno di risposte quasi immediate. A meno che il team non avesse trovato un *workaround*, il progetto era irrealizzabile.

Venne fuori che gli sviluppatori dell'algoritmo avevano già creato un'alternativa, della quale si era riluttanti a parlare. La modifica fu implementata e il progetto andò avanti verso il successo. Benché molti team di progetto facciano un'analisi dei rischi prima dell'avvio del progetto, l'approccio dell'analisi *pre-mortem* offre benefici che altri metodi non offrono.

Infatti, la *pre-mortem*, non solo aiuta il team nell'identificare in anticipo potenziali problemi, ma riduce il genere di atteggiamenti di superiorità di chi gestisce un progetto. In più, identificare debolezze che nessuno ha evidenziato, permette al team di sentirsi apprezzato per le sue capacità ed esperienza. I membri con meno esperienza imparano da altri membri del team.

RISK REASSESSMENT (NUOVA VALUTAZIONE DEL RISCHIO):
Una nuova valutazione dei rischi viene fatta durante l'esecuzione del progetto sia per i vecchi rischi che i possibili nuovi rischi precedentemente non identificati. La nuova valutazione dovrebbe essere fatta in tempi predefiniti (o in *meeting* di progetto periodici). D'altra parte se notiamo che nuovi rischi si stanno manifestando, dobbiamo immediatamente indire un *meeting* per il *risk reassessment*.

> **NOTA** Leggete bene le domande di esame. Non confondete reassessment con assessment. Durante il reassessment, potete usare gli stessi tool che avete utilizzato nell'assessment dei rischi.

PROCESS FLOWCHART (DIAGRAMMA DI FLUSSO DEL PROCESSO):
Un diagramma di flusso è una rappresentazione grafica di un processo che mostra le relazioni tra i relativi passi. Esistono diversi stili di rappresentazione ma tutti i diagrammi di flusso dei processi mostrano le attività, i punti decisionali e la sequenza del processo.

Durante l'identificazione dei rischi, i diagrammi di flusso possono aiutare il team di progetto a prevedere le possibili minacce o opportunità che pendono sul progetto stesso. La consapevolezza di potenziali problemi può consentire lo sviluppo di procedure di test o approcci per gestirli.

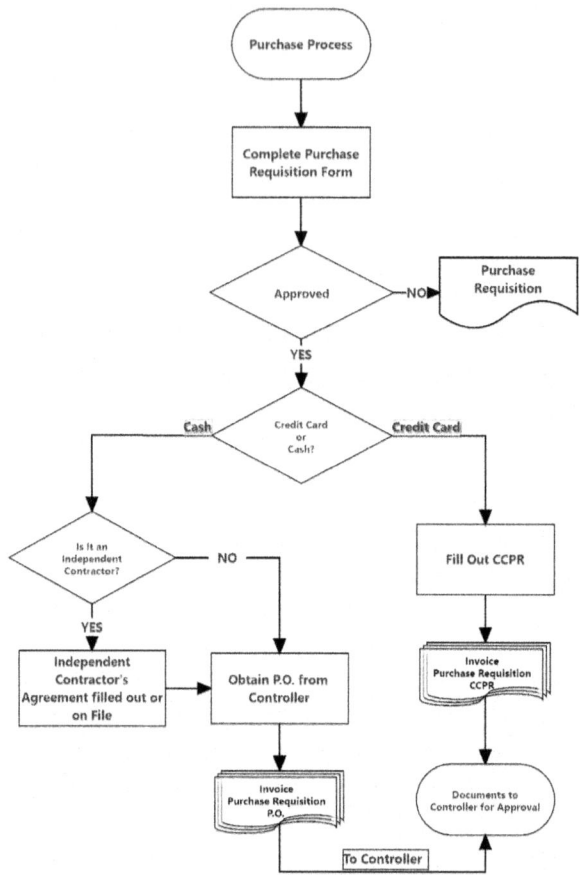

STATUS MEETING (MEETING SULLO STATO DEL PROGETTO):
In questi *meeting* si parla con il team e con gli stakeholder dell'andamento del progetto e se sta progredendo in linea con il piano iniziale (*baseline*). Durante questi *meeting*, si dovrebbero inserire in agenda dei momenti di discussione sul risk management per avere l'opportunità di confrontarsi sui vari aspetti dei rischi nel progetto.

RESERVE ANALYSIS (ANALISI DELLE RISERVE):
Attraverso quest'analisi si determina quanto è rimasto dell'accantonamento di denaro e se sarà sufficiente per coprire i restanti rischi. Questo ci aiuterà a decidere se abbiamo bisogno di richiedere altri fondi o se possiamo addirittura rilasciare parte della *contingency*. Per esempio, se avessimo utilizzato l'80% della

riserva e solo metà dei rischi che hanno bisogno della copertura della riserva fossero accaduti, allora potremmo valutare in anticipo l'evenienza di uno sforamento del budget e prepararci a chiedere allo sponsor ulteriori fondi per il progetto.

PERFORMANCE MEASUREMENT (MISURAZIONE DELLE PRESTAZIONI TECNICHE):

Se le performance rilevate sono inferiori alle performance pianificate, dovremo controllare se esistono nuovi rischi o riesaminare i rischi precedentemente identificati.

VARIANCE & TREND ANALYSIS (ANALISI DEGLI SCOSTAMENTI E DELLE TENDENZE):

Molti processi di controllo utilizzano l'analisi degli scostamenti e delle tendenze per confrontare i risultati pianificati con quelli effettivi. Queste analisi sono metodi di controllo e previsione usati per monitorare le *performance* del progetto. Vengono utilizzate tecniche come l'analisi *Earned Value* per predire le performance future basandoci sui dati attuali e su quelli passati. Per esempio, se la curva a S (*S-Curve*) mostra che abbiamo sforato il *budget*, allora dovremo investigare le ragioni e i rischi che hanno causato questa deviazione rispetto alla baseline.

CAPITOLO

26 SPECIALIZED RISK ANALYSIS TECHS

FMEA (FAILURE MODES & EFFECT ANALYSIS):
La FMEA, è una metodologia utilizzata per analizzare le modalità di guasto o di difetto di un processo, prodotto o sistema. Generalmente (ma non necessariamente) l'analisi è eseguita preventivamente e quindi si basa su considerazioni teoriche e non sperimentali. Applicata alla gestione dei rischi o meglio alla loro identificazione l'FMEA ha l'obiettivo di identificare quali sono le possibili cause dell'insuccesso di un progetto. Per chiarire, si può utilizzare un semplice esempio riguardante un prodotto: il serbatoio del carburante di un'automobile. Il primo passo da fare consiste nella scomposizione del processo, prodotto o sistema in esame in sottosistemi elementari. A questo punto, nell'analisi dei guasti di ogni sottosistema, occorre:

- elencare tutti i possibili modi di guasto, e per ciascuno:
    - elencare tutte le possibili cause
    - elencare tutti i possibili effetti
    - elencare tutti i controlli in essere (a prevenzione o a rilevamento del modo di guasto)

Un modo di guasto sarà: il serbatoio è vuoto. Si noti che il termine "guasto" qui non è utilizzato nel suo significato corrente di "rotto", ma denota un'anomalia che non permette al componente di svolgere correttamente la sua funzione e di conseguenza ha delle ripercussioni più o meno gravi sul funzionamento del sistema di cui fa parte, nel nostro caso dell'automobile. Le cause che hanno portato al modo di guasto "serbatoio vuoto" possono essere:

- la benzina è finita senza essere stata rabboccata per via del mancato invio alla spia della riserva del segnale "benzina in esaurimento"

- c'è una perdita nel serbatoio
- il fondo del serbatoio non è piano, ma presenta una bombatura verso l'alto che ha falsato l'indicazione della riserva di carburante

L'effetto di questo di guasto è che l'automobile non è in grado di procedere. I controlli sono tutti quegli accorgimenti che, nel caso di FMEA di prodotto, prevengono o rilevano carenze progettuali che possono sfociare nel modo di guasto anzidetto o che, nel caso di FMEA di processo, prevengono o rilevano carenze produttive. Per tutte le combinazioni guasto-causa si devono valutare tre fattori:

- P - Probabilità di accadimento
- G - Gravità dell'effetto
- R - possibilità di Rilevamento da parte dei controlli

Ad ognuno dei tre fattori sarà assegnato un punteggio da 1 a 10, in cui (per le voci "P" e "G") 1 rappresenta la condizione di minimo rischio e 10 quella di massimo rischio (per la voce "R" minore è il punteggio - ad esempio 1 - maggiore è la possibilità di rilevamento del modo di guasto). I punteggi devono essere assegnati secondo scale non lineari in modo da garantire una corretta ponderazione dei tre fattori. Nella pratica sono disponibili tabelle pubblicate da AIAG, VDA, ANFIA, SAE, e altri. A titolo esemplificativo, P è posto pari a 1 in caso di probabilità di accadimento remota, che può essere valutata al di sotto di un caso su 100.000, mentre è pari a 10 se si ha elevata probabilità di accadimento, cioè circa 1 caso su 10 (Potential FMEA - Reference Manual AIAG). G è valutato in base all'impatto sulla funzionalità e sulla sicurezza del sistema. G può essere posto pari a 1 quando il modo di guasto non produce effetti apprezzabili, mentre è posto pari a 10 quando, oltre a compromettere la funzionalità del sistema, esso provoca situazioni di pericolo per l'integrità di persone. R sarà posto pari a 1 quando si ha la ragionevole certezza che i controlli individuino il modo di guasto o la sua causa, mentre sarà posto pari a 10 quando non è previsto alcun controllo per il modo di guasto o causa in questione. L'analisi sopra descritta permette di individuare i modi di guasto più critici mediante l'Indice di Priorità del Rischio (RPN):

$$RPN = P \times G \times R$$

Le azioni di miglioramento del prodotto, processo o sistema dovranno essere orientate principalmente sui modi di guasto che presentano i più alti valori di RPN. La FMEA può essere poi ripetuta a seguito delle azioni migliorative, per verificare se i valori di RPN sono diminuiti.

FAULT TREE ANALYSIS (ANALISI TRAMITE ALBERO DEI GUASTI):

Oltre alla metodologia FMEA uno dei metodi più diffusi e conosciuti per l'analisi del rischio, è il *Fault Tree Analysis* (FTA) o *albero dei guasti*.

Diversamente dall'FMEA tuttavia, l'FTA va annoverato tra i metodi di analisi di tipo deduttivo (vedi figura seguente) in quanto, partendo da un analisi "generale" e complessiva del tipo di guasto (o evento indesiderato sul sistema), arriva ad individuare i guasti sui componenti. Al contrario l'FMEA partendo dal "particolare" ovvero dai guasti sui singoli componenti, giunge all'individuazione del guasto sul sistema.

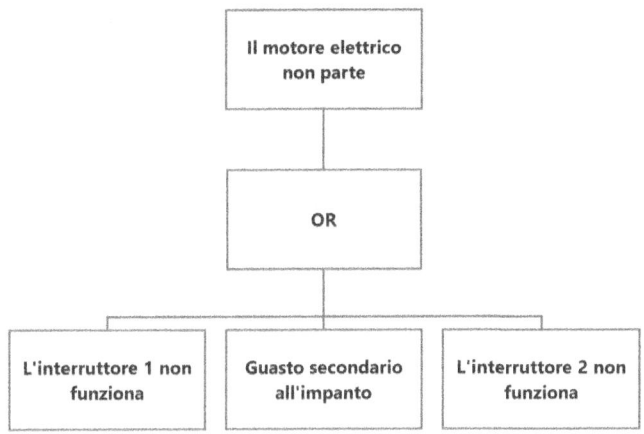

Tutti i metodi sul controllo dei processi come l'FTA nascono intorno agli anni '60 presso i laboratori Bell Telephone sostenuto dalla teoria dell'affidabilità ed, in particolare, dall'algebra booleana. Dagli anni '60 in poi FTA ha trovato sempre più occasioni di applicazione, nel mondo manifatturiero come anche più di recente in quello dei servizi, risultando oggi uno dei metodi più semplici ed efficaci nell'analisi dell'affidabilità e sicurezza dei sistemi.

La FTA permette, in modo grafico e logico, di collegare fra loro i guasti dei componenti di un sistema. Lo scopo principale, al contrario della FMEA, non è però quello di individuare le cause dei guasti bensì, partendo da un guasto sul sistema (*Evento indesiderato*), di metterlo in relazione funzionale con i guasti sui componenti (*Eventi base*).

Prima di affrontare nel dettaglio la tecnica, possono risultare utili alcune definizioni, che torneranno utili nel seguito.

- *Evento indesiderato o evento top*: rappresenta il guasto relativo al sistema funzionale sotto esame. L'evento top indesiderato può essere combinazione di numerose cause. Esso avrà, cioè, un numero n di eventi (nodi del sistema) che lo precedono e lo determinano ma nessun evento che lo succede.

- *Combinazione di cause:* è il presentarsi simultaneo di guasti degli elementi funzionali che portano all'evento top indesiderato. La più piccola combinazione di guasti ne contiene almeno un numero necessario a causare l'evento top.
- *Unità esaminata:* l'oggetto da esaminare, identificato dalle sue caratteristiche funzionali e costruttive. Unità esaminate possono, ad esempio, essere sistemi, componenti ed elementi funzionali.
- *Componente:* è l'unità esaminata di livello più basso alla quale può essere assegnato uno o più elementi funzionali.

L'FTA è un metodo dalle applicazioni più varie. Può essere usato sia preventivamente (approccio consigliato), oltre che per identificare le cause di non conformità già rilevate. I simboli utilizzati nel diagramma logico ad albero FTA, sono chiamati *logic gates* e sono simili ai simboli utilizzati dai progettisti di circuiti elettronici digitali: OR e AND.

Il punto di partenza è lo stato del sistema che può presentarsi esattamente come funzionante o difettoso. All'estremità sinistra di un foglio bianco, oppure in alto centrato, si inserisce l'evento top, come primo nodo contenente la dichiarazione dell'evento indesiderato. Si supponga, per esempio, che il sistema sia formato da un motore elettrico, una batteria e due interruttori e che l'evento indesiderato sia l'impossibilità di spegnere il motore. Per definizione il top event è un nodo senza successori. Seguendo, a questo punto, le regole dell'algebra booleana, si associa il numero binario 1 al manifestarsi di tale stato (il motore elettrico non si spegne) e il numero binario 0 allo stato opposto di funzionante. Il top event è una combinazione (output) di altri difetti/guasti legati al sistema, ai suoi componenti o a condizioni esterne.

Rifacendosi all'esempio del motore elettrico che non si spegne, ciò può essere causato dalla non apertura di entrambi gli interruttori. In quest'esempio il manifestarsi del top event dipende da cosiddetti stati *predecessori* secondo la nota funzione booleana AND. Se, infatti, al manifestarsi degli stati predecessori (interruttore 1 e 2 non possono essere aperti) si associa il numero binario 1 si ottiene per l'appunto tale funzione (1 AND 1 = 1).

In generale nel metodo FTA la funzione che determina lo stato di un nodo attraverso i suoi predecessori è una funzione booleana, AND o OR.

Con la funzione AND lo stato del successore si conferma (1 = motore che non si ferma) quando entrambi gli stati dei predecessori si confermano (1 = interruttore che non si apre). Se si suppone, invece, che l'evento indesiderato sia il motore che non si avvia (=1), la funzione boolena che si utilizza è' l'OR. Con questa funzione lo stato del successore (1 = motore che non parte) si conferma quando almeno uno degli stati dei predecessori si conferma (=1). Quando si sviluppa l'analisi FTA, gli insuccessi del componente (inputs) sono classificati i tre categorie: insuccesso primario, insuccesso secondario e insuccesso di comando.

- Guasto primario: l'insuccesso primario e' dovuto alla costruzione o alle caratteristiche materiali del componente stesso.
- Guasto secondario insuccesso del componente è causato da influenze esterne inaccettabili, come per esempio condizioni ambientali, condizioni di applicazione o l'influenza di altre componenti del sistema.
- Guasto di comando è causato da errori di natura umana(operativi) o per uso scorretto.

L'FTA andrà a considerare il verificarsi di eventi positivi come di quelli negativi. I segmenti dell'albero che conducono ad un evento negativo (guasto) definiscono tutti i fattori che potrebbero causare l'evento stesso.

I segmenti dell'albero logico per gli eventi negativi impiegano abitualmente più gate OR rispetto ai gate AND. Il segmento di albero logico che conduce invece ad un evento positivo definisce tutti i fattori che devono verificarsi affinché l'impianto funzioni correttamente. In quest'ultimo caso l'albero utilizza generalmente più i gate di tipo AND rispetto ai gate OR.

Nella valutazione 1 di 2, chiamata OR-Gate, è sufficiente uno dei due elementi assuma un valore (1) affinché l'output assuma anch'esso quel medesimo segno. In tal modo il segno dell'output non comparso (trovato) è più improbabile poi con l'istallazione di un singolo canale.

Per la valutazione 2 di 2, chiamata AND-Gate, i due segnali di input devono essere dati insieme per ottenere il segnale di output. L'evento primo, quindi, si manifesta solo quando entrambi i componenti di guasto si realizzano (AND-Gate).

Per poter fare di un sistema tecnicamente molto complesso un modello realistico, è necessario seguire i seguenti step operativi:

I STEP: Analisi del Sistema

La preparazione di un albero degli errori presuppone l'esatta conoscenza dei processi funzionali in situazione di normale attività del sistema. Attraverso una simile analisi, il funzionamento del sistema, considerato tenendo conto delle sue relazioni con l'ambiente, verrà costruito in modo chiaro e trasparente.

Sistema Funzionale/Requisiti del Sistema

Per definire chiaramente il sistema, tutte le funzioni in esso coinvolte devono esser mostrate e legate a tutti gli elementi del sistema. Dovranno quindi essere considerati in modo appropriato i target di performance e le tolleranze di ciascuna delle funzioni Per raggiungere un simile risultato, documenti tecnici, specifiche di performance e disegni diventeranno strumenti indispensabili e insostituibili. Per illustrare, poi, le connessioni di sistema e le influenze di interfaccia, verranno impiegati i diagrammi funzionali a blocchi..

Condizioni Ambientali

Il sistema si trova a dover rispettare e mantenere i requisiti funzionali sotto l'influenza di condizioni ambientali specifiche non strettamente attinenti gli aspetti tecnici del sistema, durante diverse fasi operative. Al pari delle caratteristiche fisiche e chimiche degli elementi del sistema, andranno quindi, anche considerate le influenze ambientali.

Dipendenze e Reazioni

Qui il sistema deve essere esaminato con riguardo ai seguenti aspetti:

- Interdipendenza e cooperazione degli elementi del sistema nella creazione e determinazione delle funzioni del sistema;
- Reazioni del sistema alle condizioni ambientali;

- Reazioni del sistema in caso di guasti interni o guasti attribuibili alle fonti sostenenti il sistema stesso.

II STEP: Definizione del top event e dei criteri di guasto

La significatività di un FTA dipende dalla descrizione del top event e dalle relative condizioni di frontiera. Nella determinazione del top event due sono i possibili approcci:

Approccio preventivo
Se l'FTA viene condotta a scopi preventivi, le definizioni del top event scaturiscono da non conformità di funzioni o dalla necessità di soddisfare specifici requisiti. Nella definizione del top event, inoltre, al pari delle conformità del prodotto andranno ugualmente considerati aspetti legati alla sicurezza.

Approccio correttivo
Qui, invece, il top event viene definito sulla base di un problema insorto o di un guasto al sistema gi a verificatosi.

III STEP: Determinazione dei parametri di attendibilità e degli intervalli temporali

Nel valutare, quantitativamente un albero dei guasti, occorre a distinguere i casi in cui si intende valutare le probabilità di guasto in un determinato periodo di tempo oppure questa stessa vada considerata per periodi casuali. E' evidente che una valutazione di tipo quantitativo per il top event richieder a poi una valutazione similare per gli eventi base

IV STEP: Determinazione dei modi di guasto dei componenti

Dopo un'analisi del sistema e una definizione del top event, tutti i modi di guasto dei componenti da riconsiderare secondo il modello dell'albero dei guasti devono essere differenziati. Per l'elaborazione di un FTA dettagliato, normalmente non e' sufficiente usare guasti indifferenziati dei componenti come eventi base. Al contrario modi di guasto diversi di uno stesso componente possono avere effetti completamente diversi sul top event, così che essi potrebbero essere attribuiti sotto un medesimo evento base, ma dover tuttavia essere inseriti in un'area diversa nell'albero dei guasti. Quando, tuttavia, siamo chiamati a determinare l'attendibilità dei parametri per gli eventi base, sorge una difficoltà aggiuntiva legata al fatto che le probabilità di guasto sono conosciute ma non sono distinte in funzione del loro specifico effetto sul top event per i singoli modi di guasto. Alcuni data books contengono informazioni sui modi di guasto di alcuni componenti. Se non sono disponibili informazioni quantitative sui modi di guasto, e' possibile in ultima analisi riferirsi all'ipotesi peggiore usando la probabilità di guasto complessiva di un componente come stima della più elevata probabilità del singolo modo di guasto. Nel momento in cui sia stata già predisposta o conclusa un analisi dei modi di guasto tipo FMEA, l'FTA potrà prendere avvio sulla base degli stessi dati ricavati dall'FMEA sui modi di guasto.

V STEP: Preparazione di un albero dei guasti

Per ottenere risultati compatibili e limitare l'arbitrarietà del soggetto preposto allo sviluppo di un albero dei guasti, e' necessario stabilire specifiche procedure (vedi schema).

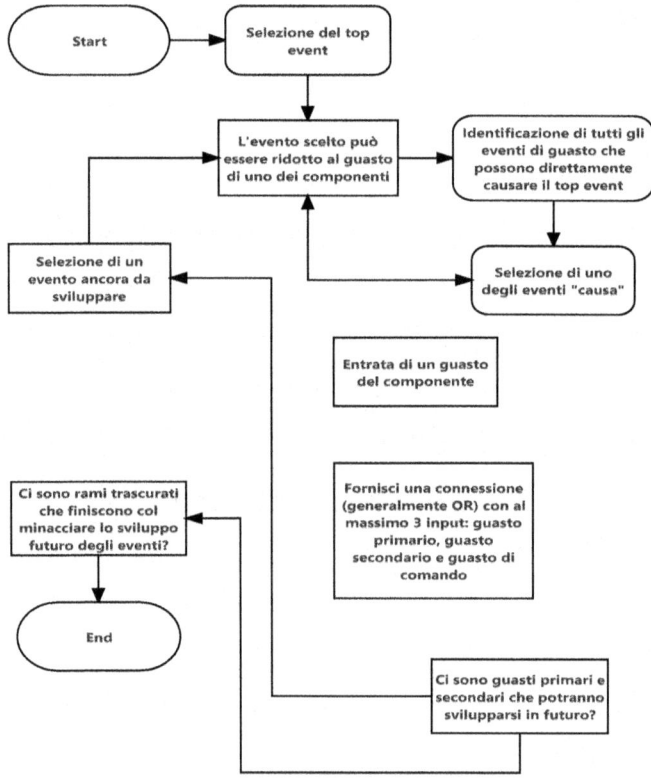

Punto di partenza nell'elaborazione dell'albero è l'identificazione del top event del sistema da esaminare. In primo luogo si stabilisce se il top event descritto può essere riconosciuto come guasto di un singolo elemento del sistema. In questo caso, una connessione OR individua al massimo 3 inputs: un guasto primario, un guasto secondario e un guasto di comando. Negli altri casi saranno identificati tutti quei guasti che individualmente o congiuntamente hanno determinato il top event. Come già menzionato, il guasto primario non ha ulteriori e successivi sviluppi, come anche i guasti secondari e di comando non relativi al sistema esaminato. Dopo la preparazione di un Fault Tree si può ottenere una valutazione qualitativa e/o quantitativa circa le reazioni del guasto sul sistema .

Valutazione qualitativa

FTA e' una procedura completa, se applicata correttamente, infatti, tutte le combinazioni degli eventi che conducono al top event possono essere trovate. I suoi limiti non sono perciò inerenti alla procedura, ma alla competenza e alla accuratezza di chi la usa. Il risultato dell' FTA è realistico e perciò significativo, finche e' possibile descrivere il sistema e il suo comportamento di insuccesso funzionale come una catena causale di effetti.

Sentieri critici

Anche senza usare i dati di input(come per esempio le percentuali di insuccesso) nel momento in cui si verifica un guasto, un fault tree e' gia in grado di fornire informazioni qualitative riguardanti l'affidabilità del sistema. Sviluppare una struttura di tipo causa/effetto aiuta, infatti, indubbiamente, a riconoscere sistematicamente i sentieri critici, soprattutto quando l'FTA viene applicata come strumento utile all'individuazione di cause. Un sentiero critico viene definito come ramo, in cui i guasti del componente non sono coperti da sistema preventivo o da meccanismo di prova. Ogni risultato aperto и inserito in una lista, ordinata secondo l'area di competenza e spedita agli spettanti dipartimenti per ogni chiarimento. Dai risultati ottenuti i rischi correnti legati a potenziali punti deboli del sistema potranno essere approssimativamente differenziati.

Minimi sistemi ridotti

Un'altra possibilità per fare una valutazione qualitativa e', esaminare il sistema usando il metodo del minimo sistema ridotto per guasti individuali e multipli. Una minima intersezione anche questa chiamata minimi sistemi ridotti o sistema critico, e' una minima combinazione di componenti di sistema, il cui guasto conduce al top event. Da queste combinazioni, può essere data una valutazione qualitativa sui rami più deboli del fault tree. Se il top event e' iniziato da una minima intersezione con un elemento in un sistema di sicurezza. L'affidabilità può essere aumentata integrando una ridondanza e la minima critica intersezione eliminata.

Valutazione quantitativa

Oltre le valutazioni qualitative eseguite sul sistema, le valutazioni quantitative del fault tree sono di grande interesse. Con l'aiuto dei parametri di affidabilità (probabilità di guasto o non disponibilità del sistema), può essere calcolata la frequenza di un evento richiesto deducendola sia dalle loro osservazioni (per esempio prova di laboratorio o esperienza del campo) sia da sorgenti di dati rilevanti.

Probabilità che si verifichi un top event

La condizione basilare per il calcolo della probabilità del top event esistente e' la corrispondente quantificazione di tutti gli eventi di base. Questo calcolo può essere principalmente eseguito a mano, le procedure che si devono applicare sono descritte in DIN 25424, Parte 2. Quando qualcosa di complesso riguarda il fault trees, gli errori di calcolo casuali e anche quelli sistematici possono essere difficilmente evitati, cosicché l'uso di un programma di calcolo adatto, e' nella maggior parte dei casi, praticamente indispensabile.

Analisi di sensibilità

Il calcolo di probabilità del top event esistente permette ai decision makers di avere un globale giudizio, sul livello di accettabilità della probabilità rilevata. Se il livello и basso, occorrerà chiedersi quali eventi di base causano avvenimenti inaccettabili e quali possano essere le misure per una loro eliminazione.

Questo e' lo scopo dell'analisi di sensibilità. Essi consentono l'identificazione di elementi di base e di sistemi minimi ridotti, che influenzano prevalentemente la probabilità esistente.

L'importanza degli eventi di base e dei sistemi ridotti e' descritta dai così detti parametri importanti. Calcolando l'importanza per tutti gli eventi di base o per i sistemi minimi ridotti, potremmo acquisire. una sequenza quantitativa di importanza Perciò si ottengono indicazioni le cui misure possono effettivamente minimizzare la probabilità esistente del top event.

Stabilire il metodo per il bisogno di azioni e la scelta di misure

Allo scopo di determinare quale azione sia richiesta, i risultati dell'FTA riguardanti la probabilità di guasto del top event devono essere paragonati ai requisiti qualitativi e quantitativi. Se i valori risultanti deviano dai valori specifici e' necessaria un'azione.

In questo caso devono essere prese misure per raggiungere valori specifici. Perciò è necessario definire i guasti deboli responsabili per la non conformità.

Misure consigliate per il miglioramento

Per eliminare i sopra definiti deboli guasti, vengono suggerite appropriate misure. Per scegliere le migliori misure devono essere considerati e valutati i seguenti aspetti:

La fattibilità
- I costi
- L'orario

Controllo di successo

Per dimostrare e assicurare il successo della misura presa, bisogna eseguire un nuovo calcolo del Fault tree. Se questo calcolo mostra risultati che si conformano ai requisiti specifici, il raggiungimento dell'obiettivo è assicurato.

FORCE FIELD ANALYSIS (ANALISI DEI CAMPI DI FORZA):

La *force field analysis* fu creata da Kurt Lewis intorno al 1940. Lewis originariamente utilizzò questa tecnica nel suo lavoro di psicologo. Oggi questa analisi è usata per prendere quelle che vengono chiamate le decisioni *go/no-go*.

L'analisi dei campi di forza è una tecnica di *decision-making* molto utile. È un approccio normalmente usato in contesti di change management in cui vengono analizzate le forze favorevoli al cambiamento (*Forces for Change*) e quelle contro il cambiamento (*Forces against Change*). In modo analogo, nell'identificazione dei rischi si cercano nel contesto progettuale le forze guida (*Driving Forces*) verso il raggiungimento degli obiettivi e quelle di resistenza (*Restraining Forces*) contro il loro raggiungimento. Ipotizzando di avere una modifica da implementare per incrementare le nostre chance di successo, quest'analisi ci permette di lavorare su due piani.

Il primo è di cercare di rafforzare le forze a favore del cambiamento e il secondo quello di indebolire quelle contrarie. L'utilizzo della tecnica avviene facendo una lista di tutti i fattori (le forze) a favore o contro la nostra decisione di cambiamento. Poi viene dato un valore a ogni fattore in base alla sua influenza e vengono sommati tutti i singoli valori per ogni gruppo di fattori pro e contro il cambiamento. Il valore maggiore vince, dandoci come risultato se il cambiamento è possibile oppure no. Possiamo poi cercare di rafforzare quei fattori su supportano il cambiamento e gestire quelle forze contro la modifica.

Nella pratica si può usare un foglio di carta, disegnare un rettangolo nel mezzo e descrivere il piano o proposta di cambiamento. Poi si elencano le forze a favore della modifica sulla sinistra e le forze contrarie a destra.

Mentre disegniamo ci poniamo delle domande, ad esempio:

- quale beneficio al nostro business porterà questa modifica?
- chi supporta la modifica e chi è contrario e perché?
- è facile implementare la modifica? abbiamo sufficiente tempo e risorse per farlo?
- quali costi dovremo affrontare?
- quale altro processo di business verrà influenzato dalla modifica?
- quali sono i rischi?

Assegniamo poi un valore a ogni forza, per esempio da 1 (debole) a 5 (forte) e poi sommiamo i valori per ogni colonna (pro e contro). Per utilizzare un formato grafico di aiuto disegniamo una freccia per rappresentare l'influenza che ogni forza ha sul cambiamento. Per esempio, immaginiamo di voler installare un nuovo macchinario nella nostra fabbrica, potremmo disegnare un'analisi dei campi di forza come nella figura seguente.

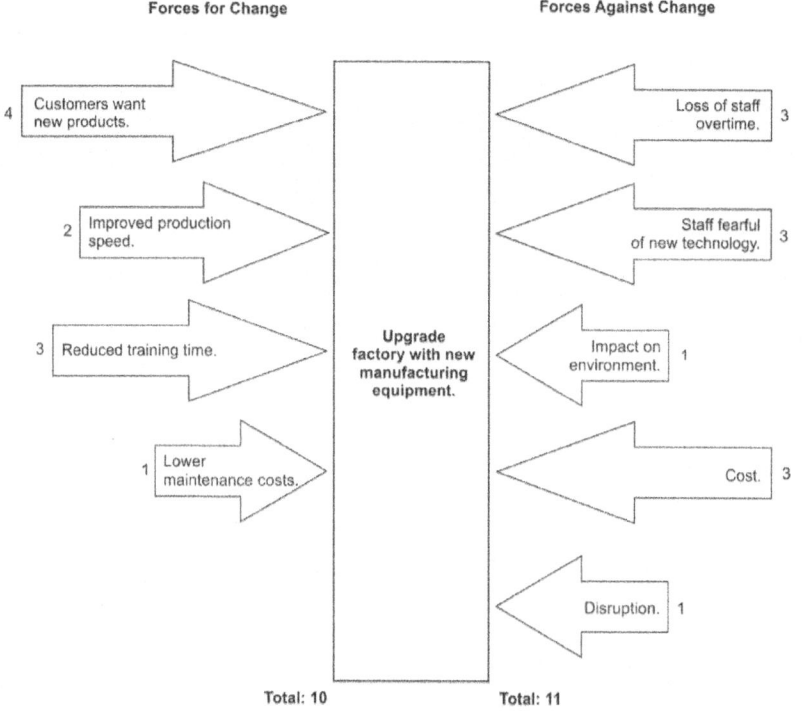

Una volta fatto il disegno possiamo utilizzarlo per:

- decidere se andare avanti confermando la vostra decisione oppure no
- pensare come rafforzare i fattori che supportano la modifica e indebolire le forze contrarie in modo che il cambiamento possa avere successo.

Se, ad esempio, dovessimo realizzare il progetto descritto, l'analisi ci suggerirebbe un numero di modifiche da fare al nostro piano iniziale.

Potremmo:

- formare il personale (cost +1) per minimizzare la paura della nuova tecnologia ("-2").
- dimostrare al personale che il cambiamento è necessario per la sopravvivenza dell'azienda (*new force that supports the change*, +2).
- aumentare i salari per riflettere la nuova produttività e la perdita di straordinari ("*Cost*" +1, "*Loss of overtime*" -2).
- installare macchinare leggermente diversi con filtri che eliminano parte degli agenti inquinanti ("*Impact on environment*" -1).

Queste modifiche permetterebbero di far variare il bilancio da 11:10 (contro il nostro piano) a 13:8 (a favore del piano).

NOTA È importante identificare il maggior numero di fattori che influenzeranno il cambiamento. Dove credete sia appropriato, coinvolgete altre persone come i membri del team o gli esperti della vostra organizzazione.

NOTA Ricordate che la Force Field Analysis vi aiuta a capire gli impatti di diversi fattori sulla vostra decisione di cambiamento, ma queste valutazioni possono essere decisamente soggettive. Se pensate di dovere prendere decisioni importanti utilizzate altre tecniche di decision-making come Grid Analysis, Decision Tree Analysis, and Cost/Benefit Analysis.

ANALYTIC HIERARCHY PROCESS (AHP)

Un problema fondamentale della *teoria della decisione* è come ottenere dei pesi per un insieme di elementi in relazione alla loro importanza. Stabilire che un determinato elemento sia più o meno importante rispetto ad un altro necessita l'adozione di criteri di decisione, i quali possono essere condivisi tutti o in parte dagli elementi oggetto di analisi. Si effettua un processo di decisione multicriterio che nel seguito vedrà lo sviluppo e la conseguente applicazione di un sistema di misurazione gerarchico. Il passo fondamentale è quello di ottenere dei pesi per ciascun elemento in modo da poter stabilire il livello di importanza relativamente a ciascuno di essi. Nel seguito quindi spesso in luogo del termine "peso" si parlerà di "priorità" di un elemento rispetto ad un altro in relazione al determinato obiettivo considerato. Frequentemente in molte applicazioni vi è la necessità di classificare i numerosi obiettivi del processo relativamente ad un insieme di obiettivi posti ad un livello superiore, i quali a loro volta devono essere classificati sulla base di ulteriori obiettivi e così via fino a giungere ad un obiettivo unico posto al vertice della gerarchia. Il sistema di misurazione che verrà illustrato nel presente articolo, e che permette di risolvere tali tipologie di problemi, prende il nome di *Analytic Hierarchy Process* (AHP), vale a dire un processo analitico gerarchico che permette di effettuare una decisione tra diverse alternative quando si è in presenza di criteri multipli. Per una migliore comprensione di tale metodo è bene descrivere la filosofia che è dietro a ciascuno dei tre concetti:

- **Analytic**: un metodo di decisione che utilizza dei ragionamenti logico-matematici può essere definito con il termine "Analitico". Analitico è una forma della parola analisi, che significa la separazione di un qualunque problema complesso in elementi costituenti/fondamentali. Nei metodi di decisione olistici non è necessario l'utilizzo di numeri per giungere ad una decisione, viene infatti scelta l'alternativa migliore rispetto alle altre. Tuttavia non si può fare a meno di una terminologia matematica per illustrare ad altri la scelta a cui si è pervenuti.

- **Hierarchy**: una gerarchia è un sistema che permette di classificare ed organizzare persone, cose, idee, e dove ciascun elemento del sistema gerarchico, fatta eccezione per l'elemento situato al livello più alto, è subordinato ad uno o più elementi. Le organizzazioni umane sono spesso strutturate in gerarchie che permettono di assegnare responsabilità lavorative a ciascun dipendente, esercitare la leadership da parte di chi è posto ai vertici gerarchici e facilitare la comunicazione fra i vari livelli che la compongono. L'utilizzo delle strutture gerarchiche permette inoltre di acquisire una conoscenza dettagliata di una realtà che appare complessa: il problema da analizzare può essere decomposto in "unità" più piccole le quali sono suddivise in "unità" più piccole, le quali sono, ancora, suddivise e così via fino al livello di dettaglio desiderato. Questo processo di decomposizione permette una migliore comprensione della realtà che si sta studiando. Quando ci si appresta a costruire una gerarchia si deve prestare particolare attenzione ai seguenti passi:
    - considerare l'ambiente che circonda il problema;
    - identificare gli attributi che contribuiscono a giungere ad una decisione;
    - identificare tutti i soggetti coinvolti nel processo di decisione.

- **Process**: un processo è una serie di azioni, modulazioni, o funzioni che portano ad un fine o ad un risultato. L'AHP è un processo che permette a chi prende le decisioni di arrivare alla decisione che meglio soddisfa la moltitudine di obiettivi consentendo al decisore la misura e la sintesi della moltitudine di fattori/criteri o sub-criteri. Per giungere ad una decisione è necessario tempo, disponibilità di informazioni e confronto se vi è più di un decisore coinvolto. Da ciò si evince che ogni problema di decisione coinvolge vari processi: ricerca e analisi delle informazioni necessarie, dibattito fra i vari soggetti interessati e correzione, se necessaria, del proprio punto di vista.

Alla fine degli anni '60 *Thomas Saaty*, uno dei pionieri della ricerca operativa, dirigeva progetti di ricerca alla *Disarmament Agency*, presso il *U.S. Department of State*, e con lui collaboravano molti dei più importanti economisti dell'epoca e studiosi della teoria dei giochi.

Il problema che *Saaty* riscontrò durante questo periodo di collaborazione fu la difficoltà di comunicazione tra gli scienziati e gli avvocati che si occupavano dell'aspetto giuridico dei progetti. Egli constatò in particolare l'assenza di un approccio sistematico che permettesse di focalizzarsi sulle questioni più importanti del progetto analizzato e di poter arrivare a delle decisioni condivise. Fu così che dopo alcuni anni, durante il suo periodo di insegnamento alla *Wharton School, Saaty* decise di sviluppare un processo analitico gerarchico che consentisse ad ogni individuo posto di fronte ad un problema complesso di prendere delle decisioni: nacque *l'Analytic Hierarchy Process* (AHP).

Così l'AHP divenne in poco tempo uno dei modelli decisionali più utilizzati negli Stati Uniti e nel resto del mondo. Molte implementazioni di AHP nacquero ed ebbero molto successo, tra queste *l'Expert Choice* che fu sviluppato grazie al sostegno del governo Canadese. *L'American Society for Testing and Materials* (ASTM) adottò *l'Analytic Hierarchy Process* come modello per l'analisi di decisioni multi-attributo in relazione agli investimenti nel campo dell'edilizia. L'approccio AHP iniziò ad essere utilizzato ed insegnato in molte università e fu adottato come metodo di decisione in tante organizzazioni, tra le quali la *Central Intelligence Agency* (CIA).

A tutt'oggi esistono numerose decine di esempi di applicazione del metodo a problemi di valutazione nei settori più svariati. Ampia si presenta la letteratura sull'approccio AHP, molti infatti furono i ricercatori e gli scienziati che si dedicarono allo studio di tale metodo realizzando un vasto numero di libri e pubblicazioni, fra i quali naturalmente non può non essere menzionato il testo considerato più importante nella letteratura su questo argomento: *The Analytic Hierarchy Process*, scritto da *Saaty* nel 1980.

Il metodo dell'AHP si sviluppa in cinque fasi fondamentali:

1. Sviluppo della gerarchia;
2. Costruzione della matrice dei confronti a coppie;
3. Determinazione dei pesi locali relativi;
4. Analisi della consistenza dei giudizi;
5. Determinazione dei pesi globali: il principio di composizione gerarchica.

Sviluppo della gerarchia

In questa prima fase dell'AHP il decisore analizza tutti gli aspetti del problema e successivamente lo struttura in una gerarchia composta da più livelli. Una tale decomposizione del problema porta ad una sua notevole semplificazione e permette al decisore di concentrare la propria analisi su un numero ristretto di decisioni. Al vertice della gerarchia vi è il *goal* che il decisore si pone, al livello inferiore vi sono gli obiettivi che permettono di realizzare. Il *goal*, al livello ancora inferiore vi sono i criteri che portano alla realizzazione degli obiettivi. I criteri a loro volta possono essere suddivisi in sottocriteri fino al livello di decomposizione necessario ad una comprensione del problema. La gerarchia può essere visualizzata come un diagramma ad albero con il *goal* al livello più alto, gli obiettivi al secondo livello e i criteri e i sottocriteri ai livelli successivi. Ciascun *box* presente nel diagramma può essere chiamato nodo, tutti i *box* afferenti a questo nodo-padre sono definiti nodi-figli i quali costituiscono gruppi di comparazione. La struttura gerarchica definita dal decisore dipenderà non solo dalla natura del problema, ma anche dalle informazioni in suo possesso, dai suoi giudizi, dalle sue opinioni e dalle sue volontà. È importante sottolineare che la struttura gerarchica non è rigida ma può essere modificata con l'aggiunta di criteri e sottocriteri in origine non considerati. Gli obiettivi possono essere aggiunti, tolti o modificati.

Costruzione della matrice dei confronti a coppie

Questa fase consiste nell'individuare una stima dei pesi da associare a ciascun criterio, presente nel problema gerarchico, grazie all'utilizzo di una matrice di valutazione A i cui singoli elementi a_{ij} siano ottenuti da comparazioni a coppie dei criteri del problema

$$A = \begin{pmatrix} a_{11} & \cdots & a_{1n} \\ \vdots & \ddots & \vdots \\ a_{n1} & \cdots & a_{nn} \end{pmatrix}$$

La matrice dei confronti a coppie deve avere le seguenti caratteristiche:

E' positiva, ciò equivale a dire che tutti i minori principali sono positivi, dove per minore principale si intende il determinante della sottomatrice quadrata formata dalle prime m righe e m colonne (con);

(1) E' reciproca avendo

$$a_{ij} = \frac{1}{a_{ji}} \ \forall \ i,j$$

e quindi gli elementi presenti sulla diagonale principale sono tutti unitari

$$a_{ii} = 1 \ \forall \ i$$

Questa relazione di reciprocità scaturisce dalla necessità di garantire la simmetria dei giudizi di importanza.

(2) E' costituita da elementi finiti, infatti per ciascun criterio considerato si ha

$$a_{ij} \neq \infty \ \forall \ i,j$$

Per poter ottenere i valori a_{ij} e costruire la matrice A delle stime dei rapporti W_i/W_j, Saaty propone l'utilizzo di una scala di valori denominata "*Scala semantica di Saaty*" riportata nella tabella seguente:

	Scala dell'importanza relativa	
importanza	Definizione	Spiegazione
1	Uguale importanza	Due attività contribuiscono ugualmente all'obbiettivo
3	Importanza debole di uno rispetto ad un altro	Leggermente favorita un'attività rispetto ad un'altra
5	Essenziale o forte importanza	L'esperienza e il giudizio fortemente favoriscono un'attività rispetto ad un'altra
7	Importanza molto forte	Un'attività è fortemente favorita e la sua dominanza dimostrata nella pratica

9	Importanza assoluta	L'evidenza dell'importanza di un'attività su di un'altra è del più alto ordine di affermazione
2,4,6,8	Valori intermedi tra due giudizi adiacenti	Quando è necessario un compromesso
Valori reciproci non nulli	Se un'attività i assume uno dei valori sopra riportati quando è comparata con un'attività j, allora quest'ultima attività assume un valore reciproco del precedente se comparata con l'attività i	

Determinazione dei pesi locali relativi

Una volta che si è ottenuta la matrice dei confronti a coppie A nel passo successivo del modello vengono stimati i pesi da associare a ciascun criterio c.

Se A fosse una matrice consistente varrebbe la seguente proprietà:

$$(4) \quad a_{ik}a_{kj} = a_{ij} \quad \forall \ i,j,k$$

e ogni elemento che la compone può essere scritto come:

$$a_{ij} = \frac{w_i}{w_j} \quad \forall \ i,j$$

Infatti si ha:

$$a_{ik}a_{kj} = \frac{w_i w_k}{w_k w_j} = \frac{w_i}{w_j} = a_{ij} \quad \forall \ i,j,k$$

Quindi la matrice A può essere scritta nella forma:

$$A = \begin{pmatrix} \dfrac{w_1}{w_1} & \dfrac{w_1}{w_2} & \cdots & \dfrac{w_1}{w_n} \\ \dfrac{w_2}{w_1} & \dfrac{w_2}{w_2} & \cdots & \dfrac{w_2}{w_n} \\ \vdots & \vdots & \ddots & \vdots \\ \dfrac{w_n}{w_1} & \dfrac{w_n}{w_2} & \cdots & \dfrac{w_n}{w_n} \end{pmatrix}$$

in cui la riga i-esima è ottenuta dal rapporto tra il peso associato al criterio *i* e i pesi associati agli altri criteri.

Per poter ottenere il vettore *w* dei pesi associati ai criteri del problema è necessario risolvere il sistema

$$Aw = \lambda w$$

dove ◻ è l'autovalore associato.

Poiché le righe di A sono proporzionali a coppie, sono verificate le seguenti proprietà:

a) Rango (A) = 1;
b) Tutti gli autovalori sono nulli eccetto uno;
c) La somma degli autovalori della matrice è uguale alla sua traccia, cioè la somma dei relativi elementi diagonali;
d) Traccia (A) = n.

Quindi A ha un solo autovalore diverso da zero e l'autovalore massimo λ_{max} è pari ad n. In tal caso il metodo dell'autovettore principale definito da *Saaty* permette di ottenere il vettore dei pesi w, che è unico ed è composto da tutti elementi positivi, risolvendo la relazione

$$Aw = \lambda_{max} w$$

in cui si ha che $\sum_{i=1}^{n} w_i = 1$ (l'autovettore principale relativo a λ_{max} è normalizzato).

Vale anche la seguente relazione

$$w_i = \frac{\sum_{j=1}^{n} a_{ij} w_j}{\lambda_{max}} \quad \forall \ i = 1..n$$

In generale però la matrice A non soddisfa la proprietà di consistenza (4), mentre sono rispettate sempre le proprietà (1), (2) e (3).

In tal caso per poter ottenere i pesi w si deve far ricorso a due importanti proprietà della teoria delle matrici:

(5) Se *sono* n numeri che soddisfano la relazione

$$Aw = \lambda w$$

cioè sono gli autovalori di *A*, ed inoltre tutti gli elementi sulla diagonale principale di *A* sono unitari, allora:

$$\sum_{i=1}^{n} \lambda_i = n$$

(6) Se si modificano leggermente i valori a_{ij} di una matrice reciproca e positiva, i corrispondenti valori degli autovalori variano di poco e in maniera continua.

Combinando i risultati ottenuti dalle precedenti due proprietà si deduce che se la matrice A è consistente e gli elementi sulla diagonale principale sono unitari, se si effettua una variazione dei valori a_{ij} l'autovalore principale λ_{max} assumerà un valore non molto dissimile da n, i restanti valori rimarranno prossimi a zero e la matrice A, che rimane reciproca, non sarà più consistente.

Per risolvere il problema basterà ottenere il vettore w che soddisfa la relazione

$$Aw = \lambda_{max} w$$

Quindi l'autovettore principale della matrice, normalizzato in modo che la somma delle sue componenti sia pari ad uno, viene assunto nel metodo AHP come vettore dei pesi cercati anche quando la matrice si allontana dalla condizione di perfetta coerenza e possiede altri autovalori che sono leggermente diversi da zero. Di seguito viene riportato il modello iterativo utilizzato per ottenere l'autovettore: il calcolo del principale autovettore è ottenuto elevando la matrice *A* alla potenza *k*-esima e facendo tendere *k* ad infinito

$$w = \lim_{k \to \infty} \frac{A^k e}{e^T A^k e}$$

dove e = (1, 1, ... , 1).

Tale metodo è ritenuto da *Saaty* il migliore per la determinazione dell'autovettore della matrice in quanto essendo A una matrice quadrata essa può essere rappresentata tramite un grafo (con a_{ij} archi):

A rappresenta i cammini di lunghezza 1;

A^2 la somma dei cammini di lunghezza 2;

A^k la somma dei cammini di lunghezza k;

facendo tendere k ad infinito si ottengono i cammini di lunghezza infinita: si considerano tutti i possibili collegamenti tra le alternative.

Analisi della consistenza dei giudizi

Nella pratica il decisore non fornisce una matrice dei rapporti veri e propri tra i pesi dei criteri, ma una matrice di stime di tali rapporti. Nella maggioranza dei casi le stime fornite dal decisore non sono consistenti in quanto è difficile mantenere una coerenza di giudizio in tutti i confronti a coppie. Inoltre per loro natura i giudizi espressi dal decisore possono essere strutturalmente non consistenti. Obbligando il decisore ad essere perfettamente coerente nei suoi giudizi lo costringeremmo implicitamente (o indebitamente) a rispettare il principio di transitività della preferenza e dell'indifferenza che non dovrebbe mai essere imposto a priori. L'autovettore normalizzato della matrice A delle stime corrisponde al vettore dei pesi. In questa fase del processo si deve verificare se i pesi ottenuti nella fase precedente sono fedeli ai giudizi espressi dal decisore.

Va verificata se vi è una differenza tra i rapporti dei pesi w_i/w_j e le stime a_{ij} fornite dal decisore.

Come dimostrato da *Saaty* λ_{max} è sempre più grande di n nelle matrici positive e reciproche, ed è uguale ad n nelle matrici che in aggiunta alle due proprietà sopracitate risultano anche essere consistenti.

Quindi si evince che la misura $\lambda_{max} - n$ permette di poter calcolare quanto una determinata matrice A sia consistente.

A questo fine il metodo AHP definisce il seguente indice di consistenza CI (*Consistency Index*) che permette di ottenere gli scarti tra i rapporti w_i/w_j e le sue stime a_{ij}

$$CI = \frac{\lambda_{max} - n}{n - 1}$$

L'indice di consistenza *CI* viene confrontato con l'indice *RI* (*Random Index*) ottenendo il rapporto di consistenza *CR* (*Consistency Ratio*):

$$CR = \frac{CI}{RI}$$

I valori dell'indice RI vengono ottenuti effettuando la media dei valori di CI di numerose matrici reciproche dello stesso ordine, i cui coefficienti vengono generati in modo casuale da un calcolatore.

n	1	2	3	4	5	6	7
R.I.	0.00	0.00	0.58	0.90	1.12	1.24	1.32

8	9	10	11	12	13	14	15
1.41	1.45	1.49	1.51	1.48	1.56	1.57	1.59

Un valore dell'indice CR $\leq$ 0.1 è considerato ammissibile: infatti quando il valore di CI della matrice compilata dall'esperto supera una soglia pari al 10% del valore di RI, la deviazione dalla condizione di consistenza perfetta è ritenute inaccettabile. Secondo *Saaty* un valore di CI superiore alla soglia denota scarsa coerenza e attenzione da parte del decisore che ha effettuato i confronti. Il decisore dovrà sforzarsi ad aumentare la coerenza dei suoi giudizi modificando totalmente o almeno parzialmente i valori a_{ij}.

Determinazione dei pesi globali: il principio di composizione gerarchica

Il passo finale consiste nel calcolare i pesi globali (o priorità) delle azioni applicando il principio di composizione gerarchica. Per determinare l'importanza di ogni elemento in rapporto al goal occorre applicare il principio di composizione gerarchica (Saaty 1980). I pesi locali di ogni elemento vengono moltiplicati per quelli dei corrispondenti elementi sovraordinati e i prodotti così ottenuti sono sommati. Procedendo dall'alto verso il basso, i pesi locali di tutti gli elementi della gerarchia vengono così trasformati progressivamente in pesi globali. I pesi globali (o priorità) degli elementi collocati alla base della gerarchia, nel livello successivo a quello degli obiettivi terminali, rappresentano il risultato principale della valutazione. Quando gli elementi terminali sono azioni, i pesi globali consentono di determinare un ordine di preferenza: un'azione (un piano, un progetto, ...) sarà tanto più preferibile quanto maggiore è il suo peso globale.

Esempio pratico.

Utilizziamo l'AHP per determinare quale sia il rischio per noi più importante rispetto ai nostri criteri. La parte più importante del processo è definire questi tre passaggi:

1. dichiarare l'obiettivo: selezionare il rischio primario
2. definire i criteri: tempi, costi, qualità, ambito
3. specificare le alternative: rischio 1, rischio 2, rischio 3, rischio 4

Queste informazioni vengono poi inserite in una struttura gerarchica

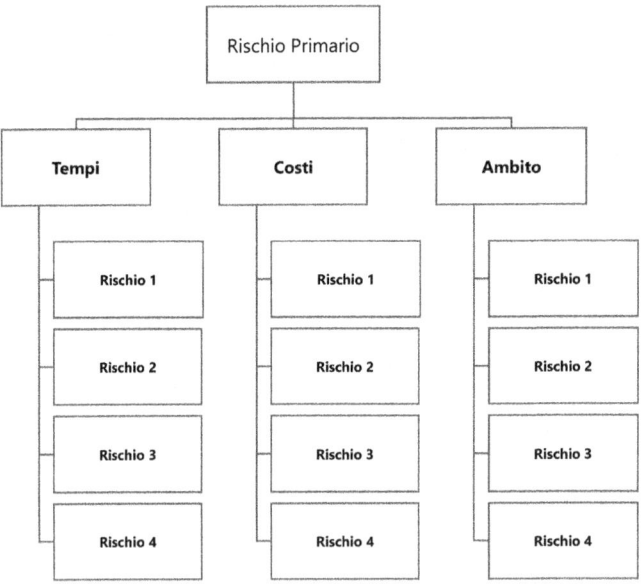

Queste informazioni sono sintetizzate per determinare la classifica relativa delle alternative, sia criteri qualitativi che quantitativi possono essere confrontati per calcolare pesi e priorità. Per determinare l'importanza relativa dei vari criteri utilizziamo il confronto a coppie (Pairwise Comparisons). Utilizzando il confronto a coppie si può esprimere l'importanza relativa di un criterio verso un altro, attribuendo ad esso un punteggio e terminando con l'assegnazione di un peso percentuale. Naturalmente la somma di tutti i pesi percentuali deve essere pari al 100%.

I punteggi da utilizzare ad ogni confronto sono, in linea di massima, arbitrari e corrispondono generalmente al numero di livelli qualitativi da considerare durante i confronti a coppie. Il risultato di tutti i confronti (in totale $n(n-1)/2$), genererà la matrice che verrà poi utilizzata per creare il vettore dei pesi percentuali (priorità) di ogni singolo criterio.

Generalmente si considera una scala di valutazione che varia da 1 a 9, dove ogni livello della scala corrisponde alla seguente valutazione:

Valore V_{ab}	Interpretazione
1	a e b sono equamente importanti
3	a è poco più importante di b
5	a è abbastanza più importante di b

7	a è decisamente più importante di b
9	a è assolutamente più importante di b
1/3	a è poco meno importante di b
1/5	a è abbastanza meno importante di b
1/7	a è decisamente meno importante di b
1/9	a è assolutamente meno importante di b

Dove V_{ab} è il valore numerico risultante dal confronto fra i criteri *a* e *b*, considerando un numero di criteri pari a *n*

Naturalmente è possibile assegnare, nel caso sia necessaria maggior precisione, anche valori intermedi non presentati nella tabella (ad esempio 2, 4, 6, 8, 1/2, 1/4, ecc.). Applicando il confronto per i criteri identificati si ottiene la seguente matrice:

	Tempi	Costi	Ambito
Tempi	1	1/2	3
Costi	2	1	4
Ambito	1/3	1/4	1

Come si può ottenere una classifica di prioritizzazione dei criteri da un confronto a coppie? Come dimostrato dal Dott. Saaty la soluzione è l'*eigenvector* (l'autovettore). Per risolvere in modo semplice l'*eigenvector* e ottenere la classifica dobbiamo:

1. Fare il quadrato della matrice
2. Fare la somma dei valori delle righe e normalizzarla
3. Se la differenza tra due somme ottenute in due calcoli consecutivi è inferiore ad un valore prestabilito si terminano i calcoli

Prendiamo la nostra matrice e eliminiamo per un momento le intestazioni di riga e colonna:

1	1/2	3
2	1	4
1/3	1/4	1

e convertiamo i valori in decimali:

1,0000	0,5000	3,0000
2,0000	1,0000	4,0000
0,3333	0,2500	1,0000

A questo punto facciamo il quadrato della matrice:

3,0000	1,7500	8,0000
5,3332	3,0000	14,0000
1,1666	0,6667	3,0000

Calcoliamo l'eigenvector.

Per prima cosa sommiamo i valori delle celle sulle singole righe:

3,0000	1,7500	8,0000	12,7500
5,3332	3,0000	14,0000	22,3332
1,1666	0,6667	3,0000	4,8333

Poi sommiamo i valori dell'ultima colonna:

	12,7500
	22,3332
	4,8333
	39,9165

Adesso normalizziamo dividendo il singolo totale della righe per il totale della colonna

	12,7500/39,9165		0,3194
	22,3332/39,9165		0,5595
	4,8333/39,9165		0,1211
	Totale		**1,0000**

La tabella seguente rappresenta il nostro *eigenvector*.

	0,3194
	0,5595
	0,1211

Come specificato, il processo deve essere reiterato fino a quando il risultato dell'eigenvector non differisce di molto dal valore dell'ultima iterazione. Per cui riprendiamo la nostra matrice:

	3,0000	1,7500	8,0000
	5,3332	3,0000	14,0000
	1,1666	0,6667	3,0000

ed eleviamola di nuovo al quadrato. Otteniamo il seguente risultato:

	27,6653	15,8330	72,4984
	48,3311	27,6662	126,6642
	10,5547	6,0414	27,6653

Calcoliamo l'*eigenvector*. Sommiamo i valori delle singole righe:

	27,6653	15,8330	72,4984	**115,9967**
	48,3311	27,6662	126,6642	**202,6615**
	10,5547	6,0414	27,6653	**44,2614**

Calcoliamo il totale della colonna:

115,9967
202,6615
44,2614
362,9196

E normalizziamo:

115,9967/362,9196	**0,3196**
202,6615/362,9196	**0,5584**
44,2614/362,9196	**0,1220**
Totale	1,0000

Vediamo la differenza tra la prima iterazione e l'ultima:

0,3194	0,3196	-0,0002
0,5595	0,5584	0,0011
0,1211	0,1220	-0,0009

Come possiamo vedere la differenza e minima e sicuramente potrebbe rientrare nel valore predeterminato. Vediamo ora il significato del nostro *eigenvector*. Riprendiamo la nostra prima matrice:

	Tempi	Costi	Ambito
Tempi	1	1/2	3
Costi	2	1	4
Ambito	1/3	1/4	1

L'*eigenvector* ci dà la classifica relativa dei nostri criteri.

Tempi	0,3196	Il secondo criterio più importante
Costi	0,5584	Il criterio più importante
Ambito	0,1220	Il criterio meno importante

Torniamo al nostro albero gerarchico:

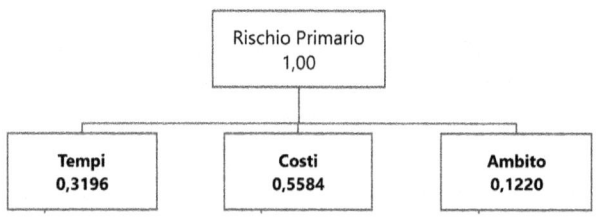

E le alternative? Anche per esse possiamo utilizzare il confronto a coppie rispetto ad ogni singolo criterio.

Vediamo il confronto a coppie per i rischi rispetto ai TEMPI:

	Rischio 1	Rischio 2	Rischio 3	Rischio 4
Rischio 1	1	1/4	4	1/6
Rischio 2	4	1	4	1/4
Rischio 3	1/4	1/4	1	1/5
Rischio 4	6	4	5	1

per i COSTI:

	Rischio 1	Rischio 2	Rischio 3	Rischio 4
Rischio 1	1	2	5	1
Rischio 2	1/2	1	3	2
Rischio 3	1/5	1/3	1	1/4
Rischio 4	1	1/2	4	1

e per l'AMBITO:

	Rischio 1	Rischio 2	Rischio 3	Rischio 4
Rischio 1	1	1/2	1/5	2
Rischio 2	2	1	1/3	3
Rischio 3	5	3	1	1/4
Rischio 4	1/2	1/3	4	1

Con la modalità già spiegata calcoliamo l'*eigenvector* per ogni alternativa:

Tempi		
Ranking		Val.
3	Risk 1	0,1160
2	Risk 2	0,2470
4	Risk 3	0,0600
1	Risk 4	0,5770

Costi		
Ranking		Val.
1	Risk 1	0,3790
2	Risk 2	0,2900
4	Risk 3	0,0740
3	Risk 4	0,2570

Ambito		
Ranking		Val.
4	Risk 1	0,1537
3	Risk 2	0,2559
1	Risk 3	0,3193
2	Risk 4	0,2712

Torniamo al nostro albero gerarchico e inseriamo tutte le informazioni relative alle alternative:

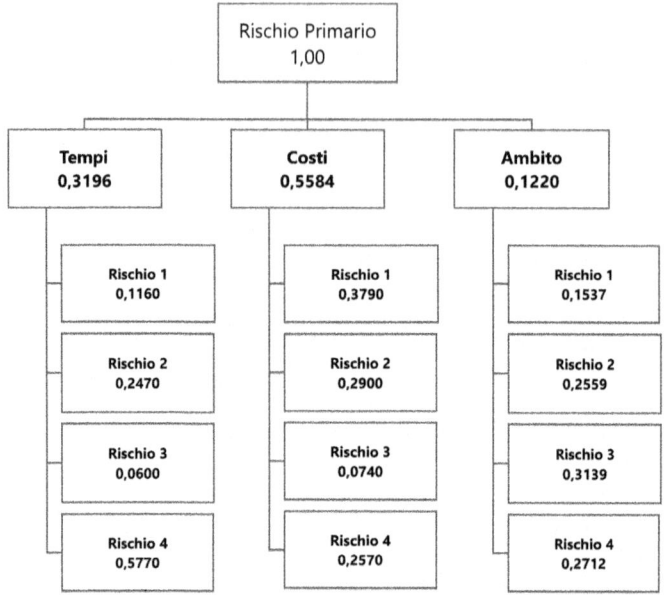

A questo punto siamo pronti per avere la risposta al nostro quesito.

Con i dati nella tabella seguente calcoliamo il valore dei nostri rischi:

	Tempi	Costi	Ambito		Ranking Criteri	
Rischio 1	0,1160	0,3790	0,1537	*	0,3196	Tempi
Rischio 2	0,2470	0,2900	0,2559		0,5584	Costi
Rischio 3	0,0600	0,0740	0,3193		0,1220	Ambito
Rischio 4	0,5770	0,2570	0,2712			

Rischio 1:

(0,1160*0,3196)+(0,3790*0,5584)+(0,1537*0,1220) = **0,2673**

Rischio 2:

(0,2470*0,3196)+(0,2900*0,5584)+(0,2559 *0,1220) = **0,2721**

Rischio 3:

(0,0600*0,3196)+(0,0740*0,5584)+(0,3193*0,1220) = **0,0995**

Rischio 4:

(0,5770*0,3196)+(0,2570*0,5584)+(0,2712*0,1220) = **0,3610**

Ordinando per valore i nostri rischi otteniamo:

Rischio 4	**0,3610**
Rischio 2	0,2721
Rischio 1	0,2675
Rischio 3	0,0995

Il Rischio 4 è per noi quello a cui dare più importanza e conseguente risposta.

SYSTEM DYNAMICS

Mentre l'approccio tradizionale al Project Management tenta di supportare le azioni manageriali con tecniche analitiche, anche di tipo probabilistico (quali programmazione PERT, *risk assessment* e gestione dei *claim*), i nuovi approcci basati sui *system dynamics* presuppongono una visione olistica dell'organizzazione di progetto e si concentrano sul suo comportamento di fronte alle possibili strategie e correzioni manageriali.

Tra le varie applicazioni esistenti per il Project Management (ad esempio: programmazione reticolare integrata con i sistemi dinamici), i *system dynamics* permettono di definire e testare un modello formale *computer-based* che considera le principali variabili e azioni manageriali agenti sul progetto in un'ottica sistemica, rafforzando in questo modo il *decision-making* a livello strategico.

Il metodo della Dinamica dei Sistemi è stato creato durante la metà degli anni '50 dal professor Jay Forrester del Massachusetts Institute of Technology (MIT). Le intuizioni di Forrester che hanno portato alla creazione della dinamica dei sistemi, sono state attivate, in larga misura, dal suo incontro con i dirigenti della General Electric (GE) nel corso della metà degli anni '50. A quel tempo, i manager di GE erano perplessi perché l'occupazione nei loro impianti nel Kentucky mostrava un significativo turn-over di tre anni. Il ciclo economico fu giudicato essere una spiegazione insufficiente per l'instabilità dell'occupazione.

Dalle simulazioni fatte a mano della struttura di retroazione livelli-flussi degli impianti di GE, che comprendeva la struttura aziendale di decisione per le assunzioni e i licenziamenti, Forrester è stato in grado di mostrare come l'instabilità nell'occupazione in GE era dovuta alla struttura interna della società e non ad una forza esterna come il ciclo economico. Queste simulazioni manuali sono state l'inizio della Dinamica dei sistemi come disciplina.

Sebbene i modelli SD abbiano una rigida base matematica, per la loro realizzazione non sono richieste alte competenze matematiche. Serve il system thinking (ST) o pensiero sistemico. Il ST guida il modellizzatore a vedere la realtà come un sistema complesso di variabili correlate tra di loro. La correlazione è tale che l'interazione tra una variabile e l'altra può provocare un effetto che, attraverso una catena chiusa di causa ed effetto, ritorna alla prima variabile, creando un sistema di controllo (feedback). Per ricostruire un sistema complesso, come per i rischi, non è quindi sufficiente considerare il singolo evento e la causa che l'ha determinato, ma occorre concentrarsi sull'intero sistema, sviluppando la capacità di affrontare problemi complessi con approccio flessibile, cogliendo gli elementi di trasversalità senza dogmi o pregiudizi, ed applicando invece la capacità critica che è propria del metodo scientifico.

Ricostruito il sistema, la SD permette di esaminare i vari scenari e di sperimentare le conseguenze delle azioni proposte sull'intero sistema, comprendendo così meglio le interazioni e le ramificazioni delle decisioni prese. In caso contrario, le soluzioni sono intuitive e basate sugli eventi e sulle conseguenze, piuttosto che sulle cause che hanno determinato il rischio e le soluzioni così trovate possono funzionare a breve, ma nel tempo producono insuccessi. Il modello SD è utile per comunicare il rischio evidenziato. L'applicazione della SD consente di includere nel modello l'esperienza, le conoscenze e le opinioni degli interessati, realizzando la valutazione del rischio come sommatoria di tutti i punti di vista, rendendo più accettabile quello che può succedere e quello che si può fare per evitare che ciò succeda.

Per trasformare il mondo reale in un modello SD sono disponibili diversi software, tutti ugualmente validi, intuitivi e flessibili. La scelta dipende dall'obiettivo dello studio. Se lo studio è destinato alla valutazione della probabilità che un determinato rischio si manifesti sono utili modelli statici, che non tengono conto dell'evoluzione nel tempo, come i cosiddetti spreadsheets o fogli elettronici, (Excel di Microsoft o il Calc di OpenOffice). Il più noto è @Risk di Palisade Corporation. L'uso degli spreadsheets richiede di avere dimestichezza con gli elementi dei fogli elettronici (celle, righe e colonne). Con gli spreadsheets, l'attenzione si concentra sui numeri. Gli spreadsheets sono ottimi per la simulazione di modelli statici che studiano il sistema in un punto ben determinato del tempo. Sono poco utili per lo studio di modelli quantitativi dinamici e complessi Se l'obiettivo è di capire la dinamica del pericolo ed i rischi collegati nel tempo risultano più utili i software che utilizzano la metodologia CLD – Casual Loop Diagram.

La figura seguente riporta un esempio di ciclo di feedback semplice e in particolare, quello che descrive il fenomeno di revisione della schedulazione di progetto. Le frecce descrivono l'influenza causale tra i fattori considerati; il segno + o -, indica se un aumento della variabile-causa genera un aumento ella variabile-effetto o una sua diminuzione.

Così la stima di uno slittamento dei tempi genera la necessità di concedere una proroga e quindi, di ridefinire una nuova data di fine del progetto. Il nuovo termine, a sua volta, consentirà di avere un minor slittamento e, conseguentemente, una riduzione dei programmi del periodo successivo.

Individuato il software e applicando il System Thinking, va definito il problema e lo scopo del modello, ossia occorre definire la domanda a cui il modello deve dare la risposta. Se il problema è molto ampio è opportuno definire i vari sottosistemi e gli obiettivi di ciascun di questi sottosistemi.

Quindi vanno individuate le modalità con cui il rischio evolve dinamicamente, investigando il comportamento nel tempo di una o più variabili. Sulla base del comportamento osservato diventa possibile individuare e descrivere la struttura e le interazioni che sono alla base della dinamica osservata.

Una volta descritto il sistema-progetto attraverso la mappa dei feedback causali, occorre definire le funzioni matematiche che legano a due a due le variabili, vuoi tramite analisi dei dati storici di altri progetti simili, vuoi attraverso l'assunzione di modelli mentali.

Infine, è possibile costruire il modello sul computer attraverso l'uso dei software e lanciare le simulazioni, opportunamente inizializzate, condizionate ai cambiamenti delle variabili di decisione di cui il simulatore intende controllare gli effetti. I software restituiscono gli andamenti grafici simulati delle variabili nel tempo e ne consentono l'analisi.

Si osservi che, in generale, un modello di progetto secondo i *system dynamics* non prevede la presenza di variabili indipendenti. Si suppone infatti che il modellatore non le conosca, bensì utilizzi la simulazione stessa per capire quali variabili sono maggiormente in grado di influenzarne il comportamento, anche attraverso opportune analisi di sensitività.

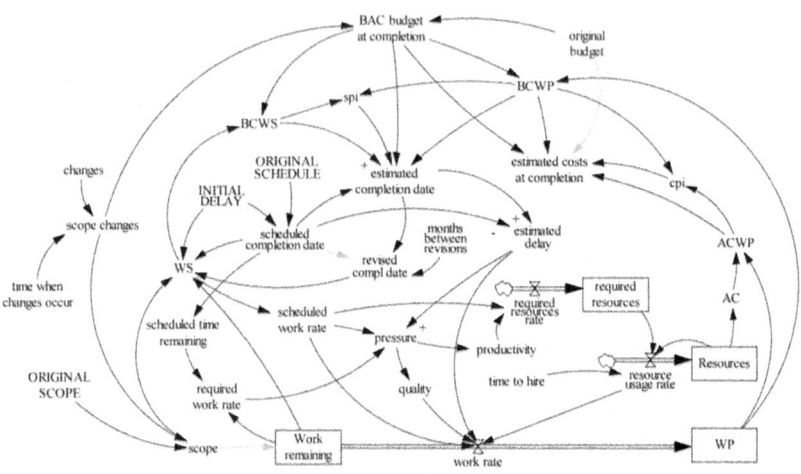

BOW-TIE METHOD

Il *BowTie Method* è una delle tecniche più potenti e sempre più popolari nella valutazione del rischio. Il metodo viene chiamato *Bow-Tie* perché descrive la gestione del rischio attraverso un formato grafico che ricorda la cravatta a farfalla, il papillon. Il *Bow-Tie* Method nasce come metodo per valutare i pericoli e i rischi operativi, anche se l'origine esatta della metodologia non è chiara. La prima apparizione sembra essere stata in un corso di formazione dell'*Imperial Chemical Industries* del 1979. Indubbiamente, la *Royal Dutch / gruppo Shell* è stata la prima società di grandi dimensioni a integrare completamente il metodo nelle sue pratiche commerciali e le viene accreditato lo sviluppo di quella che oggi è la tecnica usata. L'uso di tale metodo si è poi esteso fino ad abbracciare la gestione di ogni tipo di rischio tra cui quello finanziario, strategico, di qualità, di interruzione del business, politico, di gestione delle risorse umane e ovviamente del rischio di progetto. Il metodo va oltre la classica valutazione del rischio e pone l'enfasi sul legame necessario tra il controllo del rischio e il sistema di gestione dell'organizzazione.Il metodo assicura che il rischio sia realmente controllato e non solo analizzato ed è un ottimo strumento di comunicazione anche verso i non esperti nel campo del risk management.

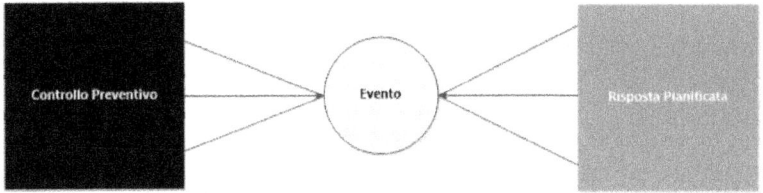

Il metodo *Bow-Tie* fornisce una visualizzazione facilmente comprensibile dei rapporti tra le cause del rischio, l'escalation di tale evento, i controlli che impediscono la realizzazione dell'evento e delle misure predeterminate da mettere in atto per limitare l'impatto sul business.

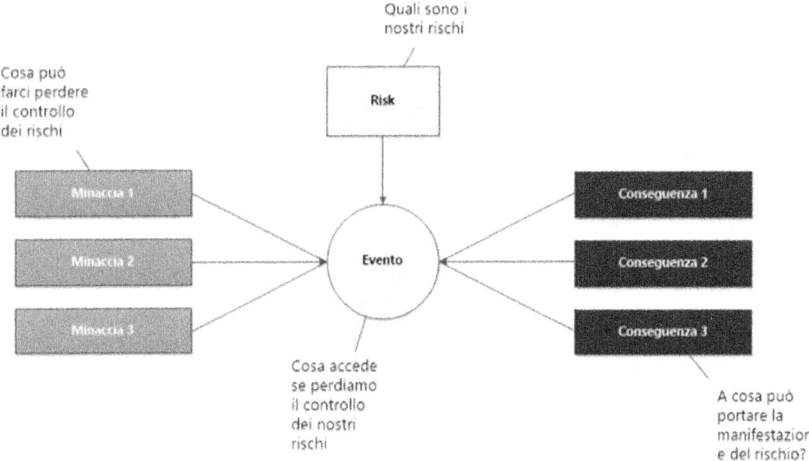

Ancora più importante, le misure di prevenzione e di mitigazione sono legate a attività, a procedure, a individui responsabili e alle loro competenze. Ciò mette in evidenza il collegamento cruciale tra i controlli del rischio (sia materiali, procedurali o in base alla competenza) e il sistema di gestione necessario per assicurare la loro efficacia durante il progetto. Per disegnare un diagramma *Bow-Tie* è necessario fare dei passaggi sequenziali proponenedo un insieme strutturato di domande.

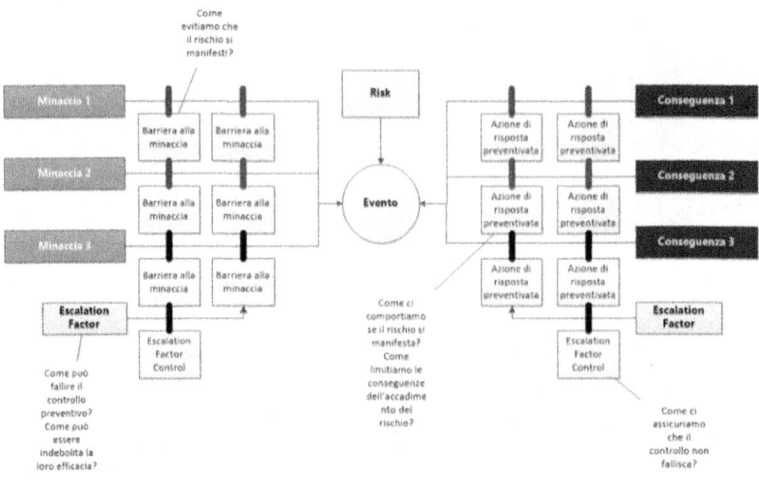

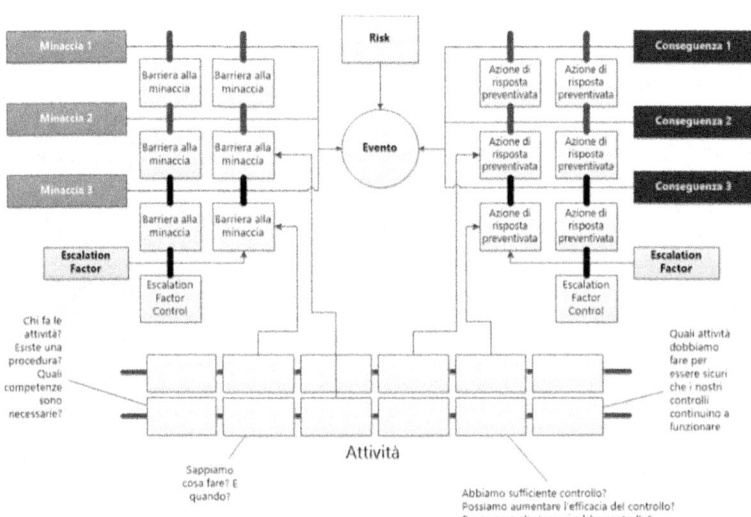

Gruppi di lavoro composti da persone che hanno familiarità con i rischi in discussione, hanno dimostrato di essere il modo più efficace per identificare i rischi, i controlli e le misure di risposta. L'onestà è un ingrediente essenziale durante queste sessioni se vogliamo che eventuali carenze nei controlli siano identificate. Per incoraggiare l'onestà, il laboratorio deve essere eseguito in modo aperto e coinvolgente e un facilitatore indipendente spesso può aiutare a creare tale ambiente. Il risk assessment normalmente tende a concentrarsi solo sul livello di rischio, piuttosto che considerare tutti gli aspetti della gestione del rischio stesso. L'approccio strutturato dl *Bow-Tie* impone una valutazione di quanto e come tutte le cause iniziali vengono controllate e, quanto e come l'organizzazione sia pronta a recuperare le cose nel momento dovessero cominciare ad andare male. Si evidenzia il legame diretto tra i controlli e gli elementi del sistema di gestione (figura seguente).

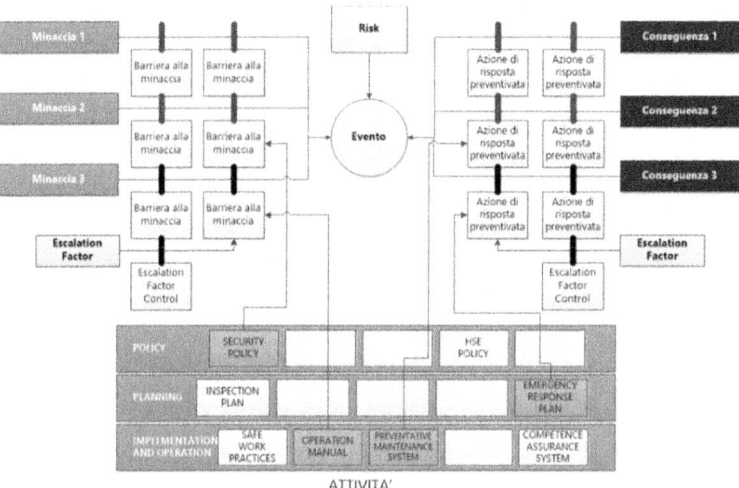

Questo approccio logico identifica spesso lacune e problematiche che sono mancati in altre tecniche.

STRATEGIE DI RISPOSTA

CAPITOLO

27 RESPONSE STRATEGY

Alle strategie di risposta ai rischi è dedicato un capitolo a parte poiché la scelta di come affrontare una minaccia o un'opportunità può cambiare il corso del progetto stesso. Vedremo che ci sono varie strategie di risposta ai rischi. Saranno spiegate le varie differenze per capire al meglio l'applicazione di una risposta rispetto a un'altra, in modo da determinare quale strategia sia la migliore da implementare nella realtà del progetto.

STRATEGIE PER MINACCE ED OPPORTUNITÀ
(Strategy for Threat & Opportunity):

Quando parliamo di rischi in realtà intendiamo eventi che se si manifestano possono portare benefici o arrecare danni al progetto impedendo o aiutando il raggiungimento di uno o più obiettivi del progetto stesso. Sappiamo che i rischi possono essere positivi e negativi e li abbiamo già definiti come opportunità o minacce. Le tecniche qui presentate sono le strategie di risposta che possiamo utilizzare per controllare i rischi.

NOTA	
	- È meglio utilizzare un mix di strategie
	- Potete utilizzare l'albero delle decisioni per scegliere tra le varie strategie
	- Non sempre potete scegliere la strategia che volete. Ci posso essere rischi che non potete evitare o trasferire
	- Potete elaborare una "strategia A" e una "strategia B", ad esempio decidete di evitare un rischio ma dopo verifica del fallimento della risposta, decidete di mitigarlo.
	- Le risposte ai rischi richiedono delle change nel piano di progetto (risorse, tempi, qualità, clausole contrattuali...).

La tabella seguente riassume le strategie tra cui scegliere:

Minaccia (Threat)	Opportunità (Opportunity)	Quando Usarla
Evitare (Avoid)	Sfruttare (Exploit)	Per rischi che sono troppo pericolosi da far accadere o troppo buoni da perdere
Trasferire (Transfer)	Condividere (Share)	Per tutti i rischi che non possiamo gestire da soli e per i quali abbiamo bisogno di un aiuto da terze parti
Mitigare (Mitigate)	Potenziare (Enhance)	Per tutti quei rischi per i quali possiamo intervenire sui componenti del rischio stesso (probabilità e impatto) per ridurre le minacce e aumentare le opportunità
Accettare (Accept)	Accettare (Accept)	Per tutti i rischi che non controlliamo attraverso le altre strategie, Se accadono, accadono. Anche se possiamo riservare una quota di denaro per gestirli

Vediamo più in dettaglio tutte le possibili risposte ai rischi.

STRATEGIE PER LE MINACCE (STRATEGIES FOR THREATS):

Evitare (Avoid):

Evitare un rischio vuol dire che non vogliamo che accada, mai, quindi proviamo ad eliminarlo. Dobbiamo essere disposti a investire risorse o a far modifiche al piano di progetto per poterci riuscire. Un semplice esempio potrebbe essere quello di una progetto di una vacanza negli Stati Uniti. Nella programmazione degli spostamenti troviamo un solo volo da una destinazione a un'altra che però ci farà perdere le altre coincidenze che sono fondamentali per proseguire il nostro viaggio. Evitiamo il rischio eliminando quella destinazione.

Altro esempio può essere quello di un progetto di realizzazione di una macchina sportiva che ha dei parafanghi molto ampi. Ci accorgete che questi parafanghi creano un alto rischio di limitare l'apertura delle porte, rendendo difficoltoso l'accesso nell'abitacolo. Non potendo ridurre il rischio decidiamo semplicemente di eliminare quel tipo di parafango dal disegno dell'automobile.

> **NOTA** In molti casi, evitare un rischio significa cambiare il piano di progetto e perdere alcuni benefici. Nei due semplici esempi sopra riportati, perdereste un viaggio in una città americana e perdereste quel profilo decisamente sportivo della nuova auto.

> **NOTA** Scegliere la strategia di evitare un rischio in alcuni casi porta alla nascita dei così detti rischi secondari, cioè quei rischi che nascono da una nostra risposta al rischio stesso. Ad esempio, evitare il rischio rottura dell'automobile ormai vecchia per un viaggio di lavoro a Milano scegliendo di non prendere l'auto ma di utilizzare il treno o l'aereo, crea rischi secondari come i possibili scioperi o ritardi e così via. Da una nostra risposta al rischio sono nati altri rischi a cui dare attenzione

Trasferire (Transfer):

Trasferire è la strategia più usata quando non abbiamo nessuna precedente esperienza nella gestione della minaccia identificata. Possiamo anche utilizzare questa strategia se riteniamo più pratico che siano altri a gestire alcuni rischi del nostro progetto. Per fare un esempio, pensiamo alla situazione in cui dobbiamo ottenere un'autorizzazione dalla commissione ambiente prima di poter costruire un nuovo palazzo; per gestire la possibilità di un ritardo della concessione, affidiamo la gestione del rischio ad uno studio legale specializzato. L'opzione di rispondere ad un rischio con il trasferimento è la ragione chiave per la quale dovremmo fare risk management prima della gestione degli approvvigionamenti (Project procurement), dal momento che abbiamo bisogno di inserire nell'approvvigionamento anche il contratto relativo al passaggio della gestione del rischio allo studio legale.

> **NOTA** Ricordate che trasferire un rischio non significa annullare il rischio. Il trasferimento del rischio a terzi sposta solo la gestione del rischio, ma il rischio rimane pendente sul progetto. Il che significa che gli effetti della manifestazione del rischio possono comunque ricadere su uno o più obiettivi del progetto stesso.

Mitigare (Mitigate):

Questa strategia si applica a tutti quei rischi che non possiamo evitare o trasferire. È come cercare di fare il meglio che possiamo con le risorse a disposizione per ridurre il rischio, cioè diminuire la sua probabilità di accadimento e in alcuni casi il suo impatto. Anche qui pensiamo alla costruzione del palazzo. Durante le opere di fondazione, abbiamo bisogno di una pompa che continui ininterrottamente a lavorare per un lungo periodo. C'è il rischio di un ritardo nel lavoro se la pompa si rompe. Qui possiamo mitigare il rischio della rottura della pompa, installandone una seconda in parallelo, così da ridurre il carico della prima e riducendo così la probabilità di accadimento del rischio rottura.

STRATEGIE PER LE OPPORTUNITÀ (STRATEGIES FOR OPPORTUNITY):

Exploit (Sfruttare):

Non vogliamo perdere una possibile opportunità, così cerchiamo di gestire le vostre risorse in modo che questo rischio positivo non venga perso. Possiamo pensare a questa strategia come l'opposto dell'evitare il rischio. Facciamo un esempio. Se finiamo l'attività di fondazione (Task X) un giorno in anticipo, possiamo riassegnare risorse sull'attività Y e risparmiare denaro. Il Project Manager in questa situazione potrebbe assegnare risorse con più esperienza per lavorare su quell'attività in modo da assicurarsi che verrà completata un giorno prima.

Share (Condividere):

Nel progetto potremmo avere una opportunità ma non avere l'esperienza o le risorse per trarne beneficio. In questo caso, è meglio condividere i benefici con qualcuno che possa aiutarci a far accadere questa opportunità più che perderla. Esempio, in un progetto di perforazione per estrazione del petrolio stipuliamo un contratto con una compagnia petrolifera per la raccolta di ogni altro gas naturale che possa essere scoperto e ne dividiamo i profitti.

Potenziare (Enhance):

L'enhance è concettualmente simile alla mitigazione. Vogliamo incrementare le chance di accadimento di un'opportunità aumentando la sua probabilità di accadimento o il suo impatto positivo. Facendo un esempio, pensiamo alla possibilità che un macchinario X sarà disponibile prima della data pianificata di acquisto permettendo un avvio anticipato dell'attività Y. Potenziando (enhance) questa opportunità, assegnate un membro del team di progetto alla chiusura di un contratto in tempi brevi con il fornitore del macchinario migliorando così le chance di una consegna veloce ed una conseguente aumentata possibilità di un avvio anticipato dell'attività stessa.

STRATEGIA PER MINACCE ED OPPORTUNITÀ:

Accettare (Accept):

Se non esiste una strategia utilizzabile per gestire minacce o opportunità, allora possiamo solo accettarle. Tutte le strategie fin qui presentate includono qualche modifica al piano di progetto, ma se accettiamo un rischio, lasciamo che accada

(sempre che accada, ricordate che i rischi sono eventi incerti nel futuro e possono o non possono accadere)

Ci sono due tipi di accettazione:

- **Accettazione Passiva (Passive Acceptance):** Non facciamo nulla riguardo al rischio, per esempio, se la consegna del materiale è in ritardo, aspettiamo.
- **Accettazione Attiva (Active Acceptance):** Assegniamo una quota extra di denaro, tempo, risorse in modo da poter gestire il rischio. Questa si chiama contingency reserve. Ad esempio, un macchinario non è stato consegnato e la consegna ritarderà ancora, spendiamo la quota di denaro messa da parte per affittarne uno e poter eseguire l'attività pianificata.

NOTA Se accettate il rischio, anche in presenza di una contingency reserve, date risposta al rischio solo se accade (project execution), mentre con le altre strategie mettete in campo delle risposte prima che il rischio si manifesti (project planning).

NOTA Come sapete esiste un'altra riserva chiamata MANAGEMENT RESERVE. Nel PMBOK ® Guide trovate una descrizione della riserva di gestione che ci dice:

- è un accantonamento di denaro per gestire quelle modifiche al progetto che non sono state né identificate né pianificate
- il project manager deve chiedere ed avere approvazione per il suo utilizzo
- questa riserva non fa parte della cost baseline

La management reserve nelle aziende normalmente è predeterminata, per esempio, potrebbe essere il 2,5% del budget di ogni progetto. Come sempre, facciamo un esempio per capire meglio.

Abbiamo pianificato un viaggio in Australia e abbiamo determinato un budget per coprire tutte le spese, i trasporti, gli alberghi e le escursioni. Abbiamo identificato il rischio che alcune situazioni meteo avverse possano ritardare i nostro volo di ritorno a casa, così accantoniamo una quota di denaro da spendere nel caso fossimo obbligati a alloggiare in un hotel (questa è la nostra contingency).

Adesso pensiamo a rischi che non possiamo anticipatamente identificare, come ad esempio il fatto che ci si possa ammalare e si abbia bisogno di cure mediche. Per queste "altre possibilità" mettiamo da parte un'altra quota di denaro (la management reserve). Così il totale del costo delle vacanza sarà dato dalla somma del costo del viaggio + la contingency + la management reserve. Consideriamo il rischio di un ritardo nella consegna di un macchinario che ci serve per eseguire una delle nostre attività, vediamo come possiamo selezionare differenti strategie per gestirlo.

La scelta della strategia dipende da vari fattori come l'importanza dell'equipaggiamento, la disponibilità di altri fornitori e dalla tolleranza al rischio degli stakeholder.

Strategia	Obiettivo	Cosa Dovremmo Fare
Avoid	Il macchinario DEVE arrivare	Se possibile, fare il lavoro con un altro macchinario che sia disponibile (sostituzione). Oppure, se possibile, eliminare l'attività che richiede l'uso del macchinario.
Mitigate	Assicurarsi il più possibile che il macchinario arrivi in tempo	Ridurre la probabilità che ci sia un ritardo nella consegna perfezionando un contratto che non permetta nessun tipo di variazione a quanto stabilito. Possiamo anche contattare altri fornitori che riteniamo più affidabili.
Transfer	Far diventare il rischio problema di terze parti	Se possibile, facciamo in modo che sia un terzo a dover gestire il lavoro che richiede l'uso del macchinario
Accept	Non possiamo fare nulla per evitare il ritardo	Attendiamo fino all'arrivo del macchinario

Legata alle strategie di risposta ai rischi c'è la pianificazione della contingenza.

CONTINGENCY PLANNING (PIANIFICAZIONE DELLA CONTINGENZA):

Il contingency planning è una tecnica del processo di risposta ai rischi che viene usata quando il rischio realmente si manifesta. Include il monitoraggio dei trigger. I trigger sono degli indicatori che ci avvertono che il rischio sta per accadere.

Esempio: identifichiamo un rischio relativo all'aumento del prezzo del diesel e facciamo un piano di contingency per riempire tutti i nostri serbatoi. I nostri trigger sono i prezzi del diesel e li monitoriamo fino a che raggiungono un livello predefinito che indica che è giunto il momento di eseguire il nostro piano e riempire tutti i serbatoi.

I contingency plan sono simili ad un paino si evacuazione di emergenza di un palazzo in fiamme. Facciamo il piano e non lo eseguiamo fino a che non vediamo i trigger come il fumo o sentiamo gli allarmi anti fuoco.

> **NOTA** Non confondete la contingency reserve con il contingency planning. La prima si occupa di accantonare del denaro (o tempo nel caso di time contingency) per gestire un rischio manifesto, l'altro è il piano che eseguite se un trigger vi da indicazione dell'accadimento del rischio.

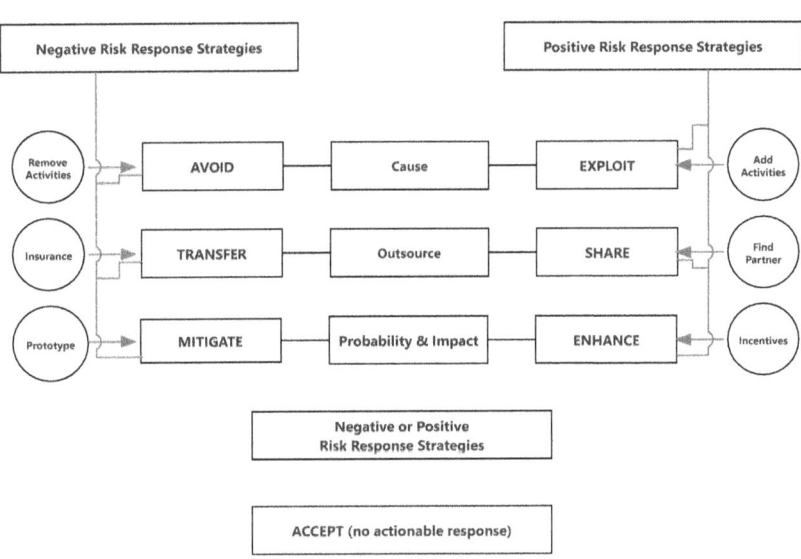

INPUT & OUTPUT

CAPITOLO

28 INPUT & OUTPUT

Come già detto, gli strumenti e le tecniche, e qui gli input e gli output sono trattati senza fare riferimento ai processi di cui fanno parte. Nella Parte III del libro affronteremo ogni singolo processo con i propri elementi.

INPUT

Nelle prossime pagine troveremo una descrizione di tutti gli input che possiamo usare nei processi di risk management. Familiarizzare con questi elementi, come fatto con i precedenti, aiuta a ricordare in quale specifico processo sono utilizzati.

Activity Cost Estimation / Activity Duration Estimation (stima dei costi delle attività / stima delle durate delle attività)

Anche nelle stime di costo e durata possono nascondersi dei rischi. Dobbiamo ricontrollare le nostre stime e convalidare i nostri assunti sui quali le stime sono fondate. Possiamo anche controllare se gli esperti che ci hanno aiutato nella determinazione delle stime siano stati imparziali oppure no. Un esempio di convalida è verificare se il costo orario di un tecnico, che è stato usato per fare il calcolo dei costi delle attività, è corretto o meno.

Stakeholder Register (Registro degli Stakeholder):

Lo stakeholder *register* è utilizzato come input nell'identificazione dei rischi. Abbiamo bisogno del registro per avere a disposizione i contatti degli stakeholder in modo da poterli invitare a partecipare alle attività d'identificazione dei rischi come ad esempio le sessioni di brainstorming. In aggiunta, nel registro troveremo le aspettative degli stakeholder e dovremo controllarle per determinare possibili conflitti con il Project scope. Dobbiamo essere certi che il registro includa tutti gli stakeholder principali.

Cost /Schedule/Quality Management Plan (Piani di gestione dei costi, tempi e qualità):

Abbiamo bisogno di questi documenti perché ci aiutano a determinare possibili rischi durante il processo di identificazione. Troveremo informazioni relative ai requisiti di qualità o quali metodi sono stati utilizzati nella preparazione delle stime di costo e di tempo così da poter identificare possibili conflitti e incoerenze.

> **NOTA** Come potete vedere, il risk management richiedere la revisione di vari piani del progetto per identificare incoerenze, errori e conflitti. Colgo l'occasione per ribadire ciò che ho scritto all'inizio di questo libro: il risk management vi aiuta a capire come elementi differenti si uniscono e si fondono in un progetto.

Scope Statement / Scope Baseline (Descrizione dell'ambito del progetto / Baseline dell'Ambito del progetto):

Se vogliamo capire il progetto dobbiamo avere lo scope statement. Nel Project scope statement è ben specificato ciò che è incluso nel progetto e ciò che è fuori dai confini del progetto stesso. Descrive nel dettaglio i deliverable e il lavoro necessario per crearli. Contiene informazioni per il risk management come i deliverable stessi, i constraint (vincoli) e gli assunti (assumption). Nello scope statement abbiamo le informazioni che ci fanno capire quanto grande e complesso possa essere il progetto. Queste informazioni ci aiutano a decidere quanto complesse le attività di risk management dovranno essere. Per esempio, progetti grandi e complessi necessitano di simulazioni, cosa che normalmente non avviene nei piccoli progetti. In più, utilizzeremo la scope baseline per identificare i rischi, perché contiene informazioni quali gli assumption log, i constraint e la WBS con il suo dizionario. Dobbiamo esaminare gli assunti e confermarli dato che possono portare rischi inaspettati. La WBS ci aiuta a vedere il progetto scomposto nelle sue differenti parti in modo olistico.

> **NOTA** Ricordate che la scope baseline è l'unica baseline composta da più documenti. La scope baseline è composta dallo scope statement, la wbs e il dizionario della wbs, ciò la raccolta di tutti i wp descriptions

Project Documentation (Documenti di Progetto):

Il PMBOK® *Guide* utilizza il termine "documenti di progetto" per indicare tutti i documenti di supporto che non sono inclusi nel piano di progetto (Project Management plan). Il piano di progetto avrà una sezione per ognuna delle dieci aree di conoscenza (i vari management plan di ogni area), il process improvement plan, la baseline dell'ambito, dei costi e dei tempi (la così detta baseline di progetto). I documenti di progetto contengono altre informazioni come i registri (incluso il risk *register*), i log, le metriche e le specifiche dei metodi utilizzati.

Enterprise Environmental Factors - EEF (Fattori Ambientali Aziendali):

Immaginiamo di scrivere un articolo che descriva la nostra azienda per un magazine del settore. Quali informazioni includeremmo? Che ne dite di:

- la visione e la mission dell'azienda
- la struttura organizzativa aziendale (ad esempio funzionale, a matrice......)
- la cultura aziendale: il comportamento dei lavorati, se una azienda con una "blame culture" (cultura del rimprovero), comportamento nei meeting, condivisione dei risultati........
- il mercato di riferimento
- i requisiti giuridici e normativi a cui l'azienda deve sottostare

Questa lista è soltanto un esempio di ciò che è incluso nelle EEF. Non troveremo una cartella con scritto sopra *Enterprise Environmental Factors*, ma piuttosto informazioni sparse a livello aziendale che potrebbero essere importanti e per le quali dobbiamo porre attenzione osservandole più che documentandole.

Risk Tolerance (Tolleranza al Rischio):

La tolleranza al rischio fa parte delle EEF e ci dice quanto sensibili siano gli stakeholder e l'azienda verso i rischi. Un alto livello di tolleranza vuol dire avere più spazio per gestire i rischi e vice versa. La tolleranza al rischio può essere modificata asseconda della priorità del progetto (più o meno strategico), del livello di impegno o da una particolare sensibilità a certi rischi.

La tolleranza al rischio può impattare sulla capacità di ottenere la giusta riserva di contingenza per gestire i rischi accaduti. Per esempio, se stiamo gestendo un progetto che non è strategico per la nostra azienda, potremmo avere una tolleranza maggiore verso i rischi. Un alto livello di tolleranza implica che gli stakeholder (specialmente lo sponsor) siano meno disposti a spendere soldi per controllare i rischi. La chiave è capire quanto il progetto sia importante per gli stakeholder.

> **NOTA** Come riportato dal PMI ci sono sette vincoli che determinano i livelli di tolleranza al rischio. Il modello completa quello tradizionale di scope (ambito), time (tempi), cost (costi) con resources (risorse), quality (qualità) e customer satisfaction (soddisfazione del cliente). Questo modello viene utilizzato per descrivere le aree di tolleranza degli stakeholder.

> **NOTA** C'è una certa terminologia legata alla tolleranza al rischio. Vi propongo alcuni elementi per essere preparati durante l'esame.
> - **Risk Tolerance Areas:** Sono le aree dove gli stakeholder principali sono disposti ad accettare rischi. Queste aree devono essere identificate.
> - **Risk Averse:** Indica uno stakeholder non disposto ad accettare rischi
> - **Risk Thresholds:** È la misura del rischio uno stakeholder sia disposto ad accettare. Le soglie possono essere rappresentate attraverso percentuali oppure con valori specifici tipo +/- 1 settimana. Le soglie aiutano a determinare le risposte ai rischi verificatisi.
> - **Risk Utility:** La funzione Risk Utility descrive una persona o una organizzazione disposta a accettare rischi.

Organizational Process Assets - OPA (Asset dei Processi Organizzativi):

Gli asset aziendali possono includere politiche e standard che devo essere seguiti, ad esempio per il risk management potremmo trovare una risk matrix ufficiale e dei risk template (modelli). Gli OPA includono le lessons learned. Questi documenti potrebbero trovarsi in aree differenti a seconda dell'azienda. Ad esempio, potremmo trovare una matrice di rischio ufficiale e approvata nel dipartimento qualità o rischi e le lessons learned in un database gestito dal knowledge management office.

Communication Management Plan (Piano di Gestione della Comunicazione):

Il piano di gestione della comunicazione è utile per il risk planning. Possiamo utilizzarlo per identificare ed invitare gli stakeholder alle sessioni di brainstorming per l'identificazione dei rischi.

Performance Reports (Report sulle Prestazioni):

Le informazioni sulle prestazioni del progetto ci aiuteranno nel controllare come i rischi realmente impattano sul progetto, e a identificare le tendenze (trend).

OUTPUT

Contract Agreement Updates (Aggiornamento delle Decisioni Contrattuali relative ai rischi):

Durante la pianificazione delle risposte ai rischi, potremmo scegliere strategie di risposta come il trasferimento o la condivisione. I nostri contratti dovranno essere aggiornati per riflettere la nuova situazione e su come i rischi verranno distribuiti tra il cliente/committente e l'appaltatore.

Organizational Process Assets Updates (Aggiornamenti degli Assets dei Processi Organizzativi):

Utilizziamo gli asset come input per avere informazioni come le lessons learned e i template per il risk management (ad esempio la risk matrix). È possibile che, durante il progetto, ci sia stata la necessità di modificare qualche template o di aggiungere altre lessons learned. Queste aggiunte o modifiche devono essere documentate in modo da essere utili per i futuri progetti.

Change Requests (Richieste di Modifica):

Dopo aver definito le risposte ai rischi, dovremmo avere la maggior parte dei rischi sotto controllo prima di dare l'avvio all'esecuzione del progetto. Con sotto controllo, s'intende dire che abbiamo identificato le strategie per ogni rischio e che tali risposte sono state inserite nel piano di gestione. Può capitare che durante l'esecuzione del progetto dobbiamo affrontare nuovi rischi ed eventi che vi spingeranno all'utilizzo del piano di contingenza. Per gestire queste nuove situazioni dobbiamo modificare il piano di progetto attraverso le change request. Le change request possono includere:

- Azioni Preventive (Preventive Actions):

  identifichiamo nuovi rischi durante il risk reassessment e vogliamo diminuire la loro probabilità di accadimento o il loro impatto (qui il rischio non si è ancora manifestato).

- Azioni Correttive (Corrective Actions):

  Questo tipo di azioni sono messe in campo quando il rischio è accaduto, tipico è un piano di contingenza pronto per essere eseguito. Implementare il contingency plan o i workaround implica modificare il piano di progetto.

- Workarounds (Espedienti –Rimedi)

  I workaroud sono delle risposte a rischi non pianificati che si manifestano durante l'esecuzione del progetto.

  Pensiamo ai workaroud attraverso il seguente esempio: immaginiamo che mentre stiamo guidando la nostra macchina su una strada in un'area con dei boschi intorno, all'improvviso, un cervo salta e ci si presenta di fronte. In un attimo decidiamo di sterzare e di evitare il cervo salvando così la sua e la nostra vita.

  Un esempio di workaroud nel Project Management può essere un'inaspettata rottura della gru utilizzata in un progetto di costruzione. Il Project Manager può mettere in campo un workaroud noleggiando una nuova gru. Notiamo che noleggiare una nuova gru significa spendere del denaro, ma questa spesa potrebbe essere minore che affrontare un ritardo nel progetto attendendo la riparazione della vecchia gru. In più, il Project Manager deve sottoporre una richiesta di modifica per la gru noleggiata, poiché il cost plan deve essere modificato con l'inserimento del costo affrontato per il noleggio.

Project Documents Update (Aggiornamento dei Documenti di Progetto)

Man mano che proseguiamo nelle attività di gestione dei rischi, otteniamo sempre più informazioni. Le nuove informazioni vanno riportate aggiornando i documenti di progetto che sono impattati dall'utilizzo che facciamo di queste stesse informazioni. Per esempio, dopo il processo di pianificazione delle risposte ai rischi, decidiamo di fare un'attività in modo differente utilizzando una nuova tecnologia che minimizza i rischi. In questo caso dobbiamo aggiornare i documenti di progetto per specificare l'utilizzo di questa nuova tecnologia.

INPUTS & OUTPUTS

Alcuni degli output dei processi di risk management diventano spesso input degli altri processi di gestione dei rischi. Ad esempio, il *risk register* è input e output di molti processi.

RISK MANAGEMENT PLAN
Il risk management plan è il primo documento che verrà prodotto nel corso della gestione dei rischi. Sarà prodotto (perciò sarà un output) nel primo processo di risk management e poi utilizzato come input in tutti i restanti processi. È, come tutti i management plan, un documento molto importante in quanto contiene le informazioni e le regole per gestire al meglio l'area di competenza, in questo caso la gestione dei rischi. Il risk management plan contiene le seguenti informazioni:

- Methodology (Metodologia): ogni progetto e unico e necessita di un approccio che sia unico. Nel risk management plan verrà specificato come le attività di gestione dei rischi saranno condotte. Per esempio, si potrebbe specificare che la tecnica Delphi e il brainstorming saranno utilizzate durante l'identificazione dei rischi del progetto, o che non tutti i processi previsti dalla metodologia del risk management saranno utilizzati.

- Probability & Impact Definition (Definizione della probabilità e impatto): Il risk management plan deve stabilire dei valori di probabilità e impatto che siano comunemente riconosciuti. Quando uno stakeholder dice che la probabilità è alta, questa dichiarazione dovrebbe significare la stessa cosa per tutti gli stakeholder. Il risk management plan dovrebbe contenere delle linee guida su come misurare la probabilità e l'impatto. Consideriamo il seguente esempio di quella che potrebbe essere chiamata una scala impatto.

Impatto	Effetto
Basso	Meno del 5% di incremento della durata del progetto
Medio	Più dell'8% di incremento della durata del progetto
Alto	Più del 12% di incremento della durata del progetto

Notiamo che i valori specificati nella tabella si basano sulla durata del progetto. Possiamo specificare l'impatto basandoci su altri parametri come lo *scope* o i costi. Possiamo anche specificare quando, ad esempio la probabilità è bassa, media o alta. La probabilità può essere alta se il rischio si è ripetutamente manifestato nei progetti passati. Si possono avere più livelli sulla scala (molto basso, basso, medio, alto, molto alto). Possono essere usati dei numeri invece che degli aggettivi (basso=30%, medio=60%, alto=90%). Benché non sia pratica comune, la scala impatto può essere non lineare. Una scala non lineare è una scala non proporzionale che viene usata per massimizzare o minimizzare la portata di certi eventi dandogli più o meno peso. Per esempio, potete definire dei valori come segue:

Basso	Medio	Alto
0,2	0,7	0,9

Questo tipo di valorizzazione da più peso ai rischi medi o alti, più che al livello basso. Questo potrebbe essere dato dal fatto che gli stakeholder hanno un livello di tolleranza al rischio, basso. Ricordate che la probabilità e l'impatto possono essere definite in maniera differente dalle industrie, dalle aziende e per i singoli progetti.

Impostando delle linee guida non vogliamo certo mettere da parte l'importanza dell'esperienza o della capacità di giudizio, ma piuttosto cerchiamo di stabilire dei riferimenti per controllare la possibile soggettività delle valorizzazioni dei rischi.

- Risk matrix (Matrice di Rischio):

    Ogni azienda ha le proprie matrici di rischio, utilizziamo quella approvata e ufficializzata per il nostro progetto.

- Stakeholder Tolerance (Tolleranza degli Stakeholder):

    Dobbiamo includere le informazioni sulla tolleranza al rischio nel risk management plan. Sapere quanto i nostri stakeholder siano tolleranti verso il rischio ci aiuterà a prendere decisioni migliori. Ad esempio, nasce un conflitto sul valore da dare all'impatto di rischio se debba essere medio o basso. Se sappiamo che la tolleranza al rischio è alta, allora sicuramente decideremo per assegnare il valore basso al rischio. La tolleranza al rischio non è qualcosa che possiamo trovare nei report annuali dell'azienda. E' necessario fare delle ricerca sull'azienda e intervistare gli stakeholder. Abbiamo bisogno di analizzare approfonditamente lo scope del progetto e determinare in che modo influenza gli obiettivi dell'organizzazione. Ricordiamo che la tolleranza al rischio può cambiare di progetto in progetto.

- Risk Category (Categorie di Rischio):

    Il risk management plan deve fungere da guida su come portare avanti le attività di risk management. Le categorie di rischio ci aiutano a identificare sistematicamente i rischi durante il processo di identificazione e, perciò, devono essere incluse nel piano.

- Role & Responsibilities (Ruoli e Responsabilità)

  In questa sezione del risk plan, viene specificato chi fa che cosa nei processi di gestione dei rischi. Ad esempio, chi sarà coinvolto nell'identificazione e chi si occuperà della organizzazione dei meeting sui rischi (non confondiamo questi ruoli e responsabilità con quelli assegnati ai risk owner durante il processo di pianificazione delle risposte ai rischi.

- Budgeting (Determinazione Fondi)

  In questa sezione del risk plan specifichiamo quali risorse sono necessarie per condurre le attività di risk management (come le sale per i meeting, software per le simulazioni, apparecchiature multimediali...) e soprattutto quanto ci aspettiamo che costeranno le attività di risk management.

- Timing (Tempistica)

  Quanto dureranno le attività di risk management? Specifichiamo le tempistiche, ad esempio potremmo schedulare due giorni per l'identificazione dei rischi e tre per l'analisi qualitativa e quantitativa.

- Reporting Format (Formati di Reporting)

  Dobbiamo specificare come e dove verranno documentate le valutazioni dei rischi. Possiamo, ad esempio, determinare che i rischi verranno documentati nel risk *register* e che le loro informazioni saranno distribuite attraverso le regole di disseminazione delle informazioni contenute nel communication plan. Possiamo includere dei modelli come il modello del risk *register*.

- Tracking (Registrazioni)

  Come tenete traccia delle attività di risk management? E degli audit sui rischi? Creiamo una cartella per raccogliere tutte le informazioni sul risk management, come le minute dei meeting o il registro dei rischi. È poi possibile ricontrollare il contenuto della cartella per completezza e usarla per le lessons learned.

NOTA	Il Risk management Plan contiene molte informazioni importanti. Per aiutarvi a ricordare il suo contenuto, pensate ad un insieme di strumenti che vi servono per organizzare e implementare le attività di risk management.

PROJECT MANAGEMENT PLAN

Sappiamo che il Project Management plan è il piano dei piani. Viene completato alla fine della pianificazione e contiene tutte le informazioni di cui abbiamo bisogno per avviare l'esecuzione, il monitoraggio e la successiva chiusura del progetto. È un piano articolato che contiene sezioni che includono i vari piani di gestione delle aree come l'ambito, i tempi, i costi, la qualità, la gestione delle risorse umane, la comunicazione, i rischi e gli approvvigionamenti.

Nel corso delle attività di risk management, utilizzeremo e aggiorneremo il piano di progetto nei seguenti modi:

- Durante il risk response (come output):

    aggiorniamo il piano di progetto in relazione alle strategie di risposta scelte. Per esempio, al fine di evitare che ci siano dei ritardi in alcuni task, decidiamo di inserire un altro programmatore nel nostro IT team. Questa scelta ovviamente ha un costo e questo ulteriore costo deve essere inserito nel piano nella sezione dei costi

- Durante il risk control (come input)

    A questo punto il nostro progetto è in piena esecuzione e abbiamo bisogno del PMP perché contiene il risk management plan. Per implementare le attività di risk control dobbiamo seguire quanto specificato nel risk plan.

- Durante il Risk control (come output):

    Solitamente nel monitoraggio dei rischi avvengono delle richieste di modifica. Queste modifiche una volta valutate e approvate devono essere implementate per cui il piano di progetto dovrà essere aggiornato per riflettere questi cambiamenti. Esempio: una change request di spostare avanti nella timeline di progetto una attività porterà ad un aggiornamento della schedulazione.

NOTA Ricordate bene che il PMP è una collezione di vari piani. Alcune persone pensano che il PMP sia il diagramma di Gantt. In realtà è molto più che la sola schedulazione. In sostanza, utilizzate il PMP in tutti i processi di gestione dei rischi perché avete sempre bisogno di riferirvi alle sue varie sezioni per avere le informazioni che vi servono per poter eseguire le attività di gestione.

RISK REGISTER

Ricordiamo che il *risk register* è il più importante input/output dei processi di risk management. Il *risk register* è un documento che contiene le indicazioni sui rischi, la loro classificazione, le strategie di risposta per ognuno di essi e molto altro. Il *risk register* viene creato durante il processo di identificazione dei rischi e viene aggiornato attraverso l'aggiunta delle informazioni che di volta in volta vengono create dagli altri processi fino alla chiusura del progetto. Diamo uno sguardo al contenuto del registro dei rischi. Iniziamo a vedere il diagramma base che ci mostra il ciclo di vita del registro attraverso i processi di gestione dei rischi. Possiamo vedere che i cinque processi rappresentati hanno il *risk register* come output, che di volta in volta viene aggiornato con le informazioni generate dai singoli processi.

Nel processo *Identify Risks*, il *risk register* viene creato e contiene le seguenti informazioni iniziali: una lista dei rischi identificati, incluse le loro descrizioni, le cause principali, un potenziale owner, le conseguenze della manifestazione del rischio. Il PMBOK® Guide pone l'accento sull'importanza di includere le cause principali (root causes). Queste cause possono portare alla manifestazione di uno o più rischi e per questo è importante identificarle e documentarle. Si possono inserire nel registro le potenziali risposte ai rischi. Queste potenziali risposte sono poi utilizzate nel processo di Plan *Risk Responses*.

Il processo *Perform Qualitative Risk Analysis* aggiorna il registro dei rischi con quelle informazioni che sono il risultato del processo stesso e includono: classificazione o prioritizzazione dei rischi, rischi raggruppati per categoria, cause dei rischi, lista dei rischi che richiedono una risposta a breve termine (*urgent risk*), lista dei rischi che richiedono una ulteriore analisi e risposta, *watch list* dei rischi a bassa priorità (*low risk*) e i trend risultati dalla analisi qualitativa.

> **NOTA** Ricordate che questo processo utilizza la "probability e impact matrix" che è stata definita nel risk planning e la usa per classificare i rischi. Questa lista per priorità può essere una lista singola o può essere divisa per obiettivi. Dipende dalla complessità del progetto e dall'esperienza dell'organizzazione.

Per quanto riguarda i rischi che richiedono una risposta a breve termine, l'obiettivo è identificare i rischi che sono urgenti, Se un rischio ha una grande probabilità di manifestarsi con un grande impatto allora necessita di una immediata attenzione e deve essere evidenziato e differenziato dagli altri, così che possa essere subito analizzato. I rischi che passeranno al processo di *Quantitative* Risk *Analysis* sono quelli annotati qui per avere una ulteriore analisi e risposta. Non tutti i rischi richiedono un'ulteriore analisi. Molti progetti contengono centinaia di rischi ma secondo la nostra tolleranza solo una loro parte sarà ulteriormente analizzata. Quei rischi che non richiedono una risposta, ma verso i quali teniamo gli occhi aperti, sono inseriti nella *watch list*. Dobbiamo sempre essere informati dello stato dei rischi. Solo perché il rischio non sembra avere un impatto significativo, non significa che debba essere ignorato o dimenticato; o, ancora, che non lo possa avere successivamente. Per finire ci occupiamo dei "*trends*". Ricordiamo che tutti i processi sono iterativi e anche per l'analisi qualitativa nel tempo possono emergere dei trend che ci aiuteranno a sviluppare strategie di risposta migliori e capire dove sia necessaria un'attenzione maggiore nella gestione dei rischi stessi. Passiamo ora ad analizzare il processo di analisi quantitativa. Questo processo ha come risultato i seguenti elementi: analisi probabilistiche del progetto, probabilità di soddisfare gli obiettivi di tempo e costo; lista dei rischi prioritizzati anche su base quantitativa e i trend come risultato dell'analisi quantitativa stessa. Per quanto riguarda l'analisi probabilistica del progetto, si riferisce alle stime che sono create attraverso lo studio dei potenziali risultati temporali e di costo. Fare questo tipo di analisi ci aiuta a prevenire incrementi dei costi, andare *over budget* e non riuscire a rispettare delle *deadlines*. Qui entrano in gioco le riserve di contingenza come ulteriori ammortizzatori nel caso certi rischi si manifestino. Attraverso l'analisi della probabilità di raggiungere gli obiettivi temporali e di costo tentiamo di determinare la probabilità di completare il progetto entro il *budget* e nei tempi. Con i dati raccolti dall'analisi quantitativa, possiamo determinare una nuova prioritizzazione dei rischi includendo come elemento prioritizzante anche il livello di minaccia o opportunità che il rischio stesso porta al progetto. I riferimenti alle tendenze hanno qui più o meno lo stesso scopo dei trend riportati nel processo di analisi qualitativa. Cerchiamo le tendenze che possono emergere durante il processo di esecuzione delle analisi e durante la loro ripetizione. Queste tendenze possono influenzare le risposte ai rischi. Nel processo di plan risk responses molti sono gli aggiornamenti apportati al registro dei rischi, facciamo attenzione che molti sono correlati. Gli aggiornamenti includono: strategie di risposta convenute, *owner* del rischio e responsabilità assegnate, a questo punto tutti i rischi devono avere un responsabile, azioni specifiche per implementare le strategie di risposta scelte, sintomi e allarmi per la manifestazione del rischio, *budget* e attività schedulate per implementare le risposte, riserve di contingenza di tempo e costo per la tolleranza al rischio degli stakeholder, piani di contingenza pronti per l'esecuzione, *fallback* Plans, rischi residui attesi, rischi secondari, riserve di contingenza calcolate in base all'analisi qualitativa. Successivi aggiornamenti al *risk register* vengono dal processo di monitoraggio e controllo (*monitor e control risks*). Questo processo aggiunge le seguenti informazioni al registro: risultati della rivalutazione dei rischi, *risk audit* e periodica revisione dei rischi (risultati di probabilità, impatto, priorità, piani di risposta, responsabilità...), chiusura dei rischi non più manifestabili, risultati dei rischi di progetto e delle risposte ai rischi. I risultati documentati della rivalutazione dei rischi, i *risk audit* e la periodica revisione dei rischi possono portare alla identificazione di nuovi rischi. Aggiornamenti possono essere apportati alle informazioni già presenti nel registro come: probabilità, impatto, priorità, risposte pianificate, *risk owners* e così via. Aggiornamenti che chiudono rischi non più manifestabili sono parte dei risultati della rivalutazione dei rischi, *risk audit* e revisione periodica.

RISK REGISTER IN RISK IDENTIFICATION
Come Output:

Abbiamo identificato i rischi di progetto e dobbiamo registrarli. Molto probabilmente utilizzeremo un modello *standard* per la nostra azienda o per il nostro progetto, ma qualsiasi modello utilizzeremo avrà una colonna per descrivere i rischi. Il risk *register* a questo livello include:

- Output Principale:
  Lista dei rischi identificati

- Altri Output:
  In aggiunta alla lista dei rischi, potrete trovare le seguenti informazioni:
  - Le cause originanti i rischi
  - Potenziali strategie di risposte ai rischi

Se siamo in grado di determinare quali sia una possibile causa originante un rischio, o quale possa essere una potenziale risposta ad uno di essi, dovremmo inserire questa informazione nel registro e successivamente validarla attraverso gli altri processi.

RISK REGISTER IN QUALITATIVE RISK ANALYSIS
In quest'analisi il nostro obiettivo è quello di classificare i rischi identificati in modo da poter determinare delle strategie di risposta più agevolmente.

- Come Input:
  Abbiamo bisogno del risk *register* perché contiene la lista dei rischi identificati che in questo momento dobbiamo analizzare per potere arrivare ad una prioritizzazione.

- Output Principale:
  Durante l'analisi qualitativa, utilizziamo degli strumenti e delle tecniche per prioritizzare i rischi. Perciò il principale output sarà la prioritizzazione dei rischi già identificati. Possiamo prioritizzare i rischi in molti modi, come ad esempio raggrupparli in categorie come rischi alti, medi o bassi, oppure assegnando loro una numerazione sequenziale.

- Altri Output:
    - Questi output derivano dall'output principale. Sono generati attraverso analisi più approfondite, diversi ordinamenti e attraverso differenti rappresentazioni dei rischi prioritizzati.
    - Watch List: I rischi che vengono classificati come minacce con effetti trascurabili o di basso impatto sul progetto possono essere esclusi dalla necessità di ulteriori analisi o risposte. Questo non vuol dire che non dobbiamo continuare a monitorarli, perciò dovremo raggrupparli in una "watch list" e inserire tale lista come allegato al risk *register*. Consideriamo la watch list come un primo filtro attraverso il quale ridurre il numero dei rischi ai quali dare risposta.

NOTA La tolleranza al rischio degli stakeholder giocherà un ruolo importante nella determinazione di quanto sia ampia questa lista. Se la loro tolleranza è bassa, avrete una lista abbastanza corta in quanto dovrete rispondere ad un numero maggiore di rischi che successivamente dovrete controllare.

- Categories of Risk: Altro strumento che possiamo utilizzare nell'analisi qualitativa è la risk categorization. Se conosciamo le categorie di rischi a cui appartiene la minaccia o l'opportunità che stiamo valutando, troveremo una risposta decisamente più adeguata ed efficace. Alcuni rischi condivideranno le stesse origini perciò potremmo controllarli attraverso la stessa risposta.

RISK REGISTER IN QUANTITATIVE RISK ANALYSIS

In questo processo, il nostro obiettivo è quello di testare "virtualmente", attraverso modelli e simulazioni, l'effetto dell'accadimento dei rischi.

- Come Input:

    Il risk *register* ci fornisce la lista dei rischi prioritizzati. L'analisi quantitativa è molto più costosa a livello di impegno di risorse e tempi rispetto a quella qualitativa, perciò è bene che ci si focalizzi solo su un numero più ristretto di rischi.

- Come Output:
    - La lista dei rischi prioritizzati in base all'analisi quantitativa. Possiamo dire che ora questa lista è più obiettiva e sappiamo con più sicurezza quali rischi hanno un impatto maggiore sul progetto. Questo aggiornamento dei rischi prioritizzati

dovrebbe aiutarci a intraprendere azione di risposta migliori utilizzando una quantità di risorse maggiori su quei rischi che riteniamo più importanti.

- Probability *Analysis* of the Project: Avremo una valorizzazione della probabilità di raggiungere gli obiettivi del nostro progetto. Ad esempio, dopo avere effettuato una simulazione potremmo avere come risultato che la probabilità di finire il progetto entro i tempi previsti è del 70%.

RISK REGISTER IN RISK PLAN RESPONSES

L'obiettivo del processo è determinare le varie strategie di risposta per i rischi che, attraverso le varie analisi sono arrivati fin qui e riuscire poi a controllarne il maggior numero possibile.

- Come Input: Ci serve la lista dei rischi prioritizzati
- Come Output principale:
    - la lista delle risposte per ogni rischio
    - ruoli e responsabilità: per ogni rischio, identifichiamo chi sarà il risk owner che implementerà la risposta pianificata. Alcune volte, per dare risposta ad un rischio c'è bisogno che lavorino insieme parti differenti, in questo caso è necessario determinare chiaramente un responsabile (accountable person). In più, potremmo assegnare alle attività di risposta dei rischi risorse esterne al progetto, questo ovviamente comporta un livello di comunicazione tra le parti efficiente ed efficace e un livello di impegno da parte dei "responders", sicuro e totale.
- Altri Output:
    - Contingency Plan & Events
    - Contingency Reserve
    - Fallback Plan: dovremmo creare un piano "B" nel caso in cui le strategie di risposta ai rischi si rivelassero non idonee. Esempio: Nel nostro progetto IT, pianifichiamo di negoziare con l'IT Manager per assicurarci alcuni programmatori in più, però se la negoziazione fallisce siamo pronti ad attivare una acquisizione di risorse dall'esterno.
    - Residual Risk: i rischi la cui probabilità di accadimento non si azzera come effetto dell'implementazione della risposta pianificata

- Accepted Risk: rischi per i quali non avete deciso una strategia di risposta
- Secondary Risk: rischi generati dall'implementazione di una risposta. Per esempio, aumentare il tempo di lavoro per evitare ritardi su una attività può produrre un altro rischio relativo alla possibile minor qualità del risultato dato dalla stanchezza dei lavoratori

RISK REGISTER DURANTE IL CONTROL RISK

- Come Input:

    Ovviamente per controllare i rischi abbiamo bisogno del registro che contiene tutte le informazioni su di essi, come ad esempio la lista completa dei rischi, le risposte, chi è responsabile dell'implementazione delle risposte stesse, la watch list, i fallback plan, il contingency plan e così via.

- Come Output:
    - Nuovi rischi: nuovi rischi identificati durante l'esecuzione del progetto, che ovviamente richiedono una valutazione e possibili successive risposte.
    - Outcome of risk response: Dovremmo registrare il reale risultato di ogni singola risposta in modo da poterlo confrontare con ciò che ci si aspettava. In aggiunta,
    - Dovremmo includere il risultato dei risk audit e delle review.

Identify Risks
- Lista dei rischi identificati
- Descrizione del rischio
- Lista delle potenziali risposte ai rischi
- Lista dei potenziali risk owner

Perform Qualitative Risk Analysis
- Lista dei rischi per priorità
- Rischi raggruppati per categoria
- Lista dei rischi che richiedono una risposta a breve termine
- Lista dei rischi che richiedono un ulteriore analisi
- Watch list dei rischi con priorità trascurabile

Perform Quantitative Risk Analysis
- Analisi probabilistica del progetto
- Probabilità di soddisfare gli obiettivi di costo e tempo
- Lista per priorità dei rischi quantificati
- Trend come risultato della analisi quantitativa

Plan Risk Responses
- Strategie di risposta convenute
- Owner del rischio e responsabilità assegnate
- Azioni specifiche per implementare le strategie di risposta scelte
- Budget e attività schedulate per implementare le risposte
- Piano di contingenza e triggers pronti per l'esecuzione
- Fallback Plans
- Rischi residui attesi
- Rischi Secondari
- Riserve di contingenza calcolate in base all'analisi qualitativa

Control Risks
- Risultati della rivalutazione dei rischi, risk audit e periodica revisione dei rischi (risultati di probabilità, impatto, priorità, piani di risposta, responsabilità...), chiusura dei rischi non più manifestabili
- Risultati dei rischi di progetto e delle risposte ai rischi

PARTE III

Come già specificato, nella Parte III del libro tutti gli input, output, tools & techniques presentati nei capitoli precedenti vengono proposti nel contesto dei loro rispettivi processi. Per ognuno dei sei processi verrà presentata una tabella riepilogativa degli elementi specificati.

Questa parte copre la parte più importante dell'esame, e avendo familiarizzato e memorizzato quanto presentato nei capitoli precedenti saremo in grado di vedere il tutto più facilmente come un insieme organico. Dato che non verranno presentati nuovi concetti nel presente capitolo, focalizziamo i nostri sforzi nel cercare di capire e di collegare tutti i differenti elementi insieme.

Se lo studio di questa parte risulta facile, allora è il momento di fare il "practice test" e affrontare poi l'esame vero.

CAPITOLO

29 PLAN RISK MANAGEMENT

Molte attività e differenti strumenti e metodi vengono utilizzati nel risk management. Non dobbiamo certo utilizzare tutti i tool, ma piuttosto identificare quali siano i migliori e più appropriati per il nostro progetto. Le informazioni raccolte nel PMBOK, ci danno delle linee guida ma questo non vuol dire che siamo in qualche modo obbligati ad utilizzare ogni singolo componente di un processo. Per esempio, ci sono differenti strumenti e tecniche che possiamo utilizzare per l'identificazione dei rischi, ciò non significa che sia pratico o addirittura positivo provare ad utilizzarli tutti. Ma come si può determinare quale *tool* sia meglio utilizzare? Chi sarà responsabile della conduzione delle attività di risk management?

A queste domande verrà data una risposta attraverso il processo di pianificazione della gestione dei rischi. Durante il *risk* Plan*ning*, spenderemo buona parte del tempo cercando informazioni. Il nostro obiettivo è quello di allineare la gestione dei rischi con le procedure aziendali (ad esempio usando dei template standard e ufficiali). L'obiettivo nel *risk* Plan*ning* è simile agli obiettivi di ogni pianificazione di progetto, cioè essere efficienti nell'uso delle risorse del progetto e avere una chiara visione di come procedere per far diventare il nostro progetto un progetto di successo. Con il risk management, cerchiamo di controllare i rischi e minimizzare il loro impatto negativo sul progetto.

Avere un piano è importante per essere realmente focalizzati su cosa dobbiamo realmente fare, quale strutture ci servono e chi parteciperà con noi alla gestione dei rischi. Il risk planning può richiedere poche ore o giorni. Normalmente dipende dall'esperienza del team di progetto, dalla complessità del progetto, dalla disponibilità delle informazioni e dal livello di tolleranza degli stakeholder.

> **NOTA** Come specificato dal PMI nel "Practice Standard For Project Risk management" per quanto riguarda il processo di pianificazione dei rischi ci sono dei fattori critici che possono portare al successo o meno del processo. Nel dettaglio i fattori sono:
>
> - **Identificare e superare le barriere contro la gestione dei rischi** (Identify and Address Barriers to Successful Project Risk management):
>   - Gli stakeholder (in particolare il management) si rifiuteranno di usare tempo e denaro per il Risk management fintanto che non si riconoscano i benefici e il valore aggiunto forniti e l'importanza di un approccio proattivo, piuttosto che passivo o reattivo alla gestione dei rischi
>   - Per combattere il problema è importante definire chiaramente gli obiettivi del progetto e avere una vista complessiva sia del contesto progettuale sia dell'approccio alla soluzione per realizzare il prodotto/servizio
>   - Il project manager deve assicurare la disponibilità di una pianificazione del progetto chiara e completa, su cui avviare le attività di risk management
>   - L'inesperienza dell'organizzazione nel risk management comporta uno sforzo eccessivo nell'avviare i processi di gestione del rischio: la presenza di asset aziendali (template, categorie di rischio predefinite, metodologia e procedure, lessons learned) di risk management riduce nettamente il problema. In alternativa si dovrebbero usare procedure proprietarie adattandole al progetto
>   - Le attività di risk management devono essere ufficializzate nella baseline del progetto (WBS, OBS, schedule, budget)
>
> - **Coinvolgere gli stakeholder** (Involve Project Stakeholders)
>   - Il Project Manager deve coinvolgere gli stakeholder nelle attività di gestione dei rischi di progetto, utilizzando la loro esperienza, assicurando loro la comprensione, ottenendo partecipazione ed impegno durante il progetto
>   - Le persone coinvolte nel Risk management di progetto devono essere state approvate dal management, che deve essere anche conscio dei pericoli insiti in un'assegnazione scarsa o scadente
>   - E' necessario risolvere i disaccordi sul livello di tolleranza e valutazione dei rischi che spesso esiste fra diversi stakeholder
>
> - **Conformarsi agli obiettivi, alle politiche e alle pratiche dell'organizzazione** (Comply with the Organization's Objectives, Policies, and Practices)
>   - Le regole e le linee guida definite nel Risk management Plan devono essere compatibili con la cultura dell'organizzazione, la sua capacità in termini di competenza e di strutture a disposizione (facilities), i suoi valori e i suoi obiettivi
>
> ... e devono tener conto delle altre procedure e degli altri fattori ambientali (Enterprise Environmental Factors) esistenti in azienda (es.: Strategic Risk management o Corporate Governance Process)

Inputs:

Per il *Risk Planning*, abbiamo bisogno di raccogliere le informazioni relativamente ai rischi pendenti sul progetto e sull'azienda. Possiamo iniziare dall'analisi dello *scope* di progetto per sapere quale sia la complessità e unicità del progetto stesso. Successivamente, dobbiamo considerare i fattori ambientali e gli asset organizzativi per familiarizzare con la tolleranza e l'attitudine al rischio dell'azienda e con le sue procedure e template.

Dobbiamo rivedere le *lessons learned* perché ci aiuteranno nell'evitare sbagli nella pianificazione della gestione dei rischi con l'esperienza fatta in progetti precedenti.

Nella tabella seguente sono riportati gli input come da PMBOK® *Guide*:

No.	Input	Descrizione
1	Scope Statement	Generalmente lo sforzo dedicato al risk management è in proporzione alla grandezza e complessità del progetto che viene ben determinato dallo scope
2	Enterprise Environmental Factors	Dalle EEF sapremo quale sia il livello di tolleranza al rischio dell'azienda. Più è basso il livello di tolleranza e più stringente dovrà essere il risk management
3	Organizational Process Assets	Dagli asset prenderemo i template, le categorie dei rischi, le definizioni....
4	Cost and Schedule Management Plan	Da questi piani otterremo le informazioni sulle quale fare un'analisi di rischio per tempi e costi
5	Communication Plan	Definisce come le informazioni saranno condivise e con chi

> **NOTA** La lista presentata sopra è un riassunto di ogni input del risk planning. Per ogni approfondimento vedere parte II nella sezione Input & Output

Tools:

Nel PMBOK *Guide* viene specificato un solo *tool* per il *risk planning*, i *meeting*. I *meeting* sono ampiamente utilizzati per discussioni e brainstorming. Controlliamo i nostri *meeting* attraverso una dettagliata agenda e la partecipazione delle persone giuste. Qui l'esperienza del Project Manager aiuta nel far sì che il *meeting* vada nel migliore dei modi portando beneficio al progetto stesso soprattutto se presente un *risk* Manager.

| **NOTA** | Qualche volta un "risk manager professional" viene nominato nel progetto. Il risk manager riporta direttamente al project manager ed è responsabile della gestione dei rischi. |

Outputs:

L'output principale sarà il Risk management Plan. Questo piano è il modo migliore per comunicare come intendiamo condurre la gestione dei rischi. Il risk management Plan sarà definitivamente inserito nel piano di progetto nel momento dell'esecuzione del progetto stesso.

No.	Contenuto del Risk Plan	Descrizione
1	Metodologia	Definisce come condurrete la gestione dei rischi e quali tool saranno utilizzati
2	Assegnazione di ruoli	Definisce chi farà cosa. Esempio, chi convocherà un meeting, chi prenderà appunti e distribuirà le informazioni
3	Preventivo di spesa	Se le attività di risk management costeranno dei soldi, dobbiamo allora includere quei costi nei costi generali di progetto. Esempio: ingaggiamo un esperto per una giornata di analisi attraverso la Delphi Technique
4	Tempistica	Definisce quando faremo l'identificazione dei rischi, la loro analisi, la determinazione delle risposte e gli audit o review
5	Categorie di rischio	Le origini dei rischi sono generalmente organizzate in una RBS
6	Matrice di rischio	Molto importante per definire le probabilità e gli impatti dei rischi e per informare chiaramente il team di progetto e gli stakeholder. La risk matrix deve diventare il tool più importante per l'analisi dei rischi.
7	Tolleranza degli stakeholder	Abbiamo l'informazione sulla tolleranza al rischio dell'azienda dalle EEF. Nondimeno abbiamo bisogno di determinare la tolleranza per lo specifico progetto.
8	Reportistica e Registrazione	La maggior parte dell'attività di comunicazione avviene attraverso la condivisione del registro dei rischi via via aggiornato. Abbiamo necessità di specificare quali informazione conterrà. Durante il risk planning, definiremo come documenteremo e verificheremo l'implementazione del risk management

CAPITOLO

30 IDENTIFY RISKS

L'identificazione dei rischi produce una lista di rischi che sarà alla base della successiva analisi. Durante il *risk* Plan*ning*, abbiamo determinato gli strumenti e le tecniche da utilizzare e assegnato ruoli e responsabilità per condurre, ad esempio, *meeting* e *workshop*. Dobbiamo assicurare una buona gestione dei meeting selezionando le persone giuste per partecipare ai *meeting* stessi. Dal momento che possiamo scegliere tra vari *tool*, dovremmo chiedere ai partecipanti quali strumenti utilizzare e favorire un libero scambio di informazioni e idee. A questo punto lo sforzo sarà focalizzato nell'identificare un buon numero di rischi, ma man mano che il progetto va avanti ci troveremo a doverne identificare altri, per cui prepariamoci a essere flessibili.

NOTA Come specificato dal PMI nel "Practice Standard For Project Risk management" per quanto riguarda il processo di identificazione dei rischi ci sono dei fattori critici per il maggior successo possibile dell'identificazione stessa, cioè l'identificazione del maggior numero possibile di rischi. Nel dettaglio i fattori sono:

- **Identificazione Precoce (Early Identification)**
  Pur se difficile perché le informazioni sul progetto sono carenti, e le incertezze sono molte, l'identificazione dei rischi è tanto più efficace quanto più presto viene fatta. Questo permette:
  - di avere più tempo per analizzare e preparare azioni di risposta, e di conseguenza ottenere un risparmio economico
  - di decidere in anticipo eventuali cambi di strategie di progetto

- **Identificazione Iterativa (Iterative Identification)**
  Il processo d'identificazione dei rischi non può che essere iterativo durante il ciclo di vita del progetto. Le iterazioni possono:
  - essere periodiche, con periodicità definita durante il processo Plan Risk management,
  - avvenire in particolari milestone di progetto definite in pianificazione,
  - avvenire in particolari occasioni, come in caso di grossi cambiamenti nel progetto o di modifiche nell'ambiente in cui si opera.

- **Identificazione emergente (Emergent Identification)**

    L'identificazione di un rischio può avvenire anche al di fuori di una riunione ufficiale di progetto, o in particolari momenti definiti nel Risk management Plan. Quindi un rischio può "emergere" in qualsiasi momento e da qualsiasi stakeholder e questo approccio deve essere favorito!

- **Identificazione omni-comprensiva (Comprehensive Identification)**

    Il numero di rischi identificati deve essere più ampio possibile, allo scopo di ridurre l'effetto che potrebbero avere le incertezze sul progetto.

- **Identificazione esplicita delle opportunità (Explicit Identification of Opportunities)**

    Le opportunità non devono essere tralasciate durante l'identificazione dei rischi, ma vanno esplicitamente considerate e trattate come le minacce.

- **Prospettive multiple (Multiple Perspective)**

    È un errore identificare i rischi esclusivamente con i membri del team di progetto. L'aiuto di altri stakeholder è fondamentale per ottenere diverse prospettive e punti di vista (che a volte possono essere discordanti).

- **Collegamento dei rischi agli obiettivi di progetto (Risks Linked to Project Objectives)**

    Ogni rischio deve essere identificato rispetto agli obiettivi di progetto su cui può impattare (positivamente o negativamente). Questo aiuta a migliorare sia l'identificazione che le successive attività di analisi e di pianificazione delle risposte.

- **Descrizione completa dei rischi (Complete Risk Statement)**

    Ogni rischio deve essere descritto in maniera chiara e non ambigua. Evitare nella descrizione termini vaghi come "le risorse" o "il tempo" (es. "le risorse potrebbero non essere sufficienti", "il tempo è poco", in cui i termini risorse e tempo sono troppo vaghi). Evidenziare quindi sempre in maniera chiara e definita:

    - la **causa** (ovvero un fatto, una condizione)
    - l'**evento** (ovvero l'incertezza)
    - l'**effetto** (ovvero il possibile risultato)

- **Responsabilità e livello di dettaglio (Ownership and Level of Detail)**

    Ogni rischio deve essere descritto al corretto livello di dettaglio necessario per poter essere assegnato al corretto livello di responsabilità. Un rischio descritto in una forma troppo generale potrebbe far risultare difficoltosa l'individuazione della corretta persona che ne sarà responsabile (Risk Owner) o rendere il suo compito più complicato.

- **Obiettività (Objectivity)**

    L'obiettività nel giudizio durante l'identificazione dei rischi è fondamentale per evitare di inserire rischi non pertinenti e/o di tralasciare rischi pertinenti. Il pregiudizio o le preferenze (bias) portano a giudizi troppo soggettivi e quindi dovrebbero essere combattuti con forza o, se possibile, evitati. Una segnalazione di possibile pregiudizio espresso durante l'identificazione può aiutare a gestire meglio i rischi di progetto

Inputs:

Abbiamo a disposizione molti input in questo processo in modo da poter ricercare rischi in ogni possibile area.

No.	Input	Descrizione
1	Risk management Plan	Da questo momento in poi utilizzeremo il risk plan come input per tutti i restanti processi. Troveremo importanti informazioni che ci aiuteranno a identificare i rischi come ad esempio le categorie di rischio
2	Scope	Troveremo gli assunti e la WBS, entrambi importanti per l'identificazione dei rischi
3	Stima di costo e durata	Esamineremo le stime che il team di progetto ha già fatto per i costi e i tempi. Diverse tecniche di stima possono essere utilizzate e dovremmo controllare consistenza e correttezza
4	Piani dei tempi, costo e qualità	Questi piani sono la colonna vertebrale del progetto. Contengono molte informazioni e definiscono metodi e approcci per il progetto. I metodi utilizzati possono essere fonte di rischio se non appropriati.
5	Registro degli stakeholder	Dovremmo utilizzare questo registro per selezionare le persone "giuste" da far partecipare ai vari meeting di identificazione dei rischi. In più, dal registro degli stakeholder possiamo determinare se manca qualche persona interessata al progetto. In aggiunta possiamo confrontare i requisiti degli stakeholder sugli obiettivi di progetto e identificare possibili conflitti
6	*Enterprise Environmental Factors*	Per quanto riguarda l'identificazione dei rischi, più informazioni abbiamo e meglio è. Dalle EEF possiamo sapere quali sia l'attitudine al rischio e dati da case studies pubblicati. In base alle risorse e dal tempo a disposizione potremmo investigare l'azienda in modo più approfondito e determinare quali le sue caratteristiche possono essere fonte di rischio. Ad esempio: molte aziende hanno una cultura del rimprovero. Per cui lo staff viene redarguito per ogni singolo errore e come risultato abbiamo che nessuno è incoraggiato ad essere innovativo.
7	Organizational Process Assets	Qui troviamo i risk template e le procedure le lessons learned da progetti simili
8	Project Documents	Documenti di progetto quali registri, dichiarazione di metodi e logs

Tools:

Possiamo scegliere tra molti *tool* per l'identificazione dei rischi anche se ognuno di essi segue il medesimo concetto di condurci sistematicamente e passo dopo passo all'identificazione dei rischi in modo logico. In base all'ambito del progetto e alle risorse dovremmo scegliere i *tool* appropriati e quanti usarne. Alcuni *tool* sono più efficaci di altri, ad esempio il brainstorming se fatto in modo serio può permetterci di identificare più del 75% di tutti i rischi di progetto.

No.	Tool	Descrizione
1	Documentation Review	Esaminare la documentazione per essere considerato un tool dovrebbe essere strutturato con un preciso scopo e con raccolta di appunti non solo una sorta di controllo dei documenti
2	Information Gathering	Brainstorming Delphi Technique Interviewing Root Cause *Analysis*
3	Diagramming Techniques	Qui utilizziamo rappresentazioni grafiche per aiutarci a identificare più rischi possibile. Possiamo usare i flowchart, i diagrammi causa effetto o i diagrammi di influenza
4	Checklist *Analysis*	Le checklist sono un buon modo per identificare i rischi. Implementiamo l'utilizzo di questo tool partendo dalla selezione della giusta checklist. Poi, discutendo con il team e gli stakeholder determiniamo se ogni rischio riportato nella checklist sia applicabile al progetto. Possiamo trovare un'infinità di checklist. Ad esempio ci possono essere checklist per rischi nel Project Management, nelle costruzioni, nell'IT, nella comunicazione e così via. Non è il caso di utilizzare questo tool come unico tool perché non ci aiuta nella possibile ulteriore identificazione di nuovi rischi come altri tool posso fare. Se utilizziamo solo le checklist potremmo trascurare rischi esistenti ma che non compaiono nella lista. Ricordiamoci che la RBS fondamentalmente è una checklist.
5	Assumption *Analysis*	All'inizio del nostro progetto abbiamo delle aspettative per cui facciamo delle ipotesi. Questo può avvenire molto tempo prima della valutazione dei rischi per cui è buona norma rivedere gli assunti fatti e analizzarli sotto la luce di possibili rischi.

6	SWOT *Analysis*	Altro modo per identificare i rischi. L'analisi SWOT ci permette di investigare quali possano essere gli effetti del contesto del progetto. In più ci permette di pensare alle opportunità.
7	*Expert judgement*	L'opinione degli esperti è un potente tool da utilizzare in qualsiasi processo. Gli esperti hanno sviluppato competenze che permettono loro di identificare rischi in modo semplice e diretto. Sono quelle persone che ci danno la soluzione più semplice e che ci fanno dire "perché non ci ho pensato!". Di contro, facciamo attenzione alla loro parzialità e possibile eccessiva fiducia nelle loro capacità.

Output:

L'output principale del processo di identificazione dei rischi è il *Risk Register*, che come specificato sarà input e output aggiornato per tutti i restanti processi di risk management.

No.	Output	Descrizione
1	Risk *Register*	Nel progetto il risk *register* viene creato e popolato con la lista dei rischi identificati. Il registro dei rischi contiene alcune informazioni base in questo momento, ma se identificate altre informazioni come, ad esempio, le potenziali risposte ai rischi, dovremmo inserirle nel registro per una successiva analisi

CAPITOLO 31
QUALITATIVE RISK ANALYSIS

Nel processo di analisi qualitativa dei rischi, creeremo una lista ordinata di rischi in base a quanto possono incidere positivamente o negativamente sul progetto. Nel processo di identificazione dei rischi adottiamo una politica "*no restriction*", essendo così incoraggiati ad identificare tutti i possibili rischi senza limitazione alcuna.

Seguendo questa politica arriveremo ad avere un buon numero di possibili rischi, ma molti di essi saranno valutabili come di poco impatto nel progetto. L'analisi qualitativa filtrerà quei rischi permettendoci di inserirne alcuni in una *watch list* e di mettere in evidenza rischi che meritano una successiva analisi

È utile che in molti progetti si possa procedere alla determinazione delle risposte ai rischi subito dopo avere fatto l'analisi qualitativa. Per certo questo processo è soggettivo in quanto dipendente dall'esperienza e dalle opinioni dei partecipanti. Dobbiamo essere particolarmente attenti alla parzialità di alcuni partecipanti. Lo strumento più utilizzato per l'analisi qualitativa è la *risk matrix*.

		IMPATTO					
		1	2	4	6	8	10
PROBABILITÀ	9		R5				
	7				R2	R3	
	5			R1			
	3		R4				
	1						

È facile da usare e può favorire una comune valutazione dei differenti livelli di probabilità e impatto. Possiamo personalizzare la matrice in base alla specifica tolleranza al rischio degli stakeholder di progetto.

NOTA Come specificato dal PMI nel "Practice Standard For Project Risk management" per quanto riguarda il processo di analisi qualitativa dei rischi ci sono dei fattori critici per il successo del processo. Nel dettaglio i fattori sono:

- **Usare un approccio comune e condiviso tra le parti (Agreed-Upon Approach).**
  Il processo si basa su di un approccio condiviso alla valutazione che viene applicato a tutti i rischi identificati di progetto. Per natura, ogni rischio può essere valutato attraverso la probabilità di accadimento e l'impatto economico su ogni singolo obiettivo di progetto. Altri fattori da considerare sono:
    - l'urgenza (Proximity), ovvero quanto è prossimo il rischio
    - la gestibilità del rischio (conviene procedere prevedendo una riserva di contingency, oppure è meglio fermarsi e cambiare qualcosa nell'ambito del progetto in quanto il rischio è troppo pericoloso?)
    - l'impatto esterno al progetto (il rischio può essere più grave se va ad impattare anche situazioni esterne al progetto)

- **Usare una definizione comune e concordata dei termini utili per valutare i rischi (Agreed-Upon Definitions of Risk Terms)**
  Termini e definizioni sul risk management devono essere ufficializzati, resi disponibili e condivisi (per esempio i significati dei livelli di rischio sulle probabilità o sugli impatti, i livelli di soglia di tolleranza,)

- **Raccogliere informazioni d'alta qualità sui rischi (Collect High-Quality Information about Risks)**
    - Spesso la descrizione di rischi raccolti nei database storici potrebbe non essere di alta qualità; raccogliere informazioni sui rischi tramite interviste mirate, workshop con l'intervento di esperti, può aumentarne la qualità. La qualità si migliora anche cercando di individuare e limitare le soggettività e gli individualismi dei giudizi dei singoli (no bias).
    - Prima di procedere è bene analizzare il livello di qualità e di precisione dei dati da cui è scaturita l'identificazione dei rischi identificati. Si parla quindi di valutazione della precisione dei dati legati ai rischi (Data Precision Ranking), basata su livello di comprensione, livello di disponibilità dei dati e livello di affidabilità (o integrità) dei dati sul rischio

- **Eseguire l'analisi in modo iterativo (Perform Iterative Qualitative Risk Analysis)**
    - Raramente i primi risultati dell'analisi qualitativa sono di ottimo livello, né è semplice individuare da subito tutti i rischi. Come per gli altri processi anche l'analisi qualitativa deve essere iterata periodicamente riverificando le valutazioni date (Risk review) e valutando i nuovi rischi

Inputs:

No.	Input	Descrizione
1	Risk management Plan	Nel risk management plan troveremo le regole che governano i processi di risk management, più utili informazioni e strumenti come la risk matrix o le definizione di tolleranza e attitudine al rischio

2	Risk *Register*		Abbiamo bisogno del registro dei rischi in quanto contiene la lista dei rischi identificati in modo che li si possa ordinare
3	Scope		Ci dà informazioni sul progetto nella sua globalità
4	Organizational Process Assets		Qui troviamo le lessons learned. Avere informazioni sugli effetti di rischi identificati in progetti simili può aiutarci a ipotizzare possibili effetti anche sul nostro progetto

Tools:

No.	Tools	Descrizione
1	Quality of the Risk Data	Dovremmo fare questa valutazione ancor prima di mettere in campo l'analisi qualitativa, in modo da determinare il livello di affidabilità delle informazioni raccolte sui rischi. Per esempio, se abbiamo un'informazione su di un rischio che si è manifestato in un progetto precedente, questa deve essere verificata per determinare che si vera.
2	Risk Matrix	La matrice è lo strumento principale dell'analisi qualitativa. Possiamo invitare gli stakeholder a un meeting di analisi dei rischi fornendo loro una copia della matrice e analizzare ogni singolo rischio per valutare la sua probabilità di accadimento e gli effetti sul progetto
3	Risk Categorization	Possiamo usare la RBS per raggruppare i rischi per origine, così da classificarli meglio in relazione gli uni agli altri.
4	Assessment of Risk Urgency	Dobbiamo considerare nella prioritizzazione dei rischi anche il fattore temporale. Cioè quando potrebbe occorrere il rischio. Possiamo aiutarci con la schedulazione di progetto per determinare il fattore temporale. Rischi che possono manifestarsi a breve termine devono essere ordinati in posizioni prioritarie rispetto agli altri
5	*Expert judgement*	Potremmo assumere un consulente esperto per farci aiutare nella valutazione e prioritizzazione dei rischi tecnici di progetto.

Output:

No.	Output	Descrizione
1	Risk Register (aggiornato)	Il risk register includerà: • lista ordinata dei rischi • lista dei rischi con basso valore rischio sul progetto • rischi raggruppati per origine • rischi ordinati per la loro vicinanza temporale

CAPITOLO

32 QUANTITATIVE RISK ANALYSIS

In questo processo utilizzeremo la matematica e la statistica per calcolare i potenziali effetti dei rischi sul nostro progetto. Utilizzeremo anche le simulazioni.

Distribuire i risultati delle simulazioni può aiutare ad assicurarci un supporto da parte degli stakeholder. Consideriamo di volerci assicurare un aumento dei fondi per il progetto da parte del nostro sponsor, quale delle seguenti dichiarazioni è la più funzionale per farci ottenere ciò che vogliamo?

- Dichiarazione 1: Il progetto ha molti rischi e pensiamo che avremo difficoltà a finire entro il budget. Crediamo ci sia bisogno di un aumento di X denaro per metterci al sicuro.
- Dichiarazione 2: Dopo migliaia di rilevazioni attraverso simulazioni, la probabilità di finire il progetto entro il budget è del 60%. Abbiamo bisogno di aumentare i fondi di X denaro per aumentare la probabilità al 90%

Sicuramente la seconda dichiarazione è più convincente, dal momento che risulta ragionata e scientificamente provata.

La prima dichiarazione di contro ha parole quali "io penso" e "io credo" e per ogni "io penso "c'è un altro" io penso" che ha uguale forza ma verso contrario (legge del "io penso")

L'analisi quantitativa è relativamente costosa e impegnativa temporalmente. In piccoli progetti non viene eseguita e per il loro scope può essere sufficiente la valutazione qualitativa.

> **NOTA** Come specificato dal PMI nel "Practice Standard For Project Risk management" per quanto riguarda il processo di analisi quantitativa dei rischi ci sono dei fattori critici per il successo del processo.
>
> Nel dettaglio i fattori sono:
>
> - **Aver eseguito una corretta e completa identificazione e valutazione qualitativa dei rischi (Prior Risk Identification and Qualitative Risk Analysis).** Il processo Perform Quantitative Risk Analysis avviene dopo che i processi di Identify Risks e Perform Qualitative Risk Analysis sono stati completati. Riferirsi a una lista di rischi identificati e prioritizzati assicura che il processo di analisi quantitativa consideri tutti i rischi significativi nella valutazione dei loro effetti sul progetto.
> - **Aver usato e usare modelli di progetto appropriati (Appropriate Project Model):** Modelli appropriati per il progetto devono essere usati come base per l'analisi quantitativa. Modelli di progetto più frequentemente usati includono il project schedule (per i tempi), stima dei costi (per i costi), alberi delle decisioni (Decision Tree – per prendere decisioni in presenza di alternative) e altri modelli, se usati correttamente e in modo completo, possono fortemente aiutare la stima quantitativa.
> - **Impegno nel raccogliere dati sui rischi di alta qualità (Commitment to Collecting High-Quality Risk Data).** Spesso dati sui rischi di alta qualità non sono disponibili in nessun database storico e devono essere raccolti attraverso interviste, workshop e altri strumenti con l'aiuto di esperti. La raccolta di dati sui rischi richiede disponibilità di risorse e tempo così come supporto da parte del management.
> - **Dati non falsati da parzialità (Unbiased Data):** Saper riconoscere la soggettività e i pregiudizi (Bias) presenti nei dati sui rischi di progetto forniti (Cognitive Bias e Motivational Bias) e cercare di limitarne l'effetto.
> - **Il rischio globale del progetto a partire dai rischi individuali (Overall Project Risk Derived from Individual Risks):** Il rischio globale del progetto viene calcolato a partire dalla valutazione dei rischi individuali: l'uso di una buona metodologia è fondamentale. Per l'analisi dei rischi sui tempi e sui costi del progetto il metodo Monte Carlo è molto valido; anche il metodo dell'albero delle decisioni (Decision Tree) può essere usato per combinare gli effetti e le probabilità di accadimento dei rischi elementari per derivare la rischiosità complessiva del progetto.
> - **Interrelazione tra rischi nell'analisi quantitativa (Interrelationships Between Risks in Quantitative Risk Analysis):** Particolare attenzione si deve porre alla possibilità che rischi individuali nel modello del progetto siano interrelati. Per esempio, molti rischi possono avere la stessa causa e perciò è possibile che si manifestino tutti insieme. Questa possibilità è spesso definita attraverso la correlazione dei rischi interrelati. Un altro tipico modo di rappresentare i rischi che possono manifestarsi insieme è l'utilizzo del risk register, andando a elencare i rischi o la causa originante il rischio e collegando queste informazioni a vari elementi del progetto come le attività schedulate o gli elementi di costo. Quando un particolare rischi si manifesta, tutti gli elementi impattati subiranno l'effetto di tutti i rischi insieme.

Inputs:

No.	Inputs	Descrizione
1	Risk management Plan	Ormai sappiamo che il RMP è un insieme di informazioni utili per la gestione dei rischi di progetto ed è necessario consultarlo in ogni processo. Qui possiamo rivedere quali siano le definizioni di probabilità e impatto impostate per il progetto corrente.
2	Risk *Register*	A questo punto nel risk *register* troviamo la lista dei rischi prioritizzati (dal momento che l'analisi qualitativa è costosa, dobbiamo essere selettivi su quali rischi passare attraverso questa analisi)
3	Cost & Schedule Plan	Su questi piani baseremo i nostri modelli e simulazioni.
4	Organizational Process Assets	Come sempre le informazioni storiche sono importanti

Tools:

No.	Tools		Descrizione
1	Data Gathering & Representation	Interview	Intervistiamo gli esperti per avere differenti stime sugli impatti dei rischi
		Probabilty Distribution	Vengono utilizzate per rappresentare la probabilità di accadimento dei rischi in un intervallo di numeri continuo. Queste rappresentazioni vengo poi utilizzate nelle simulazioni
2	Modeling Technique	Sensitivity *Analysis*	Utile per identificare i rischi che hanno l'impatto maggiore sul progetto
		Expected Monetary Value	Utilizzeremo questo metodo per valutare quale sia l'impatto monetario atteso dei vari rischi sul progetto
		Modeling & Simulation	Potremmo utilizzare la Monte Carlo simulation per eseguire virtualmente il progetto ottenendo risultati sui rischi
3	Expert *judgement*		Nell'analisi quantitativa, utilizzeremo molta matematica e statistica. Potremmo cercare aiuto in esperti del settore (ad esempio per interpretare nel modo corretto i risultati delle simulazioni)

Output:

No.	Output	Descrizione
1	Risk *Register* Updates	Adesso il risk *register* conterrà informazioni sulla data attesa di fine progetto e il costo atteso. Queste informazioni ci aiuteranno nella valutazione della contingency reserve e della time contingency Nel risk *register* troveremo la probabilità totale di raggiungere gli obiettivi di progetto La lista dei rischi prioritizzati sarà rivista e migliorata.

CAPITOLO

33 PLAN RISK RESPONSES

RICORDATE, I RISCHI POSSONO ESSERE POSITIVI O NEGATIVI!

Questo è l'ultimo processo di risk management prima dell'esecuzione del progetto stesso. Facciamo un piccolo riepilogo. A questo punto abbiamo il piano di gestione dei rischi e il *risk register*, che contiene tutte le informazioni sui rischi determinate attraverso i vari processi di analisi, tutti i piani e documenti di progetto che ci sono stati utili nelle nostra attività di risk management, come ad esempio lo *scope* management Plan o lo *scope statement*, la *wbs*, il Communications management Plan e così via. Il team di risk management si è impegnato molto e il risultato è quello di aver sviluppato una adeguata conoscenza dei rischi che pendono sul progetto. A questo punto dobbiamo definire le strategie di risposta per ogni rischio e le relative azione da intraprendere. Nel *risk response* Plan*ning* si dovrebbe essere lungimiranti. Pensiamo al *risk response* come ad un esercizio di *problem solving* dove ci sono differenti opzioni tra le quali scegliere per controllare ogni singolo rischio. Abbiamo già visto quali siano le varie strategie di risposta sia per le minacce che per le opportunità, a questo punto dobbiamo definire quali strategie mettere in campo e valutarne l'efficacia. Ad esempio, l'uso del RRI (*risk reduction index*) ci può dire se la risposta scelta è efficace nella riduzione delle conseguenze del rischio. L'RRI ha una formula molto semplice:

$$\frac{(EMVpre - risposta - EMVpost - risposta)}{COSTO\ della\ risposta}$$

Se il risultato è un valore maggiore o uguale a 2, possiamo dire che la risposta scelta è efficace. Ovviamente, dobbiamo assegnare le attività di implementazione delle risposte. Nel processo di risk response determiniamo chi sono i *risk owner*. Nel processo di pianificazione dei rischi abbiamo assegnato le varie responsabilità per intraprendere le differenti attività sui rischi, e potremmo aver identificato i possibili *risk owner*. Qui avviene l'ufficializzazione di chi sia il responsabile del controllo dei rischi. Abbiamo bisogno di un "nome" per evitare che ci sia uno scambio di colpe o rimbalzi di responsabilità tra differenti parti. Anche se più parti sono coinvolte nel controllo dei rischi, la responsabilità ultima deve ricadere su di una sola persona. I *risk owner* devono essere identificati in modo logico andando a selezionare quelli che hanno le più adeguate capacità ed autorità per controllare i rischi. In più è necessario che venga comunicato e formalmente accettato il loro ruolo. Nel processo di *risk response* abbiamo anche la creazione dei piani di contingenza e dei piani di riserva, così come la quantificazione ultima della *contingency reserve*.

> **NOTA** Qualche volta un "risk manager professional" viene nominato nel progetto. Il risk manager riporta direttamente al project manager ed è responsabile della gestione dei rischi.

> **NOTA** Come specificato dal PMI nel "Practice Standard For Project Risk management" per quanto riguarda il processo di pianificazione delle risposte ai rischi ci sono dei fattori critici per il successo del processo. Nel dettaglio i fattori sono:

- **Comunicare (Communicate)**
    - E' fondamentale attivare una comunicazione aperta e appropriata con tutti gli stakeholder interessati: il piano delle risposte deve essere distribuito e approvato per garantire la piena accettazione
    - In particolare i livelli alti dell'organizzazione devono essere coinvolti nel caso in cui i rischi e le risposte riguardino la cultura, le attitudini e i disaccordi sugli obiettivi di progetto
- **Ruoli e Responsabilità dei ruoli nel** Risk management **ben definiti (Clearly Define Risk-Related Roles and Responsibility)**
    - Il successo delle risposte ai rischi dipende fortemente dal coinvolgimento del team e degli altri stakeholder
    - I ruoli chiave sono quelli del Risk Owner e del Risk Action Owner: ogni rischio e ogni risposta devono avere i loro responsabili con responsabilità ben definite
    - Il management deve mantenere la responsabilità dei rischi dovuti a cause correlate con le politiche e con l'organizzazione
    - Un senior manager deve approvare e tenere traccia delle contingency
- **Specificare i tempi per le risposte ai rischi (Specify Timing of Risk Responses)**

- Le risposte ai rischi entrano a far parte del Project Management Plan, in particolare devono essere schedulate e assegnate opportunamente
- Le risposte che dipendono da particolari condizioni (Contingent Risk Response) devono essere opportunamente monitorate, in modo da attivarle nel caso sia necessario

- **Fornire le risorse, il budget e i tempi per le risposte ai rischi (Provide Resources, Budget, and Schedule for Responses)**
  - Come qualsiasi attività nel piano di progetto, anche le risposte devono essere integrate nel Project Management Plan
  - Devono quindi essere stimate le risorse, i costi e le durate, aggiornati il budget e lo schedule
  - Deve essere garantito l'impegno da parte dei Risk Owners e dei Risk Action Owners
  - Il ruolo del management in questa fase nel garantire risorse e budget è fondamentale

- **Attenzione alle interazioni fra i rischi e le risposte (Address the Interaction of Risks and Responses)**
  - Le risposte ai rischi possono essere sviluppate con un'attenzione ai rischi che hanno le stesse cause o gli stessi effetti
  - Utile l'uso dei diagrammi di affinità e delle categorie dei rischi (o RBS) per scoprire le interazioni fra rischi e fra risposte
  - Altra interazione può accadere quando l'accadimento di un rischio può modificare la probabilità d'accadimento o l'impatto di altri rischi
  - Si potrebbe preferire una risposta che combatte dieci "piccoli" rischi piuttosto che una contro un rischio grande

- **Assicurare che le risposte siano appropriate, nei tempi, efficaci e concordate (Ensure Appropriate, Timely, Effective, and Agreed-Upon Responses)**
  - Il piano di risposta deve essere efficace, fattibile, raggiungibile, e pianificato in accordo con gli stakeholder di progetto
  - Prima di essere approvato un Risk Response Plan deve essere valutato:
    - nella fattibilità tecnica
    - nella capacità del team ad affrontare le azioni di risposta
    - nel bilanciamento tra l'impatto della risposta sugli obiettivi di progetto e il miglioramento del profilo del rischio di progetto
    - nella consistenza con i valori dell'organizzazione, degli obiettivi di progetto e delle aspettative degli stakeholder

- **Attenzione sia sulle minacce che sulle opportunità (Address Both Threats and Opportunities)**

  Il piano di risposta deve integrare sia le azioni di risposta che combattono le minacce sia quelle che favoriscono le opportunità

- **Sviluppare le strategie prima delle risposte tattiche (Develop Strategies before Tactical Responses)**
  - La pianificazione della risposta deve essere portato avanti con un approccio aperto (open-minded) piuttosto che approvare la prima risposta che viene in mente o la prima che sembra fattibile

- La strategia deve essere pianificata a livello strategico, prima di essere tradotta e dettagliata nella risposta a livello tattico ed integrata nel Project Management Plan

Inputs:

No.	Inputs	Descrizione
1	Risk management Plan	Contiene tutte le informazioni sul risk management come ad esempio le definizioni dei rischi
2	Risk *Register*	Avete bisogno dei risk *register* per la lista dei rischi e il loro ordinamento, soprattutto per quelli urgenti e per ogni indicazione di possibile risposta ai rischi che avete inserito precedentemente

Tools:

Non dobbiamo correre nell'assegnare le strategie di risposta ai rischi. Abbiamo a disposizione vari *tool* da usare e dovremmo trovare quello più efficace e allo stesso tempo quello più conveniente per controllare i rischi identificati.

No.	Tools	Descrizione
1	Strategie for Threats	Avoid, Transfer, Mitigate e Accept
2	Strategies for Opportunities	Exploit, Share, Enhance e Accept
3	Contingency Planning	Il contingency Planning è una strategia per determinare un piano da usare nel caso un rischio si manifesti. Consideriamolo un piano di emergenza che mettiamo in un cassetto per poterlo utilizzare all'occorrenza. Abbiamo bisogno dei risk trigger per poter essere pronti all'utilizzo tempestivo del piano
4	*Expert judgement*	Potremmo incontrare rischi che sono unici nel loro genere e di cui non abbiamo esperienza nel gestirli. Così, ci avvaliamo di un consulente esperto. Questa situazione è molto comune nei progetti di innovazione. Gli esperti possono essere all'interno dell'azienda o disponibili sul mercato.

Output:

No.	Output	Descrizione
1	Risk *Register* Updates	Dobbiamo aggiornare il risk *register* con le informazioni relative alla strategia di risposta ai rischi, chi sono gli owner, i trigger i rischi secondari, la contingency reserve, i rischi residui e i fallback plans (il piano B!)
2	Project Management Plan Updates	Le risposte sicuramente impatteranno su qualche sezione del nostro Project plan. Potremmo dover aggiornare il piano dei costi, quello dei tempi, della qualità, delle risorse ....
3	Contract Decision	Durante la determinazione delle risposte ai rischi potremmo trasferire o condividere un rischio. Dobbiamo riflettere queste scelte attraverso dei contratti.
4	Project Document Updates	Assumption Log: dal momento che determiniamo le risposte ai rischi i nostri assunti vengono verificati e cambiati. Altri documenti possono essere aggiornati. Per esempio potremmo cambiare alcuni aspetti dei nostri disegni tecnici o requisiti specifici di un apparato ....

CAPITOLO 34 CONTROL RISKS

Ed eccoci arrivati all'ultimo processo del project risk management così come è stato standardizzato dal PMI nel PMBOK. In questo processo, potreste aggiungere nuovi rischi identificati e marcare quelli che non possono accadere. In più, dal momento che il progetto può ingrandirsi, i rischi richiedono una nuova valutazione (*risk reassessment*). Dovreste stabilire una stretta comunicazione con i risk owner che sono responsabili della messa in campo delle strategie di risposta che avete pianificato.

Una cosa da ricordare è che questo processo, a differenza degli altri, avviene durante l'esecuzione del progetto e perciò ha delle caratteristiche diverse. Ad esempio, modifiche e correzioni su come rispondere a nuovi rischi devono essere fatte attraverso le procedure di *change request*. Non dimentichiamo la *watch list*, i rischi residui e i *trigger*. Dobbiamo monitorare ognuno di essi attivamente.

Un elemento chiave in questo processo sono i *performance report*, i quali sono lo strumento per sapere se state operando in modo efficace o no. In questo processo, molto più che negli altri, dovete essere "*open-minded*". Aspettiamoci che, fortunatamente, non tutti i rischi accadano, e prepariamoci alla comparsa di nuovi rischi.

Dobbiamo essere pronti a implementare i *fall-back* Plan*s* (il piano "B") nel caso il piano delle risposte scelte in pianificazione si dovesse rivelare inadeguato e utilizziamo la riserva di contingenza nel caso un rischio residuo si manifestasse.

> **NOTA** Come specificato dal PMI nel "Practice Standard For Project Risk management" per quanto riguarda il processo di monitoraggio e controllo dei rischi ci sono dei fattori critici per il success del processo. Nel dettaglio i fattori sono:

- **Monitoraggio e Controllo dei rischi con il monitoraggio e controllo del progetto (Risk Monitoring and Control with Project Monitoring and Control)**

  Fin dall'inizio, il Project Management plan dovrebbe includere tutti le azioni necessarie per monitorare e controllare i rischi di progetto.

  Dovremmo definire queste azioni da subito nel project planning cycle, e successivamente fare delle correzioni alla luce di quelle che saranno le decisioni relative alle risposte aggiungendo, ad esempio, le azioni associate al monitoraggio di specifiche condizioni.

  Una volta che la pianificazione delle risposte è stata fatta, la schedulazione di progetto dovrebbe includere tutte le attività relative alle risposte pianificate in modo da poter essere svolte come parte dell'esecuzione del progetto e conseguentemente tracciate per le misurazioni.

- **Monitorare continuamente le condizioni d'allarme dei rischi (Continuously Monitor Risk Trigger Conditions):**

  mentre molte azioni vengono avviate sicuramente, altre devono essere avviate soltanto nel caso in cui avvengano tali condizioni. La responsabilità della verifica dei triggers è del Risk Action Owner in collaborazione con il Risk Owner con la supervisione e la responsabilità globale del Project Manager

- **Mantenere consapevolezza dei rischi (Maintain Risk Awareness)**

  I report di risk management dovrebbero essere un elemento sempre presente in ogni agenda di riunioni sullo stato del progetto, per assicurare che ogni membro del team sia consapevole dell'importanza del risk management e per assicurare che esso sia completamente integrato in tutte le decisioni di Project Management. Lo sponsor del progetto o gli alti livelli del management dell'organizzazione dovrebbero richiedere report sui rischi e sulle risposte pianifica a intervalli regolari per assicurare che gli stakeholder siano consapevoli dell'importanza di essere sempre focalizzati sui rischi. Il feedback dello sponsor motiva il team di progetto dimostrando interesse da parte del top management alla gestione dei rischi. La percezione degli stakeholder sull'efficacia del risk management è in parte condizionata dal modo in cui i rischi sono gestiti nel momento in cui si manifestano. E' anche importante che, nel momento dell'accadimento di un rischio, le informazioni su quell'evento così come l'implementazione e l'efficacia delle risposte, siano comunicati ad intervalli regolari. Tutto questo è sicuramente supportato e agevolato dalla corretta esecuzione di un piano di comunicazione.

Input:

No	Tool	Descrizione
1	Risk *Register*	Il registro contiene la lista dei rischi, gli owner e le azioni di risposta. Contiene la watch list. Il fallback plan, i trigger, le informazioni sulla riserva di contingenza, i rischi secondari......

2	Project Management Plan	Realmente in questo momento state utilizzando il risk management plan, ma dall'avvio dell'esecuzione del progetto questo piano viene incorporato nel piano generale di progetto. Qui trovate informazioni sulla tolleranza al rischio e i metodi di risk management utilizzati. Avete bisogno di sapere quali metodi di risk management vengono utilizzati perché nel momento che scoprite nuovi rischi dovete sapere quali processi dovete mettere in campo.
3	Performance Information	Dal momento che vi trovate nell'esecuzione del progetto, avete bisogno di sapere se le performance sono in linea con il pianificato oppure no. Uno dei vostri obiettivi in questo processo è determinare quanto sia stato efficace i vostro risk management. Buone performance sottintendono un buon risk management. Come i performance report, vi forniscono analisi sulle performance, come le analisi delle tendenze e i risultati dell'earned value (in sostanza i performance report esemplificano le performance information).
4	Performance Reports	

Tools:

No	Tool	Descrizione
1	Risk Reassessment	In alcuni casi avete bisogno di rivalutare i rischi per vari motivi tra cui: Potreste identificare nuovi rischi Cambiano le condizioni nel progetto così che alcuni rischi potrebbero diminuire o aumentare la loro forza (in termini di probabilità e impatto) Alcuni rischi potrebbero non manifestarsi e di conseguenza dovete marcarli come chiusi (segnarli come chiusi NON cancellarli dal registro). La nuova valutazione dei rischi dovrebbe essere fatta regolarmente dal momento che potrebbero avvenire modifiche continue nei rischi.
2	Risk Audits	I risk audit controllano l'efficacia del vostro risk management. Per esempio, potreste controllare le risposte ad alcuni rischi in modo randomico selezionandoli dal risk *register* e contattando i rispettivi risk owner chiedendogli un feedback.

3	Variance & Trend *Analysis*	Le tendenze relative a performance passate ci possono indicare la bontà del nostro risk management. Per esempio, potreste calcolare il budget atteso al completamento del progetto usando il metodo dell'earned value. Se il budget al completamento è vicino al budget pianificato, questo è segno di un buon risk management (intendendo che il lavoro fatto per l'identificazione, l'analisi e la gestione delle risposte ai rischi è stato eccellente). Se invece trovate uno scostamento sostanziale tra le performance pianificate e quelle reali, questo può portarvi a ricontrollare il risk *register* e convalidare attraverso qualche analisi la lista dei rischi e l'efficacia delle azioni di risposta.
4	Technical Performance Measures	Buone performance tecniche implicano l'esistenza di un sano risk e control management. Considerate il progetto di costruzione di un oleodotto sottomarino. Le specifiche tecniche potrebbero essere relative alla qualità delle saldature sui giunti dei tubi e il numero di aree dove le saldature sono saltate. Dovreste aver considerato le possibili saldature saltate come rischi e aver pensato a quali azioni di risposta mettere in campo per controllare questi rischi, e, se il numero di difetti è accettabile, possiamo dire il vostro risk management è efficace.
5	Reserve *Analysis*	Questa analisi compara i rischi rimanenti con l'ammontare della riserva residua. Basandovi su questa analisi, potreste aver bisogno di aumentare o diminuire la riserva. Se sbagliate a bilanciare la riserva verso i rischi, potreste non avere fondi sufficienti per controllare alcuni dei rischi accettati.
6	Status Meetings	Utilizzate i meeting per avere un confronto interattivo sulle strategie di risposta ai rischi con il team di progetto e gli stakeholder

Output:

No	Tool	Descrizione
1	Risk *Register* Updates	Il risk *register* conterrà nuove informazioni come: Il reale effetto dei rischi e l'efficacia delle risposte ai rischi Nuovi rischi e le loro analisi Aggiornamenti dei rischi precedentemente identificati, basandovi sulla nuova valutazione dei rischi stessi
2	Organizational Process Assets Updates	Ricordate, usiamo gli asset aziendali per recuperare informazioni relativamente alla matrice dei rischi, alle categorie dei rischi e alle lessons learned. Ora, dato che il progetto è stato chiuso, avete ottenuto nuove informazioni ed è tempo di trasferirle attraverso il knowledge management e inserirle negli asset aziendali. Per esempio, potreste aggiornare: Il database delle lezioni apprese La RBS (o RiBS con i nuovi rischi) I modelli aziendali (company templates)
3	Change Requests	Durante la pianificazione del progetto, avete determinato le risposte ai rischi e avete aggiornato il Project Management plan per tenere traccia di ogni cambiamento. Però, durante l'esecuzione del progetto le modifiche devono essere trattate attraverso le procedure di richiesta di modifica. Le change request che hanno a che fare con il risk management possono essere o azioni "preventive" o "correttive". Utilizzate le azioni preventive per prevenire che un rischio accada (ad esempio nuovi rischi identificati attraverso il risk reassessment), mentre usate le azioni correttive per rischi che sono accaduti ma dei quali volete ridurre l'impatto sul progetto. Per esempio, se un rischio non pianificato accade, potete mettere in campo quello che viene definito un "workaround" e questo implica azioni non specificate nel piano di progetto e perciò deve avvenire un processo di change request/approval. Un altro esempio che possiamo fare è quello elativo alla messa in campo di un piano di contingenza, dove, benché il rischio sia identificato, la risposta è solo documentata nel contingency plan ma non è stata inserita nel Project Management plan. Anche in questo caso dobbiamo rifarci ad un processo di change request/approval. Aspettatevi qualche domanda all'esame sulle

4	Project Management Plan Updates	change per cui studiate bene questo aspetto. Implementare le modifiche molto probabilmente significherà aggiornare alcuni elementi del Project Management plan come la schedulazione, i costi, la qualità o il piano delle risorse umane. Queste modifiche devono essere documentate.
5	Project Documents Updates	Teoricamente, ogni documento che deve essere rivisto viene aggiornato, anche se non è nel Project Management plan.

AREE DI CONOSCENZA DEL PMBOK UTILI PER L'ESAME

CAPITOLO

35 INTEGRATION MANAGEMENT

Il Project Integration Management come area di conoscenza presente nel PMBOK Guide include tutte le attività a valenza fortemente integrativa e di coordinamento e non è orientata a uno specifico aspetto della gestione del progetto, come invece accade per le altre aree di conoscenza.

In progetti nei quali il project manager può dotarsi di uno staff (detto Project Management Team) di dimensioni adeguate e dotato della necessaria competenza, si può ritenere che i processi del Project Integration Management siano quelli eseguiti in prima persona dal project manager.

Dal punto di vista della produzione documentale di Project Management, i processi di questa area integrano tutti i dati e informazioni provenienti dalle altre aree di conoscenza.

Il Project Integration Management consiste in tutti i processi necessari per identificare, definire, combinare, unificare e coordinare opportunamente i vari processi e attività di gestione del progetto.

L'integrazione è di tipo "interno", nel senso che occorre garantire la coesistenza e congruenza di diverse dimensioni del progetto (ambito, costi, tempi e qualità). L'integrazione è anche di tipo "esterno", in quanto il progetto deve relazionarsi con le attività di pianificazione strategica (iniziazione del progetto) e con le attività ricorrenti di business aziendale (chiusura del progetto).

Fare integrazione nel progetto significa bilanciare (*Trade-off*) obiettivi e bisogni degli stakeholder tra loro a volte in contrapposizione, attraverso un'attività continua di verifica e omogeneizzazione di viste specifiche (piani) prodotti da persone o organizzazioni diverse. Si pensi all'integrazione di un piano dei tempi con quello di approvvigionamento di beni e risorse esterni all'organizzazione, o all'integrazione di un piano della qualità con quello dei costi di progetto.

Spesso tale integrazione ha bisogno di più passaggi e più approvazioni in un'ottica di feedback iterativo.

Integrazione nella gestione del progetto significa:

- sviluppare un piano integrato del progetto che, basandosi su una dettagliata analisi dell'ambito, includa gli altri elementi, quali per esempio tempi, costi, risorse, qualità, rischio;
- coordinare il lavoro per il buon esito del progetto;
- decidere dove concentrare l'impegno delle risorse in ogni momento;
- gestire tempestivamente i problemi e le questioni (*Issue*);
- effettuare scelte tra obiettivi e alternative in contrasto fra loro;
- fluidificare l'interazione fra processi diversi e fra gli stakeholder.

I processi di Project Integration Management

I processi di gestione dell'integrazione di progetto in accordo con il *PMBOK® Guide* sono i seguenti:

- Sviluppare il project charter (Develop Project Charter)
  Preparare il project charter, che costituisce l'autorizzazione formale al progetto o a una fase del progetto;
- Sviluppare il piano di Project Management (Develop Project Management Plan)
  Definire, preparare, integrare e coordinare tutti i piani di progetto per creare un unico documento (Project Management Plan) coerente e omogeneo;
- Dirigere e gestire il lavoro del progetto (Direct and Manage Project Work)
  Governare l'esecuzione di tutte le attività previste nel Project Management Plan;
- Monitorare e controllare il lavoro del progetto (Monitor and Control Project Work)
  Controllare le prestazioni del progetto in modo da raggiungere gli obiettivi definiti nel piano di Project Management;
- Eseguire il controllo integrato delle modifiche (Perform Integrated Change Control)
  Gestire le richieste di cambiamento, in modo da coordinare i cambiamenti approvati durante il suo ciclo di vita, attraverso un ciclo

relativo ad approvazione/rigetto ed eventuale messa in pratica delle modifiche approvate;
- Chiudere il progetto o una fase (Close Project or Phase)
Completare le attività relative all'insieme dei gruppi di processo di Project Management e chiudere formalmente il progetto o una sua fase.

In linea con i processi, i principali prodotti di questa area di conoscenza sono:

- il project charter, documento risultante delle attività di avvio del progetto;
- il piano di Project Management (Project Management Plan), documento risultante dalle attività di pianificazione del progetto;
- i deliverable, prodotti (documentali e non) risultanti dall'attività di governo del lavoro del progetto;
- le richieste di modifica (Change Requests), che rappresentano le azioni di correzione risultanti dall'attività di verifica delle prestazioni del progetto;
- l'approvazione delle richieste di modifica (Approved Change Requests), risultanti dall'azione di valutazione che ha sede nel controllo integrato delle modifiche;
- la transizione del prodotto finale del progetto (Transition), o di una sua fase, all'organizzazione operante (Performing Organization).

Tutti i processi dell'area Project Integration Management propongono come strumento e tecnica il parere di esperti (*Expert Judgement*), ovvero i consigli e il supporto da parte di consulenti, sia interni che esterni all'organizzazione, gruppi industriali, stakeholder (anche il cliente) e altri: viene quindi sottolineato l'aspetto di intenso contenuto di conoscenza e di esperienza di questa area di conoscenza.

Parimenti, tutti i processi dell'area Project Integration Management propongono come strumento e tecnica le riunioni (*Meetings*) e tecniche di facilitazione (*Facilitation Techniques*): viene quindi sottolineato l'aspetto di approccio collettivo e collaborativo di questa area di conoscenza.

Il processo Develop Project Charter, sviluppare il project charter

È il processo che crea il project charter, documento che autorizza formalmente il progetto. Essendo un processo necessità di input che devono essere elaborati.

Gli input principali sono: i possibili accordi tra l'organizzazione operante e un'organizzazione esterna (*Agreements*), spesso rappresentati da un vero e proprio contratto (se esistente), il capitolato del progetto (Project *Statement of Work*), ovvero una sorta di capitolato tecnico dei prodotti/servizi che devono essere realizzati nell'ambito del progetto e il business case, ovvero la definizione delle finalità e degli obiettivi per il cui soddisfacimento l'organizzazione operante (*Performing Organization*) intende dare corso al progetto.

L'approvazione del progetto: il project charter

Con la sua ufficialità, il project charter conferisce al project manager l'autorità necessaria per impiegare le risorse dell'organizzazione nelle attività di progetto, al fine di raggiungere gli obiettivi prefissati. Il project charter è una sorta di contratto che viene stilato tra l'organizzazione operante, rappresentata dallo sponsor, e la struttura temporanea di progetto, rappresentata dal project manager, e ha come oggetto il conferimento di risorse e autorità per la realizzazione di uno specifico prodotto, servizio o risultato.

Viene generato da un iniziatore o sponsor del progetto esterno all'organizzazione del progetto, ma dotato del corretto livello di autorità per allocare al progetto i finanziamenti necessari. In alcuni casi il livello di management dell'iniziatore o sponsor è tale che il compito della stesura del project charter viene delegato al project manager.

In alcune organizzazioni il project charter si prepara soltanto dopo un'analisi dei requisiti, uno studio di fattibilità, un piano preliminare che vengono considerati precedenti e quindi esterni al progetto.

Il project charter può contenere direttamente o tramite riferimenti:

- giustificazione del progetto;
- criteri di successo e obiettivi del progetto;
- requisiti di alto livello che soddisfano le esigenze, le necessità e le aspettative del cliente, dello sponsor e di altri stakeholder;
- vincoli e ipotesi;
- descrizione macroscopica del prodotto del progetto;
- descrizione delle incertezze (rischi);
- milestone principali e loro schedulazione;
- budget riepilogativo;
- lista iniziale degli stakeholder;

- requisiti per misurare il successo del progetto (cosa significa, come si misura e chi ne ha il diritto);
- project manager assegnato, responsabilità e livello d'autorità;
- nome dell'iniziatore o sponsor che firma il documento.

Le attività necessarie per avviare un progetto sono:

- raccogliere le informazioni storiche necessarie;
- determinare gli obiettivi;
- determinare e stimare i deliverable d'alto livello;
- determinare i bisogni del progetto;
- individuare il project manager e definire il suo livello d'autorità;
- determinare le risorse chiave.

Cosa serve per elaborare il project charter

Tra gli input del processo possono essere individuati alcuni documenti importanti che possono aiutare nella definizione del project charter, qui di seguito elencati e sintetizzati.

Capitolato del progetto

Il capitolato di progetto (Project Statement of Work) può essere presente in un invito a una gara, spesso in forma di allegato tecnico o essere parte dello stesso contratto stipulato con il cliente. Non è quindi detto che esista sempre, per esempio per progetti interni può non esistere.

Normalmente il Project Statement of Work indica:

- i bisogni di business che fanno avviare il progetto (bisogno di formazione, domanda di mercato, un avanzamento tecnologico, un requisito di legge ecc.);
- la descrizione del prodotto/servizio, almeno in forma di massima da dettagliare in seguito;
- il piano strategico (*Strategic* Plan) dell'organizzazione operante che rappresenta la vision dell'azienda (il progetto, per essere attivato, deve essere in linea con lo *Strategic* Plan e i suoi obiettivi non devono andare in contrasto con quelli dell'azienda).

Business case

Il business case è input primario per il processo Develop Project Charter nei casi in cui il progetto sia interno e deliberato dall'organizzazione operante non a fronte di una vendita, ma come risultato della volontà di raggiungere un obiettivo strategico aziendale.

Il documento analizza e stima il valore del progetto e del suo allineamento con le strategie aziendali.

Accordi

L'avviamento di un progetto può basarsi sull'esistenza di accordi (*Agreements*) che possono essere formali o informali, dettagliati o generali. Il caso più evidente dell'esistenza di accordi è un contratto, che è input primario del processo Develop Project Charter nei casi in cui l'avviamento del progetto è il risultato di un'attività commerciale di vendita, mediata o meno dalla partecipazione a una gara. Al contratto è spesso allegato il capitolato (Project Statement of Work).

I fattori ambientali aziendali coinvolti nello sviluppo del project charter

Gli elementi di contesto (*Enterprise Environmental Factors*) utili per influenzare le attività del processo *Develop* Project *Charter*, possono essere:

- standard *de jure* o *de facto*, interni o esterni all'organizzazione operante;
- condizioni del mercato di destinazione del prodotto, servizio o risultato del progetto;
- infrastrutture dell'organizzazione operante, in ordine a impianti, personale, logistica, dislocazione, sistemi informativi e altro.

Gli asset dei processi organizzativi coinvolti nello sviluppo del project charter

Il patrimonio tangibile dell'organizzazione operante (*Organizational Process Assets*) utile per le attività del processo *Develop* Project Charter, può consistere di:

- processi e procedure dell'organizzazione per la conduzione del lavoro;
- processi standard (direttive e procedure sanitarie, di sicurezza, di Project Management, di qualità; cicli di vita standard dei progetti e prodotti);
- modelli (*Templates*) per la gestione del progetto;

- informazioni storiche (*Historical Information*);
- lesson learned.

Il processo Develop Project Management Plan, sviluppare il piano di Project Management

Questo processo crea il piano di Project Management (Project Management Plan), documento che definisce come il progetto verrà pianificato, eseguito, controllato e chiuso. Non si tratta di una semplice raccolta di piani esecutivi, ma di un'analisi integrata e iterativa di diversi documenti di pianificazione, alcuni generali e altri che progressivamente e iterativamente si producono relativamente a tutte le aree di conoscenza.

Il piano di Project Management (Project Management Plan)

Il piano di Project Management (Project Management Plan) ha l'obiettivo di consolidare i piani di progetto e le baseline di riferimento provenienti dai processi di pianificazione di tutte le altre aree di conoscenza. È quindi il documento di pianificazione ufficiale e approvato che viene usato come linee guida e riferimento durante tutte le fasi del ciclo di gestione del progetto. Il Project Management Plan è una raccolta omogenea di documenti che consta di tre parti:

1. l'insieme delle regole e delle procedure generali di governo del progetto. Un esempio è la definizione delle fasi del progetto, la personalizzazione delle regole generali contenute in una metodologia di riferimento, le regole che governano i cambiamenti (*Change* Management Plan) e la gestione della configurazione (*Configuration* Management Plan), le definizioni degli eventi di riferimento del progetto;
2. l'insieme delle regole e delle procedure per il governo delle varie aree tematiche della gestione del progetto, i cosiddetti piani ausiliari, ovvero:
    - *Scope* Management Plan;
    - *Schedule* Management Plan;
    - *Cost* Management Plan;
    - *Quality* Management Plan;
    - *Process Improvement* Plan;
    - *Human Resource* Management Plan;
    - *Communications* Management Plan;
    - *Risk* Management Plan;
    - *Procurement* Management Plan;

- *Stakeholder* Management Plan;
3. i veri e propri piani di area, in versione corrente e un loro sottoinsieme in versione baseline (versione di riferimento a uso della misurazione delle prestazioni di progetto):
   - *Scope Baseline*;
   - *Schedule Baseline*;
   - *Cost Baseline*.

Il Project Management Plan:

- funge da guida e da riferimento per le fasi di pianificazione, esecuzione, controllo e chiusura;
- documenta gli assunti (*Assumptions*) e i vincoli (*Constraints*) di pianificazione;
- documenta le decisioni di pianificazione prese;
- facilita la comunicazione tra gli stakeholder;
- fornisce una baseline di riferimento per le misurazioni degli avanzamenti e per il controllo del progetto;
- definisce e programma le riunioni d'avanzamento di progetto;
- è un documento dinamico, nel senso che durante l'evoluzione del progetto si aggiorna per rappresentare la ripianificazione aggiornata della parte di lavoro ancora da fare.

La baseline di progetto

Per baseline s'intende il piano originale del progetto usato come riferimento per verificare lo stato d'avanzamento del progetto e per eseguire le stime a finire. Normalmente per baseline di progetto s'intende:

- baseline dell'ambito (*Scope Baseline*): piano dei contenuti da realizzare, si compone di *Scope Statement*, WBS e *WBS Dictionary*;
- baseline della schedulazione (*Schedule Baseline*): piano originale dei tempi (spesso rappresentata tramite un diagramma di Gantt di riferimento);
- baseline dei costi (*Cost Baseline*): piano originale dei costi di progetto (spesso rappresentata da un grafo tempi-costi a forma di curva a S).

La baseline non dovrebbe mai essere modificata se non a fronte di cambiamenti approvati: in tal caso la nuova baseline approvata deve tener conto delle modifiche approvate (*Approved Change Request*) in maniera integrata e coerente attraverso controlli di dettaglio adeguati.

Uso del project charter nella preparazione del Project Management Plan

Il project charter contiene, in modo preciso ma conciso, i punti fondamentali dell'incarico assegnato al project manager. Questi costituiscono un naturale punto di partenza per lo sviluppo di dettaglio che deve essere effettuato dal processo sviluppare il piano di Project Management. Il project charter contiene, come derivazione dal business case, la giustificazione del progetto, elemento che deve essere tenuto in conto nell'azione di integrazione e bilanciamento delle diverse alternative d'impostazione del progetto.

Il processo Direct and Manage Project Work, dirigere e gestire il lavoro del progetto

Il processo dirigere e gestire il lavoro del progetto (Direct and Manage Project Work) governa l'esecuzione di quanto previsto nel Project Management Plan, in ordine sia alle attività tecniche (di produzione del prodotto, servizio o risultato oggetto del progetto), sia gestionali (la vera e propria attività di Project Management).

È il processo nel cui ambito si utilizza la gran parte del budget di Project Management.

Durante questo processo viene governata la generazione dei deliverable di progetto, l'erogazione della formazione, la gestione del team e l'esercizio della comunicazione di progetto. Parimenti, si attuano eventuali azioni reattive di risposta ai rischi, si raccolgono e gestiscono le questioni di progetto (*Issues*), si dà corso a richieste di modifica eventualmente approvate, si generano tutti i dati gestionali riguardanti la prestazione del progetto, si attuano le azioni di miglioramento dei processi del progetto (*Continuous Improvement*) e si raccolgono le lesson learned.

Il processo Direct and Manage Project Work viene primariamente diretto dal Project Management Plan, che rappresenta la versione consolidata (baseline più aggiornamenti) del corso previsto del progetto. Il processo è inoltre diretto dalle richieste di modifica approvate, le quali includono azioni correttive, preventive o riparazioni di difetti (rilavorazioni) che completano, con un'accezione più reattiva, il corso del progetto pianificato.

Il processo genera (indirettamente) come output principale i deliverable di progetto e tutte le informazioni di dettaglio che riguardano le prestazioni del progetto come risultato delle attività di produzione e gestionali. Il processo può inoltre generare richieste di modifica (*Change Requests*), nel caso in cui i dati di prestazione di dettaglio raccolti suggeriscano la proposizione di interventi di correzione.

Le richieste di modifica approvate e la loro applicazione

Le richieste di modifica approvate (*Approved Change Requests*) provengono dalla fonte unica rappresentata dal processo *Perform Integrated Change Control* (vedi prossimo paragrafo 7) e includono tutte le variazioni intenzionali in corso d'opera che, provenendo da diverse sorgenti e primariamente da tutti i processi di controllo delle diverse aree di conoscenza, hanno ricevuto autorizzazione. In questo senso, il processo Manage and Direct Project Work si occupa di dar corso a richieste di modifica pesanti, tipicamente oggetto di un'approvazione formale e riguardanti la modifica della baseline di progetto, il cui compimento porta a un aggiornamento (indiretto) del Project Management Plan. Parimenti, il processo Direct and Manage Project Work si occupa di dar corso a richieste di modifica meno pesanti, sempre filtrate dal processo *Perform Integrated Change Control* e oggetto di meccanismi di approvazione in qualche caso automatici, il cui compimento porta all'esecuzione di azioni intenzionali di deviazione rispetto al Project Management Plan quali per esempio la correzione di un difetto (*Defect Repair*), o l'impiego in una lavorazione di una strumentazione diversa da quanto previsto nel Project Management Plan (esempio di azione correttiva, *Corrective Action*), o infine l'affiancamento part-time sulla lavorazione di una risorsa esperta alla risorsa (meno esperta) prevista nel Project Management Plan (esempio di azione preventiva, *Preventive Action*).

Tutto quello che viene realizzato nel progetto: i deliverable

I deliverable sono l'output principale del processo e possono essere sia tecnici (un manuale, una parte di prodotto, una strada ecc.), che gestionali (un documento di approvazione, un verbale di riunione ecc.).

Dovrebbero essere sempre tangibili e facilmente verificabili.

A volte possono essere difficilmente verificabili, come nel caso della misurazione dei risultati della formazione di una persona, o dell'effetto scaturito dall'imposizione di una nuova regola.

Le richieste di modifica durante l'esecuzione

Le richieste di modifica (*Change Requests*) sono identificate durante l'esecuzione del progetto e devono essere gestite in modo integrato. Devono essere rappresentate da documenti formali.

Una richiesta di modifica può essere o meno accettata. La decisione deve essere presa in modo integrato dal team di progetto o comunque da coloro che sono preposti alla loro valutazione (per esempio un comitato di gestione delle modifiche, *Change Control Board*).

Per un approfondimento sulle richieste di modifica e sulla loro gestione, vedi il processo eseguire il controllo integrato delle modifiche (*Perform Integrated Change Control*).

Il processo Monitor and Control Project Work, monitorare e controllare il lavoro del progetto

Ogni progetto va tenuto sotto controllo durante tutto il suo ciclo di vita, a partire dall'inizio (*Initiating*) fino al suo completamento (*Closing*).

Il processo monitorare e controllare il lavoro del progetto (Monitor and Control Project Work) esercita anzitutto un'azione di raccolta e consolidamento delle prestazioni del progetto e di calcolo del posizionamento di tale prestazione nei riguardi di quanto previsto in fase di pianificazione. Il processo ricorda da vicino l'azione del pilota di aerolinea che, durante il volo, controlla la posizione nello spazio dell'aeromobile con l'ausilio di opportuna strumentazione e la confronta con quanto previsto nel piano di volo depositato prima del decollo.

Il processo Monitor and Control Project Work esercita un'azione di controllo che consiste nella valutazione degli eventuali scostamenti della prestazione rilevata rispetto a quanto previsto in fase di pianificazione e nell'eventuale proposizione di azioni di "sterzata" utili a correggere il corso del progetto e a riportarlo in linea con il corso pianificato: esattamente come un pilota di aerolinea, dopo avere rilevato di trovarsi in un punto diverso da quanto previsto dal piano di volo, incrementa il regime della propulsione, oppure sale o scende di quota, oppure opera correzioni con i flap o con il timone di coda.

Le attività tipiche del processo sono:

- il confronto fra le performance effettive del progetto e le baseline ufficializzate nel Project Management Plan;
- la valutazione delle performance per capire se e quali siano i

cambiamenti (richieste di modifica, azioni preventive o correttive) da proporre per riportare il progetto in linea con la prestazione prevista in baseline;
- l'analisi, la tracciatura e il monitoraggio dei rischi di progetto;
- la comunicazione delle informazioni sullo stato del progetto a un eventuale livello di Program Management ove applicabile.

Questo processo, in linea con le caratteristiche dell'area di appartenenza, ha forte valenza integrativa, in quanto si pone come raccoglitore e consolidatore delle informazioni di monitoraggio specifiche provenienti dalle diverse aree di conoscenza, ognuna rappresentante una particolare sfaccettatura della prestazione del progetto. È in questo processo che le viste "verticali" provenienti dalle diverse aree vengono valutate in un'ottica integrativa che tiene naturalmente conto della diversa importanza o preminenza da attribuire a esse sulla base delle aspettative dei diversi stakeholder di progetto.

Questo processo, in linea con l'appartenenza al gruppo di processi di monitoraggio e controllo, ha caratteristiche "ad accumulo periodico" tipiche dei processi di back-office di qualunque business, nei quali a un processo di accumulo di dati segue, in generale con cadenza periodica (si pensi alla chiusura contabile mensile di un'azienda), un'azione di consolidamento (la chiusura dei libri contabili).

Il processo Monitor and Control Project Work viene principalmente diretto dal Project Management Plan, che rappresenta la versione consolidata (baseline più aggiornamenti) del progetto, e dalle informazioni sullo stato di avanzamento del lavoro (*Work Performance Information*), dati di prestazione aggregati e contestualizzati prodotti dai processi addetti delle diverse aree di conoscenza, dalle previsioni a finire sui tempi (*Schedule Forecasts*) e sui costi (*Cost Forecasts*), che sono utilizzati per misurare lo stato prestazionale del progetto e per valutare eventuali azioni di controllo.

La validazione dello stato prestazionale del progetto può fare uso di svariate tecniche analitiche (*Analytical Techniques*), necessarie allo scopo di correlare le variazioni di singole variabili o gruppi di variabili alle variazioni degli indicatori sui quali si basa la prestazione del progetto.

Il processo genera come output principale le richieste di modifica (*Change Requests*), nel caso in cui la prestazione rilevata suggerisca la proposizione di interventi di correzione che possono avere diversa estensione (vere e proprie modifiche di baseline, per esempio all'ambito, azioni correttive, azioni preventive o azioni di rilavorazione). Le richieste di modifica sono tutte proposte al processo eseguire il controllo integrato delle modifiche (*Perform Integrated Change Control*) per la sua peculiare azione di autorizzazione. Il processo genera inoltre report sullo stato di avanzamento del lavoro (*Work Performance Reports*), a uso principalmente dei processi di comunicazione.

Le richieste di modifica durante il monitoraggio e controllo

Anche durante il processo di monitoraggio e controllo del progetto vengono identificate le richieste di modifica (*Change Request*) e anche queste devono essere gestite in modo integrato.

Una richiesta di modifica può essere o meno accettata. La decisione deve essere presa in modo integrato dal team di progetto o comunque da coloro che sono preposti alla loro valutazione (per esempio il comitato di controllo delle modifiche *Change Control Board*).

Per un approfondimento sulle richieste di modifica e sulla loro gestione, vedi il processo eseguire il controllo integrato delle modifiche (*Perform Integrated Change Control*).

Il processo Perform Integrated Change Control, eseguire il controllo integrato delle modifiche

Non esiste progetto nel cui corso non si verifichi la necessità di cambiamenti. I cambiamenti possono essere di grande respiro, per esempio modifiche dei requisiti del prodotto che il progetto deve rendere disponibile, ma anche di portata più limitata, per esempio la sostituzione di una risorsa con un'altra su una specifica attività del progetto. Il messaggio di base del *PMBOK® Guide* è che i cambiamenti devono essere governati da un processo visibile e condiviso con tutti gli stakeholder. L'enfasi sulla necessità di un processo governato di gestione dei cambiamenti trova particolare ragion d'essere nel contesto delle attività di Project Management e dell'area di conoscenza Project *Integration* Management, in quanto l'essenza stessa del progetto sta nella continua integrazione di elementi tra loro disomogenei, in un contesto limitato di risorse.

Il processo eseguire il controllo integrato delle modifiche (*Perform Integrated Change Control*), riguarda il governo integrato dei cambiamenti, dalla loro richiesta da parte degli stakeholder proponenti, alla loro eventuale approvazione o rigetto, alla loro realizzazione. Questo processo è il grande tutore e sorvegliante dell'integrità del progetto, è l'unico che genera richieste di modifica approvate (*Approved Change Requests*), dunque è l'unico che autorizza una variazione.

Inoltre questo processo presiede e governa in modo molto stretto e diretto l'attivazione e il coordinamento dell'esecuzione delle richieste di modifica approvate attraverso i processi di controllo "verticali" che, infatti, non hanno esplicitamente in input le richieste di modifica approvate.

Dal punto di vista documentale il processo ha come principale obbligo quello di mantenere aggiornato il Project Management Plan.

Le principali attività del processo riguardano:

- il presidio del processo di gestione dei cambiamenti;
- l'analisi e l'eventuale approvazione di una richiesta di cambiamento;
- la verifica che un cambiamento sia stato messo in pratica qualora approvato;
- il mantenimento dell'integrità della baseline approvata;
- il mantenimento della configurazione di prodotto;
- l'analisi e l'eventuale approvazione di tutte le azioni correttive, preventive e delle richieste di rilavorazione;
- il coordinamento dei cambiamenti sulle diverse variabili di progetto;
- la documentazione dell'impatto dei cambiamenti richiesti.

L'ambito del progetto originariamente definito e la sua baseline (che integra *Scope*, *Time* e *Cost*) devono essere mantenuti tramite un controllo continuo e una continua ripianificazione. A tale scopo è importante osservare che la decisione nei riguardi di un cambiamento deve essere presa alla luce delle posizioni dei diversi stakeholder di progetto, in un'ottica di continuo bilanciamento delle loro esigenze. Questo processo rappresenta il caso in cui maggiormente risalta questo intervento degli stakeholder, per la presenza di un organo di controllo (*Change Control Board*) che il processo identifica in modo esplicito.

Il processo *Perform Integrated Change Control* può fare uso di un sistema di strumenti di controllo delle modifiche (*Change Control Tools*), che supportano le sue attività di gestione del cambiamento (*Change* Management) e di gestione della configurazione (*Configuration* Management).

Il processo *Perform Integrated Change Control* viene principalmente diretto dal Project Management Plan, che rappresenta la base su cui valutare l'impatto delle richieste di modifica, e naturalmente dalle stesse richieste di modifica (*Change*

Requests) che provengono da un elevato numero di processi (in particolare quelli del gruppo *Monitoring and Controlling*, ma anche appartenenti al gruppo di *Execution* e in alcuni casi anche al gruppo di Plan*ning*, ciò in linea con il concetto che tale processo centralizza la gestione delle modifiche).

Il processo genera come output principale l'approvazione delle richieste di modifica (*Approved Change Requests*), la registrazione sul registro delle modifiche (*Change Log*) dello stato delle richieste di modifica trattate, dunque la loro approvazione o reiezione, o ritardo, o sospensione e, naturalmente, gli aggiornamenti al piano di gestione del progetto (Project Management Plan *Updates*), se conseguenti all'approvazione di una richiesta di modifica.

La gestione delle richieste di modifica

Il ciclo di gestione delle modifiche di progetto, deve essere formalizzato tramite emissione e condivisione di un insieme di procedure documentate che riguardano:

- i sistemi di presentazione e di monitoraggio dei cambiamenti;
- i processi e i livelli di approvazione necessari per autorizzare i cambiamenti;
- le procedure, i metodi e gli approcci per la valutazione dell'impatto dei cambiamenti;
- la diffusione e comunicazione delle informazioni riguardanti i cambiamenti a tutti gli stakeholder.

Questa raccolta documentata di procedure per la gestione delle modifiche viene detta sistema di controllo delle modifiche (*Change Control System*).

Il sistema per la gestione della configurazione, Configuration Management System

Il sistema per la gestione della configurazione (*Configuration* Management *System*) è una collezione di procedure formalmente documentate usate per esercitare sorveglianza di natura tecnica e amministrativo-gestionale sulle caratteristiche tecniche e funzionali di qualsiasi deliverable o componente del prodotto del progetto, con particolare riguardo alla compatibilità delle versioni o dei livelli di configurazione di deliverable intermedi che devono confluire in un prodotto finito. Un tipico esempio di sistema di gestione della configurazione è quello usato nei negozi di autoricambi, nei quali, ogni volta che il cliente richiede una parte di ricambio, viene richiesto il libretto di circolazione dell'autovettura: il numero di telaio in esso riportato rappresenta la radice di un albero informativo che determina quale versione o livello di quale parte è compatibile con il prodotto (vettura) al livello di configurazione rappresentato dal numero di telaio.

Il sistema di gestione della configurazione è usato tipicamente per la gestione delle caratteristiche fisiche e funzionali di sistemi complessi, prodotti finali di progetti tecnologici. Esso presiede alla descrizione dettagliata delle parti e delle funzionalità del sistema, con una costante attenzione (approvazione, registrazione, verifica ecc.) alla gestione delle modifiche apportate al sistema e ai suoi componenti durante la sua evoluzione.

Può essere utilizzato non soltanto per gestire modifiche fisiche o funzionali del prodotto finale, ma anche per la gestione della configurazione di prodotti documentali.

Tipiche attività presenti nel sistema di gestione della configurazione incluse anche nel processo *Perform Integrated Change Control* sono:

- Identificazione della configurazione (*Configuration Identification*)– censimento degli item soggetti a controllo di configurazione, definizione delle loro caratteristiche, gestione dei livelli di configurazione;
- Registrazione dello stato della configurazione (*Configuration Status Accounting*) – reperimento delle informazioni sullo stato delle modifiche degli item soggetti a configurazione (pendenti, richieste, eseguite rigettate ecc.) e la tracciatura della loro esecuzione;
- Verifica e revisione della configurazione (*Configuration Verification and Audit*) – verifica dell'integrità della configurazione, in termini delle modifiche che devono esservi ricomprese per ogni item e in termini di livelli di compatibilità tra gli item.

Ufficializzazione delle modifiche approvate

Una modifica approvata può scatenare una serie di aggiornamenti al piano di Project Management.

Il Project Management Plan dovrà quindi essere aggiornato direttamente o indirettamente tramite l'attivazione dei processi di controllo di area preposti allo scopo (*Control Scope, Control Costs, Control Schedule, Control Risks, Administer Procurements*).

Il *PMBOK® Guide* indica questo risultato con la dicitura "aggiornamenti del piano di Project Management" (Project Management Plan *Updates*) che è un output sia del processo in questione sia di quelli precedentemente citati.

Il processo Close Project or Phase, chiudere il progetto o una fase

Il processo chiudere il progetto o una fase (*Close* Project *or Phase*) riguarda le attività di chiusura del progetto individuato nel piano di Project Management.

Nei progetti multi-fase, il processo chiude la porzione dell'ambito del progetto e delle attività a esso associate per la fase oggetto della chiusura.

L'enfasi di questo processo è nell'esigenza di realizzare un'ordinata cessione del prodotto del progetto (o della fase di un progetto) a un soggetto esterno e risulta particolarmente preziosa nei casi in cui il progetto non termini in modo corretto, ma debba essere interrotto in modo difforme dal piano originale per diversi motivi (per esempio, perché si riconosce che la realizzazione di una funzionalità del prodotto del progetto è non fattibile con la tecnologia disponibile, o perché il budget si esaurisce, o perché si è in ritardo e occorre comunque consegnare).

Le attività presenti in tale processo riguardano:

- la verifica delle condizioni per considerare completo il progetto (o la fase);
- la transizione del prodotto del progetto (o della fase) all'organizzazione operante o alla prossima fase del progetto;
- l'archiviazione di tutta la documentazione di progetto, quella specifica inerente a ciò che si è prodotto, come si è prodotto, consuntivi finali del progetto;
- la messa a disposizione delle lesson learned, tutti gli elementi concernenti la gestione del progetto che, in positivo o in negativo, rappresentano un capitale da spendere nell'esecuzione di progetti futuri.

Il processo *Close* Project *or Phase* viene diretto dal Project Management Plan, che rappresenta la base su cui verificare la presenza dei prodotti del progetto o della fase (che naturalmente siano deliverable accettati, ovvero transitati per un momento di verifica della loro completezza di ambito) e per determinare se sussistono le condizioni per la chiusura.

La transizione di fine progetto

Per transizione s'intende il trasferimento del prodotto, del servizio o del risultato del progetto ed è necessaria nella maggior parte dei progetti.

Classici esempi di transizione riguardano:

- la messa in produzione di un prodotto realizzato e approvato;
- la messa in esercizio di un applicativo software realizzato;
- l'avvio di un impianto la cui costruzione è stata l'oggetto del progetto;
- la messa in servizio di un processo reingegnerizzato.

L'aggiornamento degli asset di processo dell'organizzazione

Ogni progetto ha come scopo quello di migliorare le procedure già in essere nell'organizzazione, potenziare le informazioni storiche e memorizzare tutta l'evoluzione del progetto (Project *Files*).

In tale contesto le lesson learned rappresentano un valido contributo per i futuri progetti: è infatti un documento in cui via via si registra cosa è stato appreso di giusto o sbagliato durante lo svolgimento del progetto.

CAPITOLO

36 COMMUNICATIONS MANAGEMENT

Un progetto è portato avanti da persone che hanno la necessità di operare in modalità interdipendente e pertanto necessitano di un sistema per coordinare lo scambio di informazioni che sia strumentale a un efficace lavoro di squadra.

Frequentemente, e l'ambiente di progetto non fa eccezione, si sente dire che un problema è dovuto a "un'incomprensione", a "un disguido", in ultimo a "mancanza di comunicazione".

La mancanza di comunicazione è in effetti alla base dei problemi più frequenti della gestione di un progetto: una buona comunicazione rinforza i legami tattici e operativi tra i diversi stakeholder ed è dunque essenziale per il raggiungimento degli obiettivi di progetto.

Quanto sopra comporta la necessità di definire e supervisionare tutti i collegamenti critici fra le persone interessate e il flusso delle idee e delle informazioni che sono necessarie per il successo del progetto. L'approccio deve essere orientato all'efficacia, ovvero c'è bisogno di convogliare gli sforzi su una comunicazione adeguata verso i fruitori che sia funzionale ai bisogni del progetto.

L'area di conoscenza Project Communications Management comprende processi il cui peso, in un progetto che si trovi nella sua fase di esecuzione, può essere molto alto: in questa fase si è soliti affermare che il project manager spende in comunicazione più dell'80% del suo tempo.

Fare Project Communications Management significa gestire il ciclo completo della comunicazione di progetto, dalla definizione dei corretti flussi della comunicazione, alla distribuzione delle informazioni pertinenti, alla verifica dell'efficacia del processo comunicativo.

Il Project Communications Management ha un ruolo strategico nel processo di Project Management in quanto interagisce con tutte le altre aree di conoscenza.

Il Project Communications Management riguarda i processi necessari per gestire la tempestiva e appropriata raccolta, elaborazione, produzione e distribuzione, recupero e alienazione finale delle informazioni di progetto ormai obsolete.

I processi di Project Communications Management

I processi di gestione delle comunicazioni di progetto in accordo con il *PMBOK® Guide* sono i seguenti:

- pianificare la gestione delle comunicazioni (Plan Communications Management)
- Individuare e pianificare le esigenze informative degli stakeholder; definire le modalità e la tempistica di distribuzione delle informazioni necessarie;
- gestire le comunicazioni (*Manage Communications*)
- Rendere disponibili le informazioni previste agli stakeholder, mettendo in pratica quanto pianificato;
- controllare le comunicazioni (*Control Communications*)
- Verificare l'efficacia della comunicazione al riguardo delle esigenze de gli stakeholder di progetto.

Le dimensioni e le competenze della comunicazione

La comunicazione ha varie dimensioni:

- interna (al progetto) ed esterna (da e verso stakeholder esterni, altri progetti ecc.);
- formale (report, memo, lettere ecc.) e informale (e-mail, discussioni ecc.);
- verticale (verso l'alto o verso il basso nell'organigramma aziendale) e orizzontale (verso i pari livello),
- ufficiale (report annuali, verbali, newsletter ecc.) e non ufficiale (comunicazioni non ufficialmente registrate);
- scritta e orale;
- verbale (tramite uso della voce) e non verbale (linguaggio del corpo,

inflessioni della voce, prossemica ecc.).

A seconda dell'importanza e della strategia comunicativa è necessario adottare uno o l'altro valore delle varie dimensioni.

Esempi:

- una discussione tecnica di progetto rappresenta una comunicazione interna, informale, orizzontale, non ufficiale, orale;
- una richiesta di modifica da parte del cliente rappresenta una comunicazione esterna, formale, verticale, ufficiale, scritta;
- uno sguardo preoccupato come risposta a una domanda rappresenta una comunicazione non verbale.

È importante attivare una comunicazione efficace nel progetto. Per fare questo è necessario avere capacità comunicative e metterle in pratica. Ecco alcuni consigli per migliorare la comunicazione nel team di progetto:

- ascoltare in maniera attiva ed efficace;
- verificare che le persone comprendano bene quanto è stato detto;
- spingere a una maggiore conoscenza delle cose e dei fatti;
- convincere e incoraggiare le persone;
- spingere a migliorare le prestazioni e raggiungere i risultati;
- negoziare per addivenire ad accordi mutuamente accettabili;
- risolvere i conflitti;
- riassumere quanto detto prima di passare ai passi successivi.

Il processo Plan Communications Management, pianificare la gestione delle comunicazioni

È il processo di determinazione delle esigenze di informazione e di comunicazione dei singoli stakeholder.

Il principale prodotto documentale di questo processo è un piano di gestione delle comunicazioni (Communications Management Plan), in cui siano chiaramente definiti i contenuti, le modalità e la tempistica di distribuzione delle informazioni ai rispettivi interessati (chi necessita di determinate informazioni, quando sono richieste, come fornirle e chi deve fornirle).

Questo processo è quello più strettamente legato ai fattori ambientali aziendali che sono un elemento primario per la determinazione del piano delle comunicazioni. Inoltre, input primario del processo sono le informazioni sugli stakeholder e sulle relative strategie di gestione messe a punto nel processo di identificazione degli stakeholder.

La comunicazione diretta e la comunicazione a distanza

La comunicazione diretta è anche detta *One on One*, *One to One*, *Face to Face* o *Vis a Vis*. Rappresenta una comunicazione senza infrastrutture intermedie, in cui gli interlocutori "si guardano negli occhi".

Nel Project Management s'intende una comunicazione del project manager con l'intero team, con una parte o con un singolo elemento.

Si basa su tre tecniche:

- costruzione del consenso (*Consensus Building*)

    Passi importanti:
    - raccogliere l'idea della persona;
    - mostrare di aver capito l'idea e le problematiche correlate;
    - offrire la propria idea;
    - lavorare in modo da soddisfare i bisogni di entrambi (cercando un compromesso corretto e costruttivo);

- soluzione dei problemi (*Problem Solving*)

    Riguarda sia la soluzione dei problemi che il membro del team deve risolvere da solo, sia quelli che deve risolvere congiuntamente con gli altri. Concetti base:
    - è sbagliato risolvere i problemi di qualcun altro;
    - è invece possibile tentare di aiutarlo a imparare le tecniche di *Problem Solving*;
    - l'approccio migliore è capire che l'altro ha il problema, aiutarlo a identificare il problema, proporre soluzioni alternative, stabilire criteri obiettivi, decidere per la soluzione che si adatta meglio al problema, procedere con la soluzione, valutare la soluzione;

- confronto costruttivo (*Constructive Confrontation*): consiste tipicamente in un approccio alla comunicazione aperto e orientato al confronto. I consigli fondamentali sono:
    - affrontare la situazione senza astio;
    - evitare di attaccare;

- non irritarsi;
- essere costruttivi e mai distruttivi;
- orientare l'approccio alla soluzione del problema.

È importante anche curare la comunicazione a distanza nel progetto.

Il team oggi può essere geograficamente distribuito (si è già espresso il concetto di *Virtual Team*, o *Geographically Distributed Team*): è quindi necessario riuscire a costruire relazioni lavorative forti anche a distanza.

Bisogna incoraggiare sia la comunicazione a distanza sia la comunicazione in presenza.

Come nella comunicazione tradizionale, anche per la comunicazione a distanza è necessario definire un piano di comunicazione (Communications Management Plan) per la gestione delle informazioni di progetto.

I mezzi di comunicazione a distanza sono il telefono, la videoconferenza, la posta elettronica e altri.

Le tecniche verbali e non verbali della comunicazione

Per una comunicazione efficace è necessario che il project manager applichi sia tecniche verbali che tecniche non verbali.

Alcuni consigli per migliorare le tecniche verbali di comunicazione:

- fare domande che richiedono risposte aperte;
- richiedere maggiori informazioni;
- rispondere positivamente alle iniziative dei partecipanti;
- chiedere maggiore specificità o esempi;
- reindirizzare domande o commenti ad altri membri del gruppo;
- incoraggiare i partecipanti silenziosi a essere più partecipativi;
- incoraggiare differenti punti di vista;
- parafrasare per fare maggiore chiarezza e ottenere maggiore comprensione da parte degli altri;
- ribadire quanto detto precedentemente da altri.

Alcuni consigli per migliorare anche le tecniche non verbali di comunicazione:

- mostrare attenzione;
- voce confidenziale ed entusiastica;
- espressione facciale sorridente (ma senza esagerare);
- pausa silenziosa dopo aver fatto una domanda;
- movimenti tranquilli;
- star seduti rilassati;
- gestualità appropriata.

È stato calcolato che durante una comunicazione diretta i messaggi mandati con tecniche non verbali siano circa il 60%, mentre soltanto il 40% del messaggio è trasmesso con la parola!

L'analisi dei requisiti di comunicazione, Communications Requirement Analysis

L'analisi dei requisiti di comunicazione è lo strumento identificato per fare efficacia nella comunicazione di progetto, cioè per investire sulla comunicazione utile al successo del progetto, o per evitare che la mancanza di comunicazione si riveli un fattore d'insuccesso del progetto.

Dunque l'analisi dei requisiti di comunicazione deve prendere naturalmente in esame le esigenze della struttura organizzativa, le strutture di riporto gerarchico dell'organizzazione operante, oltre che i veri e propri requisiti dei diversi stakeholder coinvolti.

Inoltre, seguendo il paradigma dell'efficacia, l'analisi dei requisiti di comunicazione deve identificare quali tra i diversi canali di comunicazione esistenti tra gli stakeholder debbano essere presi in carico nel piano delle comunicazioni di progetto.

Un canale di comunicazione è attivo fra due persone che scambiano o hanno intenzione di scambiare delle informazioni. In un gruppo di persone il numero dei canali di comunicazione cresce con il crescere delle persone.

Il numero dei canali di comunicazione bidirezionali (C) fra N persone si calcola con la formula:

$$C = N \times \left(\frac{N-1}{2}\right)$$

Il paradigma dell'efficacia richiede che il project manager selezioni i canali di comunicazione che devono rimanere attivi, identificando in questa maniera il sottoinsieme dei canali utili e necessari al successo del progetto, e intorno a questi, e solo intorno a questi, sviluppi il piano delle comunicazioni di progetto. Nell'esempio riportato in figura 10.2, il piano della comunicazione verrà realizzato su 10 canali di comunicazione piuttosto che sulla totalità dei 15 canali.

La tecnologia di comunicazione, Communication Technology

La tecnologia di comunicazione (*Communication Technology*), ossia i fattori tecnologici di comunicazione che possono influenzare il progetto, sono uno strumento essenziale per un efficace piano delle comunicazioni di progetto. Gli elementi caratteristici da considerare sono:

- urgenza legata alla necessità di informazioni: il successo del progetto dipende dall'avere frequentemente a disposizione informazioni aggiornate tempestivamente oppure sono sufficienti dei report pubblicati a intervalli regolari?
- disponibilità della tecnologia: i sistemi già in uso sono appropriati o le esigenze di progetto richiedono un cambiamento?
- personale previsto per il progetto: i sistemi di comunicazione proposti sono compatibili con l'esperienza e le competenze dei partecipanti al progetto oppure sono necessari addestramento e formazione aggiuntivi?
- lunghezza del progetto: ci sono possibilità che la tecnologia disponibile cambi prima della fine del progetto?
- ambiente del progetto: il gruppo di lavoro si incontra di persona o collabora in un ambiente virtuale?
- confidenzialità: la tecnologia impiegata assicura il necessario livello di riservatezza per l'informazione trattata?

Il modello della comunicazione, Communication Model

La comunicazione è la trasmissione di un messaggio fra due parti: il mittente (*Sender*) e il destinatario (*Receiver*).

Il modello di comunicazione si basa su un'entità che invia un messaggio e una che lo riceve. I messaggi vengono codificati (*Encode*) da chi li manda e decodificati (*Decode*) da chi li riceve e sono sottoposti a disturbi/rumori (*Noise*).

È consigliabile pretendere sempre un riscontro o feedback da parte del destinatario per verificare il livello di comprensione del messaggio inviato.

I metodi di comunicazione, Communication Methods

I metodi di comunicazione (*Communication Methods*) sono un altro importante elemento utile per il disegno del piano delle comunicazioni di progetto. Tra essi si riconoscono:

- metodi interattivi, tipici della comunicazione diretta o mediata tra individui. Fanno parte dei metodi interattivi le conversazioni, gli incontri, le riunioni in presenza, le conferenze audio, le video conferenze e altro;
- metodi push, in cui il mittente si occupa della comunicazione a destinatari selezionati, senza preoccuparsi della ricezione e tanto meno della comprensione del messaggio. Fanno parte dei metodi push le lettere, le e-mail, i fax, i memo ecc.;
- metodi pull, in cui il mittente si occupa di rendere disponibile l'informazione affinché tutti gli interessati possano accedervi, tipicamente utilizzata per grandi volumi di informazione e per grandi volumi di destinatari. Fanno parte dei metodi pull i siti intranet, gli strumenti di e-learning, gli archivi, i database della conoscenza, in inglese *Knowledge Repository* ecc.

Il piano di gestione delle comunicazioni, Communications Management Plan

Il piano di gestione delle comunicazioni di progetto deve primariamente individuare:

- chi deve fornire informazioni e chi deve riceverle;
- quali informazioni devono essere trasmesse o messe a disposizione;
- come le informazioni devono essere trasmesse o messe a disposizione (sia come formato che come mezzo di trasmissione);
- quando le informazioni devono essere trasmesse o messe a disposizione.

Il piano di gestione delle comunicazioni di progetto è un documento che provvede inoltre a descrivere:

- l'insieme dettagliato e strutturato delle metodologie che si intende utilizzare per elaborare e memorizzare le informazioni di progetto;
- i metodi, la tempistica e la tipologia delle informazioni distribuite e la loro chiara relazione con l'organizzazione di progetto;
- i modelli (*Template*) e la struttura delle informazioni prodotte;
- i metodi di accesso e aggiornamento delle informazioni da parte dei vari attori del piano (profili di utenza).

Il piano di gestione delle comunicazioni di progetto può infine comprendere le linee guida per le riunioni sullo stato del progetto, per le riunioni del gruppo di progetto, per le videoconferenze e la posta elettronica, il glossario dei termini del progetto.

Il processo Manage Communications, gestire le comunicazioni

È il processo di distribuzione delle informazioni di progetto a tutti gli stakeholder interessati nei tempi e nelle modalità stabiliti, dunque rappresenta l'esecuzione del Communications Management Plan.

Nell'ambito di questo processo è necessario ricorrere ad alcune tecniche di base connesse alla distribuzione dell'informazione, come lo stile di scrittura (*Writing Style*), le tecniche di gestione delle riunioni (*Meeting Management Techniques*), le tecniche di presentazione (*Presentation Techniques*), le tecniche di agevolazione della comunicazione (*Facilitation Techniques*), le tecniche di ascolto (*Listening Techniques*) e i modelli mittente-destinatario (*Sender-Receiver Models*).

Fondamentale è inoltre la scelta dei mezzi di comunicazione (*Choice of Media*) nelle varie situazioni come per esempio stabilire quando comunicare per iscritto o tramite una comunicazione orale, quando scrivere un promemoria informale o un report formale e quando comunicare di persona o con un messaggio di posta elettronica piuttosto che con una telefonata.

L'esecuzione di questo processo porta per esempio a mettere a disposizione dei soggetti interessati i risultati dell'avanzamento del progetto (Project Communications), tutto ciò secondo le modalità e i tempi come previsto nel Communications Management Plan.

Le informazioni di progetto utili da gestire

Gli output del processo sono ricompresi sotto la voce aggiornamenti degli asset dei processi organizzativi (*Organizational Process Assets Updates*), in quanto tutta l'informazione gestita nel progetto aggiorna e completa la più ampia base dati di conoscenza aziendale.

In particolare:

- notifiche agli stakeholder (*Stakeholder Notifications*): le informazioni fornite agli stakeholder possono riguardare questioni risolte, modifiche approvate e lo stato generale del progetto;
- report di progetto (Project *Reports*): i report di progetto formali e informali forniscono informazioni dettagliate sullo stato del progetto, tra cui le lesson learned, la registrazione dei problemi, i report di chiusura del progetto e gli output derivanti da altre aree di conoscenza;

- presentazioni di progetto (Project *Presentations*): il gruppo di progetto fornisce informazioni formalmente o informalmente ad alcuni o a tutti gli stakeholder di progetto (si pensi alla classica presentazione a slide);
- archivi del progetto (Project *Records*): tutta la documentazione che viene archiviata (corrispondenza, promemoria, documenti che descrivono il progetto, verbali ecc.);
- riscontro dagli stakeholder (*Feedback from Stakeholders*): le informazioni ricevute dagli stakeholder in relazione alle attività di progetto e ai risultati ottenuti durante la sua evoluzione (commenti e feedback) possono essere distribuite e utilizzate per modificare o migliorare le prestazioni future del progetto;
- documentazione delle lesson learned (*Lessons Learned Documentation*): comprende cause dei problemi, motivazioni alla base dell'azione correttiva scelta e altri tipi di lesson learned relative alla distribuzione delle informazioni.

Gli strumenti utili per gestire la comunicazione

Gli strumenti che aiutano a gestire la comunicazione (*Information* Management *Systems*) sono sistemi di accesso e gestione delle informazioni utilizzabili dai membri del team di progetto e dagli stakeholder attraverso varie modalità: schedari, database, software di Project Management, sistemi documentali di varia natura (disegni, test, piani ecc.) e altri.

Inoltre, per la gestione della comunicazione è indicato il ricorso alle diverse opportunità offerte dalla tecnologia (*Communication Technology*), l'adesione a efficaci modelli di processo comunicativo (*Communication Models*), e la selezione di opportuni metodi di comunicazione (*Communication Methods*).

Il documento di lesson learned

Il documento di lesson learned contiene tutto ciò che è stato appreso dal project manager e dal team durante il progetto (sia di positivo che di negativo) relativamente ad aspetti gestionali del progetto.

I concetti fondamentali legati a tale documento sono:

- la raccolta delle lesson learned inizia con il progetto e termina con esso;
- il documento si formalizza al completamento del progetto ma le informazioni relative dovrebbero essere distribuite internamente al team non appena si creano;
- il documento diviene parte integrante degli asset dei processi organizzativi aziendali.

Il processo Control Communications, controllare le comunicazioni

L'efficacia della comunicazione di progetto non può essere affidata solo a una sua accurata pianificazione ed esecuzione, ma è opportuna una sua verifica periodica, allo scopo di apportare i correttivi necessari.

Questo processo si basa sui dati dettagliati relativi allo stato di avanzamento in ordine alla comunicazione (*Work Performance Data*), e sulla presenza di eventuali richieste informative di tipo estemporaneo sollevate dagli stakeholder e inserite in un apposito registro delle questioni (*Issue Log*) dal processo *Manage Stakeholder Engagement* appartenente all'area di conoscenza Project *Stakeholder* Management. L'insieme di questi dati consente di organizzare i dati di dettaglio in informazioni sullo stato di avanzamento del lavoro relativo alla comunicazione (*Work Performance Information*) e di proporre rettifiche al piano di progetto più in generale, laddove le prestazioni sulla comunicazione risultassero poco soddisfacenti (*Change Requests*).

Gli strumenti utili per il controllo delle comunicazioni

L'azione di preparazione e messa a punto dei report sulla comunicazione può essere efficacemente sostenuta dalla presenza di sistemi di gestione dell'informazione (*Information* Management *Systems*), che possono variare dalla strumentazione manuale o cartacea sino all'impiego di data base o repository dell'informazione di progetto.

L'emissione delle richieste di modifica può richiedere il parere di esperti (*Expert Judgement*) e dovrebbe essere il risultato di un'attività collettiva sostenuta da incontri (*Meetings*).

L'aggiornamento del Project Management Plan

Gli aggiornamenti del piano di Project Management (Project *Manage-ment* Plan *Updates*) sono le modifiche al piano di comunicazione di progetto e/o ad altri componenti del Project Management Plan, dovute agli stimoli (*Triggers*) dell'azione di verifica esercitata da questo processo.

I meeting e la loro gestione efficace

Il momento ideale in cui verificare la bontà della comunicazione è durante l'esecuzione delle riunioni di progetto (Project *Meetings*). Le riunioni sono una palestra importante, e, se ben guidate, possono migliorare i rapporti tra le persone e l'efficacia dell'intero progetto. È necessario quindi imparare a gestire riunioni di progetto efficaci.

CAPITOLO 37
STAKEHOLDER MANAGEMENT

Un progetto non avviene nel vuoto. Ogni progetto si sviluppa in un contesto che non è semplicemente fatto da tecniche, materiali e risorse più o meno disponibili, più o meno adatte alla realizzazione del suo prodotto, ma è anche costituito da elementi di tipo organizzativo.

L'organizzazione operante (*Performing Organization*) rappresenta un elemento che può avere una grande influenza sul progetto. È l'organizzazione operante che delibera l'avvio del progetto, che finanzia le attività del progetto, che mette a disposizione le risorse che il progetto impiega per realizzare il suo prodotto (qualora non si ricorra ad acquisizione esterna).

Il progetto deve inoltre confrontarsi con un contesto più esterno, costituito anzitutto dalle organizzazioni utenti, ai cui processi di business è destinato il prodotto del progetto. Queste organizzazioni determinano i requisiti del progetto e provvedono alla delicata fase di accettazione dei risultati del progetto, dunque dall'inizio alla fine del progetto queste organizzazioni hanno grande influenza sul progetto.

Ma il contesto esterno con il quale il progetto deve confrontarsi è anche costituito da organizzazioni che, pur non essendo direttamente coinvolte nell'esecuzione del progetto, e pur non essendo destinatarie del prodotto del progetto, possono essere comunque impattate dalla presenza del progetto durante il suo ciclo di vita e dall'esistenza stessa del prodotto del progetto dopo che il progetto abbia avuto termine. Anche queste organizzazioni, con la loro cultura, le loro regole e le loro politiche possono avere grande influenza sul progetto.

Esistono dunque individui o gruppi, appartenenti al contesto interno o esterno del progetto, che hanno la capacità di influenzare il progetto e possono essere interessati a influenzarlo in quanto detentori di interessi legati in qualche modo al progetto. Come i giocatori di una mano di una partita a poker possiedono (*Hold*) una posta in palio (*Stake*), così in un progetto esistono individui, gruppi o organizzazioni che hanno un interesse di qualche genere legato al progetto, e vengono definiti Project *Stakeholder*.

Gestire gli stakeholder di progetto significa anche, ma non solo, instaurare un efficiente rapporto di comunicazione. Il project manager deve sollecitare contributi dagli stakeholder positivi, magari non propriamente tecnici ma anche di presa di decisione, di "buona stampa" nei confronti del progetto, di sostegno alle decisioni assunte dal progetto alla luce delle implicazioni che queste possono avere sul contesto esterno. Dunque non solo comunicazione, ma gestione o forse ancora meglio "coinvolgimento" (*Engagement*) degli stakeholder, i quali devono essere portati a giocare la loro parte, con piena consapevolezza dell'importanza e del senso del loro contributo.

Quanto detto, anche se in termini più difensivi, deve valere anche per gli stakeholder che per diversi motivi possono essere avversari del progetto. Anche con gli stakeholder negativi la gestione deve basarsi sull'instaurazione di un efficace rapporto di comunicazione che possa evidenziare quegli elementi tendenti a correggere o quanto meno a contrastare l'atteggiamento negativo nei confronti del progetto. Ma anche qui occorre passare dalla comunicazione alla gestione o, ancora meglio, al coinvolgimento, instaurando con tali stakeholder un rapporto ampio, aperto, chiaro e onesto che punti soprattutto a evidenziare la validità delle ragioni strategiche che hanno originato il progetto, spostando l'attenzione dal breve al lungo termine, dal piccolo al grande, dal particolare all'universale.

Il Project *Stakeholder* Management riguarda i processi necessari a identificare, censire e classificare gli stakeholder di progetto, a sviluppare una strategia di gestione adatta ad assicurarne un coinvolgimento efficace nelle decisioni e nell'esecuzione del progetto, a gestire i conflitti di interesse. Tutto questo per consentire il raggiungimento di un adeguato livello di soddisfazione degli stakeholder.

I processi di Project Stakeholder Management

I processi di gestione degli stakeholder di progetto in accordo con il *PMBOK® Guide* sono i seguenti:

- identificare gli stakeholder (*Identify Stakeholders*)

    Individuare e censire tutti gli interessati al progetto, classificando il loro

posizionamento nei confronti del progetto;
- pianificare la gestione degli stakeholder (Plan *Stakeholder* Management)

    Sviluppare e documentare efficaci strategie di gestione degli stakeholder, basate sull'analisi delle loro esigenze e del loro impatto potenziale sul progetto;

- gestire il coinvolgimento degli stakeholder (*Manage Stakeholder Engagement*)

    Gestire le comunicazioni e lavorare con gli stakeholder per soddisfarne i requisiti, risolvere eventuali questioni e mantenere efficace il loro coinvolgimento nel progetto;

- controllare il coinvolgimento degli stakeholder (*Control Stakeholder Engagement*)

    Raccogliere e interpretare le informazioni sullo stato del coinvolgimento degli stakeholder, verificare la necessità e proporre appropriati aggiustamenti alle strategie di gestione.

Il processo Identify Stakeholders, identificare gli stakeholder

È il processo di identificazione di tutti gli individui o organizzazioni che possiedono un interesse nel progetto, e di documentazione di tutta l'informazione relativa al loro posizionamento nei confronti del progetto, in termini di interesse, coinvolgimento e impatto, nel cosiddetto registro degli stakeholder (*Stakeholder Register*).

Gli stakeholder del progetto possono essere individui o organizzazioni che sono:

- direttamente coinvolti nelle attività produttive del progetto (per esempio ogni membro del team di progetto);
- interessati al risultato finale del progetto (per esempio l'organizzazione o gli individui destinati all'utilizzo del risultato del progetto);
- impattati dalle attività produttive del progetto;
- impattati dalla trasformazione organizzativa o comunque dalle variazioni di stato generate dall'esercizio del risultato finale del progetto.

Per il censimento degli stakeholder il processo utilizza primariamente le informazioni contenute nel mandato di progetto rappresentato dal project charter e in eventuali documenti contrattuali relativi al coinvolgimento di terze parti (*Procurement Documents*).

All'identificazione degli stakeholder partecipano attivamente i membri del gruppo di progetto o altri esperti che hanno acquisito una certa esperienza e competenza (*Expert Judgment*), per esempio alcuni degli stakeholder già identificati. L'azione può essere svolta anche attraverso riunioni (*Meetings*) volte a discutere il posizionamento, il ruolo e gli interessi degli stakeholder.

Gli stakeholder possono esercitare influenza durante l'intero corso del progetto, per cui è importante che il loro censimento e la relativa classificazione siano precoci e tempestivi. È infatti fondamentale, per contribuire al successo del progetto, che siano esercitate tutte le azioni atte ad amplificare le capacità abilitative degli stakeholder positivi e contenere le capacità disabilitanti degli stakeholder negativi.

L'obiettivo è dunque la raccolta e il censimento degli stakeholder del progetto e la loro classificazione secondo criteri di aggregazione che consentano di definire una strategia utile per il successo del progetto.

Questo processo svolge un ruolo importante per le attività di altre aree di conoscenza, come l'ambito, la qualità e il rischio, in cui la consapevolezza della presenza degli stakeholder e del loro posizionamento è fondamentale per esercitare il lavoro di integrazione organizzativa tipico del project manager.

L'analisi degli stakeholder

L'analisi degli stakeholder (*Stakeholder Analysis*) si articola in tre passi:

- censimento, eseguito con l'aiuto di esperti e, per gli stakeholder meno visibili, con l'aiuto di stakeholder già identificati;
- posizionamento degli stakeholder tramite modelli di classificazione. Il più semplice modello di classificazione può essere basato su un attributo binario, per esempio "positivo/negativo". Modelli più complessi prevedono la definizione di due dimensioni (per esempio, matrici potere-interesse, o potere-influenza, o influenza-impatto), o di tre o più dimensioni in modo combinatorio (come nel modello di rilevanza, *Salience Model* che considera potere, urgenza e legittimità);
- valutazione della sensibilità e della direzione della reazione che gli stakeholder possono assumere in differenti situazioni allo scopo di migliorare il rapporto.

Il registro degli stakeholder

Il registro degli stakeholder (*Stakeholder Register*) contiene informazioni anagrafico-identificative (nome, organizzazione d'appartenenza, posizione/ruolo, sede, telefono, indirizzo di posta elettronica, ...), informazioni valutative (aspettative, influenza sul progetto, livello d'interesse, ...) e un'eventuale classificazione (positivo/negativo/neutrale, interno/esterno, o altre come quelle scaturite dal modello di rilevanza).

Il processo Plan Stakeholder Management, pianificare la gestione degli stakeholder

È il processo di determinazione delle strategie di gestione degli stakeholder, atte a garantire un loro effettivo coinvolgimento attraverso l'intero ciclo di vita del progetto.

Questo processo sviluppa e documenta le strategie più adatte per esercitare nei confronti degli stakeholder le azioni di coinvolgimento più adatte in relazione alle loro esigenze, richieste e al tipo di influenza che essi possono avere sul progetto. Questi elementi si raccolgono nello *Stakeholder* Management Plan, componente del Project Management Plan, che contiene, per ogni stakeholder:

- il coinvolgimento corrente e il coinvolgimento atteso.
- le strategie necessarie per realizzare la trasformazione di coinvolgimento o per mantenere quella corrente. Queste strategie devono essere declinate per area di lavoro, partendo naturalmente dalla comunicazione, ma estendendo il raggio di azione a tutte le altre aree di lavoro nelle quali è utile o necessario lavorare per coinvolgere lo stakeholder, per esempio l'ambito (si pensi alla raccolta dei requisiti), o il rischio (si pensi alla definizione del livello di appetito del rischio), oppure la qualità (si pensi agli aspetti di tipo sociale, ambientale, o di responsabilità di impresa).

Nello sviluppo dello *Stakeholder* Management Plan si farà utilizzo naturalmente del registro degli stakeholder (*Stakeholder Register*) e del piano di gestione del progetto (Project Management Plan) il quale, soprattutto attraverso gli altri piani ausiliari disponibili (Management Plan) renderà disponibili elementi utili, riguardanti le politiche del progetto.

Le tecniche analitiche, Analytical Techniques

La pianificazione della gestione degli stakeholder, soprattutto in contesti complessi e molto articolati, deve basarsi su tecniche analitiche (*Analytical Techniques*) di classificazione e comparazione degli stakeholder, singola o a gruppi, che si basi su un insieme di livelli o tipologie di coinvolgimento definite come riferimento, per esempio:

- coinvolgimento inconsapevole (*Unaware*);
- coinvolgimento resistente (*Adverse*);
- coinvolgimento neutro (*Neutral*);
- coinvolgimento favorevole (*Supportive*);
- coinvolgimento guida (*Leading*).

In questo processo il project manager dovrà adottare il consueto approccio volto all'efficacia; per esempio, non sempre è possibile proporsi di portare tutti gli stakeholder verso un coinvolgimento di tipo *Supportive*, non solo perché non potrebbero esserci le condizioni di base, ma anche perché i costi dell'attuazione di tali strategie sarebbero insostenibili.

Il processo Manage Stakeholder Engagement, gestire il coinvolgimento degli stakeholder

È il processo che raccoglie le attività operative e di comunicazione necessarie per risolvere i bisogni e i problemi dei diversi stakeholder di progetto.

Una volta che la strategia di gestione degli stakeholder è stata identificata e resa visibile nel piano di gestione degli stakeholder (*Stakeholder* Management Plan), le loro esigenze e le loro aspettative di comunicazione devono essere soddisfatte mediante l'attuazione di azioni mirate. Tali azioni vanno dalle semplici attività di comunicazione, al coinvolgimento degli stakeholder nei processi decisionali, al porre attenzione a tutte le altre esigenze che gli stakeholder possono trovarsi a esprimere in modo estemporaneo durante il progetto.

Queste esigenze estemporanee e asincrone, che vanno dalle semplici richieste informative, alle segnalazioni e richieste di risoluzione di problemi, vengono definite questioni (*Issue*). I bisogni e i problemi espressi dagli stakeholder sono input fondamentale poiché forniscono una chiave di lettura degli scopi, degli obiettivi e del livello di comunicazione attivo durante il progetto.

Una gestione attiva degli stakeholder aumenta la possibilità che il progetto rispetti gli obiettivi per cui è stato creato: un obiettivo di questo processo è, infatti, la risoluzione di problemi di incomprensione e/o ambiguità che emergono durante l'esecuzione del progetto. Migliorando la capacità delle persone di operare in sinergia, il processo limita le interruzioni nel corso dello svolgimento del progetto.

Il project manager è il responsabile della gestione degli stakeholder, deve affrontare i problemi sollevati dagli stessi e risolverli collaborando con l'aiuto dei più competenti.

Il processo *Manage Stakeholder Engagement* si basa su input primari rappresentati dal piano di gestione degli stakeholder (*Stakeholder* Management Plan), che definisce la strategia di approccio, dal piano di comunicazione di progetto (Communications Management Plan), che definisce il regime ottimale di comunicazione, e dal registro delle richieste di modifica (*Change Log*), necessario perché parte importante del processo della gestione delle modifiche è la notifica agli stakeholder del corso delle modifiche richieste.

Risultati della gestione del coinvolgimento degli stakeholder

Gestendo il coinvolgimento degli stakeholder il project manager e il suo team si trovano a:

- risolvere le questioni, documentandole nel registro delle questioni (*Issue Log*);
- aggiornare il censimento e il posizionamento degli stakeholder;
- aggiornare i documenti di progetto (Project *Document Updates*);
- aggiornare gli asset dei processi organizzativi, con quanto concernente il trattamento e la risoluzione delle questioni e le relative lesson learned.

Operando in questo modo il processo può anche apportare eventuali modifiche al piano di gestione del progetto (Project Management Plan), naturalmente per quanto riguarda gli aspetti concernenti la gestione degli stakeholder, nonché proporre eventuali richieste di modifica.

Il processo Control Stakeholder Engagement, controllare il coinvolgimento degli stakeholder

L'efficacia del coinvolgimento degli stakeholder di progetto non può essere affidata solo a una sua accurata pianificazione ed esecuzione, ma se ne rende opportuna una sua verifica periodica, allo scopo di confermarne la validità o di apportare i correttivi necessari.

La gestione degli stakeholder di progetto è fortemente condizionata dai fattori del contesto nel quale il progetto si trova a operare, e tale contesto per sua natura può essere molto dinamico. Si pensi infatti al caso in cui nell'ambito dell'organizzazione operante si verifichino mutazioni di tipo organizzativo: questo renderà necessario verificare che tutti gli stakeholder censiti e classificati siano ancora validi e correttamente classificati, ed eventualmente censire e tenere conto dei nuovi stakeholder emergenti.

Anche il transito del progetto da una fase alla successiva, con il rilascio di deliverable intermedi, può alterare il contesto di riferimento e i suoi equilibri. La presenza o l'entrata in attività di un particolare fornitore può generare una mutazione di contesto che può portare primariamente a fare il punto per verificare che le strategie di gestione degli stakeholder siano ancora appropriate.

Questo processo si basa sui dati sullo stato di avanzamento del lavoro, in ordine al coinvolgimento degli stakeholder (*Work Performance Data*), e sulla presenza di eventuali richieste informative di tipo estemporaneo sollevate dagli stakeholder e inserite in un apposito registro delle questioni (*Issue Log*) dal processo *Manage Stakeholder Engagement*. Su queste basi si possono da un lato organizzare i dati di dettaglio in informazioni sullo stato di avanzamento del lavoro contestualizzati (*Work Performance Information*), e dall'altro proporre rettifiche al piano di gestione degli stakeholder o al piano di progetto più in generale, laddove le prestazioni sull'coinvolgimento degli stakeholder risultassero poco soddisfacenti (*Change Requests*).

Gli strumenti utili per il controllo del coinvolgimento degli stakeholder

L'azione di preparazione e messa a punto delle informazioni sul coinvolgimento degli stakeholder può essere efficacemente sostenuta dalla presenza di sistemi di gestione dell'informazione (*Information* Management *Systems*), che possono variare dalla strumentazione manuale o cartacea sino all'impiego di data base o repository dell'informazione di progetto.

La rivalutazione del contesto di influenza degli stakeholder può richiedere il parere di esperti (*Expert Judgement*) e dovrebbe essere il risultato di un'attività collettiva sostenuta da incontri (*Meetings*).

L'aggiornamento del Project Management Plan

Gli aggiornamenti del piano di Project Management (Project *Manage-ment* Plan *Updates*) sono le modifiche al piano di gestione degli stakeholder e/o ad altri componenti, dovute agli stimoli (*Triggers*) dell'azione di verifica prestazionale di questo processo.

TEST

CAPITOLO

38 RISK TEST

Ed eccoci arrivati al test! In questo capitolo sono raccolte una serie di domande per testare la vostra preparazione. Ormai siamo vicini alla meta, l'esame vi attende! Ovviamente le domande sono in inglese come l'esame reale. Alla fine del capitolo troverete le risposte con le spiegazioni. Buon test!

1. You work as the project manager for Cemax Ltd Your project has several risks that will affect several stakeholder requirements. Which Project Management plan will define who will be available to share information on the project risks?

   A. Risk management Plan
   B. Communications Management Plan
   C. Stakeholder management strategy
   D. Resource Management Plan

2. You are working with your project stakeholders to identify risks within the JKP Project You want to use an approach to engage the stakeholders to increase the breadth of the identified risks by including internally generated risk. Which risk identification approach is most suited for this goal?

   A. Brainstorming
   B. Assumptions analysis
   C. SWOT analysis
   D. Delphi Technique

3. Frank is a project team member in your project Frank has been adding changes to the software interface for the software that your project is creating. Because Frank has been adding these features new risks have entered into the project. You elect that these additions should be removed from the project even if it takes extra time and money to remove the features. What are these risk-laden features called?

   A. Scope creep
   B. Gold plating
   C. Negative risks
   D. Corrective actions

4. You are the project manager of a large, high-profile project in your organization. You have realized that politics within your company may affect the true identification of risk events within the project. You decide that you would like to use a method to identify risk events through an anonymous process. Which one of the following will allow you to collect and distribute risk information without the stakeholders knowing what other stakeholders are communicating about the project risk events?

   A. Monte Carlo Technique
   B. Surveys
   C. Checklist analysis
   D. Delphi Technique

5. You are the project manager for the ABC organization. Your current project has 75 internal stakeholders and 245 external stakeholders Many of the risks within your project will only affect the internal stakeholders, but several of the identified risk events will affect the external stakeholders. Management would like to know the total number of communication channels in the project. How many communication channels exist in this project?

   A. 320
   B. 245
   C. 51.040
   D. 102.080

6. John is the project manager of the NHQ Project for his company. His project has 75 stakeholders, some of which are external to the organization. John needs to make certain that he communicates about risk in the most appropriate method for the external stakeholders. Which Project Management plan will be the best guide for John to communicate to the external stakeholders?

   A. Communications Management Plan
   B. Project Management Plan
   C. Risk Response Plan
   D. Risk management Plan

7. Management has asked you to perform a risk audit and report back on the results. Bonny, a project team member, asks you what a risk audit is. What do you tell Bonny?

   A. A risk audit is a review of all the risk probability and impact for the risks, which are still present in the project but which have not yet occurred
   B. A risk audit is a review of all the risks that have yet to occur and what their probability of happening are
   C. A risk audit is a review of the effectiveness of the risk responses in dealing with identified risks and their root causes, as well as the effectiveness of the risk management process
   D. A risk audit is an audit of all the risks that have occurred in the project and what their true impact on cost and time has been

8. Harold is the project manager of a large project in his organization He has been actively communicating and working with the project stakeholders One of the outputs of the manage stakeholder expectations process can actually create new risk events for Harold's project Which output of the manage stakeholder expectations process can create risks?

   A. Organizational process assets updates
   B. Project Management plan updates
   C. Project document updates
   D. Change requests

9. You are the project manager for your company and a new change request has been approved for your project. This change request, however, has introduced several new risks to the project. You have communicated these risk events and the project stakeholders understand the possible effects these risks could have on your project. You elect to create a mitigation response for the identified risk events. Where will you record the mitigation response?

   A. Risk log
   B. Project Management plan
   C. Risk register
   D. Risk management plan

10. You work as the project manager for Bluewell Inc. You are working on NGQQ Project for your company. You have completed the risk analysis processes for the risk events. You and the project team have created risk responses for most of the identified project risks. Which of the following risk response planning techniques will you use to shift the impact of a threat to a third party, together with the responses?

   A. Risk mitigation
   B. Risk avoidance
   C. Risk transference
   D. Risk acceptance

11. Gary is the project manager for his organization. He is working with the project stakeholders on the project requirements and how risks may affect their project. One of the stakeholders is confused about what constitutes risks in the project. Which of the following is the most accurate definition of a project risk?

   A. It is an uncertain event or condition within the project execution
   B. It is an uncertain event that can affect the project costs
   C. It is an uncertain event that can affect at least one project objective
   D. It is an unknown event that can affect the project scope

12. You are the project manager of the NGQQ Project for your company. To help you communicate project status to your stakeholders, you are going to create a stakeholder register. All of the following information should be included in the stakeholder register except for which one?

    A. Assessment information of the stakeholders' major requirements, expectations, and potential influence
    B. Stakeholder classification of their role in the project
    C. Identification information for each stakeholder
    D. Stakeholder management strategy

13. Who is responsible for the stakeholder expectations management in a high-profile, high-risk project?

    A. Project sponsor
    B. Project risk assessment officer
    C. Project Management office
    D. Project manager

14. Ben is the project manager of the YHT Project for his company Alice, one of his team members, is confused about when project risks will happen in the project. Which one of the following statements is the most accurate about when project risk happens?

    A. Project risk is uncertain, so no one can predict when the event will happen
    B. Project risk can happen at any moment
    C. Project risk happens throughout the project execution
    D. Project risk is always in the future

15. Holly is the project manager of the NSS Project for her company. She is discussing some of the project risks and the issues that have happened in the project. Holly has faxed the status report to her project client for their review. Based on the standard communication model, which component in this scenario is the decoder?

   A. Project customer
   B. Holly
   C. Project customer's fax machine
   D. Telephone wire

16. All of the following are factors in the assessment of project risk EXCEPT:

   A. Risk event.
   B. Risk probability.
   C. Amount at stake.
   D. Insurance premiums.

17. If a project has a 60 percent chance of a ☐100.000 profit and a 40 percent chance of a ☐100.000 loss, the expected monetary value for the project is:

   A. ☐100.000 profit.
   B. ☐60.000 loss.
   C. ☐20.000 profit.
   D. ☐40.000 loss.

18. Assuming that the ends of a range of estimates are +/- 3 sigma from the mean, which of the following range estimates involves the LEAST risk?

   A. 30 days, plus or minus 5 days
   B. 22 - 30 days
   C. Optimistic = 26 days, most likely = 30 days, pessimistic = 33 days
   D. Mean of 28 days

19. Which of the following risk events is MOST likely to interfere with attaining a project's schedule objective?

   A. Delays in obtaining required approvals
   B. Substantial increases in the cost of purchased materials
   C. Contract disputes that generate claims for increased payments
   D. Slippage of the planned post-implementation review meeting

20. If a risk has a 20 percent chance of happening in a given month, and the project is expected to last five months, what is the probability that this risk event will occur during the fourth month of the project?

   A. Less than 1 percent
   B. 20 percent
   C. 60 percent
   D. 80 percent

21. If a risk event has a 90 percent chance of occurring, and the consequences will be ☐10.000, what does ☐9.000 represent?

   A. Risk value
   B. Present value
   C. Expected monetary value
   D. Contingency budget

22. Risks will be identified during which risk management process(es)?

   A. Perform Quantitative Risk Analysis and Identify Risks
   B. Identify Risks and Monitor and Control Risks
   C. Perform Qualitative Risk Analysis and Monitor and Control Risks
   D. Identify Risks

23. What should be done with risks on the watch list?

    A. Document them for historical use on other projects.
    B. Document them and revisit during project monitoring and controlling.
    C. Document them and set them aside because they are already covered in your contingency plans.
    D. Document them and give them to the customer.

24. All of the following are ALWAYS inputs to the risk management process EXCEPT:

    A. Historical information.
    B. Lessons learned.
    C. Work breakdown structure.
    D. Project status reports.

25. Risk tolerances are determined in order to help:

    A. The team rank the project risks.
    B. The project manager estimate the project.
    C. The team schedule the project.
    D. Management know how other managers will act on the project.

26. All of the following are common results of risk management EXCEPT:

    A. Contract terms and conditions are created.
    B. The project management plan is changed.
    C. The communications management plan is changed.
    D. The project charter is changed.

27. Purchasing insurance is BEST considered an example of risk:

    A. Mitigation.
    B. Transfer.
    C. Acceptance.
    D. Avoidance.

28. You are finding it difficult to evaluate the exact cost impact of risks. You should evaluate on a(n):

    A. Quantitative basis.
    B. Numerical basis.
    C. Qualitative basis.
    D. Econometric basis.

29. Outputs of the Plan Risk Responses process include:

    A. Residual risks, fallback plans, and contingency reserves.
    B. Risk triggers, contracts, and a risk list.
    C. Secondary risks, process updates, and risk owners.
    D. Contingency plans, Project Management plan updates.

30. During which risk management process are Workarounds determined?

    A. Identify Risks
    B. Perform Quantitative Risk Analysis
    C. Plan Risk Responses
    D. Monitor and Control Risks

31. During which risk management process is a determination to transfer a risk made?

    A. Identify Risks
    B. Perform Quantitative Risk Analysis
    C. Plan Risk Responses
    D. Monitor and Control Risks

32. A project manager has just finished the risk response plan for a US $387,000 engineering project. Which of the following should he probably do NEXT?

    A. Determine the overall risk rating of the project.
    B. Begin to analyze the risks that show up in the project drawings.
    C. Add work packages to the project work breakdown structure.
    D. Hold a project risk reassessment.

33. A project manager asked various stakeholders to determine the probability and impact of a number of risks. He then analyzed assumptions. He is about to move to the next step of risk management. Based on this information, what has the project manager forgotten to do?

   A. Evaluate trends in risk analysis.
   B. Identify triggers.
   C. Provide a standardized risk-rating matrix.
   D. Create a fallback plan.

34. A project manager has assembled the project team, identified 56 risks on the project, determined what would trigger the risks, rated them on a risk-rating matrix, tested their assumptions, and assessed the quality of the data used. The team is continuing to move through the risk management process. What has the project manager forgotten to do?

   A. Simulation
   B. Risk mitigation
   C. Overall risk ranking for the project
   D. Involvement of other stakeholders

35. You are a project manager for the construction of a major new manufacturing plant that has never been done before. The project cost is estimated at US $30,000,000 and three sellers will be used. Once begun, the project cannot be cancelled, as there will be a large expenditure on plant and equipment. As the project manager, it would be MOST important to carefully:

   A. Review all cost proposals from the sellers.
   B. Examine the budget reserves.
   C. Complete the project charter.
   D. Perform an identification of risks.

36. During the Plan Risk management process, your team has come up with 434 risks and 16 major causes of those risks. The project is the last of a series of projects that the team has worked on together. The sponsor is very supportive, and a lot of time was invested in making sure the project work was complete and signed off by all key stakeholders. During project planning, the team cannot come up with an effective way to mitigate or insure against a risk. It is not work that can be outsourced, nor can it be deleted. What would be the BEST solution?

    A. Accept the risk.
    B. Continue to investigate ways to mitigate the risk.
    C. Look for ways to avoid the risk.
    D. Look for ways to transfer the risk.

37. A project manager is quantifying risk for her project. Several of her experts are offsite, but wish to be included. How can this be done?

    A. Use Monte Carlo analysis using the Internet as a tool.
    B. Apply the critical path method.
    C. Determine options for recommended corrective action.
    D. Apply the Delphi technique.

38. An experienced project manager has just begun working for a large information technology integrator. Her manager provides her with a draft project charter and immediately asks her to provide an analysis of the risks on the project. Which of the following would BEST help in this effort?

    A. An article from PM Network Magazine
    B. Her project scope statement from the project planning process
    C. Her resource plan from the project planning process
    D. A conversation with a team member from a similar project that failed in the past

39. You have been appointed as the manager of a new, large, and complex project. Because this project is business-critical and very visible, senior management has told you to analyze the project's risks and prepare response strategies for them as soon as possible. The organization has risk management procedures that are seldom used or followed, and has had a history of handling risks badly. The project's first milestone is in two weeks. In preparing the risk response plan, input from which of the following is generally LEAST important?

   A. Project team members
   B. Project sponsor
   C. Individuals responsible for risk management policies and templates
   D. Key stakeholders

40. You were in the middle of a two-year project to deploy new technology to field offices across the country. A hurricane caused power outages just when the upgrade was near completion. When the power was restored, all of the project reports and historical data were lost with no way of retrieving them. What should have been done to prevent this problem?

   A. Purchase insurance.
   B. Plan for a reserve fund.
   C. Monitor the weather and have a contingency plan.
   D. Schedule the installation outside of the hurricane season.

41. A system development project is nearing project closing when a previously unidentified risk is discovered. This could potentially affect the project's overall ability to deliver. What should be done NEXT?

   A. Alert the project sponsor of potential impacts to cost, scope, or schedule.
   B. Qualify the risk.
   C. Mitigate this risk by developing a risk response plan.
   D. Develop a workaround.

42. The cost performance index (CPI) of a project is 0.6 and the schedule performance index (SPI) is 0.71. The project has 625 work packages and is being completed over a four-year period. The team members are very inexperienced, and the project received little support for proper planning. Which of the following is the BEST thing to do?

    A. Update risk identification and analysis.
    B. Spend more time improving the cost estimates.
    C. Remove as many work packages as possible.
    D. Reorganize the responsibility assignment matrix.

43. While preparing your risk responses, you identify additional risks. What should you do?

    A. Add reserves to the project to accommodate the new risks and notify management.
    B. Document the risk items, and calculate the expected monetary value based on probability and impact that result from the occurrences.
    C. Determine the risk events and the associated cost, and then add the cost to the project budget as a reserve.
    D. Add a 10 percent contingency to the project budget and notify the customer

44. You have just been assigned as the project manager for a new telecommunications project that is entering the second phase of the project. There appear to be many risks on this project, but no one has evaluated them to assess the range of possible project outcomes. What needs to be done?

    A. Plan Risk management
    B. Perform Quantitative Risk Analysis
    C. Plan Risk Responses
    D. Monitor and Control Risks

45. During project executing, a team member identifies a risk that is not in the risk register. What should you do?

   A. Get further information on how the team member identified the risk, because you already performed a detailed analysis and did not identify this risk.
   B. Disregard the risk, because risks were identified during project planning.
   C. Inform the customer about the risk.
   D. Analyze the risk.

46. During project executing, a major problem occurs that was not included in the risk register. What should you do FIRST?

   A. Create a workaround.
   B. Reevaluate the Identify Risks process.
   C. Look for any unexpected effects of the problem.
   D. Tell management.

47. The customer requests a change to the project that would increase the project risk. Which of the following should you do before all the others?

   A. Include the expected monetary value of the risk in the new cost estimate.
   B. Talk to the customer about the impact of the change.
   C. Analyze the impacts of the change with the team.
   D. Change the risk management plan.

48. Which of the following is a chief characteristic of the Delphi technique?

   A. Extrapolation from historical records from previous projects
   B. Expert opinion
   C. Analytical hierarchy process
   D. Bottom-up approach

49. A project has had some problems, but now seems under control. In the last few months, almost all the reserve has been used up and most of the negative impacts of events that had been predicted have occurred. There are only four activities left, and two of them are on the critical path. Management now informs the project manager that it would be in the performing organization's best interest to finish the project two weeks earlier than scheduled in order to receive an additional profit. In response, the project manager sends out a request for proposal for some work that the team was going to do, in the hopes that another company might be able to do the work faster. The project manager can BEST be said to be attempting to work with:

   A. Reserve.
   B. Opportunities.
   C. Scope verification.
   D. Threats.

50. Monte Carlo analysis is used to:

   A. Get an indication of the risk involved in the project.
   B. Estimate an activity's length.
   C. Simulate the order in which activities occur.
   D. Prove to management that extra staff is needed.

51. A project team is creating a Project Management plan when management asks them to identify project risks and provide some form of qualitative output as soon as possible. What should the project team provide?

   A. Prioritized list of project risks
   B. Risk triggers
   C. Contingency reserves
   D. Probability of achieving the time and cost objectives

52. A project manager is creating a risk response plan. However, every time a risk response is suggested, another risk is identified that is caused by the response. Which of the following is the BEST thing for the project manager to do?

    A. Document the new risks and continue the Plan Risk Responses process.
    B. Make sure the project work is better understood.
    C. Spend more time making sure the risk responses are clearly defined.
    D. Get more people involved in the Identify Risks process, since risks have been missed.

53. A watch list is an output of which risk management process?

    A. Plan Risk Responses
    B. Perform Quantitative Risk Analysis
    C. Perform Qualitative Risk Analysis
    D. Plan Risk management

54. During the Identify Risks process, a project manager made a long list of risks identified by all the stakeholders using various methods. He then made sure that all the risks were understood and that triggers had been identified. Later, in the Plan Risk Responses process, he took all the risks identified by the stakeholders and determined ways to mitigate them. What has he done wrong?

    A. The project manager should have waited until the Perform Qualitative Risk Analysis process to get the stakeholders involved.
    B. More people should be involved in the Plan Risk Responses process.
    C. The project manager should have created workarounds.
    D. Triggers are not identified until the Identify Risks process.

55. Which of the following MUST be an agenda item at all team meetings?

    A. Discussion of project risks
    B. Status of current activities
    C. Identification of new activities
    D. Review of project problem

RISPOSTE RISK TEST

1 **Answer** B

Explanation: The Communications Management Plan defines, concerning risk management, who will be available to share information on risks and responses throughout the project

The Communications Management Plan aims to define the communication necessities for the project and how the information will be circulated. The Communications Management Plan sets the communication structure for the project. This structure provides guidance for communication throughout the project's life and is updated as communication needs change. The Communication Managements Plan identifies and defines the roles of persons concerned with the project It includes a matrix known as the communication matrix to map the communication requirements of the project.

Answer option C is incorrect The stakeholder management strategy does not address risk communications.

Answer option A is incorrect The Risk management Plan defines risk identification, analysis, response, and monitoring.

Answer option D is incorrect The Resource Management Plan does not define risk communications.

2 **Answer** C

Explanation: The SWOT analysis examines the strengths, weaknesses, opportunities, and threats of the organization and how it affects the project's ability to reach its objectives

SWOT stands for Strengths, Weaknesses, Opportunities, and Threats It is a part of business policy that helps an individual or a company to make decisions It includes the strategies to build the strength of a company and use the opportunities to make the company successful It also includes the strategies to overcome the weaknesses of and threats to the company

Answer option D is incorrect The Delphi Technique rather uses rounds of anonymous surveys to generate a consensus on project risks

Answer option B is incorrect It is an information gathering technique of the identify risk process It is based on the set of hypothesis and scenarios

Answer option A is incorrect Brainstorming aims to create a broad listing of all identified risks

3 **Answer** A

Explanation: This is an example of scope creep Frank has been adding the extra features to the project deliverables even though the deliverables were outside of the project requirements and the project scope

Scope creep (also called focus creep, requirement creep, feature creep, and sometimes kitchen sink syndrome) in Project Management refers to uncontrolled changes in a project's scope Scope creep includes the changes that circumvent the change control process and are not tracked Such changes take away from valid project time and valid project costs This phenomenon can occur when the scope of a project is not properly defined, documented, or controlled It is generally considered a negative occurrence that is to be avoided

Answer option B is incorrect Gold plating is the addition of project deliverables, such as software features, in an effort to use the entire project budget Gold plating can introduce project risks, but it is not the scenario described in the question

Answer option C is incorrect Negative risks are risks that can detrimentally affect one or more of the project requirement

Answer option D is incorrect Corrective actions are the steps the project manager has elected to remove the extra features that Frank has included in the project

4 **Answer** D

Explanation: This approach uses rounds of anonymous surveys to generate a consensus of project risks Delphi is a technique to identify potential risk In this technique, the responses are gathered via a questionnaire from different experts and their inputs are organized according to their contents

The collected responses are sent back to these experts for further input, addition, and comments The final list of risks in the project is prepared after that The participants in this technique are anonymous and therefore it helps prevent a person from unduly influencing the others in the group The Delphi technique helps in reaching the consensus quickly

Answer option C is incorrect The checklist analysis approach is a risk identification process, but it doesn't provide an anonymous approach to risk identification

Answer option A is incorrect The Monte Carlo technique is not a risk identification approach It is a modeling and forecasting approach for probability and impact of risk events, based on the project conditions

Answer option B is incorrect Surveys are not always anonymous, while the Delphi Technique always uses anonymous surveys

5 **Answer** C

Explanation: The total number of communication channels affects the risk management planning and communication of risk events To find the communication channels, use the formula $N(N-1)/2$, where N represents the number of stakeholders

Communication channels are paths of communication with stakeholders in a project The number of communication channels shows the complexity of a project's communication and can be derived through the formula shown below:

Total Number of Communication Channels = $n(n-1)/2$

where n is the number of stakeholders Hence, a project having five stakeholders will have ten communication channels Putting the value of the number of stakeholders in the formula will provide the number of communication channels

Answer option A is incorrect 320 is the total number of stakeholders

Answer option B is incorrect 245 is the total number of external stakeholders

Answer option D is incorrect 102,080 is only part of the communications channels formula: $N(N-1)$ To complete the formula, you have to divide the answer by two

6 **Answer** A

Explanation: The Communications Management Plan will direct John on the information to be communicated, when to communicate, and how to communicate with external stakeholders The Communications Management Plan aims to define the communication necessities for the project and how the information will be circulated The Communications Management Plan sets the communication structure for the project This structure provides guidance for communication throughout the project's life and is updated as communication needs change The Communication Managements Plan identifies and defines the roles of persons concerned with the project It includes a matrix known as the communication matrix to map the communication requirements of the project

Answer option D is incorrect The Risk management Plan defines how risks will be identified, analyzed, responded to, and controlled throughout the project

Answer option C is incorrect The Risk Response Plan identifies how risks will be responded to

Answer option B is incorrect The Project Management Plan is the parent of all subsidiary management plans and it is not the most accurate choice for this question

7 **Answer** C

Explanation: Risk audit is a method to test the overall risk management process and the planned risk responses A risk audit is a review of the effectiveness of the risk responses in dealing with identified risks and their root causes, as well as the effectiveness of the risk management process

Answer option D is incorrect This defines quantitative analysis of the risk events have occurred

Answer options B and A are incorrect These define risk analysis, part of project risk management planning

8 **Answer** D

Explanation: The manage stakeholder expectations process can create change requests for the project, which can cause new risk events to enter into the project

Change requests are requests to expand or reduce the project scope, modify policies, processes, plans, or procedures, modify costs or budgets or revise schedules These requests for a change can be direct or indirect, externally or internally initiated, and legally or contractually imposed or optional A Project Manager needs to ensure that only formally documented requested changes are processed and only approved change requests are implemented

Answer option B is incorrect Project Management plan updates do not create new risks

Answer option C is incorrect Project document updates do not create new risks

Answer option A is incorrect Organizational process assets updates do not create new risks

9 **Answer** C

Explanation: The Identified risks and potential responses are documented in the risk register Risk register is a document that contains the results of the qualitative risk analysis, quantitative risk analysis, and risk response planning Description, category, cause, probability of occurring, impact on objectives, proposed responses, owner, and the current status of all identified risks are put in the risk register

Answer option D is incorrect The risk management plan is an input to the risk response planning, but it is not the best choice for this question

Answer option A is incorrect This is not a valid choice for the question

Answer option B is incorrect The Project Management plan is the parent of the risk management plan, but the best choice is the risk register

10 **Answer** C

Explanation: Risk transference is a risk response planning technique that is used to shift the impact of a threat to a third party, together with the ownership of the response

Risk response planning is a method of developing options to decrease the amount of threats and make the most of opportunities The risk response should be aligned with the consequence of the risk and cost effectiveness

This planning documents the processes for managing risk events It addresses the owners and their responsibilities, risk identification, results from qualification and quantification processes, budgets and times for responses, and contingency plans The various risk response planning techniques are as follows:

Risk acceptance: It indicates that the project team has decided not to change the Project Management plan to deal with a risk, or is unable to identify any other suitable response strategy

Risk avoidance: It is a technique for a threat, which creates changes to the Project Management plan that are meant to either eliminate the risk or to protect the project objectives from this impact

Risk mitigation: It is a list of specific actions being taken to deal with specific risks associated with the threats and seeks to reduce the probability of occurrence or impact of risk below an acceptable threshold

Risk transference: It is used to shift the impact of a threat to a third party, together with the ownership of the response

11 **Answer** C

Explanation: Risk is an uncertain event or condition that, if it occurs, has an effect on at least one project objective

Project risk is concerned with the expected value of one or more results of one or more future events in a project It is an uncertain condition that, if it occurs, has an effect on at least one project objective Objectives can be scope, schedule, cost, and quality Project risk is always in the future

Answer option D is incorrect Risk is not unknown, it is uncertain; in addition, the event can affect at least one project objective - not just the project scope

Answer option A is incorrect This statement is almost true, but the event does not have to happen within project execution

Answer option B is incorrect Risks can affect time, costs, or scope - not just costs

12 Answer D

Explanation: The stakeholder management strategy is generally not included in the stakeholder registry because it may contain sensitive information that should not be shared with project team members or certain other individuals that could see the stakeholder register

The stakeholder register is a Project Management document that contains a list of the stakeholders associated with the project It assesses how they are involved in the project and identifies what role they play in the organization The information in this document can be very perceptive and is meant for limited exchange only It also contains relevant information about the stakeholders, such as their requirements, expectations, and influence on the project

Answer option C is incorrect Stakeholder identification should be included in the stakeholder register

Answer option A is incorrect Assessment information should be included in the stakeholder register

Answer option B is incorrect Stakeholder classification should be included in the stakeholder register

13 Answer D

Explanation: The project manager is responsible for stakeholder expectations management

A project manager is an expert in the field of Project Management He is responsible for the entire project from inception to completion. The project manager leads the team and helps negotiate the multiple relationships within any project whether with clients, team members, firm principals or any variety of partners and functions as the hub of a project. Project managers can have the authority of the planning, execution, and closing of any project, typically relating to construction industry, architecture, computer networking, telecommunications or software development. Many other fields in the production, design and service industries also have project managers. A project manager is responsible for accomplishing the project objectives. Important Project Management responsibilities include creating clear and attainable project objectives, building the project requirements, and managing the triple constraint for projects, which is cost, time, and scope

Project manager possess the following skills:

- Communications Skills: Communications skills are part of the general management skills and are used to exchange information
- Organizational Skills: Organizational skills are part of the management skills to organize various aspect of a project to complete it successfully
- Budgeting Skills: Budgeting skills include the knowledge of finance and accounting principles A project manager requires these skills in order to perform cost estimates for project budgeting
- Problem Solving Skills: Problem solving skills include defining and analyzing problems, and then taking decision to solve them by implementing those decisions

Answer option A and C is incorrect. The Project Management office and the project sponsor are not responsible for the stakeholder expectations management

14 **Answer** D

Explanation: Project risk is always in the future - that's the point of planning for project risk events

Answer option B is incorrect Risks are associated with events and activities in the project and do not occur at random intervals

Answer option A is incorrect You can predict when risk events are likely to happen based on conditions within the project

Answer option C is incorrect Risks do not always happen during project execution - risk events can come from outside the project and are not caused by team-generated activities

15. **Answer** C

Explanation: The communications model has a sender, encoder, medium, decoder, and receiver The recipient's fax machine is the decoder in this model The communication model shows the traversal of information between two hosts, known as the sender and the receiver The key components of the model are as follows:

Encode: It is used to crypt or code the message into a language that is understood by others

Decode: It is used to decrypt the message back into the meaningful codes

Message and feedback message: It is the output of encoding

Noise: It is referred to anything, which interferes with the transmission and understanding of the message

Medium: It is the method used to convey the message

In the communication process, it is the duty of the sender to send clear and complete information to the receiver so that it is properly received by the receiver, and for confirming that it is properly understood

The duty of the receiver is to make sure that the information received is understood and acknowledged properly A failure in communication can negatively impact the project

Answer option B is incorrect Holly is the sender in the communication model

Answer option A is incorrect The project customer is the receiver

Answer option D is incorrect The telephone wire is the medium

16. **Answer** D

Explanation Insurance premiums come into play when you determine which risk response strategy you will use.

17. **Answer** C

Explanation Expected monetary value (EMV) is computed by EMV = Probability x Impact. We need to compute both positive and negative values and then add them.

0.6 X $100,000 = $60,000. 0.4 X ($100,000) = ($40,000)

Expected Monetary Value= $60,000- $40,000 = $20,000 profit

18. **Answer** C

Explanation This one drove you crazy didn't it? Reread the question! When you look at the ranges of each choice, you will see that choice A is ten days, choice B is eight days, and choice C is seven days. The range of estimates with the smallest range is the least risky. Therefore, the answer is C. The words +/- 3 sigma are extraneous. Practice reading questions that are wordy and have extraneous data.

19. **Answer** A

Explanation Cost increases (choice B) and contract disputes (choice C) will not necessarily interfere with schedule. Notice the words "post-implementation" in choice D. It will not definitely interfere with the project schedule. Choice A is the only one that deals with a time delay.

20. **Answer** B

Explanation Don't feel too silly if you got this wrong. Many people miss this one. No calculation is needed. If there is a 20 percent chance in any one month, the chance in the fourth month must therefore be 20 percent.

21. **Answer** C

Explanation Expected monetary value is computed by multiplying the probability times the impact. In this case, EMV = 0.9 x $10,000 = $9,000.

22. **Answer** B

Explanation This is a tricky question. Risks are identified during the Identify Risk process, naturally, but newly emerging risks are identified in the Monitor and Control Risks process.

23. **Answer** B

Explanation Risks change throughout the project. You need to review risks at intervals during the project to ensure that non-critical risks have not become critical.

24. **Answer** D

Explanation Project status reports (choice D) can be an input to risk management. However, when completing risk management for the first time, you would not have project status reports. Therefore, project status reports are not always an input to risk management.

25. **Answer** A

Explanation If you know the tolerances of the stakeholders, you can determine how they might react to different situations and risk events. You use this information to help assign levels of risk on each work package or activity.

26. **Answer** D

Explanation A change to the project charter is not always necessary. In fact, a change to the charter is a fundamental change to the project and may require a major adjustment to all aspects of the project management plan.

There are many reasons the other choices could happen as a result of risk. Since a contract can only be created after risks are known (a contract is a tool to transfer risks), it is common sense that choice A cannot be the exception. The project management plan (choice B) could change to include a modified WBS and new work packages related to mitigating risk. The communications management plan (choice C) could change as a way to address a risk. Choice D is the best answer.

27. **Answer** B

Explanation To mitigate risk (choice A), we either reduce the probability of the event happening or reduce its impact. Many people think of using insurance as a way of decreasing impact. However, mitigating risk is taking action before a risk event occurs. Buying insurance is not such an action. Acceptance of risk (choice C) does not involve such action as purchasing insurance. Avoidance of risk (choice D) means we change the way we will execute the project so the risk is no longer a factor. Transference is passing the risk off to another party.

28. **Answer** C

Explanation If you cannot determine an exact cost impact to the event, use qualitative estimates such as Low, Medium, High, etc.

29. **Answer** A

Explanation A risk list (choice B), process updates (choice C), and change requests (choice D) are not outputs of the Plan Risk Responses process. The items in choice A are all outputs of the Plan Risk Responses process, making choice A the correct answer.

30. **Answer** D

Explanation A workaround refers to determining how to handle a risk that occurs but is not included in the risk register. The project must be in the Monitor and Control Risks process if risks have occurred.

31. **Answer** C

Explanation Transference is a risk response strategy.

32. **Answer** C

Explanation This situation is occurring during project planning. Planning must be completed before moving on. Determining the risk rating of the project (choice A) is done during the Perform Qualitative Risk Analysis process, and should have already been done. Choice B is work that is done during project executing. Project risk reassessment (choice D) occurs during Monitor and Control Risks, the next step in the risk process after Plan Risk Responses. But the question does not ask what is next in the risk management process, just what is next. Only choice C, as part of iterations, comes after risk in project planning. Do you know the order of planning yet?

33. **Answer** C

Explanation The activities of the Perform Qualitative Risk Analysis process are probability and impact definition, assumptions testing (data quality assessment), and probability and impact matrix development.

34. **Answer** D

Explanation The process they have used so far is fine, except the input of other stakeholders is needed in order to identify more risks.

35. **Answer** D

Explanation Choice A could be done, but it is not a pressing issue based on the situation provided. Choice B could also be done, but not until risk planning is completed. It is always important to carefully complete a project charter, choice C, but there are other issues needing detailed attention in this situation, so choice C cannot be best. Since this project has never been done before, and there will be a large cost outlay, it would be best for the project manager to spend more time on risk management. Risk identification is the most proactive response and would have the greatest positive impact on the project.

36. **Answer** A

Explanation This question relates real-world situations to risk types. Did you realize that the entire first paragraph is extraneous? Based on the question, you cannot delete the work to avoid it, nor can you insure or outsource to transfer the risk. This leaves acceptance as the only correct choice.

37. **Answer** D

Explanation The Delphi technique is most commonly used to obtain expert opinions on technical issues, the necessary project or product scope, or the risks.

38. **Answer** D

Explanation Did you realize that this situation is taking place during the initiating process group? Choices B and C are created in the project planning process and so are not yet available. Therefore, we are left with deciding if choice A or choice D provides the greater value. Since the information gained in choice D is more specific to your company, it is the best choice.

39. **Answer** B

Explanation Team members (choice A) will have knowledge of the project and the product of the project and will thus have a lot to contribute to risk responses. Those responsible for risk templates (choice C) will be able to provide the templates from past projects (historical records) and therefore will be very important. Key stakeholders (choice D) will know more about the technical working of the project to help plan "What are we going to do about it?" so choice D is not likely to be the least important. The sponsor (choice B) may have the least knowledge of what will work to solve the problems. Sponsors need to be involved in the project and help identify risks. They may even approve the response plans created by others, but they would not generally be major contributors to response plans. This makes B the best choice.

40. **Answer** C

Explanation The risk is the loss of data due to a power outage. Choice A is not related to "mitigating" the problem. It transfers the risk. A reserve fund (choice B) is acceptance and would help address the cost factors after the power failure, but would not reduce the probability or impact of it. Avoiding the hurricane by scheduling the installation at a different time (choice D) mitigates the power outage risk but could have a large negative impact on the project schedule and so is not the best choice. The better choice of the mitigation options (choices C and D) is to monitor the weather and know when to implement the contingency plan.

41. **Answer** B

Explanation You would need to analyze the problem before you would talk to the sponsor (choice A). You could not mitigate the risk (choice C) until you qualified the risk. A workaround (choice D) is an unplanned response to a risk that is occurring. This risk is identified, not occurring, so there is no need to take action by creating a workaround. Qualifying the risk (choice B) will give you an indication of how great the risk is. That information will help you determine how to proceed.

42. **Answer** A

Explanation This project has deviated so far from the baseline that updated risk identification and risk analysis should be performed.

43. **Answer** B

Explanation When a new risk is identified, it should go through the risk management process. Choice A cannot be the best choice, as you first need to determine the probability and impact of the risk and then try to diminish impact through the Plan Risk Responses process. Only after these efforts should you add reserves. Choice C addresses only costs, when there could also be a time impact. This choice also ignores the work of Plan Risk Responses. Choice D cannot be the best choice because it is better to determine reserves based on a detailed analysis of risk. Therefore, the best choice is B.

44. **Answer** A

Explanation Did you notice that this project has already begun? Risk management is a required element of project management. You must complete the risk management process, starting with the Plan Risk management process, making choice A the correct choice.

45. **Answer** D

Explanation First, you want to determine what the risk entails and the impact to the project, then determine what actions you will take regarding the risk.

46. **Answer** A

Explanation Notice that this is a problem that has occurred, rather than a problem that has just been identified. Following the right process is part of professional and social responsibility. Because an unidentified problem or risk occurred, it is important to perform choices B and C. However, they are not your first choices. You might need to inform management (choice D) but this is reactive, not proactive, and not the first thing you should do.

47. **Answer** C

Explanation This is a recurring theme. First, you should evaluate the impact of the change. Next, determine options. Then go to management and the customer.

48. **Answer** B

Explanation The Delphi technique uses experts and builds to consensus; therefore, expert opinion is the chief characteristic.

49. **Answer** B

Explanation The wording of this question can be confusing. Reserve (choice A) is mentioned in the situation, but the project manager is not dealing with reserves in the actions he is taking. Choice C involves meeting with the customer to gain formal acceptance, so it cannot be the best choice. Choice D cannot be the best choice since the project manager is trying to make something good happen, not dealing with a negative impact, or threat, that may or may not occur. The project manager is working to make a positive impact on the project more likely to occur. Therefore, choice B is best.

50. **Answer** A

Explanation Notice how many choices are half right? Monte Carlo could help you know that an estimate for an activity needs to change, but not what the activity estimate should be (choice B). Monte Carlo is a simulation (choice C), but it simulates time, not order of activities. Monte Carlo can be used to prove things to management (choice D), but its main focus deals with time, not staff. Risk can be assessed using Monte Carlo analysis (choice A). By considering the inputs to the PERT estimates and the network diagram, you can obtain a better overview of the overall project risk

51. **Answer** A

Explanation This question essentially asks, "What is an output of the Perform Qualitative Risk Analysis process?" Only Choice A meets that criteria. Choices Band Care parts of the Plan Risk Responses process. Choice D occurs during the Perform Quantitative Risk Analysis process.

52. **Answer** A

Explanation Did you realize this question describes secondary risks? Identifying secondary risks is good and expected while completing the Plan Risk Responses process. With that in mind, the best thing to do is choice A.

53. **Answer** C

Explanation A watch list is made up of low priority risks that, in the Perform Qualitative Risk Analysis process, were determined to be of too low priority or low impact to move further in the risk process.

54. **Answer** B

Explanation Stakeholders (choice A) are involved in the Identify Risks process. Workarounds (choice C) are created later in the risk process. Plan Risk Responses must include the involvement of all risk response owners and possibly others. This makes choice B the correct answer.

55. **Answer** A

Explanation Risk is so important that it must be discussed at all team meetings.

APPENDICI

APPENDICE A

Introduzione alla probabilità

Come detto nel capitolo relativo ai *fondamenti*, conoscere alcuni principi di probabilità risulta necessario nella gestione dei rischi ed in particolare nella loro valutazione, così come risulta utile per poter rispondere correttamente ad alcune domande che potremmo trovare durante l'esame di certificazione.

Iniziamo col definire il concetto di *probabilità*. Relativamente ad un evento casuale non esiste mai la certezza che tale evento si verifichi nella realtà. Nel mondo del risk management definiamo rischio proprio un evento del quale ovviamente non abbiamo certezza della sua manifestazione e per il quale possiamo solo determinare una probabilità di accadimento. La probabilità del suo accadimento viene misurata da una grandezza matematica che può essere espressa come quota percentuale il cui "*range*" di variabilità compreso tra lo 0% e il 100% (o, in alternativa, come numero puro che può assumere tutti i valori interni all'intervallo 0 - 1): una probabilità dello 0% (oppure pari a zero) esprime l'impossibilità del verificarsi dell'evento, mentre il valore 1 (o una probabilità del 100%) sta a significare la certezza del suo accadimento. Tutti i valori compresi tra questi due estremi, esprimono, al loro crescere, una sempre maggiore probabilità dell'avverarsi dell'evento in oggetto. Così, ad esempio, se la probabilità del verificarsi di un determinato evento è pari a 1/5, diremo che l'evento ha il 20% di probabilità di verificarsi e l'80% di non verificarsi. Dato un qualsiasi insieme di eventi, tutti ugualmente possibili e, pertanto, equiprobabili, la probabilità di accadimento di uno qualsiasi di questi è calcolata come rapporto tra il numero dei casi favorevoli al verificarsi di tale evento e il totale dei casi possibili, mentre il verificarsi di due eventi qualsiasi è pari alla somma delle probabilità di accadimento di ciascuno di essi. In generale, quindi, se un evento A si può verificare in X modi diversi sugli N possibili (ed equiprobabili), la probabilità $P(A)$ che lo stesso accada è data dalla:

$$P(A) = X / N$$

Dati n eventi "A_1", "A_2", ..."A_n" mutuamente esclusivi [4], ma uno dei quali deve forzatamente accadere, la probabilità totale che gli stessi si verifichino è data dalla:

$$P(A_1 \text{ o } A_2 \text{ o } A_3 \text{ o } ....) = P(A_1) + P(A_2) + P(A_3) +.... = \sum P(A_i) = 1$$

Se invece gli eventi non sono mutuamente esclusivi, la probabilità che si verifichi indifferentemente uno dei due generici eventi "A_i" e "A_k" è data dalla:

$$P(A_i \cup A_k) = P(A_i) + P(A_k) - P(A_i \cap A_k) \quad [5]$$

Tornando al caso di eventi tra loro mutuamente esclusivi, la formula precedente si semplifica nella:

$$P(A_i \cup A_k) = P(A_i) + P(A_k)$$

annullandosi, in dipendenza della ipotizzata reciproca esclusione, la probabilità $P(A_i \cap A_k)$ che si verifichino contemporaneamente entrambi gli eventi. Nel lancio di un dado, ad esempio, la probabilità di ottenere il numero quattro è pari ad 1/6, mentre la probabilità di ottenere il numero quattro o, indifferentemente, il numero cinque (eventi, questi, tra loro mutuamente esclusivi) è uguale ad 1/6 + 1/6 = 1/3.

Quando due eventi non sono mutuamente esclusivi, ma comunque risultano tra loro indipendenti, la probabilità $P(A_i \cap A_k)$ che accadano entrambi è data dalla:

$$P(A_i \cap A_k) = P(A_i) P(A_k)$$

Se, infine, due generici eventi "A_i" e "A_k" sono tra loro correlati, la "*probabilità condizionata*" di "A_k" rispetto ad "A_i" (la probabilità, cioè, che "A_k" si verifichi quando "A_i" si è già verificato) è data dalla:

$$P(A_k \mid A_i) = P(A_i \cap A_k) / P(A_i) \quad [6]$$

---

[4] gli n eventi "A_1" .... "A_n" si dicono "mutuamente esclusivi" quando l'accadere dell' i-esimo evento "A_i" esclude la possibilità di accadimento di uno qualsiasi degli altri n-1 eventi

[5] la notazione $A_i \cup A_k$ si legge " A_i oppure A_k ", mentre la notazione " $A_i \cap A_k$ si legge " sia A_1 che A_2 "

[6] la notazione $P(A_k \mid A_i)$ si legge: "probabilità di A_i dato A_k "

Calcoliamo, ad esempio, la probabilità che lanciando un dado una sola volta si ottenga un numero minore di 4, sapendo che il risultato è un numero dispari.

Se indichiamo con:

* A_2 l'evento "minore di 4"
* A_1 l'evento "numero dispari"

allora:

$$P(A_2) = P(1) + P(2) + P(3) = 1/6 + 1/6 + 1/6 = 1/2$$

mentre:

$$P(A_1 \cap A_2) = 1/3$$

e, di conseguenza, la probabilità condizionata risulta:

$$P(A_2 \mid A_1) = P(A_1 \cap A_2) / P(A_1) = (1/3) / (1/2) = 2/3$$

Nell'applicazione pratica delle regole di calcolo delle probabilità può risultare spesso molto utile la determinazione della probabilità dell'avverarsi di un evento ("Z") collegato all'accadimento di uno qualsiasi di altri n eventi ("A_1", "A_2", ..."A_n"), tra loro alternativi, ma che nel loro insieme esauriscono la totalità degli eventi possibili (tali, cioè, che $\Sigma P(A_i) = 1$). In questo caso la probabilità che si verifichi l'evento "Z" è data dalla:

$$P(Z) = \Sigma \, P(A_i) \, P(Z \mid A_i)$$

Con un semplice esempio vediamo di presentarne la concreta applicabilità. Supponiamo che la probabilità di rottura automobile durante un viaggio (rischio "X") sia pari al 5% se si mantiene una velocità di marcia inferiore ai 50 Km/h, e che tale probabilità salga al 30% se la velocità risulta uguale o superiore a tale limite. La probabilità di manifestazione del rischio, lungo un qualsiasi tragitto che si percorra per il 30% del tempo ad una velocità inferiore ai 50 Km/h (evento A1) e per il restante 70% (evento "A2") [7] ad una velocità superiore, risulta pari al 22.5%. In questo caso, infatti, la formula diventerebbe:

$$P(Z) = P(A_1) \, P(Z \mid A_1) + P(A_2) \, P(Z \mid A_2)$$

---

[7] si noti che i due eventi esauriscono l'universo delle possibilità visto che il loro totale è pari al 100% del tempo.

e quindi:

$$P(Z) = 0.30 \times 0.05 + 0.7 \times 0.3 = 0.225$$

Dei molteplici teoremi sui quali si fonda il calcolo delle probabilità e delle numerose regole che ne discendono, abbiamo menzionato quelle che trovano una diretta applicazione nel contesto delle tecniche alle quali più comunemente si fa ricorso nella fase di analisi del rischio di progetto.

APPENDICE B

Distribuzioni utilizzabili per la Simulazione Monte Carlo

Abbiamo già visto come funziona la simulazione Monte Carlo, ma per poterla utilizzare al meglio è prima necessario comprendere il concetto delle distribuzioni di probabilità. Per comprendere la probabilità, consideriamo il seguente esempio. Vogliamo esaminare la distribuzione dei salari all'interno di un reparto di una grande azienda. Prima raccogliamo i dati grezzi —in questo caso i salari di tutti gli impiegati nel reparto. Poi organizziamo i dati in un formato significativo e tracciamo i dati nella forma di una distribuzione di frequenza su un diagramma. Per creare una distribuzione di frequenza, dividiamo i salari in intervalli di gruppo ed elenchiamo questi intervalli sull'asse orizzontale del diagramma. Poi inseriamo il numero o la frequenza degli impiegati in ciascun intervallo sull'asse verticale del diagramma. Ora possiamo facilmente vedere la distribuzione dei salari all'interno del reparto. Uno sguardo al diagramma illustrato nella figura seguente rivela che la maggior parte degli impiegati (104 su un totale di 180) guadagna tra □8,00 e □9,50 l'ora.

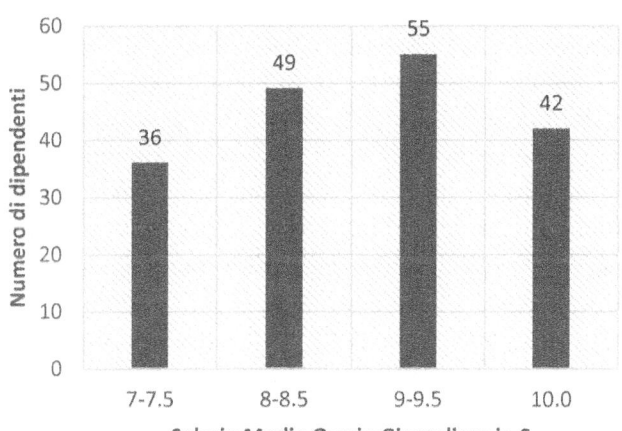

Possiamo ora tracciare questi dati come una distribuzione di probabilità. Una distribuzione di probabilità mostra il numero degli impiegati in ciascun intervallo come una frazione del loro numero totale. Per creare una distribuzione di probabilità, dividiamo il numero degli impiegati in ciascun intervallo per il numero totale degli impiegati ed elenchiamo i risultati sull'asse verticale del diagramma. Il diagramma nella figura seguente mostra il numero degli impiegati in ciascun gruppo salariale come una frazione di tutti gli impiegati; potete stimare la verosimiglianza o la probabilità che un impiegato estratto a sorte dall'intero gruppo guadagni un salario all'interno di un dato intervallo. Per esempio, se si assume che esistano le stesse condizioni del momento di rilevazione del campione, esiste una probabilità dello 0.31 (una probabilità su tre) che un impiegato estratto a sorte dall'intero gruppo guadagni tra □9,00 e □9,50 l'ora.

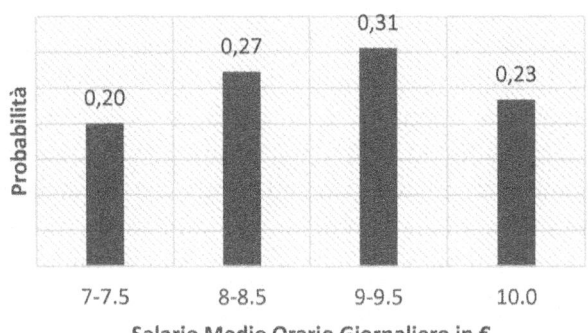

Le distribuzioni di probabilità sono o discrete o continue. Le distribuzioni discrete di probabilità descrivono valori distinti, normalmente di numeri interi, senza valori intermedi e sono mostrate come una serie di barre verticali. Una distribuzione discreta potrebbe, per esempio, descrivere il numero di teste per quattro lanci di una moneta come 0, 1, 2, 3 or 4. Le distribuzioni continue sono in realtà astrazioni matematiche perché assumono l'esistenza di tutti i possibili valori intermedi tra due numeri. In altre parole, una distribuzione continua assume che ci sia un numero infinito di valori tra qualsiasi due punti di una distribuzione. Ciò nonostante, potete usare una distribuzione continua in molte situazioni per approssimare una distribuzione discreta, anche se il modello continuo non descrive per forza la situazione con esattezza.

Selezionare la giusta distribuzione di probabilità

I seguenti passi forniscono un processo per la selezione delle distribuzioni di probabilità che descrivono al meglio le variabili incerte nei vostri fogli di lavoro. Seguite le istruzioni sottostanti per selezionare la giusta distribuzione di probabilità:

- Esaminate la variabile in questione. Elencate tutto ciò che sapete riguardo alle condizioni che circondano questa variabile. Forse potrete raccogliere

informazioni di valore sulla variabile incerta da dati storici. Se dati storici non sono disponibili, usate il vostro giudizio valutativo e, basato sulla vostra esperienza, elencate tutto ciò che sapete su questa variabile incerta.
- Analizzate le descrizioni delle distribuzioni di probabilità.
- Selezionate la distribuzione che caratterizza questa variabile. Una distribuzione caratterizza una variabile, quando le condizioni della distribuzione corrispondono a quelle della variabile.

Distribuzioni Discrete

Di seguito una lista dettagliata di ciascun tipo di distribuzione di probabilità che può essere usata in una simulazione Monte Carlo.

Distribuzione Bernoulliani o Si/No

La distribuzione Bernoulli è una distribuzione discreta con due esiti (per esempio, testa o croce, successo o insuccesso, 0 o 1). La distribuzione Bernoulli è la distribuzione binomiale con una prova e può essere usata per simulare condizioni di Si/No o Successo/Insuccesso. Questa distribuzione è la componente fondamentale di altre distribuzioni più complesse. Per esempio:

- Distribuzione binomiale: è una distribuzione Bernoulli con un numero più alto di n prove totali. Calcola la probabilità di x successesi all'interno questo numero totale di prove.
- Distribuzione geometrica: è una distribuzione Bernoulli con un numero più alto di prove totali. Calcola il numero d'insuccessi necessari prima che avvenga il primo successo.
- Distribuzione negativa binomiale: è una distribuzione Bernoulli con un numero più alto di prove totali. Calcola il numero d'insuccessi, prima che avvenga lo X-esimo successo.

La probabilità di successo (p) è il solo parametro distribuzionale. È anche importante notare che esiste solo una prova nella distribuzione Bernoulli e che il risultante valore simulato è o 0 o 1.

Distribuzione Binomiale

La distribuzione binomiale descrive il numero di volte del verificarsi di un particolare evento in un numero fissato di prove, come il numero di teste in 10 lanci di una moneta o il numero d'oggetti difettosi tra 50 oggetti scelti. Le condizioni della distribuzione binomiale sono:

- Per ciascuna prova sono possibili solo due esiti che si escludono a vicenda.
- Le prove sono indipendenti - quello che succede nella prima prova non influisce sulla prova successiva.
- La probabilità che si verifichi un evento rimane la stessa di prova in prova.

La probabilità di successo (p) e il numero intero di prove totali (n) sono i parametri distribuzionali. Il numero di prove di successo è denominato x. È importante notare che le probabilità di successo (p) di 0 o 1 sono condizioni insignificanti e non richiedono una simulazione, quindi, non sono permesse nel software.

Distribuzione Discreta Uniforme

La distribuzione discreta uniforme è conosciuta anche come la distribuzione degli *esiti ugualmente possibili*, dove se la distribuzione ha un insieme di N elementi, allora ogni elemento ha la stessa probabilità. Questa distribuzione è collegata alla distribuzione uniforme, ma i suoi elementi sono discreti e non continui.

Distribuzione Geometrica

La distribuzione geometrica descrive il numero di prove fino al primo avvenimento di successo, come il numero di volte che uno deve girare la ruota di una roulette prima di vincere.

Le condizioni della distribuzione geometrica sono:

- Il numero di prove non è fisso.
- Le prove continuano fino al primo successo.
- La probabilità di successo è la stessa da prova in prova.

La probabilità di successo (p) è il solo parametro distribuzionale. Il numero di prove di successo simulate è denominato x, che deve essere un numero intero positivo.

Distribuzione Ipergeometrica

La distribuzione ipergeometrica è simile alla distribuzione binomiale in quanto entrambe descrivono il numero di volte che accade un determinato evento in un numero fissato di prove. La differenza è che le prove della distribuzione binomiale sono indipendenti, mentre le prove della distribuzione ipergeometrica cambiano la probabilità per ciascuna prova successiva e sono chiamate "prove senza rimpiazzo". Per esempio, supponiamo che si sappia che una scatola di componenti fabbricati contiene alcuni componenti difettosi. Scegliamo un componente dalla scatola, lo troviamo difettoso e lo togliamo dalla scatola. Se scegliamo un altro componente dalla scatola, la probabilità che sia difettoso è un po' più piccola che per il primo componente perché abbiamo già rimosso un componente difettoso. Se avessimo riposto il componente difettoso nella scatola, le probabilità sarebbero rimaste le stesse ed il processo avrebbe soddisfatto le condizioni per una distribuzione binomiale.

Le condizioni della distribuzione ipergeometrica sono:

- Il numero totale di componenti o elementi (la dimensione della popolazione) è un numero fisso, una popolazione finita, e la dimensione della popolazione deve essere minore di o uguale a 1750.
- La dimensione del campione (il numero di prove) rappresenta una parte della popolazione.
- La probabilità iniziale nota di successo nella popolazione cambia dopo ogni prova.

Il numero d'elementi nella popolazione o la dimensione della popolazione (N), le prove campionate o la dimensione del campione (n) e il numero d'elementi nella popolazione che hanno la caratteristica di successo o successi della popolazione (Nx) sono i parametri distribuzionali. Il numero di prove di successo è denominato x.

Distribuzione Negativa Binomiale

La distribuzione negativa binomiale è utile per modellare la distribuzione del numero di prove addizionali richieste sopra il numero d'accadimenti di successo richiesti (R). Per esempio, per poter portare a termine un totale di dieci opportunità di vendita, quante chiamate di vendita addizionali devono essere fatte oltre le dieci chiamate, data una determinata probabilità di successo per ogni chiamata? L'asse x mostra il numero di chiamate addizionali richieste o il numero di chiamate senza successo. Il numero di prove non è fisso, le prove continuano fino al R- esimo successo e la probabilità di successo rimane la stessa di prova in prova. La probabilità di successo (p) e il numero di successi richiesti (R) sono i parametri distribuzionali. Si tratta essenzialmente di una super distribuzione delle distribuzioni geometriche e binomiali. Questa distribuzione mostra le probabilità di ciascun numero di prove sopra R per produrre il successo richiesto R.

Le condizioni della distribuzione negativa binomiale sono:

- Il numero di prove non è fisso.
- Le prove continuano fino al R-esimo successo.
- La probabilità di successo rimane la stessa di prova in prova.

La probabilità di successo (p) e i successi richiesti (R) sono i parametri distribuzionali.

Distribuzione Pascal

La distribuzione Pascal è utile per modellare la distribuzione del numero di prove totali necessarie per ottenere il numero richiesto di accadimenti con esito favorevole. Per esempio, per portare a buon fine 10 opportunità di vendita, quale è il numero totale di chiamate di vendita che bisognerebbe fare, data una determinata probabilità di successo per ciascuna chiamata? L'asse x mostra il numero totale di chiamate necessarie, che includono sia quelle con esito favorevole che quelle fallite. Il numero di prove non è fissato, le prove continuano fino al R-esimo successo e le probabilità di successo sono le stesse da prova a prova. La distribuzione Pascal è imparentata con la distribuzione negativa binomiale. La distribuzione negativa binomiale calcola il numero di eventi necessari al di sopra del numero di successi richiesti, data una determinata probabilità (in altre parole, il numero totale di fallimenti), mentre la distribuzione Pascal calcola il numero totale di eventi necessari (in altre parole, la somma dei fallimenti e dei successi) per ottenere i successi richiesti, data una determinata probabilità. Successi richiesti e probabilità sono i parametri distribuzionali.

Distribuzione Poisson

La distribuzione Poisson descrive il numero di volte che si verifica un evento in un determinato intervallo, come il numero di chiamate telefoniche per minuto o il numero d'errori per pagina in un documento.

Le condizioni della distribuzione Poisson sono:
- Il numero di possibili accadimenti in qualsiasi intervallo è illimitato. Gli accadimenti sono indipendenti.
- Il numero d'accadimenti in un intervallo non influisce sul numero d'accadimenti in altri intervalli.
- Il numero medio d'accadimenti deve rimanere lo stesso d'intervallo in intervallo.

Tasso o Lambda (λ) è il solo parametro distribuzionale.

Distribuzioni Continue

Distribuzione Arcoseno

La distribuzione arcoseno è a forma di U ed è un caso speciale della distribuzione Beta, quando sia la forma che la scala sono uguali a 0.5. Valori vicini al minimo ed al massimo hanno alte probabilità del verificarsi, mentre valori tra questi due estremi hanno probabilità del verificarsi molto piccole. Minimo e massimo sono i parametri distribuzionali.

Distribuzione Beta

La distribuzione beta è molto flessibile ed è comunemente usata per rappresentare la variabilità nel corso di un campo. Una delle applicazioni più importanti della distribuzione beta è il suo uso come distribuzione coniugata per il parametro di una distribuzione Bernoulli. In quest'applicazione, la distribuzione beta è usata per rappresentare l'incertezza nella probabilità dell'accadimento di un evento. È anche usata per dati empirici e predire il comportamento casuale di percentuali e frazioni, dato che l'intervallo degli esiti è normalmente tra 0 e 1. Il valore della distribuzione beta sta nella grande varietà di forme che prende, quando si variano i due parametri, alfa e beta. Se i parametri sono uguali, la distribuzione è simmetrica. Se uno dei parametri è 1, mentre l'altro parametro è maggiore di 1, la distribuzione è con forma a J. Se alfa è minore di beta, la distribuzione è detta essere positivamente asimmetrica (la maggior parte dei valori è vicina al valore minimo). Se alfa è maggiore di beta, la distribuzione è detta negativamente asimmetrica (la maggior parte dei valori è vicina al valore massimo)

Le condizioni della distribuzione beta sono:

- La variabile incerta è un valore casuale tra 0 e un valore positivo.
- La forma della distribuzione può essere specificata usando due valori positivi.

Distribuzione Cauchy o Lorentziana o Breit-Wigner

La distribuzione Cauchy, denominata anche la distribuzione Lorentziana o la distribuzione Breit- Wigner, è una distribuzione continua che descrive il comportamento di risonanza. Descrive anche la distribuzione di distanze orizzontali alle quali un segmento di linea inclinato in un angolo casuale taglia l'asse x. La distribuzione Cauchy è un caso speciale: non ha nessun momento teorico (media, deviazione standard, asimmetria e curtosi), dato che sono tutti non definiti. Posizione modale (α) e scala (β) sono i soli due parametri in questa distribuzione. Il parametro di posizione specifica la punta o moda della distribuzione, mentre il parametro di scala specifica la semi-ampiezza al semi-massimo della distribuzione. Oltre a ciò, la media e la varianza di una distribuzione Cauchy o Lorentziana sono non definiti. In aggiunta, la distribuzione Cauchy è la distribuzione T di Student con solo 1 grado di libertà. Questa distribuzione può anche essere costruita prendendo il rapporto ratio di due distribuzioni standard normali (distribuzioni normali con una media di zero e una varianza di uno) che sono indipendenti tra loro.

Distribuzione Coseno

La distribuzione coseno ha le sembianze di una distribuzione logistica, dove il valore mediano tra il minimo ed il massimo ha il picco o valore modale più alto, comportando la massima probabilità del verificarsi, mentre le code estreme vicine ai valori minimi e massimi hanno probabilità più basse. Minimo e massimo sono i parametri distribuzionali.

Distribuzione Erlang

La distribuzione Erlang è uguale alla distribuzione Gamma, con il requisito che Alfa, o il parametro di forma, sia un numero intero positivo. Un esempio di applicazione della distribuzione Erlang è la calibratura del tasso di transizione di elementi attraverso un sistema di compartimenti. Tali sistemi trovano largo impiego in biologia ed ecologia (p.e., in epidemiologia, una persona potrebbe progredire ad un tasso esponenziale dal essere sano al diventare un portatore di malattia, e continuare esponenzialmente dal essere portatore a essere contagioso). Alfa (noto anche come forma) e Beta (noto anche come scala) sono i parametri distribuzionali.

Distribuzione Esponenziale

La distribuzione esponenziale è largamente usata per descrivere eventi che si verificano in punti casuali nel tempo, come il tempo tra eventi come la rottura di dispositivi elettronici o il tempo tra arrivi ad uno sportello d'assistenza. È collegata alla distribuzione Poisson che descrive il numero degli accadimenti di un evento durante un determinato intervallo di tempo. Una caratteristica importante della distribuzione esponenziale è la sua proprietà senza memoria, il che significa che la vita futura di un determinato oggetto ha la stessa distribuzione a prescindere dal tempo della sua esistenza. In altre parole, il tempo non ha nessun effetto sugli esiti futuri. Il tasso di successo (D) è il solo parametro distribuzionale.

La condizione della distribuzione esponenziale è:

- La distribuzione esponenziale descrive il periodo tra accadimenti.

Distribuzione del Valore Estremo o Distribuzione Gumbel

La distribuzione del valore estremo (Tipo 1) è comunemente usata per descrivere il valore più grande di una risposta nel corso di un periodo di tempo, per esempio, durante inondazioni, precipitazioni e terremoti. Altre applicazioni includono il carico di rottura di materiali, la progettazione edile e carichi e tolleranze d'aeromobili. La distribuzione del valore estremo è nota anche come la distribuzione Gumbel. Ci sono due parametri standard per la distribuzione del valore estremo: moda e scala. Il parametro di moda è il valore più probabile della variabile (il punto più alto sulla distribuzione di probabilità). Dopo aver selezionato il parametro di moda, si può stimare il parametro di scala. Il parametro di scala è un numero maggiore di 0. Tanto più grande è il parametro di scala, tanto più grandi sono le varianze.

Distribuzione Gamma (Distribuzione Erlang)

La distribuzione gamma è applicabile ad un ampio campo di quantità fisiche ed è collegata ad altre distribuzioni: lognormale, esponenziale, Pascal, Erlang, Poisson e Chi-Quadrato. È usata nei processi meteorologici per rappresentare concentrazioni d'inquinanti e quantità di precipitazioni. La distribuzione gamma è anche usata per misurare il tempo tra gli accadimenti di eventi, quando il processo dell'evento non è completamente casuale. Altre applicazioni della distribuzione gamma includono il controllo dell'inventario, la teoria economica e la teoria del rischio assicurativo.

La distribuzione gamma è usata più spesso come la distribuzione del tempo fino al r-esimo accadimento di un evento in un processo Poisson. Quando si usa in questa maniera, le tre condizioni sottostanti della distribuzione gamma sono:

- Il numero di possibili accadimenti in una qualsiasi unità di misura non è limitato ad un numero fissato.
- Gli accadimenti sono indipendenti. Il numero d'accadimenti in un'unità di misura non influisce sul numero d'accadimenti in altre unità.
- Il numero medio d'accadimenti deve rimanere lo stesso d'unità in unità. I costrutti matematici della distribuzione gamma sono come segue:

Quando il parametro alfa è un numero intero positivo, la distribuzione gamma è denominata la distribuzione Erlang, usata per predire i tempi d'attesa in un sistema d'accodamento, dove la distribuzione Erlang è la somma di variabili casuali indipendenti e analogamente distribuite, ciascuna con una distribuzione esponenziale senza memoria.

Distribuzione Laplace

La distribuzione Laplace è talvolta anche chiamata la distribuzione esponenziale doppia, perché può essere costruita con due distribuzioni esponenziali (con un parametro di posizione addizionale) attaccate in sequenza, creando un picco inconsueto nel mezzo peak. La funzione di densità di probabilità della distribuzione Laplace richiama alla mente la distribuzione normale. Tuttavia, mentre la distribuzione normale viene espressa in termini di differenza quadrata dalla media, la densità Laplace è espressa in termini di differenza assoluta dalla media. Questo rende le code della distribuzione Laplace più ampie di quelle della distribuzione normale. Quando il parametro di posizione è impostato a zero, la variabile casuale della distribuzione Laplace è distribuita esponenzialmente con un inverso del parametro di scala. Alfa (noto anche come posizione) e Beta (noto anche come scala) sono i parametri distribuzionali.

Distribuzione Log Doppia

La distribuzione log doppia assomiglia alla distribuzione Cauchy, dove la tendenza centrale è "a picco" e ha la massima densità di probabilità, ma che diminuisce tanto più velocemente quanto più si allontana dal centro, creando una distribuzione simmetrica con un picco estremo tra i valori minimi e massimi. Minimo e massimo sono i parametri distribuzionali.

Distribuzione Logistica

La distribuzione logistica è comunemente usata per descrivere la crescita, e cioè la dimensione della popolazione espressa come una funzione di una variabile temporale. Può anche essere usata per descrivere reazioni chimiche e il corso della crescita di una popolazione o di un individuo. Ci sono due parametri standard per la distribuzione logistica: media e scala. Il parametro di media è il valore medio, che per questa distribuzione è lo stesso della moda, dato che questa è una distribuzione simmetrica. Dopo aver selezionato il parametro di media, possiamo stimare il parametro di scala. Il parametro di scala è un numero maggiore di 0. Tanto più grande è il parametro di scala, tanto più grandi sono le varianze.

Distribuzione Lognormale

La distribuzione Lognormale è largamente usata in situazioni dove i valori sono positivamente asimmetrici, per esempio, in analisi finanziarie per la valutazione di titoli o nel campo immobiliare per la valutazione di proprietà, e dove i valori non possono scendere sotto zero. I prezzi di titoli sono di norma positivamente asimmetrici, piuttosto che normalmente (simmetricamente) distribuiti. I prezzi di titoli presentano questa tendenza perché non possono scendere sotto il limite inferiore di zero, ma possono salire di prezzo senza limiti. Analogamente, i prezzi immobiliari illustrano un'asimmetria positiva dato che i prezzi immobiliari non possono essere negativi.

Le condizioni della distribuzione Lognormale sono:

- La variabile incerta può salire senza limiti, ma non può scendere sotto zero.
- La variabile incerta è positivamente asimmetrica, con la maggior parte dei valori vicini al limite inferiore.
- Il logaritmo naturale della variabile incerta fornisce una distribuzione normale.

Generalmente, se il coefficiente di variabilità è maggiore del 30 percento, è appropriato usare una distribuzione Lognormale. Altrimenti, usate la distribuzione normale. Media (μ) e deviazione standard (σ) sono i parametri distribuzionali.

Lognormale - Insiemi di Parametri

Per default, la distribuzione Lognormale usa la media e la deviazione standard aritmetica. Per applicazioni per le quali sono disponibili dati storici, è più appropriato usare o la media e la deviazione standard logaritmica o la media e la deviazione standard geometrica.

Distribuzione Normale

La distribuzione normale è la distribuzione più importante nella teoria della probabilità, perché descrive molti fenomeni naturali, come il Q.I. o l'altezza di persone. I decisori possono usare la distribuzione normale per descrivere variabili incerte come il tasso d'inflazione o il prezzo futuro della benzina.

Le condizioni della distribuzione normale sono:

- Un qualche valore della variabile incerta è quello più probabile (la media della distribuzione).
- La variabile incerta potrebbe essere sia sopra che sotto la media (simmetrica attorno alla media).

- La variabile incerta sarà più probabilmente vicina che lontana dalla media.

Media (μ) e deviazione standard (σ) sono i parametri distribuzionali.

Distribuzione Pareto

La distribuzione Pareto è largamente usata per l'analisi di distribuzioni associate a fenomeni empirici come la dimensione delle popolazioni di città, la ricorrenza di risorse naturali, la dimensione di aziende, i redditi personali, le fluttuazioni del prezzo di un titolo ed il raggruppamento di errori in circuiti di comunicazione. Ci sono due parametri standard per la distribuzione Pareto: posizione (α) e forma (β). Il parametro di posizione è il limite inferiore della variabile. Dopo aver selezionato il parametro di posizione, possiamo stimare il parametro di forma. Il parametro di forma è un numero maggiore di 0, normalmente maggiore di 1. Tanto più grande è il parametro di forma, tanto più piccola è la varianza e tanto più spessa è la coda destra della distribuzione.

Distribuzione Pearson V

La distribuzione Pearson V è imparentata con la distribuzione gamma inversa. E' il reciproco della variabile distribuita secondo la distribuzione Gamma. La distribuzione Pearson V è anche usata per modellare i ritardi temporali, quando c'è una quasi certezza di un minimo di ritardo e il ritardo massimo è senza limiti (p.e., il ritardo nell'arrivo dei servizi di emergenza o il tempo richiesto per riparare un macchinario). Alfa (noto anche come forma) e Beta (noto anche come scala) sono i parametri distribuzionali.

Distribuzione Pearson VI

La distribuzione Pearson VI è imparentata con la distribuzione Gamma. E' la funzione razionale di due variabili distribuite secondo le due distribuzioni Gamma. Alfa 1 (noto anche come forma 1), Alfa 2 (noto anche come forma 2) e Beta (noto anche come scala) sono i parametri distribuzionali.

Distribuzione PERT

La distribuzione PERT è molto usata nel management di progetto e di programma per definire gli scenari del caso peggiore, del caso nominale e del caso migliore dei tempi di completamento di un progetto. E' imparentata con le distribuzioni Beta e Triangolare. La distribuzione PERT può essere usata per identificare i rischi nei modelli di progetto e di costo basato sulla probabilità di raggiungere i target e gli scopi nell'ambito di qualsiasi numero di componenti del progetto usando i valori minimi, massimi e più probabili, ma è stata progettata per generare una distribuzione che assomigli più da vicino alle distribuzioni di probabilità realistiche. La distribuzione PERT può fornire una disposizione vicina alle distribuzioni normali o Lognormale. Come la distribuzione triangolare, la distribuzione PERT enfatizza il valore "più probabile" sopra le stime minime e massime. Tuttavia, diversamente dalla distribuzione triangolare, la distribuzione PERT costruisce una curva "morbida" che pone progressivamente più enfasi sui valori attorno (vicino) al valore più probabile, a scapito dei valori attorno alle estremità. In pratica, questo significa che ci "fidiamo" della stima per il valore più probabile e crediamo che, anche se non fosse esattamente corretta (come le stime quasi mai lo sono), abbiamo l'aspettativa che il valore risultante sarà vicino a quella stima. Se si presume che molti fenomeni del mondo reale siano normalmente distribuiti, l'attrattiva della distribuzione PERT sta nel fatto che produce una curva simile in forma alla curva normale, senza dover sapere i precisi parametri della relativa curva normale. Minimo, Più probabile e Massimo sono i parametri distribuzionali.

Distribuzione Potenza

La distribuzione Potenza è imparentata alla distribuzione esponenziale nel senso che la probabilità di piccoli esiti è grande, ma decresce esponenzialmente col crescere del valore dell'esito. Alfa (noto anche come forma) è il solo parametro distribuzionale.

Distribuzione t di Student

La distribuzione t di Student è la distribuzione più largamente usata nel test di verifica d'ipotesi. Questa distribuzione è usata per stimare la media di una popolazione distribuita normalmente, quando la dimensione del campione è piccola ed è usata per testare la significatività statistica della differenza tra le medie di due campioni o gli intervalli di confidenza per campioni di dimensioni piccole.

Gradi di libertà r è il solo parametro distribuzionale.

La distribuzione t è collegata alla distribuzione F come segue: il quadrato di un valore di t con r gradi di libertà è distribuito come F con 1 e r gradi di libertà. La forma complessiva della funzione di densità di probabilità della distribuzione t assomiglia anche alla forma a campana di una variabile distribuita normalmente con media 0 e varianza 1, tranne che è un pò più bassa e ampia o leptocurtica (code spesse agli estremi e centro a picco). Con l'aumentare del numero di gradi di libertà (diciamo, sopra 30), la distribuzione t si avvicina alla distribuzione normale con media 0 e varianza 1.

Distribuzione Triangolare

La distribuzione triangolare descrive la situazione in cui conosciamo i valori minimi, massimi e più probabili che si verificheranno. Per esempio, possiamo descrivere il numero d'automobili vendute per settimana, quando le vendite passate mostrano il numero minimo, massimo e normale d'automobili vendute.

Le condizioni della distribuzione triangolare sono:

- Il numero minimo di elementi è fisso.
- Il numero massimo di elementi è fisso.
- Il numero più probabile di elementi cade tra i valori minimi e massimi, formando una distribuzione a forma di triangolo che mostra che è meno probabile che si verifichino i valori vicini al minimo e al massimo che quelli vicino al valore più probabile.

Valore minimo (*Min.*), valore più probabile (*Most Likely*) e valore massimo (*Max.*) sono i parametri distribuzionali.

Distribuzione Uniforme

Con la distribuzione uniforme tutti i valori cadono tra il minimo e il massimo e si verificano con la stessa probabilità.

Le condizioni della distribuzione uniforme sono:

- Il valore minimo e fisso.

- Il valore massimo e fisso.
- Tutti i valori tra il minimo e il massimo si verificano con la stessa probabilità.

Valore massimo (*Max.*) e valore minimo (*Min.*) sono i parametri distribuzionali.

Distribuzione Weibull (Distribuzione Rayleigh)

La distribuzione Weibull descrive i dati che provengono da prove di durata e di fatica. E' comunemente usata per descrivere il tempo di fallimento in studi d'affidabilità come anche i carichi di rottura di materiali in prove d'affidabilità e di controllo qualità. Le distribuzioni Weibull sono anche usate per rappresentare varie quantità fisiche come la velocità del vento. La distribuzione Weibull è una famiglia di distribuzioni che possono assumere le proprietà di varie altre distribuzioni. Per esempio, in base al parametro di forma che definiamo, la distribuzione Weibull può essere usata per modellare, tra le altre, le distribuzioni esponenziali e Rayleigh. La distribuzione Weibull è molto flessibile. Quando il parametro di forma della Weibull è uguale a 1,0, la distribuzione Weibull è identica alla distribuzione esponenziale. Il parametro di posizione della Weibull ci permette di impostare una distribuzione esponenziale che inizia da una posizione diversa da 0,0. Quando il parametro di forma è minore di 1,0, la distribuzione Weibull diventa una curva fortemente declinante. Un produttore potrebbe trovare quest'effetto utile nella descrizione di guasti di componenti durante un periodo di "burn-in".

Forma (α) e scala di posizione centrale (β) sono i parametri distribuzionali e $\lambda\alpha$ funzione Gamma.

APPENDICE C

Salience Model

Scopo del lavoro di Mitchell et al. (1997) è contribuire a una teoria dell'identificazione degli stakeholder e della loro salienza (*salience*) per i Manager basata sul riconoscimento di tre attributi principali di uno stakeholder. Secondo Mitchell et al. i tre attributi nelle loro diverse combinazioni sono indicatori del grado d'attenzione che il management deve prestare ad un dato stakeholder.

Mitchell et al., una volta analizzato il "Principio di chi o che cosa realmente conta" in una organizzazione (Freeman, 1984) in due questioni -1) chi (o che cosa) *sono* gli stakeholder dell'impresa e -2) a chi (o a che cosa) i Manager realmente prestano attenzione hanno chiarito che per rispondere alla prima questione è necessario disporre di una *teoria normativa della identificazione* degli stakeholder e che per rispondere alla seconda è necessario disporre di una *teoria descrittiva della salienza degli* stakeholder – intendendo con "salienza" "il grado a cui i Manager danno priorità a opposte pretese degli stakeholder" (Mitchell et al., 1997, p. 854). La tesi di Mitchell et al. è che la questione della salienza dello stakeholder... va ben oltre la questione della identificazione dello stakeholder (p. 854).

Infatti, le dinamiche interne ad ogni relazione stakeholder-Manager coinvolgono considerazioni complesse che non sono spiegate da una teoria dell'identificazione ma che richiedono una teoria della salienza. Mitchell et al., a partire dalla definizione "ampia" di stakeholder data da Freeman (1984), che consente "che nessuno stakeholder, potenziale o reale, sia escluso dall'analisi arbitrariamente o a priori" (p. 854), propongono una teoria della identificazione capace di identificare classi di stakeholder attraverso il possesso di uno, due o tutti e tre dei seguenti attributi: 1) *potere* dello stakeholder di influenzare l'impresa; 2) *legittimità* (morale) della relazione dello stakeholder con l'impresa; e 3) *urgenza* della pretesa (*claim*) dello stakeholder sull'impresa. La tipologia di stakeholder è basata sull'assunto normativo che le sette classi di stakeholder così individuate costituiscono quelle entità a cui i Manager *dovrebbero* prestare attenzione. La teoria della salienza, una volta accettata la tipologia di stakeholder generata dalla teoria della identificazione, sostiene che i Manager "per raggiungere certi fini...prestano certi tipi di attenzione a certi tipi di stakeholder" (p. 855).

Mitchell et al. mostrano poi come l'impiego della tipologia di stakeholder consenta previsioni circa il comportamento manageriale riguardo a ogni classe di stakeholder come pure previsioni su come gli stakeholder si spostano da una classe all'altra con importanti conseguenze per i Manager e le imprese. La tesi di Mitchell et al. è che per meglio comprendere il "Principio di chi e che cosa realmente conta" occorre considerare sistematicamente la relazione stakeholder-Manager in termini dell'assenza o presenza relativa di tutti o di alcuni degli attributi sopra menzionati.

Dei tre attributi sono date delle definizioni. Mitchell et al., con *Etzioni* (1964), ritengono che "una parte in una relazione ha potere nella misura in cui ha o può ottenere accesso a mezzi coercitivi, utilitari o normativi per imporre la sua volontà nella relazione" (Mitchell et al., 1997, p. 865); con *Suchman*, ritengono che la legittimità sia la "percezione...che le azioni di una entità sono desiderabili, giuste o appropriate all'interno di qualche sistema di norme, valori, credenze e definizioni costruito socialmente" (*Suchman*, 1995, p. 574); con l'uso, ritengono che l'urgenza sia "il grado a cui le pretese dello stakeholder richiedono immediata attenzione" (Mitchell et al., 1997, p. 867). L'analisi di quest'ultimo attributo consente loro di concludere che esso è basato su due fattori: a) la *sensibilità al tempo* – cioè, il grado a cui un ritardo del Manager nel prestare attenzione alla pretesa è inaccettabile per lo stakeholder; e b) la *criticità*, cioè l'importanza della pretesa per lo stakeholder.

Quando entrambi questi fattori sono presenti, la teoria di Mitchell et al. cattura l'attributo risultante come *urgenza*. La tesi di Mitchell et al. è che solo aggiungendo l'attributo dell'urgenza agli attributi del potere e della legittimità è possibile conferire al modello la capacità di cogliere la *natura dinamica* delle interazioni stakeholder-Manager. Per comprendere come gli stakeholder possono guadagnare o perdere in salienza agli occhi del Manager, Mitchell et al. sottolineano la rilevanza di tre caratteristiche degli attributi: 1) ogni attributo è una variabile; 2) l'esistenza di ogni attributo è una realtà costruita socialmente; 3) una entità può non essere consapevole di possedere un attributo, e se lo è, può scegliere di non eseguire i comportamenti implicati.

Ciò premesso, il possesso di ogni singolo attributo di per sé non garantisce un'alta salienza di una relazione stakeholder-Manager; il contributo alla salienza dato da ogni singolo attributo dipende infatti dall'interazione con gli altri due attributi. Così, il potere guadagna l'autorità attraverso la legittimità e l'esercizio attraverso l'urgenza; la legittimità guadagna diritti attraverso il potere e voce attraverso l'urgenza; l'urgenza favorisce l'accesso ai canali del processo decisionale aziendale attraverso la legittimità e incoraggia l'azione dello stakeholder attraverso il potere. Nella teoria di Mitchell et al. un ruolo essenziale è svolto dal Manager: sebbene sia possibile identificare in modo attendibile i gruppi come stakeholder in base al loro possesso del potere, della legittimità e dell'urgenza in relazione all'impresa, è il Manager che determina quali stakeholder sono salienti e di conseguenza quali stakeholder riceveranno attenzione. Pertanto, la *percezione* degli attributi di uno stakeholder da parte del Manager decide della salienza dello stakeholder.

Il suggerimento di Mitchell et al. a questo proposito è che le differenze nelle caratteristiche manageriali (nell'educazione, nei comportamenti e nei valori dei Manager) debbano essere trattate dalla teoria come variabili e in quanto tali possano fungere da importanti "moderatori" della relazione stakeholder-Manager. Mitchell et al., combinando i tre attributi generano una tipologia di stakeholder (così come mostrato nella figura seguente)

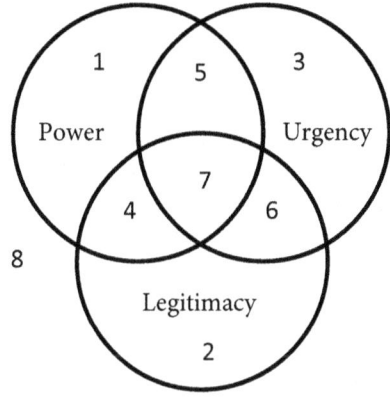

1. Dormant
2. Discretionary
3. Demanding
4. Dominant
5. Dangerous
6. Dependent
7. Definitive
8. Non Stakeholder

Dalle diverse combinazioni dei tre attributi derivano *sette classi di* stakeholder raggruppabili in *tre categorie*, così come è mostrato nella figura seguente: tre classi con uno solo dei tre attributi, denominati stakeholder "latenti" (aree 1, 2, 3); tre classi con due attributi, denominati stakeholder "in attesa" (aree 4, 5, 6); e una classe con tutti e tre gli attributi, denominata "stakeholder definitivi" (area 7). L'analisi dei tipi di stakeholder, secondo Mitchell et al. (1997), giustifica l'identificazione di entità che dovrebbero essere considerate stakeholder dell'impresa, e costituisce anche la serie da cui i Manager selezionano quelle entità che essi percepiscono come salienti. Secondo questo modello, allora, le entità senza potere, legittimità e urgenza in relazione all'impresa non sono stakeholder e saranno percepite dai Manager come prive di salienza (p.873).

In accordo con l'analisi dei tipi di stakeholder e in base all'assunto che sono le percezioni dei Manager a dettare la salienza degli stakeholder per l'impresa, Mitchell et al. offrono alla verifica empirica alcune proposizioni descrittive concernenti la salienza degli stakeholder per i Manager. La proposizione n.1 afferma che: La salienza dello stakeholder sarà positivamente collegata al numero cumulativo degli attributi dello stakeholder - potere, legittimità e urgenza - percepiti essere presenti dai Manager (p.873).

Stakeholder "Latenti".

"Latenti" sono gli stakeholder con un solo attributo fatto questo, che li porta ad assumere una *posizione passiva*, con un corrispondente abbassamento del livello di *responsiveness* dell'impresa nei confronti dei loro interessi.

Gli stakeholder "latenti" sono analizzabili in tre classi ("passivi", "discrezionali" ed "esigenti").

- Stakeholder *"passivi"*. Questa classe di stakeholder "latenti" è caratterizzata dal possesso del solo attributo del potere. Lo stakeholder "passivo" ha il potere di imporre la propria volontà all'impresa, ma poiché non ha una pretesa legittima e urgente, il suo potere rimane non utilizzato.
- Stakeholder *"discrezionali"*. Questa classe di stakeholder "latenti" è caratterizzata dal possesso del solo attributo della legittimità. Mancando gli attributi del potere e dell'urgenza, questa classe di stakeholder non può esercitare alcuna pressione sui manager affinché essi si preoccupino dei loro interessi, sebbene i manager possano scegliere di preoccuparsene.
- Stakeholder *"esigenti"*. Questa classe di stakeholder "latenti" è caratterizzata dal possesso del solo attributo dell'urgenza. Mancando degli attributi del potere e della legittimità, questa classe di stakeholder è paragonabile a "insetti...fastidiosi ma non pericolosi" (p.875).

Per quanto riguarda la salienza degli stakeholder "latenti", Mitchell et al. presentano la seguente proposizione n. 1a: *La salienza dello* stakeholder *sarà bassa quando solo uno degli attributi - potere, legittimità e urgenza – è percepito essere presente dai* Manager (p. 874).

Stakeholder in "Attesa".

Mentre gli stakeholder con un solo attributo e conseguente bassa salienza hanno una latente relazione con i manager dell'impresa, gli stakeholder con due attributi sono considerati come "in attesa" poiché la combinazione di due attributi porta gli stakeholder ad assumere una posizione attiva, con un corrispondente aumento del livello di *responsiveness* dell'impresa nei confronti dei loro interessi. Gli stakeholder "in attesa" sono analizzabili in tre classi ("dominanti", "dipendenti" e "pericolosi").

- Stakeholder *"dominanti"*. Questa classe di stakeholder "in attesa" è caratterizzata dal possesso sia dell'attributo del potere sia dell'attributo della legittimità: è chiamata "dominante" in considerazione delle pretese legittime che gli stakeholder hanno nei confronti dell'impresa e della capacità di questi stakeholder di agire in base a queste pretese. Gli stakeholder "dominanti" si aspettano di ricevere, e di solito ricevono, molta attenzione da parte dei manager: questo fatto è evidenziato dalla presenza nelle imprese di meccanismi formali (consigli di amministrazione, dipartimenti e uffici, report annuali) che riconoscono l'importanza della relazione degli stakeholder "dominanti" con l'impresa. Rientrano in tale classe proprietari, creditori, dipendenti, Stato, comunità e clienti.
- Stakeholder *"dipendenti"*. Questa classe di stakeholder "in attesa" è caratterizzata dal possesso di pretese legittime e urgenti. È definibile come "dipendente" in quanto – mancando del potere necessario per soddisfare le loro pretese – gli stakeholder appartenenti a questa classe per spostarsi in una classe più saliente per i manager hanno bisogno di ricorrere al sostegno di altri stakeholder ("dominanti") o alla benevolenza del management dell'impresa.
- Stakeholder *"pericolosi"*. Questa classe di stakeholder "in attesa" è caratterizzata dal possesso dell'attributo dell'urgenza e dell'attributo del potere e dalla mancanza dell'attributo della legittimità. Essa può risultare letteralmente "pericolosa" per l'impresa in quanto può ricorrere all'impiego di mezzi coercitivi e violenti per rivendicare le proprie pretese (legittime o non legittime che siano), quali scioperi illegali, azioni di sabotaggio da parte dei dipendenti e atti di terrorismo.

Per quanto riguarda la salienza degli stakeholder "in attesa", Mitchell et al. presentano la seguente proposizione n. 1b: *La salienza dello stakeholder sarà moderata quando solo due degli attributi – potere, legittimità e urgenza – sono percepiti essere presenti dai manager* (p. 876).

Stakeholder "Definitivi".

Uno stakeholder "in attesa" (sia esso "dominante", "pericoloso" o "dipendente") può ottenere lo status di "definitivo" acquisendo l'attributo mancante. La situazione più ricorrente è quando uno stakeholder "dominante", dotato di potere e legittimità, può esibire anche una pretesa urgente nei confronti dell'impresa. In questo caso il *manager* deve dare la priorità alla pretesa di questo stakeholder.

Per quanto riguarda la salienza degli stakeholder "definitivi", Mitchell et al. presentano la seguente proposizione n. 1c: *La salienza dello stakeholder sarà alta quando tutti e tre gli attributi – potere, legittimità e urgenza – sono percepiti essere presenti dai manager* (p. 878).

Nella loro analisi Mitchell et al. hanno mostrato il *dinamismo* presente nelle relazioni stakeholder-manager e sottolineato le implicazioni di questo dinamismo e più in generale del loro modello per il management. Come si è visto dall'analisi dei diversi tipi di stakeholder, un gruppo può raggiungere la posizione di stakeholder "definitivo" (caratterizzato da un' alta salienza per i *manager*) partendo da una *qualsiasi* posizione ("latente", "in attesa", o "potenziale") e acquisendo via via gli attributi necessari. I *manager*, pertanto, non dovrebbero mai dimenticare che gli stakeholder mutano in salienza il che implica differenti gradi e tipi di attenzione in base al loro possesso di potere, legittimità e/o urgenza, e che i livelli di questi attributi (e con ciò la salienza) possono variare di questione in questione e di tanto in tanto (Mitchell et al., 1987, p. 879).

L'impiego del modello proposto da Mitchell et al. dovrebbe avere, nelle intenzioni dei proponenti, un effetto anche per quanto riguarda il miglioramento dell'efficacia delle tecniche tradizionali di stakeholder management rivolte alla identificazione dei ruoli di stakeholder, alla valutazione del tipo e del livello del potere dello stakeholder e all'analisi degli interessi dello stakeholder (*Frederick, Post, Lawrence, e Weber, 1996*).

Il modello dei tre attributi propone invece di integrare tali tecniche con le dimensioni essenziali della legittimità e dell'urgenza. In questo modo il modello dovrebbe permettere ai *manager* di disegnare una "mappa della legittimità" degli stakeholder e di conseguenza di aumentare la loro consapevolezza delle implicazioni morali delle loro azioni riguardo ad ognuno di essi. Precisato questo aspetto, Mitchell et al. hanno anche chiarito – differenziandosi da quanti, come *Freeman* (1994), *Clarkson* (1995), *Donaldson* e *Preston* (1995), hanno formulato teorie degli stakeholder normative che trascurano l'importanza del potere nelle relazioni stakeholder-*manager*, sostenendo che ciò che conta è se gli stakeholder hanno pretese legittime – che il loro scopo con l'elaborazione della teoria dell'identificazione e della salienza è quello di ampliare la comprensione da parte degli studiosi e del management al di là della legittimità per incorporare il potere degli stakeholder e l'urgenza della loro pretesa, poiché questi attributi... faranno la differenza essenziale nella capacità dei *manager* di soddisfare le pretese legittime e proteggere gli interessi legittimi [degli stakeholder] (p. 882). In breve, se i *manager* devono proteggere gli interessi giuridici e morali degli stakeholder legittimi allora il potere e l'urgenza devono essere considerati dalla teoria degli stakeholder (p. 882).

| NOTA | Le pagine tra parentesi fanno riferimento al documento originale: Toward a Theory of Stakeholder Identification and Salience: Defining the Principle of Who and What Really Counts, Ronald K. Mitchell, Bradley R. Agle, Donna J. Wood. |

TEMPLATE

RISK MANAGEMENT PLAN

FOR THE <PROJECT-*NAME*> PROJECT

Prepared by: <Project *Manager*>

Approved by: <Project Sponsor>

Reference: <>   Version: <>   Date: <>

INTRODUCTION

This document is the risk management plan for the <Project-*name*> Project, defining the risk management process to be employed throughout the life of this project. The Project Manager is responsible for reviewing and maintaining this Risk Management Plan throughout the Project, to ensure that the risk process remains appropriate to deal with the level of risk faced by the project.

PROJECT DESCRIPTION AND OBJECTIVES

<Brief description of the Project, *including its background and purpose>*

The scope and objectives for the <Project-name> Project are summarised as follows:

- *<list all objectives, including time, cost, scope, quality, performance, functionality, reputation, business benefits, safety, etc.>*

<Comment on relative prioritisation of Project *objectives>*

AIMS, SCOPE AND OBJECTIVES OF RISK PROCESS

The <Project-*name*> Project risk management process aims to manage all foreseeable risks (both opportunities and threats) in a manner which is proactive, effective and appropriate, in order to maximise the likelihood of the Project achieving its objectives, while maintaining risk exposure at an acceptable level.

"Acceptable risk" is defined for the <Project-*name*> Project as *<clear definition of how much risk is acceptable to key* stakeholder*s such as the* Project *sponsor,*

perhaps in terms of how many "high" threats can be present in the Project, *or maximum acceptable Threat P-I Score and minimum acceptable Opportunity P-I Score, or extent of allowable delay or additional cost>.*

The risk process will aim to engage all project stakeholders appropriately, creating ownership and buy-in to the project itself and also to risk management actions.

Risk-based information will be communicated to project stakeholders in a timely manner at an appropriate level of detail, to enable project strategy to be modified in the light of current risk exposure.

The risk management process will enable project stakeholders to focus attention on those areas of the project most at risk, by identifying the major risks (both opportunities and threats) potentially able to exert the greatest positive or negative influence on achievement of project objectives.

The risk management process covers all activities undertaken during the lifetime of the Project.

<Clarify whether the risk process is intended to cover internal Project *risks only, or whether it extends to supplier risks, corporate risks, programme risks, business risks etc. Also clarify what types of risk are included, for example technical risks, commercial risks,* management *risks, external risks, etc. Consider using a Risk Breakdown Structure (RBS) for this. Where some sources or types of risk are excluded, state how these will be dealt with if they are identified.>*

RISK TOOLS AND TECHNIQUES

<List the tools and techniques to be used for the risk process, perhaps using the words below.>

The following tools and techniques will be used to support the risk management process on the <Project-*name*> Project:

- Initiation
    - Risk Management Plan (this document), issued at project start and reviewed by the Project Manager regularly during the project.
- Identification
    - Risks (both threats and opportunities) will be identified using the following techniques:

- brainstorming with all members of the project team plus representatives of key suppliers
- analysis of all project assumptions and constraints, both implicit and explicit
- review of a standard risk checklist
- ad hoc identification of risks by project team members at any time during the project
- Initial Risk Register to record identified risks for further assessment, following the standard format

- Assessment
    - Probability and Impact Assessment for each identified risk, using the project-specific scales defined in Appendix A.
    - Double P-I Matrix to prioritise risks for action, using the standard Risk Scoring calculations based on probability (P) and impact (I).
    - Top Risk List for priority management attention.
    - Risk categorisation using the standard Risk Breakdown Structure (see Appendix B) to identify patterns of exposure.
    - Risk Register update to include assessment data.
- Response Planning
    - Response Strategy Selection as appropriate for each identified risk, including owner allocation.
    - Identification of specific Actions and Action Owners.
    - Risk *Register* update to include response data.
- Reporting
    - Risk Report to Project Sponsor and Steering Group/Project Board.
    - Provision of ad-hoc reports stakeholders and Project Team as required.
- Implementation
    - Implementation of response strategies via their agreed actions
    - Monitoring of the effectiveness of agreed actions and updating of project plans.
- Review – see section below on Risk Reporting
    - Risk Workshops as part of a Major Review to identify new risks, review progress on existing risks and agreed responses, and assess process effectiveness.

- Risk Review Meeting as part of Minor Review to identify new risks, review progress on existing risks and agreed responses.
- Post Project Review
    - A Lessons Learned meeting to capture all lessons learned relating to risk management on the Project.

ORGANISATION, ROLES AND RESPONSIBILITIES FOR RISK MANAGEMENT

<Define the roles and responsibilities for various staff in relation to the risk process, perhaps using the words below.>

The responsibilities of key Project stakeholders for risk management on the <Project*name*> Project are defined in individual Terms of Reference for each job role, and summarised as follows:

Project Sponsor

- Actively supporting and encouraging the implementation of a formal risk management process on the project.
- Setting and monitoring risk thresholds and ensuring these are translated into acceptable levels of risk for the project.
- Attendance at risk workshops, identification of risks and ownership of risks.
- Reviewing risk outputs from the project with the Project Manager to ensure process consistency and effectiveness.
- Reviewing risks escalated by the Project Manager which are outside the scope or control of the project or which require input or action from outside the project.
- Taking decisions on project strategy in the light of current risk status, to maintain acceptable risk exposure.
- Ensuring adequate resources are available to the project to respond appropriately to identified risk.
- Releasing "management reserve" funds to the project where justified to deal with exceptional risks.
- The regular reporting of risk status to senior management.

Project Manager

- Overall responsibility for the risk management process, to ensure that foreseeable risks (both threats and opportunities) are identified and managed effectively and proactively to maintain an acceptable level of risk exposure for the project.
- Determining the acceptable levels of risk for the project by consultation with the Project Sponsor.
- Approving the Risk management Plan prepared by the Risk Champion.
- Promoting the risk management process for the project.
- Participating in risk workshops, review meetings and identifying and owning risks.
- Approving risk response plans and their associated risk actions prior to implementation.
- Applying project contingency funds to deal with identified risks that occur during the project.
- Overseeing risk management by subcontractors and suppliers.
- The regular reporting risk status to the Project Sponsor and project board/steering committee, with recommendations for appropriate strategic decisions and actions to maintain acceptable risk exposure.
- Highlighting to senior management any identified risks which are outside the scope or control of the project, or which require input or action from outside the project, or where release of "management reserve" funds might be appropriate.
- Monitoring the efficiency and effectiveness of the process in conjunction with the Risk Champion.

Risk Champion – (this might be a full-time role or a part-time role)

- Overall responsibility for overseeing and managing the risk management process on a day-to-day basis.
- Preparation of the Risk management Plan.
- Facilitation of risk workshops and risk reviews at which risks will be identified and assessed.
- Creation and maintenance of the Risk Register.
- Interviewing Risk Owners to determine risk responses.
- Responsibility for ensuring the quality of all risk data.
- Analysing data and producing risk reports.

- Reviewing progress with Risk Owners of risk responses and their associated actions.
- Advising the Project Manager on all matters relating to risk management.
- Coaching and mentoring team members and other stakeholders on aspects of risk management.

Risk Owner

- Development of responses to risks in the form of risk actions which they will assign to Action Owners.
- Monitoring the progress on their risk responses.
- Reporting progress on responses to the Risk Champion via the Risk Register

Action Owner

- Implementing agreed actions to support response strategies.
- Reporting progress on actions to the Risk Owner and recommending any other actions needed to manage the risk.

Project team member

- Participating actively in the risk process, proactively identifying and managing risks in their area of responsibility.
- Providing inputs to the Project Manager for risk reports.

RISK REVIEWS AND REPORTING

Risk exposure on the <Project-*name*> Project will be reviewed <*state frequency of Major and Minor Reviews*> during the life of the project. At these reviews new risks will be identified and assessed, existing risks will be reviewed, progress on agreed actions will be assessed, and new actions and/or owners will be allocated where required.

The effectiveness of the risk process will be reviewed as part of a major review at, to determine whether changes to the approach, tools or techniques are required.

Where process changes are agreed by the Project Manager and Risk Champion, this risk management plan will be updated and reissued to document the revised process.

<Detail the frequency and content of risk reports, perhaps using words similar to those below.>

A Risk Report will be issued *<state frequency>* by the Project Manager to the Project Sponsor after each Major or Minor Review.

See *Appendix C* for the contents of a Full Risk Report following a major review, and *Appendix D* for the contents of a Summary Risk Report following a minor review.

Project team members and other stakeholders will be provided with an extract from the current Risk Register after each Review, listing those risks and actions for which the individual is responsible. On completion of the project, a risk section will be provided for the <Project-name> Project Lessons Learned Report, detailing generic risks (both opportunities and threats) that might affect other similar projects, together with responses that have been found effective in this project. Input will also be provided for the Project Knowledge Database, to capture risk-related lessons learned from this project.

APPENDIX A: Definitions of Probability and Impacts

<Define scales for probability and impact to be used for this Project, *in a similar format to those below. The probability scale below may be used unchanged, but the impact scales must be replaced with values specific to the particular* Project *and which reflect agreed risk thresholds for this* Project.*>*

SCALE	PROBABILITY	+/- IMPACT ON PROJECT OBJECTIVES		
		TIME	COST	QUALITY/PERFORMANCE
VHI	71-99%	Greater than <d>	Greater than <s>	Very significant impact on overall functionality
HI	51-70%	<c> to <d>	<r> to <s>	Significant impact on overall functionality
MED	31-50%	<b> to <c>	<q> to <r>	Some impact in key functional areas
LO	11-30%	<a> to <b>	<p> to <q>	Minor impact on overall functionality
VLO	1-10%	Less than <a>	Less than <p>	Minor impact on secondary functionality
NIL	<1%	No change	No change	No change in functionality

[Note: When using these impact scales to assess opportunities, they are to be treated as representing a positive saving in time or cost, or increased functionality. For threats, each impact scale is interpreted negatively, i.e. time delays, increased cost, or reduced *functional*ty.]

APPENDIX B: Standard Risk Breakdown Structure (RBS)

<Define hierarchical structure of sources of risk that might affect this project. The example Risk Breakdown Structure (RBS) below might be used as a starting point for this.>

RBS Livello 0	RBS Livello 1	RBS Livello 2
PROJECT RISK SOURCES	1. RISCHI TECNICI	1.1 - Definizione Dell'Ambito
		1.2 - Definizione dei Requisiti
		1.3 - Stime, Assunti e Vincoli
		1.4 - Processi Tecnici
		1.5 - Tecnologia
		1.6 - Interfacce Tecniche
		Ecc.
	2. RISCHI DI GESTIONE	2.1 - Project Management
		2.2 - Program/Portfolio Management
		2.3 - Gestione Operativa
		2.4 - Organizzazione
		2.5 - Risorse
		2.6 - Comunicazione
		Ecc.
	3. RISCHI COMMERCIALI	3.1 - Termini e Condizioni Contrattuali
		3.2 - Approvvigionementi Interni
		3.3 - Venditori e Fornitoti
		3.4 - Subappaltatori
		3.5 - Stabilità Cliente/Utente
		3.6 - Partnership e Joint Ventures
		Ecc.
	4. RISCHI ESTERNI	4.1 - Leggi/Regolamenti
		4.2 - Tassi di Cambio
		4.3 - Ambiente/Tempo
		4.4 - Concorrenza
		4.5 - Strutture
		Ecc.

APPENDIX C: Sample contents list for a Full Risk Report

EXECUTIVE SUMMARY

SCOPE AND OBJECTIVES OF REPORT

PROJECT STATUS SUMMARY

OVERALL RISK STATUS

TOP RISKS, ACTIONS AND OWNERS

DETAILED RISK ASSESSMENT

    High/Medium/Low Risks

    Causal Analysis (Mapped To RBS)

    Effects Analysis (Mapped To WBS)

CONCLUSIONS AND RECOMMENDATIONS

APPENDICES

    COMPLETE RISK REGISTER

    PRIORITISED RISK LIST

    [OTHER RESULTS AS REQUIRED]

APPENDIX D: Sample contents list for a Summary Risk Report

EXECUTIVE SUMMARY

SCOPE AND OBJECTIVES OF REPORT

OVERALL RISK STATUS

TOP RISKS, ACTIONS AND OWNERS

CHANGES SINCE LAST REVIEW

CONCLUSIONS AND RECOMMENDATIONS

APPENDIX

    COMPLETE RISK REGISTER IN PRIORITY ORDER

Risk ID	Date Submitted	Status	Risk Event	Risk Probability	Risk Impact	Risk Score	Cost Risk Quantification	Schedule Risk Quantification
12	07/05/2014	Potential	Business / Project Scheduling Conflicts	50%	Serious	24	€ 30.000	2 Weeks
	Risk Owner	Agreed Response						
	JG/CF	Mitigation						
				Quantification Comments				
				Cost basis = 50%, €60.000 impact				
				Schedule basis = 50%, 160 hrs				
Description: There will almost certainly be general conflicts between project needs and normal business cycles of the agency. An example may be a cyclical peak in a given business process converging with a critical timeframe in system development or testing.								
Assessment: The project has not yet identified any conflicts of significance. The implementation plan and overall timeline have been developed to minimize these. However, testing and training will continue to require the involvement of various users, so scheduling will become critical in the later stages of each phase. Project management will monitor this issue and work with the business units and the Steering Committee to resolve any conflicts.								
Response Plan: Business process schedules and issues will be considered as part of the analysis leading to scheduling of future phases of the project. As specific conflicts arise during the life of the project, the project team will work with the affected business units to try to optimally balance the needs of both.								
Lessons Learned: This risk has not been active.								

RBS livello 0	RBS Livello 1	RBS Livello 2	RISCHIO ESEMPIO	Può questo rischio impattare il progetto
PROJECT RISK SOURCES	RISCHI TECNICI	1.1 - Definizione Dell'Ambito	Modifiche all'ambito possono essere richieste durante il progetto	
		1.2 - Definizione dei Requisiti	il cliente può richiedere significanti modifiche ai requisiti durante il progetto (positive o negative)	
			Requisiti chiave potrebbero mancare nella documentazione ufficiale	
		1.3 - Stime, Assunti e Vincoli	Le metriche per le stime potrebbero essere sbagliate	
			Gli assunti di pianificazione potrebbero essere invalidati durante il progetto	
			Alcuni vincoli potrebbero essere rimossi durante il progetto	
		1.4 - Processi Tecnici	Processi standard potrebbero non soddisfare i requisiti di una specifica soluzione	
			Nuovi processi potrebbero essere necessari	
			Alcuni processi potrebbero essere migliorati e resi più efficaci	

Esempio di risk checklist

GLOSSARIO

ACRONIMI COMUNI

AC	Actual Cost / Costo effettivo	
ACWP	Actual Cost of Work Performed / Costo effettivo del lavoro eseguito	
BAC	Budget At Completion / Budget al completamento	
BCWP	Budgeted Cost of Work Performed / Costo preventivato del lavoro eseguito	
BCWS	Budgeted Cost of Work Scheduled / Costo preventivato del lavoro schedulato	
CPAF	Cost Plus Award Fee / Contratto a rimborso spese più premio	
CPF	Cost-Plus-Fee / Contratto a rimborso spese più quota	
CPFF	Cost Plus Fixed Fee / Contratto a rimborso spese più quota fissa	
CPI	Cost Performance Index / Indice di efficienza dei costi	
CPIF	Cost Plus Incentive Fee / Contratto a rimborso spese più quota variabile	
CPM	Critical Path Method / Metodo del percorso critico	
CV	Cost Variance / Scostamento dei costi	
EAC	Estimate At Completion / Stima al completamento	
EMV	Expected Monetary Value / Valore monetario atteso	
ETC	Estimate to Complete / Stima a finire	
EV	Earned Value / Earned Value	
EVM	Earned Value Management / Metodo dell'Earned Value	
FFP	Firm Fixed Price / Contratto a prezzo fisso	
FMEA	Failure Mode and Effect *Analysis* / Failure Mode and Effect *Analysis*	
FPIF	Fixed Price Incentive Fee / Contratto a prezzo fisso più quota variabile	
LF	Late Finish Date / Data di fine massima	
LOE	Level Of Effort / Livello di impegno	
LS	Late Start Date / Data di inizio massima	
OBS	Organizational Breakdown Structure / Struttura di scomposizione dell'organizzazione	
PDM	Precedence Diagramming Method / Metodo del diagramma di precedenza	
PV	Planned Value / Valore pianificato	
RACI	Responsible, Accountable, Consult, and Inform / Responsabile Operativo, Responsabile Ultimo, da Consultare, da Informare	
RAM	Responsibility Assignment Matrix / Matrice di assegnazione delle responsabilità	
RBS	Risk Breakdown Structure / Struttura di scomposizione dei rischi	
SPI	Schedule Performance Index / Indice di efficienza della schedulazione	
SV	Schedule Variance / Scostamento dei tempi	
SWOT	Strengths, Weaknesses, Opportunities, and Threats / Punti di forza, Punti di debolezza, Opportunità e Minacce	
T&M	Time and Material / Time and Material	

GLOSSARIO DEI TERMINI E ABBREVIAZIONI

Accettare i rischi / Acceptance. Tecnica di pianificazione della risposta ai rischi che indica che il gruppo di progetto ha deciso di non modificare il piano di Project Management per affrontare un rischio o non e in grado di individuare un'altra strategia di risposta appropriata.

Action Owner: La persona responsabile dell'implementazione di una azione condivisa di risposta al rischio e che riferisce l'andamento al *risk owner*.

Analisi degli Assunti e dei Vincoli / Assumption & constraints analysis: Tecnica che esamina l'accuratezza degli assunti e identifica i rischi del progetto dovuti alla mancanza di precisione, coerenza o completezza degli assunti.

Analisi dell'albero delle decisioni / Decision tree analysis. L'albero delle decisioni e un diagramma che descrive una decisione in esame e le implicazioni della scelta delle varie alternative disponibili. Viene utilizzato quando le prospettive future o i risultati delle azioni sono incerti. Unisce le probabilità, i costi o i benefici di ciascun percorso logico di eventi e di decisioni future e utilizza l'analisi del valore monetario atteso per consentire all'organizzazione di identificare i valori economici associati alle possibili alternative. Un albero delle decisioni può essere valutato usando una simulazione Monte Carlo.

Analisi della riserva / Reserve Analysis. Tecnica analitica per determinare le caratteristiche e le relazioni essenziali tra i componenti del piano di Project Management allo scopo di creare una riserva per la durata della schedulazione, il budget, il costo stimato o i fondi di un progetto.

Analisi del valore monetario atteso / Expected Monetary Value Analysis (EMV). Tecnica statistica di calcolo del risultato medio utilizzata quando le previsioni future comprendono situazioni che potrebbero verificarsi o meno. Questa tecnica si utilizza solitamente nell'analisi dell'albero delle decision

Analisi delle cause originarie / Root Cause Analysis [tecnica]. Tecnica analitica utilizzata per determinare la ragione essenziale alla base di uno scostamento, un difetto o un rischio. Una causa originaria può essere alla radice di più di uno scostamento, difetto o rischio.

Analisi delle tendenze / Trend Analysis [tecnica]. Tecnica analitica che fa uso di modelli matematici per fare previsioni in base a risultati storici. Tale metodo consente di determinare lo scostamento dalla baseline di un parametro di budget, costo, schedulazione o ambito utilizzando dati di periodi di verifica dell'avanzamento del lavoro precedenti e facendo previsioni sull'entità dello scostamento del parametro dalla baseline in un dato momento futuro del progetto, assumendo che non avvengano modifiche nell'esecuzione del progetto.

Analisi di sensitività / Sensitivity Analysis. Analisi quantitativa dei rischi e tecnica di modellazione utilizzate per la determinazione dei rischi con un maggiore impatto potenziale sul progetto. Prende in considerazione il grado di incidenza dell'incertezza di ogni elemento del progetto sull'obiettivo esaminato quando tutti gli altri elementi incerti si mantengono sul valore della baseline. La visualizzazione tipica dei risultati e rappresentata da un grafico a barre.

Analisi Monte Carlo / Monte Carlo Analysis. Tecnica che calcola, in modo reiterato, il costo del progetto o la schedulazione di progetto utilizzando in input dei valori selezionati in modo casuale da distribuzioni probabilistiche di costi e di durate possibili, per calcolare una distribuzione possibile dei costi totali e delle date di completamento del progetto.

Assunto / Assumption: Un'incertezza futura che è trattata come un fatto al fine di poter pianificare o prendere decisioni.

Attività / Activity: Un componente del lavoro eseguito nel corso di un progetto

Baseline / Baseline: piano di progetto approvato ed accettato che server come metrica di confronto per determinare la performance del progetto stesso

Brainstorming / Brainstorming: Tecnica generale di raccolta dati e di creatività che consente di identificare i rischi, le idee o le soluzioni alle questioni ricorrendo a membri del gruppo di lavoro o a esperti del settore

Budget/ Budget. Stima approvata per il progetto, per qualsiasi componente della WBS o attività schedulata

Carta di controllo / Control Chart: Visualizzazione grafica dei dati di processo nel corso del tempo confrontati con i limiti di controllo stabiliti e dotata di una linea centrale che consente di individuare una tendenza dei valori tracciati rispetto a ciascun limite di controllo.

Categoria di rischio / Risk Category. Gruppo di potenziali cause di rischio. Le cause di rischio possono essere suddivise in categorie quali ad es. i rischi tecnici, esterni, organizzativi, ambientali o di Project Management. Una categoria può a sua volta comprendere sottocategorie come maturità tecnica, tempo atmosferico o stime aggressive.

Causa / Cause: Un evento certo o un insieme di circostanze che possono generare uno o più rischi. La causa è il primo elemento di una risk description usando il risk metalanguage.

Checklist / Checklist: Una lista strutturata di rischi che sono stati identificati in progetti precedenti e che viene usata come input per la risk identification.

Contingency / Contingency. vedi *riserva di contingenza*

Contratto a prezzo fisso (FFP) / Firm Fixed-Price (FFP) Contract. Tipo di contratto a prezzo fisso in cui l'acquirente paga al fornitore un importo prestabilito (definito dal contratto) indipendentemente dai costi sostenuti dal fornitore.

Contratto a prezzo fisso più quota variabile (FPIF)/ Fixed-Price-Incentive-Fee (FPIF) Contract. Tipo di contratto in cui l'acquirente paga al fornitore un importo prestabilito (definito dal contratto) e il fornitore può ricevere una somma ulteriore se soddisfa determinati criteri di prestazione.

Contratto a rimborso spese più quota fissa (CPFF) / Cost-Plus-Fixed-Fee (CPFF) Contract. Tipo di contratto con rimborso spese nel quale l'acquirente rimborsa al fornitore le spese ammissibili (le spese ammissibili vengono definite nel contratto) più un importo fisso di profitto (compenso).

Contratto a rimborso spese più quota variabile (CPIF) / Cost-Plus-Incentive-Fee (CPIF) Contract. Tipo di contratto con rimborso spese nel quale l'acquirente rimborsa al fornitore le spese ammissibili (le spese ammissibili vengono definite nel contratto) e il fornitore percepisce un profitto solo se soddisfa determinati criteri di prestazione.

Contratto con rimborso spese / Cost-Reimbursable Contract. Tipo di contratto che prevede il pagamento al fornitore dei costi effettivi da esso sostenuti, più un compenso che rappresenta solitamente il profitto per il fornitore. I contratti con rimborso spese contengono in genere delle clausole con incentivi per cui, se il fornitore soddisfa o supera determinati obiettivi di progetto, ad es. obiettivi di tempo o di costo totale, riceve dall'acquirente un incentivo o un premio.

Contratto Time and Material (T&M) / Time and Material (T&M) Contract. Tipo di contratto che rappresenta un accordo ibrido contenente aspetti di un contratto con rimborso spese e di uno a prezzo fisso. I contratti Time and Material, cioè per durata e materiali, sono simili agli accordi con rimborso spese nel senso che sono aperti, poiché il valore completo dell'accordo non è stato definito al momento dell'aggiudicazione. Questi contratti possono quindi aumentare di valore come se fossero accordi a rimborso di costo. Tuttavia, assomigliano anche agli accordi a prezzo prefissato. Ad esempio, le tariffe unitarie vengono predefinite dall'acquirente e dal fornitore, se entrambe le parti concordano le tariffe per la categoria "ingegneri senior".

Controllo / control. (1) Il processo attraverso cui si riportano problemi, si correggono e si prevengono futuri problemi basandosi su analisi comparative tra le performance pianificate e i risultati reali. (2) Come strategia di risposta al rischio, control è un altro modo di chiamare la mitigazione.

Correlazione / Correlation: Un meccanismo per mettere in relazione attività e/o rischi all'interno di un risk model per ridurre il grado di variazione durante una Monte Carlo Simulation. Attività o risk connessi vengono chiamati gruppi di correlazione. Un campionamento statistico all'interno di una gruppo di correlazione è mosso da un coefficiente di correlazione predefinito. La correlazione viene anche chiamata *dependency*.

Costo Effettivo (AC) / Actual Cost (AC): I costi totali effettivamente sostenuti e registrati per lo svolgimento del lavoro completato, in un determinato periodo di tempo, per un'attività schedulata o un componente della WBS. Il costo effettivo può riferirsi al solo costo della manodopera (ore di lavoro), ai soli costi diretti, o alla somma di tutti i costi compresi quelli indiretti. Definito anche come costo effettivo del lavoro eseguito (ACWP). Vedere anche metodo dell'Earned Value e tecnica dell'Earned Value.

Curva a S / S-Curve. Visualizzazione grafica del totale di costi, ore di manodopera, percentuale di lavoro o altre quantità, tracciate in un quadro temporale. E' utilizzata per rappresentare il valore pianificato, l'earned value e il costo effettivo del lavoro del progetto. Il nome deriva dalla forma a "S" della curva (più piatta all'inizio e alla fine, più pronunciata nella parte centrale) prodotta su un progetto che parte lentamente, accelera e poi termina progressivamente. E anche un termine usato per esprimere la distribuzione cumulativa delle probabilità che è il risultato di una simulazione, strumento dell'analisi quantitativa dei rischi.

Deflezione / Deflection: vedi *trasferire i rischi*

Dipendenza / Dependency: vedi *correlazione*.

Diagramma d'influenza / Influence Diagram. Rappresentazione grafica delle situazioni che mostra le influenze causali, l'ordine temporale degli eventi e altre relazioni tra variabili e risultati.

Diagramma di Gantt / Gantt Chart: Visualizzazione grafica di informazioni relative alla schedulazione. In un tipico diagramma a barre, le attività schedulate o i componenti della WBS sono elencati a sinistra del grafico, le date sono esposte nella parte superiore e le durate delle attività sono indicate sotto forma di barre orizzontali posizionate per data.

Diagramma di Pareto / Pareto Chart: Istogramma ordinato in base alla frequenza che indica quanti risultati sono dovuti a ciascuna causa identificata.

Diagramma di Ishikawa / Ishikawa Diagram: chiamati anche diagrammi di causa-effetto o diagrammi a lisca di pesce, illustrano il modo in cui i vari fattori possono essere legati a potenziali problemi o effetti. Una possibile causa originaria può essere scoperta continuando a chiedersi "perché" o "come" lungo una delle linee. Nell'analisi delle cause originarie possono essere utilizzati i diagrammi "Perché-Perché" e "Come-Come"

Durata (DU or DUR) / Duration (DU o DUR). Numero totale di periodi lavorativi (esclusi vacanze e altri periodi di inattività) necessari al completamento di un'attività schedulata o di un componente della WBS. Di solito e espressa in giorni o settimane di lavoro. Talvolta viene erroneamente equiparata al tempo trascorso. Diverso da Effort.

Durata dell'attività / Activity Duration: Tempo espresso in unita temporali che intercorre tra l'inizio e la fine di un'attività schedulata. Vedere anche durata.

Earned Value (EV) / Earned Value (EV). Valore del lavoro eseguito, espresso nei termini del budget approvato e assegnato a tale lavoro per un'attività schedulata o un componente della WBS. Definito anche come costo preventivato del lavoro eseguito (BCWP).

Eseguire l'analisi qualitativa dei rischi / Perform Qualitative Analysis: Processo di assegnazione di priorità ai rischi per ulteriori analisi o azioni tramite la valutazione e la combinazione della probabilità di accadimento del rischio e del suo impatto.

Eseguire l'analisi quantitativa dei rischi / Perform Quantitative Analysis: Processo di analisi numerica dell'effetto dei rischi identificati sugli obiettivi generali del progetto.

Evitare il rischio / Avoidance: Una strategia di risposta diretta verso una minaccia, che mira all'eliminazione dell'incertezza, normalmente implementando azioni che eliminino le cause potenziali del rischio.

Failure Mode and Effect Analysis (FMEA) / Failure Mode and Effect Analysis (FMEA): Procedura analitica che consente di analizzare ciascuna modalità di avaria potenziale di ogni componente di un prodotto per determinarne gli effetti sull'affidabilità del componente stesso e sull'affidabilità del sistema o del prodotto e sulla funzione richiesta del componente, anche in combinazione con altre possibili modalità di avaria. Oppure si tratta dell'esame di un prodotto (a livello di sistema e/o a livelli inferiori) per identificare tutte le modalità in cui può verificarsi un'avaria. Per ogni potenziale avaria, si stima il suo effetto su tutto il sistema e le relative conseguenze. Inoltre, viene effettuata un'analisi dell'azione pianificata per ridurre al minimo la probabilità di avaria e dei relativi effetti.

Gestione dei rischi di progetto / Project Risk Management. La gestione dei rischi di progetto include i processi relativi alla pianificazione dei rischi, alla loro identificazione, analisi, definizione delle risposte, monitoraggio e controllo all'interno di un progetto.

Identificare i rischi / Identify Risks: Processo che identifica quali rischi possono influenzare il progetto e ne documenta le caratteristiche.

Impatto / Impact: l'effetto associato a una determinata minaccia o opportunità; una valutazione del livello di influenza che un rischio può avere.

Impegno / Effort: Il numero di unità lavorative necessarie al completamento di un'attività schedulata o di un componente della WBS, generalmente espresso come ore/persona, giorni/persona, settimane/persona.

Indice di Criticità / Criticality Index: La misura di quanto spesso un elemento appare sul percorso critico durante una analisi quantitativa della schedulazione attraverso un modello Monte Carlo, espressa in percentuale rispetto all'interno numero di iterazioni durante la simulazione. Un indice di criticità tra 0% e 100% per ogni attività viene automaticamente calcolato durante l'analisi.

Indice di Sensitività / Cruciality Index: La misura della relazione tra la variazione di ogni attività o rischio e la variazione dei risultati complessivi di progetto, normalmente espressa come un coefficiente di correlazione (da -1 a +1). Il risultato di questa analisi è presentato in un diagramma tornado. Viene anche chiamata *Sensitivity*.

Lesson learned / Lessons Learned. Le conoscenze acquisite durante il processo d'esecuzione di un progetto. Le lesson learned possono essere identificate in qualsiasi momento. Considerate anche come un archivio del progetto da aggiungere alla knowledge base delle lesson learned.

Matrice di probabilità e impatto / Probability and Impact Matrix: Metodo comune che consente di determinare se un rischio e da considerarsi come basso, medio o alto in funzione dell'unione delle due dimensioni: la probabilità che si verifichi il rischio e l'impatto sugli obiettivi qualora il rischio si verificasse.

Metodo dell'Earned Value / Earned Value Management (EVM): Metodologia che consente l'integrazione di ambito, schedulazione e risorse, utilizzata per la misurazione oggettiva delle prestazioni e dell'avanzamento del progetto. Per misurare le prestazioni, viene stabilito il costo preventivato del lavoro eseguito (Earned Value) che viene quindi confrontato con il costo effettivo del lavoro eseguito (costo effettivo).

Milestone / Milestone. Un punto o un evento significativo in un progetto.

Minaccia / Threat. Condizione o situazione sfavorevole al progetto, insieme di circostanze o eventi negativi, rischio che può avere un impatto negativo su un obiettivo del progetto o costituire possibilità di cambiamenti negativi. Diverso da opportunità.

Monitorare e controllare i rischi / Monitor and Control Risks. Processo di implementazione dei piani di risposta ai rischi, di tracciatura dei rischi identificati, di monitoraggio dei rischi residui, di identificazione dei nuovi rischi e di valutazione dell'efficacia dei processi di gestione dei rischi durante l'intero progetto.

Opportunità / Opportunity. Condizione o situazione favorevole al progetto, insieme positivo di circostanze, insieme positivo di eventi, un rischio che avrà conseguenze positive sugli obiettivi del progetto oppure la possibilità di apportare modifiche positive. Diverso da threat (minaccia).

Organizzazione a matrice / Matrix Organization. Qualsiasi struttura organizzativa in cui il project manager condivide le responsabilità con i manager funzionali per l'assegnazione delle priorità e per la direzione del lavoro delle persone assegnate a un progetto.

Organizzazione funzionale / *Functional* **Organization.** Organizzazione gerarchica nella quale ogni dipendente ha un solo superiore e il personale e diviso per aree di specializzazione ed e gestito da una persona con le competenze adeguate.

Organizzazione per progetti / Projectized Organization. Qualsiasi struttura organizzativa in cui il project manager dispone della completa autorità per l'assegnazione delle priorità, l'utilizzo delle risorse e la direzione del lavoro delle persone assegnate a un progetto.

Parere di esperti / Expert Judgment. Parere fornito in base alle conoscenze acquisite in un'area applicativa, un'area di conoscenza, una disciplina, un settore ecc., a seconda dell'attività da eseguire. Tali conoscenze possono essere fornite da un gruppo di persone o da un singolo individuo che abbiano un'istruzione, delle conoscenze, delle capacita, un'esperienza o una formazione specialistica del settore.

Pianificare le risposte ai rischi / Plan Risk Responses. Processo di definizione delle opzioni e delle azioni per potenziare le opportunità e ridurre le minacce agli obiettivi del progetto.

Piano di contingenza / Contingency Plan: Appropriate risposte definite in anticipo ma implementate solo se e quando un rischio realmente si manifesta o quando una risposta pianificata non ha l'effetto desiderato. Il contingency plan può essere sviluppato sia per le minacce che per le opportunità.

Piano di gestione dei rischi / Risk management Plan. Documento che descrive la metodologia di gestione dei rischi di progetto e la sua applicazione nel contesto del progetto. E' contenuto nel piano di Project Management oppure ne costituisce una parte ausiliaria. Le informazioni del piano di gestione dei rischi variano secondo l'area applicativa e la dimensione del progetto. Il piano di gestione dei rischi differisce dal registro dei rischi che contiene l'elenco dei rischi di progetto, i risultati dell'analisi dei rischi e le risposte ai rischi.

Piano di gestione delle comunicazioni / Communication Management Plan [output/input]. Documento che descrive i seguenti aspetti: le necessità e le aspettative in merito alla comunicazione del progetto; la modalità e il formato mediante i quali verranno comunicate le informazioni; dove e quando avranno luogo le varie comunicazioni; la persona responsabile della diffusione di ogni tipo di comunicazione. Il piano e contenuto nel piano di Project Management oppure ne costituisce una parte ausiliaria.

Registro dei rischi / Risk *Register*. Documento contenente i risultati dell'analisi qualitativa dei rischi, dell'analisi quantitativa dei rischi e della pianificazione della risposta ai rischi. Il registro dei rischi elenca in dettaglio tutti i rischi identificati insieme a descrizione, categoria, causa, probabilità che si verifichino, impatto sugli obiettivi, risposte proposte, responsabili e stato attuale.

Ridurre i rischi / Risk Mitigation. Tecnica di pianificazione della risposta ai rischi associata alle minacce che si propone di portare la probabilità che si verifichi un rischio o il suo impatto al di sotto di una soglia accettabile.

Rischio / Risk. Evento o condizione incerta che, se si dovesse verificare, avrebbe un effetto positivo o negativo sugli obiettivi di progetto.

Rischi Assicurabili / Insurable Risk: anche noti come rischi puri sono quei rischi che prevedono la sola possibilità di subire un danno. Normalmente sono rischi che un'organizzazione non può gestire autonomamente, perciò devono essere gestiti attraverso degli strumenti esteri all'organizzazione stessa.

Rischio collaterale / Secondary Risk. Rischio che deriva come conseguenza diretta dell'attuazione di una risposta al rischio.

Rischio residuo / Residual Risk. Rischio che rimane dopo l'attuazione delle risposte al rischio.

Rischi Speculativi / Business Risk: Rischi che prevedono la probabilità di un danno o un guadagno.

Riserva di contingenza / Contingency Reserve: Allocazione cautelativa nel piano di Project Management finalizzata alla riduzione dei rischi relativi a costi e/o tempi. E spesso seguita da una specificazione (es.: riserva di gestione, riserva per contingency) per fornire ulteriori dettagli sui tipi di rischi da ridurre.

Riserva di Gestione / Management Reserve: La riserve di gestione è un budget riservato per risolvere rischi che il Project Manager non ha potuto anticipare e che sono al di fuori dell'ambito di progetto e dei suoi piani di gestione. E' una riserva che deve essere approvata ma che non è a diretta disponibilità del Project Manager.

Scostamento / Variance. Deviazione, allontanamento o divergenza quantificabile da una baseline nota o da un valore atteso.

Scostamento dei costi (CV) / Cost Variance (CV). Misurazione della prestazione economica di un progetto. E' la differenza tra l'Earned Value (EV) e il Costo effettivo (AC). CV = EV meno AC.

Scostamento dei tempi (SV) / Schedule Variance (SV). Unità di misura della prestazione della schedulazione di un progetto. E' la differenza tra l'Earned Value (EV) e il valore pianificato (PV). SV = EV meno PV.

Simulazione / Simulation. Una simulazione usa un modello di progetto che traduce le incertezze, dettagliatamente specificate, nel loro impatto potenziale sugli obiettivi definiti a livello di progetto globale. Le simulazioni di progetto utilizzano modelli creati a computer e stime di rischio, solitamente espresse come distribuzione delle probabilità dei costi o delle durate possibili a livello di lavoro dettagliato, e vengono solitamente eseguite usando l'analisi Monte Carlo.

Simulazione Monte Carlo / Monte Carlo Simulation. Processo che genera centinaia o migliaia di probabili risultati prestazionali sulla base della distribuzione delle probabilità per costi e schedulazione su attività individuali. I risultati sono poi utilizzati per generare una distribuzione della probabilità per il progetto nel suo insieme.

Soglia / Threshold. Valore di costo, durata, qualità, risorse o valore tecnico utilizzato come parametro, che può essere inserito nelle specifiche di prodotto. Il superamento della soglia comporta l'attivazione di un'operazione, ad es. la creazione di un rapporto sulle eccezioni.

Stakeholder / Stakeholder. Persone e organizzazioni (clienti, sponsor, Performing Organization o pubblico) direttamente coinvolti nel progetto o i cui interessi possono essere influenzati in modo positivo o negativo dall'esecuzione o dal completamento del progetto. Gli stakeholder possono anche influire sul progetto e i relativi deliverable.

Stima / Estimate: Valutazione numerica di una possibile quantità o di un risultato. Comunemente adottata per i costi, le risorse, l'impegno e le durate del progetto e ulteriormente specificata mediante modificatori (ad es. preliminare, concettuale, di fattibilità, dell'ordine di grandezza, definitiva). Dovrebbe sempre contenere qualche indicazione sull'accuratezza (ad es. ±x %).

Stima per analogia / Analogous Estimating: Tecnica di stima che adotta i valori dei parametri, come ambito, costo, budget e durata, o misure di scala, come dimensioni, peso e complessità, provenienti da un'attività simile svolta in precedenza, per stimare lo stesso parametro o misurare un'attività futura.

Struttura di scomposizione dei rischi (RBS) / Risk Breakdown Structure (RBS). Rappresentazione gerarchica dei rischi di progetto individuati organizzati in base alla categoria e sottocategoria di rischio che mette in evidenza le varie aree e cause di rischio potenziale. La struttura di scomposizione dei rischi viene di solito adattata a specifici tipi di progetto.

SWOT (Analisi dei punti di forza, dei punti di debolezza, delle opportunità e delle minacce) / Strengths, Weaknesses, Opportunities, and Threats (SWOT) *Analysis.* Tecnica di raccolta delle informazioni che esamina il progetto nell'ottica dei punti di forza, dei punti di debolezza, delle opportunità e delle minacce per allargare la prospettiva di analisi dei rischi presi in considerazione.

Tecnica dell'Earned Value (EVT) / Earned Value Technique (EVT). Tecnica specifica per la misurazione delle prestazioni del lavoro e utilizzata per definire la baseline di misurazione delle prestazioni (PMB).

Tecnica Delphi / Delphi Technique. Tecnica di raccolta delle informazioni che consente di ottenere il consenso di esperti su un argomento specifico. Gli esperti dell'argomento applicano questa tecnica in modo anonimo. Un facilitatore utilizza un questionario per stimolare l'elaborazione di idee sui punti importanti del progetto in merito all'argomento in questione. Le risposte vengono riepilogate e quindi riproposte agli esperti per ulteriori commenti. E' possibile che si ottenga il consenso ripetendo il processo pochissime volte. La tecnica Delphi consente di ridurre la parzialità dei dati e impedisce che qualche partecipante eserciti un'influenza non richiesta sul risultato.

Tolleranza al rischio / Risk Tolerance. Il grado, la quantità o il volume di rischio che un individuo o un'organizzazione può tollerare.

Trasferire i rischi / Risk Transference. Tecnica di pianificazione della risposta ai rischi che trasferisce a terzi l'impatto di una minaccia insieme alla responsabilità della risposta.

Trigger / Triggers. Indicano la presenza o l'imminente verificarsi di un rischio. I trigger possono essere scoperti nel corso del processo per identificare i rischi e vengono osservati nel processo di controllo dei rischi. Vengono talvolta definiti sintomi di rischio o segnali d'allarme.

Valore pianificato (PV) / Planned Value (PV). Budget autorizzato e assegnato al lavoro schedulato da eseguire nell'ambito di un'attività schedulata o di un componente della WBS. Definito anche come costo preventivato del lavoro schedulato (BCWS).

Valutazione / Assessment: Parte del processo di risk management dove la probabilità e l'impatto dei rischi identificati sono valutati allo scopo di prioritizzare i rischi in base alla loro posizione in una Probability/Impact Matrix, e dove i rischi sono categorizzati usando una risk breakdown structure.

Verifica / Audit: formale e metologicamente strutturata revisione di ogni aspetto del progetto. Spesso mirata ad un elemento in particolare (schedule audit, earned value audit...), tende ad assicurare una revisione omnicomprensiva delle strategie in considerazione.

Vincolo / Constraint: Una condizione del progetto, normalmente imposta dall'esterno, che limita le opzioni per il progetto.

Workaround / Workaround. Risposta a un rischio negativo che si e verificato. Si distingue dal piano di contingency (piano di emergenza) perché questa risposta non è pianificata in anticipo rispetto al verificarsi dell'evento rischio.